Hippler/Wasserl

Die Sachaufklärung in der Zwangsvollstreckung durch den Gerichtsvollzieher

2. Auflage 2016

Juristischer Verlag Pegnitz GmbH

Alle Rechte vorbehalten
Juristischer Verlag Pegnitz GmbH
Lohestraße 17, 91257 Pegnitz

Alle Rechte, die teilweise Reproduktion, der auszugsweise Abdruck und Sonderrechte,
wie die fotomechanische Vervielfältigung, sind dem Verlag vorbehalten.

ISBN 978-3-945157-20-6

Die Sachaufklärung in der Zwangsvollstreckung durch den Gerichtsvollzieher

in der 2. Auflage bearbeitet von

DIPL.-RPFL: (FH) UWE WASSERL
Bayerische Justizakademie

Juristischer Verlag Pegnitz GmbH

Vorwort zur 1. Auflage

Der Deutsche Bundestag hat am 18. Juni 2009 das Gesetz zur Reform der Sachaufklärung in der Zwangsvollstreckung (kurz und einfach: ZwVollstrAufklRefG) beschlossen. Die Neuregelungen treten überwiegend am 01. Januar 2013 in Kraft.

Da sich erhebliche Änderungen im 8. Buch der Zivilprozessordnung und anderer Gesetze ergeben, haben wir uns in dem Buch den Neuerungen im Zwangsvollstreckungsrecht in das bewegliche Vermögen durch den Gerichtsvollzieher gewidmet.

Die Sachaufklärung durch den Gerichtsvollzieher steht im Mittelpunkt der Novelle. Werkzeuge zur Informationsgewinnung für den Gläubiger werden an den Beginn des Vollstreckungsverfahrens gestellt. Künftig muss der Schuldner eine Vermögensauskunft erteilen, ohne dass ein erfolgloser Versuch einer Sachpfändung vorangegangen ist. Verweigert der Schuldner die Abgabe der Vermögensauskunft (früher: Vermögensoffenbarung) oder ist nach dem Inhalt des Vermögensverzeichnisses eine Befriedigung des Gläubigers nicht zu erwarten, ist der Gerichtsvollzieher befugt, Drittauskünfte bei den Trägern der gesetzlichen Rentenversicherung, beim Bundeszentralamt für Steuern und beim Kraftfahrt-Bundesamt über Arbeitsverhältnisse, Konten oder Kraftfahrzeuge des Schuldners einzuholen.

Gleichzeitig wird das Verfahren zur Abgabe der Vermögensauskunft und die Verwaltung der Vermögensverzeichnisse modernisiert. Die Aufstellung der Vermögensgegenstände des Schuldners (Vermögensverzeichnis) erfolgt elektronisch und die Vermögensverzeichnisse werden in jedem Bundesland von einem zentralen Vollstreckungsgericht landesweit elektronisch verwaltet. Künftig besteht damit in jedem Bundesland eine zentrale Vermögensverzeichnisstelle, auf das Gerichtsvollzieher, Vollstreckungsbehörden und weitere staatliche Stellen Zugriff haben.

Auch das Schuldnerverzeichnis bei den örtlichen Vollstreckungsgerichten wird durch ein zentrales Vollstreckungsgericht als landesweites Internet-Register ersetzt. Die Einsicht ist nach wie vor jedem gestattet, der ein berechtigtes Interesse darlegt, z.B. für Zwecke der Zwangsvollstreckung oder um wirtschaftliche Nachteile abzuwenden, die daraus entstehen können, dass Schuldner ihren Zahlungsverpflichtungen nicht nachkommen. Berechtigte

Interessenten (z.B. Vermieter) können sich zukünftig über ein Bundesportal (bundesweit) zentral Informationen über die Kreditwürdigkeit ihrer potenziellen Vertragspartner über eine kostenpflichtige Internetabfrage verschaffen.

Das Buch soll Gerichtsvollzieher, Rechtsanwälte, Gläubiger und andere Interessierte über das neue ab 2013 geltende Zwangsvollstreckungsrecht informieren.

Robert Hippler
Diplom-Rechtspfleger (FH)
Leiter der Bayerischen Justizschule Pegnitz

Uwe Wasserl
Diplom-Rechtspfleger (FH)
Hauptamtlicher Dozent an der Bayerischen Justizschule Pegnitz

Pegnitz im Herbst 2012

Vorwort zur 2. Auflage

Das Gesetz zur Reform der Sachaufklärung in der Zwangsvollstreckung ist nunmehr seit fast vier Jahren in Kraft. Die vielfältigen und unterschiedlichen Rechtsmeinungen sowohl in Literatur und Rechtsprechung haben gezeigt, dass die Änderungen der Zivilprozessordnung im Bereich der Mobiliarvollstreckung nicht so einfach in der Praxis umzusetzen waren. Nunmehr haben sich einige strittige Meinungen geklärt, wobei auch noch diverse unterschiedliche Rechtsauffassungen gegeben sind. In der 2. Auflage dieses Buches sollen nochmals die verschiedenen Rechtsmeinungen aufgezeigt und mit entsprechenden Gerichtsentscheidungen dargestellt werden.

Einige der strittigen Fragen hat nunmehr der Gesetzgeber im Gesetz zur Durchführung der Verordnung (EU) Nr. 655/2014 sowie zur Änderung sonstiger zivilprozessualer, grundbuchrechtlicher und vermögensrechtlicher Vorschriften und zur Änderung der Justizbeitreibungsordnung (EuKoPfVODG) klarstellend geklärt. Auf die Änderungen durch das genannte Gesetz wird in diesem Buch eingegangen. Überraschend war hier, dass der Gesetzgeber die Wertgrenze von 500,- € in § 755 ZPO und § 802l ZPO hat entfallen lassen.

Hinzu kamen seit der Erstauflage auch die Neufassungen der Gerichtsvollzieherordnung (GVO) und der Geschäftsanweisung für Gerichtsvollzieher (GVGA) zum 01. September 2013. Die Änderungen werden in diesem Buch Berücksichtigung finden.

Da mittlerweile der Bundesgesetzgeber die Verordnung über das Formular für den Vollstreckungsauftrag an den Gerichtsvollzieher (Gerichtsvollzieherformular-Verordnung- kurz GVFV-) verabschiedet hat (In Kraft seit 01. Oktober 2015), ist ein weiterer wichtiger Schritt erfolgt.

Uwe Wasserl
Diplom-Rechtspfleger (FH)
Bayerische Justizakademie
im Herbst 2016

Inhaltsverzeichnis

Die Sachaufklärung in der Zwangsvollstreckung durch den Gerichtsvollzieher ... 13
1. Einleitung ... 15
2. Sachaufklärung in der Zwangsvollstreckung -ein Überblick- ... 15
2.1 Informationsbeschaffung des Gläubigers bei Vollstreckungsbeginn ... 15
2.2 Das Verfahren zur Abgabe der Vermögensauskunft ... 16
2.3 Das Zentrale Schuldnerverzeichnis ... 17
2.4 Das Zentrale Vollstreckungsgericht ... 18
2.5 Die gütliche Erledigung ... 19
2.6 Änderungen der Zivilprozessordnung und deren Stellung im Gesetz ... 20
2.7 Formularzwang beim Zwangsvollstreckungsauftrag ... 21
3. Vollstreckungsauftrag und Reihenfolge der Zwangsvollstreckung ... 27
4. Ermittlung des Aufenthaltsorts des Schuldners ... 40
4.1 Ermittlungsbefugnisse des Gerichtsvollziehers ... 41
4.2 Antrag des Gläubigers ... 43
4.3 Vollstreckbare Ausfertigung des Titels ... 44
4.4 Wohnsitz/Aufenthaltsort des Schuldners nicht bekannt ... 45
4.5 Durchführung der Aufenthaltsermittlung ... 45
4.5.1 Aufenthaltsermittlung bei der Meldebehörde ... 47
4.5.2 Aufenthaltsermittlung bei Juristischen Personen ... 49
4.5.3 Aufenthaltsermittlung beim Ausländerzentralregister ... 53
4.5.4 Aufenthaltsermittlung beim Rentenversicherungsträger ... 57
4.5.5 Aufenthaltsermittlung beim Kraftfahrt-Bundesamt ... 60
5. Regelungsbefugnisse des Gerichtsvollziehers nach § 802a ZPO ... 63
6. Gütliche Erledigung ... 65
6.1 Antrag und Zustimmung des Gläubigers zur Zahlungsvereinbarung ... 67
6.2 Glaubhaftes Zahlungsversprechen ... 69
6.3 Kein Widerspruch bzw. Genehmigung des Gläubigers ... 71
6.4 Der Zahlungsplan ... 72
6.5 Widerrufsvorbehalt des Gläubigers ... 74
6.6 Ende des Vollstreckungsaufschubs ... 75
6.6.1 Unterrichtung des Schuldners vom Widerspruch ... 75

6.6.2 Zahlungsrückstand 76

6.7 Die Zahlungsvereinbarung 77

6.8. Vollstreckungsaufschub 78

6.9 Rechtsbehelf 79

6.10 Voraussetzungen im Überblick 79

7. Vermögensauskunft mit eidesstattlicher Versicherung 80

7.1 Arten der eidesstattlichen Versicherung 80

7.2 Zuständigkeit für die Abnahme der Vermögensauskunft 81

7.3 Inhalt und Zweck des Vermögensauskunftsverfahrens 91

7.4 Voraussetzungen 93

7.4.1 Der Einzelauftrag 94

7.4.2 Der kombinierte Auftrag 95

7.4.3 Vertretung bei der Auftragserteilung 97

7.4.4 Form 97

7.4.5 Beizufügende Anlagen zum Auftrag 97

7.4.6 Partei- und Prozessfähigkeit 98

7.4.7 Nachweis der Vertretungsmacht 101

7.5 Verfahren zur Abnahme der Vermögensauskunft 102

7.5.1 Prüfung der Voreintragung 103

7.5.2 Nachbesserung 105

7.5.3 Erneute Vermögensauskunft innerhalb der Sperrfrist 106

7.5.4 Übersendung des Vermögensverzeichnisses an Folgegläubiger 107

7.5.5 Zahlungsaufforderung und Terminbestimmung 109

7.5.6 Belehrungen des Schuldners 113

7.5.7 Erinnerung gegen die Abnahme der Vermögensauskunft 114

7.5.8 Zustellung im Vermögensauskunftsverfahren 116

7.5.9 Ablauf des Termins 118

7.5.10 Der Schuldner erscheint im Termin und gibt Vermögensauskunft ab 120

7.6 Errichtung des Vermögensverzeichnisses 123

7.6.1 Umfang der Auskunftspflicht 123

7.6.2 Besprechung des Vermögensverzeichnisses 123

7.6.3 Inhalt des Vermögensverzeichnisses 125

7.7 Eidesstattliche Versicherung 218

7.8 Hinterlegung des Vermögensverzeichnisses 219

7.9 Sofortige Abnahme der Vermögensauskunft 221

    7.9.1 Voraussetzungen 221

    7.9.2 Widerspruch des Schuldners gegen die sofortige Abnahme 223

8. Zentrale Verwaltung der Vermögensverzeichnisse 224

    8.1 Verwaltung beim Zentralen Vollstreckungsgericht 225

    8.2 Zentrale Vollstreckungsgerichte in Deutschland 226

    8.3 Abruf des Vermögensverzeichnisses durch den Gerichtsvollzieher 229

9. Eintragung in das Schuldnerverzeichnis -Anordnungsverfahren- 234

    9.1 Das amtliche Eintragungsanordnungsverfahren 235

        9.1.1 Zuständigkeit 236

        9.1.2 Eintragungsgründe 236

            Ratenzahlungsvereinbarung zwischen Gläubiger und Schuldner 243

            Ratenzahlungsvereinbarung im Verhaftungsverfahren 244

            Rücknahme des Vollstreckungsauftrages 244

    9.2 Eintragungsanordnung 246

        9.2.1 Inhalt der Eintragungsanordnung 246

        9.2.2 Bekanntgabe der Eintragungsanordnung an den Schuldner 247

    9.3 Vollziehung der Eintragungsanordnung 250

    9.4 Widerspruch gegen die Eintragungsanordnung 251

    9.5 Aufhebung der Eintragungsanordnung durch Gerichtsvollzieher 257

10. Führung und Inhalt des Schuldnerverzeichnisses 258

    10.1 Zuständigkeit 258

    10.2 Inhalt des Schuldnerverzeichnisses 260

        10.2.1 Wer wird im Schuldnerverzeichnis erfasst 260

        10.2.2 Eintragungsinhalte 262

    10.3 Einsicht in das Schuldnerverzeichnis 264

    10.4 Erteilung von Abdrucken aus dem Schuldnerverzeichnis 269

    10.5 Löschung der Eintragung im Schuldnerverzeichnis 270

        10.5.1 Regelmäßige Löschungsfrist 271

        10.5.2 Vorzeitige Löschung 272

11. Auskunftsrechte des Gerichtsvollziehers -Drittstellenauskünfte- 275

    11.1 Auskunftsstellen 276

    11.2 Voraussetzungen 277

        11.2.1 Auskunftsersuchen an gesetzliche Rentenversicherung 281

11.2.2 Auskunftsersuchen an Bundeszentralamt für Steuern 284

11.2.3 Auskunftsersuchen an Kraftfahrt-Bundesamt 286

11.3 Antrag Folgegläubiger auf aktuelle Drittstellenauskunft 289

11.4 Übermittlung eingeholter Drittauskünfte an weitere Gläubiger 290

11.5 Mitteilung des Auskunftsergebnisses an Gläubiger und Schuldner –
Löschungen/Schwärzungen- 291

12. Das Erzwingungshaftverfahren 292

12.1 Voraussetzungen 292

12.2 Verhaftung durch den Gerichtsvollzieher 294

12.3 Unzulässigkeit der Haftvollstreckung 296

12.3.1 Vollziehungsfrist 297

12.3.2 Haftvollstreckungshindernis 297

12.3.3 Verwirkung des Haftbefehls 298

12.4 Einlieferung in die Justizvollzugsanstalt 299

12.5 Vermögensauskunft des verhafteten Schuldners 300

13. Kommunikationswege zwischen Gerichtsvollzieher, dem Zentralen Vollstreckungsgericht und dem Bundesportal 303

13.1. Datenaustausch zwischen Gerichtsvollzieher und dem Zentralen Vollstreckungsgericht 304

13.2. Zugriff auf die zentral verwalteten Daten beim Bundesportal 305

14. Das Reparaturgesetz (EuKoPfVODG) zur Reform der Sachaufklärung in der Zwangsvollstreckung -ein Überblick- 308

Anlage: 335

Verordnung über das Formular für den Vollstreckungsauftrag an den Gerichtsvollzieher
(Gerichtsvollzieherformular-Verordnung-GVFV) 335

Anhang Formular Vollstreckungsauftrag 337

Die Sachaufklärung in der Zwangsvollstreckung durch den Gerichtsvollzieher

1. Einleitung

Mit dem Gesetz zur Reform der Sachaufklärung in der Zwangsvollstreckung vom 29. Juli 2009[1] (ZwVollstrAufklRefG), das in weiten Teilen zum 01. Januar 2013 in Kraft getreten ist, reformierte der Gesetzgeber die Zwangsvollstreckung in das bewegliche Vermögen durch den Gerichtsvollzieher. Nach der 2. Zwangsvollstreckungsnovelle[2], mit der das Verfahren auf Abnahme der eidesstattlichen Versicherung dem Gerichtsvollzieher ab dem 01. Januar 1999 übertragen wurde, erfolgte eine weitere Modernisierung im Zwangsvollstreckungsrecht.

Des Weiteren hat der Bundesgesetzgeber die Einführung eines standardisierten Vollstreckungsauftrags an den Gerichtsvollzieher per Bundesverordnung (Gerichtsvollzieherformular-Verordnung- kurz GVFV-) beschlossen[3], die am 01. Oktober 2015 in Kraft getreten ist. Hiermit soll verpflichtend ab 01. April 2016 sichergestellt werden, dass nur noch ein einheitliches Formular zur Beauftragung des Gerichtsvollziehers durch die Gläubiger Verwendung finden kann.

Zudem wurde mit dem Gesetz zur Durchführung der Verordnung (EU) Nr. 655/2014 sowie zur Änderung sonstiger zivilprozessualer, grundbuchrechtlicher und vermögensrechtlicher Vorschriften und zur Änderung der Justizbeitreibungsordnung (kurz: EuKoPfVODG) für Klarheit in einigen in der Literatur und Rechtsprechung strittigen Punkten im Zusammenhang mit der Vollstreckung durch den Gerichtsvollzieher gesorgt.

2. Sachaufklärung in der Zwangsvollstreckung -ein Überblick-

2.1 Informationsbeschaffung des Gläubigers bei Vollstreckungsbeginn

Der Gläubiger soll die Möglichkeit, schon **vor Einleitung von Beitreibungsmaßnahmen,** Informationen über die Vermögensverhältnisse des Schuldners erlangen, und zwar entweder vom Schuldner selbst (= Vermögens-

---

[1] BGBl. I 2009, S. 2258 ff.
[2] 2. Gesetz zur Änderung zwangsvollstreckungsrechtlicher Vorschriften vom 17.12.1998, BGBl. 1997, I S. 85 ff.
[3] BGBl. I 2015, S. 1586 ff.

auskunft, § 802c ZPO) oder – falls dies unergiebig bleibt – von dritter Seite (= Drittstellenauskunft, § 802l ZPO) erhalten. Für die Einholung der Schuldner- und Fremdauskünfte ist der Gerichtsvollzieher (§ 802e ZPO) zuständig. Die Einholung dieser Auskünfte durch den Gerichtsvollzieher muss vom **Gläubiger konkret beauftragt werden** (§ 802a Abs. 2 ZPO). Die Möglichkeit einer sofortigen Sachpfändung bleibt unberührt (§§ 808 ff. ZPO).

Das Verfahren des Gerichtsvollziehers zur Abnahme der Vermögensauskunft des Schuldners ist im Einzelnen in § 802f ZPO geregelt; auch ist notfalls die Erzwingungshaft statthaft (§§ 802g bis j ZPO).

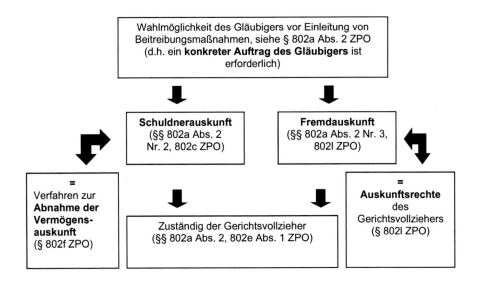

2.2 Das Verfahren zur Abgabe der Vermögensauskunft

Das Verfahren zur Abgabe der Vermögensauskunft ist durch die Digitalisierung und elektronische Zentralisierung der Verwaltung der Vermögensverzeichnisse (§ 802k ZPO) modern und zukunftsfähig gestaltet.

Das Ergebnis der Vermögensauskunft des Schuldners wird von dem Gerichtsvollzieher als elektronisches Dokument aufgenommen und in die Datenbank eines zentralen Vollstreckungsgerichts eingestellt (§ 802f Abs. 5 ZPO). Mit der

Formulierung in § 802f Abs. 5 Satz 1 ZPO stellt der Gesetzgeber klar, dass der Gerichtsvollzieher selbst ein elektronisches Dokument zu errichten hat. Die Erstellung eines papiergebundenen Verzeichnisses – gleich, ob in handschriftlicher oder maschinenschriftlicher Weise – und dessen nachträgliche Digitalisierung genügt demgegenüber nicht. Hierdurch soll dem in der Praxis zum Teil noch gängigen Procedere des Einscannens von handschriftlich erstellten Vermögensverzeichnissen entgegen getreten werden[4].

Auf den Inhalt der hinterlegten Vermögensverzeichnisse haben alle Gerichtsvollzieher Zugriff, die damit wiederum deren Inhalt weiteren Titelgläubigern auf deren Antrag hin zu Vollstreckungszwecken zugänglich machen können (§§ 802d, 802k Abs. 2 Satz 1 ZPO). Daneben sind bestimmte staatliche Stellen im Rahmen ihrer Aufgaben einsichtsbefugt (§ 802k Abs. 2 Satz 2 ZPO). Ein hinterlegtes Vermögensverzeichnis ist für die Dauer von zwei Jahren abrufbar (§ 802k Abs. 1 ZPO); eine Löschung des Vermögensverzeichnisses beim Zentralen Vollstreckungsgericht erfolgt automatisch nach Fristablauf (§ 802k Abs. 1 Satz 3 ZPO); bei unveränderten Vermögensverhältnissen muss der Schuldner erst nach Ablauf der 2-jährigen Frist auf Antrag eines Gläubigers eine neue Vermögensauskunft abgeben (siehe § 802d ZPO).

Die Gläubiger erhalten auf diesem Weg mit geringstmöglichem Aufwand landesweit gültige und aktuelle Informationen. Eine bundesweite Vernetzung der Datenbanken erfolgt über ein Bundesportal.

2.3 Das Zentrale Schuldnerverzeichnis

Die 16 Zentralen Vollstreckungsgerichte der Länder führen je ein Schuldnerverzeichnis. Das Schuldnerverzeichnis wird als landesweites Internetregister geführt (§ 882h Abs. 1 ZPO). Anknüpfungspunkt für eine Eintragung in dieses Register sind Tatbestände, die auf das Verhalten des Schuldners bzw. auf dessen Liquidität schließen lassen. So wird der Schuldner eingetragen, der seiner Pflicht zur Abgabe der Vermögensauskunft nicht nachkommt (§ 882c Abs. 1 Nr. 1 ZPO) oder der, bei dem nach den Vermögensangaben die Zwangsvollstreckung

---

[4] siehe hierzu Wasserl „Das Reparaturgesetz zur Reform der Sachaufklärung in der Zwangsvollstreckung", DGVZ 2016, S. 145

nicht zur Befriedigung des Gläubigers führen wird (§ 882c Abs. 1 Nr. 2 ZPO) bzw. der Schuldner, der nach Fristsetzung durch den Gerichtsvollzieher die Begleichung der Forderung nicht nachweist (§ 882c Abs. 1 Nr. 3 ZPO). Der Eintragungsgrund ist aus dem Schuldnerverzeichnis für Jedermann ersichtlich und (nach entsprechender Registrierung) über ein Bundesportal (www.vollstreckungsportal.de) abrufbar (§ 882b Abs. 3 Nr. 2, § 882 f ZPO).

Hinweis:
Die Tatsache, dass gegen einen Schuldner ein Erzwingungshaftbefehl (§ 802g ZPO) erlassen wurde, wird nicht in das Schuldnerverzeichnis eingetragen.

Über eine Eintragung in das Schuldnerverzeichnis entscheidet der zuständige Gerichtsvollzieher von Amts wegen (§ 882c ZPO), im Fall von § 26 Abs. 2 InsO, § 882b Abs. 1 Nr. 3 ZPO das Insolvenzgericht. Sofern eine Vollstreckung der Vollstreckungsbehörden nach der Abgabenordnung (AO)[5] oder durch Gemeinden und Städte nach dem Verwaltungszustellungs- und Vollstreckungsgesetz (VwZVG)[6] erfolgt, entscheiden diese Stellen über eine Eintragung in das Schuldnerverzeichnis selbst.

Das Eintragungsanordnungsverfahren ist Teil des Vollstreckungsverfahrens (§ 882c Abs. 1 Satz 2 ZPO).

Die regelmäßige Löschung des Schuldners aus dem Schuldnerverzeichnis erfolgt grundsätzlich nach Ablauf von drei Jahren (§ 882e Abs. 1 ZPO) bzw. bei Vorliegen eines sonstigen Löschungsgrundes (§ 882e Abs. 3 ZPO).

2.4 Das Zentrale Vollstreckungsgericht

Das Zentrale Vollstreckungsgericht ist in jedem Bundesland eingerichtet. Zum einen ist es Aufgabe des Gerichts, die jeweils durch die Gerichtsvollzieher errichteten und übersandten Vermögensverzeichnisse elektronisch zu verwalten (§ 802k Abs. 1 ZPO). Und zum anderen führt das Zentrale Vollstreckungsgericht das Schuldnerverzeichnis (§ 882h Abs. 1 ZPO), das über das Internet von Jedermann

---
[5] siehe § 284 Abs. 9 AO
[6] siehe Art. 26 Abs. 2a BayVwZVG

eingesehen werden kann (§ 882f ZPO). Alle Daten der 16 Zentralen Vollstreckungsgerichte werden gebündelt an einen zentralen Server weitergeleitet, dem so genannten Bundesvollstreckungsportal. Dies ermöglicht den Gerichtsvollziehern und anderen Vollstreckungsbehörden auf sämtliche Vermögensverzeichnisse und auf Einträge im Schuldnerverzeichnis deutschlandweit zuzugreifen.

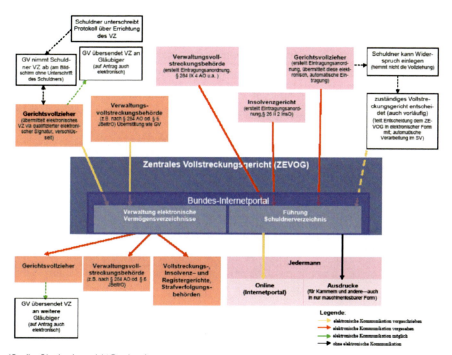

(Quelle: Oberlandesgericht Bamberg)

2.5 Die gütliche Erledigung

Das Verfahren zur gütlichen Erledigung ist in einer einzigen Vorschrift zusammengefasst (vgl. § 802b ZPO). Die gütliche Erledigung in Form der Gewährung einer Ratenzahlung oder Zahlungsfrist ist in jeder Lage des Verfahrens möglich. Die Tilgungsfrist soll 12 Monate betragen, vgl. § 802b Abs. 2 Satz 3 ZPO.

2.6 Änderungen der Zivilprozessordnung und deren Stellung im Gesetz

Ziel der Reform 2013 in der Zwangsvollstreckung wegen einer Geldforderung war es, die Vollstreckung durch den Gerichtsvollzieher auf die Bedürfnisse einer modernen Zwangsvollstreckung auszurichten.

Die Methode der Fahrnisvollstreckung folgte bis Ende 2012 der Vorstellung, dass der Gläubiger den Gerichtsvollzieher mit der Pfändung in das bewegliche Vermögen beauftragt und die gepfändeten Gegenstände einer anschließenden Verwertung zuführt. Der Erlös ist dann zur Befriedigung des Gläubigers auszukehren. Diese Systematik hat aber in der heutigen Zeit im Wesentlichen keine Aussicht auf Erfolg mehr, da nur noch selten gepfändet werden kann (auch im Hinblick auf die Pfändungsverbote, siehe § 811 ZPO).

Mit der Einfügung der §§ 802a bis 802l ZPO (Neuerungen der Vollstreckung durch den Gerichtsvollzieher) und den §§ 882b bis 882h ZPO (Zentrales Schuldnerverzeichnis) hat der Gesetzgeber die Reihenfolge der Vollstreckung geändert.

Wenn man sich nunmehr die Stellung der genannten Normen im Gesetz genau betrachtet, hat der Gesetzgeber ein System des „vor die Klammer Ziehens" geschaffen. Die Vorschriften §§ 802a bis 802l ZPO wären als allgemeine Vorschriften auf die Vollstreckung wegen einer Geldforderung in das bewegliche Vermögen (§§ 803 bis 863 ZPO: Zwangsvollstreckung in körperliche Sachen und Forderungspfändung) und das unbewegliche Vermögen (§§ 864 bis 871 ZPO) anwendbar. War das die Absicht des Gesetzgebers, Regelungsbefugnisse des Gerichtsvollziehers und sein Vollstreckungsverfahren (§§ 802a ff. ZPO) als allgemeine Vorschriften für die weiteren Vollstreckungsorgane zu platzieren? Das müsste in der logischen Konsequenz auch bedeuten, dass es ein gütliches Erledigungsverfahren nach § 802b ZPO in der Forderungspfändung beim Vollstreckungsgericht geben müsste. Im Ergebnis kann die Anwendung der Normen §§ 802a bis 802l ZPO nur auf das Verfahren beim Gerichtsvollzieher bezogen werden, d.h. also nur soweit angewandt werden als der Gerichtsvollzieher für das

Verfahren zuständig ist. Die Anwendung der genannten Vorschriften bezieht sich also auf die Zwangsvollstreckung in das bewegliche Vermögen wegen einer Geldforderung in körperliche Sachen, für das der Gerichtsvollzieher auch zuständig ist. Mit einzuschließen ist auch das Verfahren zur Eintragung des Schuldners in das Schuldnerverzeichnis (§§ 882b ff. ZPO). Für die Eintragungsanordnung ist der Gerichtsvollzieher zuständig (§ 882c ZPO). Das Eintragungsanordnungsverfahren ist Teil der Zwangsvollstreckung.

2.7 Formularzwang beim Zwangsvollstreckungsauftrag

> § 4 GVGA Form des Auftrags (§ 161 GVG; §§ 167, 168, 753 Absatz 2 und 3, §§ 754, 802a Absatz 2 ZPO)
> Aufträge an den Gerichtsvollzieher bedürfen keiner Form, solange nicht durch Rechtsverordnung gemäß § 753 Absatz 3 der Zivilprozessordnung (ZPO) verbindliche Formulare für den Auftrag eingeführt sind. Nicht schriftlich erteilte Aufträge sind aktenkundig zu machen.

> § 753 Vollstreckung durch Gerichtsvollzieher; Verordnungsermächtigung
>
> (1) Die Zwangsvollstreckung wird, soweit sie nicht den Gerichten zugewiesen ist, durch Gerichtsvollzieher durchgeführt, die sie im Auftrag des Gläubigers zu bewirken haben.
> (2) Der Gläubiger kann wegen Erteilung des Auftrags zur Zwangsvollstreckung die Mitwirkung der Geschäftsstelle in Anspruch nehmen. Der von der Geschäftsstelle beauftragte Gerichtsvollzieher gilt als von dem Gläubiger beauftragt.
> (3) Das Bundesministerium der Justiz wird ermächtigt, durch Rechtsverordnung mit Zustimmung des Bundesrates verbindliche Formulare für den Auftrag einzuführen. Für elektronisch eingereichte Aufträge können besondere Formulare vorgesehen werden.
> *(4) § 130a Absatz 1 und 2 gilt für die elektronische Einreichung von Aufträgen beim Gerichtsvollzieher entsprechend.*
> (Absatz 4 wird **ab 1. Januar 2018** ersetzt durch Absatz 4 und 5):
> *(4) Schriftlich einzureichende Anträge und Erklärungen der Parteien sowie schriftlich einzureichende Auskünfte, Aussagen, Gutachten, Übersetzungen und Erklärungen Dritter können nach Maßgabe der folgenden Absätze als elektronisches Dokument beim Gerichtsvollzieher eingereicht werden.*
> *(5) Das elektronische Dokument muss für die Bearbeitung durch den Gerichtsvollzieher geeignet sein. Zur Festlegung der für die Übermittlung und Bearbeitung geeigneten technischen Rahmenbedingungen gilt § 130a Absatz 2 Satz 2. Im Übrigen gelten § 130a Absatz 3 bis 6 und § 174 Absatz 3 und 4 entsprechend.*
> (Ab **1. Januar 2022** wird folgender Absatz 6 hinzugefügt):
> *(6) § 130d gilt entsprechend.*

Der Bundesgesetzgeber hat von der Verordnungsermächtigung[7] in § 753 Abs. 3 ZPO zur Einführung verbindlicher Formulare für den Vollstreckungsauftrag an den Gerichtsvollzieher Gebrauch gemacht und mit Verordnung über das Formular für den

---

[7] Rechtsverordnung zur verbindlichen Einführung von Formularen für den Vollstreckungsauftrag an den Gerichtsvollzieher gemäß § 753 Abs. 3 ZPO

Vollstreckungsauftrag an den Gerichtsvollzieher (Gerichtsvollzieherformular-Verordnung, GVFV) einen verbindlich zu verwendenden Auftrag eingeführt[8]. Die Bundesverordnung ist am 01. Oktober 2015 in Kraft getreten. Sie sieht ein Standardformular zur Beauftragung des Gerichtsvollziehers zur Vollstreckung wegen privat-rechtlicher Geldforderungen vor, das verbindlich ab 01. April 2016 durch die antragstellenden Gläubiger verwendet werden muss (§ 5 GVFV). Ausgenommen vom Formularzwang sind reine Zustellungsaufträge an den Gerichtsvollzieher (§ 1 Abs. 2 Satz 1 GVFV) sowie die Gläubiger, die wegen einer öffentlich-rechtlichen Forderung vollstrecken[9] (§ 1 Abs. 2 Satz 2 GVFV). Kein Formularzwang besteht bei anderen Vollstreckungsaufträgen an den Gerichtsvollzieher wie z.b. wegen der Herausgabevollstreckung gemäß §§ 883 ff. ZPO (Vollstreckung der Herausgabe beweglicher und unbeweglicher-Räumungsvollstreckungssachen). Hier verbleibt es dabei, dass die Aufträge formfrei (i.d.R. schriftlich) erteilt werden können (§ 4 GVGA). Mit dem Gesetz zur Durchführung der Verordnung (EU) Nr. 655/2014 (EuKoPfVODG) hat der Gesetzgeber den Passus „nach Absatz 2" in § 753 Abs. 3 ZPO gestrichen. Hiermit wird deutlich, dass die Verwendung des formalisierten Auftrages (Vordruckzwang) nicht nur diejenigen Fälle der Vermittlung über die Geschäftsstelle beim Amtsgericht, sondern für alle Gläubiger gelten soll (mit Ausnahme der in § 1 Abs. 2 Satz 2 GVFV), die den Gerichtsvollzieher direkt beauftragen. Da u.a. die in § 755 ZPO und § 802l ZPO vorausgesetzte 500,- € Grenze mit dem EuKoPfVODG gestrichen wurde, hat sich das Formular verändert. Gemäß § 6 GVFV kann übergangsweise bis zum 28. Februar 2017 das bis 30. November 2016 geltende Formular noch verwendet werden. Danach ist das in der Anlage abgedruckte Antragsformular zu verwenden.

Werden solche Aufträge, bei denen Formularzwang besteht, formfrei eingereicht, sind sie unzulässig und zurückzuweisen.

Der elektronische Gerichtsvollzieherauftrag

In der Forderungspfändung ist es mit § 829a ZPO schon Alltag: Die elektronische Beantragung des Pfändungs- und Überweisungsbeschlusses ohne Vorlage eines Vollstreckungstitels und der Kostenbelege. Nun wird die dortige Regelung mit § 754a

---

[8] BGBl. I 2015, S. 1586 ff., siehe Anlage
[9] Städte, Gemeinden (Steuern, Abgaben, Geldbußen), Krankenkassen (Krankenkassenbeiträge), Landesrundfunkanstalten (Rundfunkbeiträge) usw.

ZPO auf den Gerichtsvollzieherauftrag übertragen. Wenngleich die Regelung noch den Ländereinführungsvorbehalt in § 754a Abs. 3 i.V.m. § 130a Abs. 2 ZPO zeigt, d.h. die Länder bestimmen, ab wann die elektronische Antragstellung tatsächlich möglich ist, ist davon auszugehen, dass dies in einigen Bundesländern vom Start weg möglich ist.

---

§ 754a ZPO
Vereinfachter Vollstreckungsauftrag bei Vollstreckungsbescheiden

(1) Im Fall eines elektronisch eingereichten Auftrags zur Zwangsvollstreckung aus einem Vollstreckungsbescheid, der einer Vollstreckungsklausel nicht bedarf, ist bei der Zwangsvollstreckung wegen Geldforderungen die Übermittlung der Ausfertigung des Vollstreckungsbescheides entbehrlich, wenn
1. die sich aus dem Vollstreckungsbescheid ergebende fällige Geldforderung einschließlich titulierter Nebenforderungen und Kosten nicht mehr als 5.000 EUR beträgt; Kosten der Zwangsvollstreckung sind bei der Berechnung der Forderungshöhe nur zu berücksichtigen, wenn sie allein Gegenstand des Vollstreckungsauftrags sind;
2. die Vorlage anderer Urkunden als der Ausfertigung des Vollstreckungsbescheides nicht vorgeschrieben ist;
3. der Gläubiger dem Auftrag eine Abschrift des Vollstreckungsbescheides nebst Zustellungsbescheinigung als elektronisches Dokument beifügt und
4. der Gläubiger versichert, dass ihm eine Ausfertigung des Vollstreckungsbescheides und eine Zustellungsbescheinigung vorliegen und die Forderung in Höhe des Vollstreckungsauftrags noch besteht.
Sollen Kosten der Zwangsvollstreckung vollstreckt werden, sind dem Auftrag zusätzlich zu den in Satz 1 Nummer 3 genannten Dokumenten eine nachprüfbare Aufstellung der Kosten und entsprechende Belege als elektronisches Dokument beizufügen.

(2) Hat der Gerichtsvollzieher Zweifel an dem Vorliegen einer Ausfertigung des Vollstreckungsbescheides oder der übrigen Vollstreckungsvoraussetzungen, teilt er dies dem Gläubiger mit und führt die Zwangsvollstreckung erst durch, nachdem der Gläubiger die Ausfertigung des Vollstreckungsbescheides übermittelt oder die übrigen Vollstreckungsvoraussetzungen nachgewiesen hat.

(3) § 130a Absatz 2 bleibt unberührt

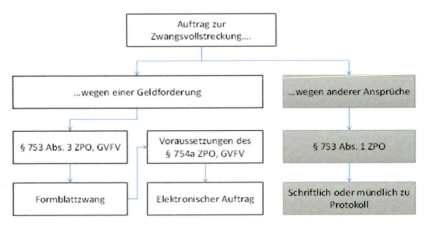

Das durch die Gerichtsvollzieherformular-Verordnung (GVFV) eingeführte Antragsformular ist in mehrere Teile und verschiedene Module aufgeteilt. Mit insgesamt neun Seiten ist es durchaus als umfangreich zu bezeichnen.

Das Formular gliedert sich in drei Abschnitte:
1. Teil: Vollstreckungsauftrag an den Gerichtsvollzieher wegen einer Geldforderung
2. Teil: Forderungsaufstellung (Anlage 1)
3. Teil: Hinweise zum Ausfüllen und Einreichen des Vollstreckungsauftrages (Anlage 2)

Der Vollstreckungsauftrag (Teil 1) ist in einen „Auftragskopf" und verschiedene Module eingeteilt (Modul A bis Modul Q). Insgesamt umfasst Teil 1 sieben Seiten.

Auftragskopf

Vollstreckungsauftrag an die Gerichtsvollzieherin/den Gerichtsvollzieher
– zur Vollstreckung von Geldforderungen –

☐ Amtsgericht _____	Kontaktdaten des
☐ Verteilungsstelle für Gerichtsvollzieheraufträge	☐ Gläubigers
☐ Geschäftsstelle	☐ Gläubigervertreters
☐ Frau/Herrn Haupt-/Ober-/Gerichtsvollzieher/-in	Telefon
	Fax
Straße, Hausnummer	E-Mail
Postleitzahl, Ort	Rechtsverbindliche elektronische Kommunikationswege (z. B. De-Mail, EGVP, besonderes Anwaltspostfach)
	Geschäftszeichen

☐ Der Gläubiger beabsichtigt, für die Gerichtsvollzieherkosten ein SEPA-Lastschriftmandat zu erteilen.

Auszug aus Modul A

In der Zwangsvollstreckungssache

Module:

Zutreffendes markieren ☒ bzw. ausfüllen

A Parteien

A 1 Gläubiger

Herrn/Frau/Firma	Straße, Hausnummer
Postleitzahl, Ort	Land (wenn nicht Deutschland)

A 2 Gesetzlicher Vertreter des Gläubigers (Angaben bei jeder Art der gesetzlichen Vertretung, z. B. durch Mutter, Vater, Vormund, Geschäftsführer)

Herrn/Frau/Firma	Straße, Hausnummer
Postleitzahl, Ort	Land (wenn nicht Deutschland)

A 3 Bevollmächtigter des Gläubigers (Angaben bei jeder Art der Bevollmächtigung, z. B. Rechtsanwalt, Inkassounternehmen)

Herrn/Frau/Firma	Straße, Hausnummer
Postleitzahl, Ort	Land (wenn nicht Deutschland)

Zulässige Abweichungen am Antragsformular und elektronische Verarbeitung

Das Bundesministerium der Justiz und für Verbraucherschutz hat die Formulare in Papierform eingeführt. Inhaltliche Änderungen sind grundsätzlich nicht zulässig (§ 2 Abs. 1 GVFV). Die Rechtsverordnung sieht vor, dass die Länder Änderungen der Formulare zulassen dürfen, die es, ohne den Inhalt zu verändern oder dessen Verständlichkeit zu erschweren, ermöglichen, die Formulare in elektronischer Form auszufüllen, zu übermitteln und zu bearbeiten (§§ 3, 4 GVFV).

Dem Antragsteller ist es zudem möglich nur die Teile des Antrages an den Gerichtsvollzieher zu übermitteln, die für den Vollstreckungsauftrag relevant sind (§ 2 Abs. 3 GVFV).

Die Reihenfolge der Module darf nicht verändert werden (§ 2 Abs. 3 Satz 2 GVFV).

Im verbindlichen Antragsformular an den Gerichtsvollzieher können nicht nur unbenutzte ganze Module weggelassen werden, sondern auch nicht verwendete Unterpunkte der mit Großbuchstaben bezeichneten Module[10].

Inhaltliche Abweichungen von dem Formular sind nur in begrenztem Umfang möglich:
Das Antragsformular bietet z.B. keine vollständige und zutreffende Eintragungsmöglichkeit, wenn der Gläubiger die Vollstreckung wegen mehrerer Kostenforderungen nebst Zinsen mit gleicher Zinshöhe, aber unterschiedlichen Zinsläufen betreibt.

Sofern das Antragsformular keine vollständige und zutreffende Eintragungsmöglichkeit bietet, ist es nicht zu beanstanden, wenn der Gläubiger wegen der zu vollstreckenden Forderungen insgesamt auf eine in einer Anlage beigefügte Forderungsaufstellung verweist, auch wenn eine zutreffende Eintragung der zu vollstreckenden Forderungen in die vorgegebene Forderungsaufstellung teilweise möglich gewesen wäre[11].

---

[10] AG Mannheim, Beschluss vom 1. August 2016 – 7 M 27/16 -

[11] BGH, Beschluss vom 15.06.2016; VII ZB 58/15 (Entscheidung in Bezug auf das Antragsformular nach ZVFV), DGVZ 2016, S.

Zulässige und unzulässige Abweichungen vom Formular, § 2 GVFW)

Zulässige Abweichungen
- Veränderte Kästchengröße für Eintragungen
- Breite der Seitenränder
- Länge von Freitextfeldern
- Schriftgröße, Schriftart, Schriftstil
- Weglassen von Hilfslinien für Eintragungen in Textfeldern
- Ausrichtung des Adressfeldes

Unzulässige Abweichungen
- Weglassen von Modulbezeichnungen
- Änderung von Modultexten
- Veränderung der Reihenfolge der Module, auch wenn dies die Lesbarkeit des Formulars erhöht
- Beifügung gesonderter Forderungsaufstellung, wenn sich alle Angaben über die zum Formular gehörende Forderungsaufstellung abbilden lassen.

3. Vollstreckungsauftrag und Reihenfolge der Zwangsvollstreckung

§ 754 Vollstreckungsauftrag und vollstreckbare Ausfertigung

(1) Durch den Vollstreckungsauftrag und die Übergabe der vollstreckbaren Ausfertigung wird der Gerichtsvollzieher ermächtigt, Leistungen des Schuldners entgegenzunehmen und diese zu quittieren sowie mit Wirkung für den Gläubiger Zahlungsvereinbarungen nach Maßgabe des § 802b zu treffen.

(2) Dem Schuldner und Dritten gegenüber wird der Gerichtsvollzieher zur Vornahme der Zwangsvollstreckung und der in Absatz 1 bezeichneten Handlungen durch den Besitz der vollstreckbaren Ausfertigung ermächtigt. Der Mangel oder die Beschränkung des Auftrags kann diesen Personen gegenüber von dem Gläubiger nicht geltend gemacht werden.

Der Vollstreckungsauftrag, erteilt durch den im Titel oder in der Klausel genannten Gläubiger, löst die staatlichen Vollstreckungsmaßnahmen aus. Er ist Ausdruck der Dispositionsmaxime im Zivilprozess.

Er begründet aber kein vertragliches Auftragsverhältnis i.S.d. §§ 662 ff. BGB. Es handelt sich vielmehr um einen prozessualen Antrag auf Vollstreckung im Sinne der ZPO. Der Gerichtsvollzieher handelt als staatliches Organ der Rechtspflege selbständig, kraft staatlicher Hoheitsgewalt und nicht etwa als Vertreter des Gläubigers (§ 154 GVG). Seine Aufgabe ist es, den Vollstreckungsanspruch des Gläubigers gegen den Staat zu befriedigen, indem er den titulierten Anspruch zwangsweise verwirklicht. Der Antrag ist das Steuerungsmittel des Gläubigers. Er bestimmt mit seinem Auftrag Beginn, Umfang, Richtung und Ende des Verfahrens. Das Verfahren selbst bestimmt sich allerdings nach dem Gesetz. Das kann auch der Gläubiger nicht ändern.

Aufgrund des § 754 ZPO verleiht die Übergabe der vollstreckbaren Ausfertigung an den Gerichtsvollzieher diesem auch bestimmte Befugnisse gegenüber dem Schuldner und Dritten, die der Gläubiger gegen sich gelten lassen muss. Insbesondere ist hervorzuheben, dass der Gerichtsvollzieher in jeder Lage des Verfahrens Zahlungsvereinbarungen nach § 802b ZPO für den Gläubiger treffen kann (insbesondere Ratenzahlungen). Auf einen Mangel oder eine Beschränkung des Auftrages kann er sich dem Schuldner oder Dritten gegenüber nicht berufen.

Die Wirkungen des Vollstreckungsauftrages lassen sich wie folgt darstellen:

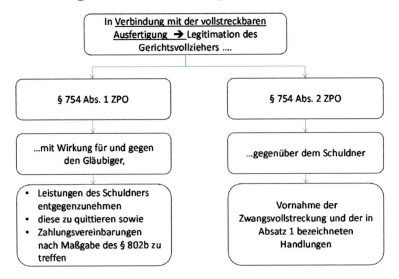

Aus § 802a Abs. 2 Nr. 1 bis Nr. 5 ZPO ergeben sich die zentralen Regelungs- und Vollstreckungsbefugnisse des Gerichtsvollziehers. Die Zwangsvollstreckung soll demnach zügig, vollständig und Kosten sparend erfolgen (§ 802a Abs. 1 ZPO).

Die vom Gläubiger begehrten Maßnahmen sind im standardisierten Vollstreckungsauftrag (dort Module D bis P) konkret zu bezeichnen (§ 802a Abs. 2 Satz 2 ZPO). Gläubiger sind daher gehalten, in dem Vollstreckungsauftrag die in § 802a Abs. 2 ZPO benannten Regelungsbefugnisse im Antrag so zu bezeichnen. Formulierungen wie „die Zwangsvollstreckung in das bewegliche Vermögen durchzuführen" oder „mit der Bitte um Durchführung der Vollstreckung" sind nicht konkret genug i.S.d. § 802a Abs. 2 Satz 2 ZPO bezeichnet.[12] Mit der Einführung des Formularauftrags dürfte sich diese Problematik zumindest bei der Vollstreckung von privatrechtlichen Forderungen erledigt haben.

Das Bestreben des Gerichtsvollziehers, in jedem Verfahrensstand auf eine gütliche Erledigung hinzuwirken, gehört zu den Amtspflichten des Gerichtsvollziehers und bedarf grundsätzlich keines eigenen Auftrages. Im Antragsformular ist unter dem Modul E und F jedoch eine Angabe des Gläubigers vorgesehen. Möglich ist auch, dass der Gläubiger die gütliche Erledigung isoliert beantragen kann (§ 802a Abs. 2 Satz 2 ZPO), siehe Modul E5, er also die Zwangsvollstreckung rein auf die gütliche Erledigung nach § 802b ZPO beschränken kann. In diesem Fall ist ein konkreter Auftrag erforderlich. Sofern der Gläubiger im Antrag (Modul E) keinerlei Angaben macht, kann der Gerichtsvollzieher ungeachtet dessen, eine Zahlungsvereinbarung mit dem Schuldner treffen (§§ 754 Abs. 1, 802b Abs. 1 ZPO), es sei denn der Gläubiger hat eine solche konkret im Auftrag ausgeschlossen (siehe Modul F).

---

[12] siehe AG Wiesloch, Beschluss v. 28.11.2014, DGVZ 2013, S. 20

wegen der aus der Anlage/den Anlagen ersichtlichen Forderung/-en zur Durchführung des folgenden Auftrags/der folgenden Aufträge:

D	☐ Zustellung
E	gütliche Erledigung (§ 802b der Zivilprozessordnung – ZPO)
E 1	☐ Ich bin einverstanden, dass die folgende Zahlungsfrist gewährt wird: _____
E 2	☐ Mit der Einziehung von Teilbeträgen bin ich einverstanden. ☐ Ratenhöhe mindestens _____ Euro ☐ monatlicher Turnus ☐ sonstiger Turnus: _____
E 3	☐ Ich bin mit einer Abweichung von den Zahlungsmodalitäten nach dem Ermessen der Gerichtsvollzieherin/des Gerichtsvollziehers einverstanden.
E 4	sonstige Weisungen ☐ _____
E 5	☐ Der Auftrag beschränkt sich auf die gütliche Erledigung.
F	keine Zahlungsvereinbarung
	☐ Mit einer Zahlungsvereinbarung bin ich nicht einverstanden (§ 802b Absatz 2 Satz 1 ZPO).

Der Gläubiger kann ansonsten frei im Rahmen des Grundsatzes der Dispositionsmaxime entscheiden, welche Maßnahme/n er nach § 802a Abs. 2 ZPO beantragen will.

Auch die Reihenfolge (siehe hierzu Modul N) steht grundsätzlich in seinem Ermessen, nachdem es keiner besonderen Voraussetzungen für die Abnahme der Vermögensauskunft bedarf, insbesondere vor der Vermögensauskunft kein Versuch einer Sachpfändung durchgeführt werden muss. Unabhängig davon sind verschiedene Maßnahmen nach § 802a Abs. 2 ZPO vom Vorliegen bestimmter Voraussetzungen abhängig.

Beispiele:
- Die Einholung einer Vermögensauskunft beim Schuldner verlangt eine Zahlungsfrist von zwei Wochen (§ 802f Abs. 1 ZPO). Es sei denn, der Gerichtsvollzieher hat den Schuldner bereits zuvor zur Zahlung aufgefordert und seit dieser Aufforderung sind zwei Wochen erfolglos (ohne Zahlung) verstrichen (§ 802f Abs. 1 Satz 4 ZPO)

- Die Auskunft Dritter über das Vermögen kann nur dann vom Gerichtsvollzieher eingeholt werden, wenn der Schuldner seiner Pflicht zur Abgabe der Vermögensauskunft nicht nachgekommen ist oder nach dem Inhalt des Vermögensverzeichnisses eine vollständige Befriedigung des Gläubigers voraussichtlich nicht zu erwarten ist (§ 802l Abs. 1 ZPO).

Dies führt dann in gewisser Weise zu (gesetzlich) bedingten Stufenaufträgen, die als kombinierte Aufträge erteilt werden können:

Beispiel:
Es liegt vor: ein Antrag auf Abnahme der Vermögensauskunft (§ 802c ZPO) und ein Antrag auf Drittstellenauskünfte nach § 802l ZPO.

Der Antrag auf Auskunftserholung bei Drittstellen ist nur in (direkter oder indirekter) Kombination mit einem Antrag auf Vermögensauskunft möglich, weil § 802l Abs. 1 ZPO voraussetzt, dass der Schuldner entweder seiner Pflicht zur Abgabe der Vermögensauskunft nicht nachgekommen ist oder sich aus dem Vermögensverzeichnis eine vollständige Befriedigung des Gläubigers nicht zu erwarten ist („Selbstauskunft geht vor Fremdauskunft"). Ein isolierter Antrag nach § 802l ZPO ist somit nur möglich, wenn der Schuldner bereits die Vermögensauskunft geleistet hat[13/14].

Für den Gläubiger bietet es sich an, sich zunächst Informationen über die Vermögenssituation des Schuldners zu verschaffen (durch Antrag auf Abgabe der Vermögensauskunft) und dann gezielt Vollstreckungsmaßnahmen (auch bei anderen Vollstreckungsorganen) zu beantragen.

Ein sofortiger Pfändungsversuch ist aber ebenso zulässig (siehe § 802 Abs. 2 Nr. 4 ZPO).

Auch kombinierte Anträge (unter einer Bedingung stehend) sind möglich. Zwar ist der Vollstreckungsauftrag als Prozesshandlung grundsätzlich als solcher

---

[13] in der Rechtsprechung strittig, siehe hierzu u.a. AG Fürth DGVZ 2014, S. 225; LG Koblenz, Beschluss vom 11. März 2015 – 2 T 84/15 –; AG Zwickau, Beschluss vom 23.06.2015 – 25310/14; LG Bonn, Beschluss vom 06.03.2015- 4 T 44/15; AG Heidelberg, DGVZ 2015, S. 226

[14] mit der Änderung in § 802l ZPO wird klargestellt, wonach weitere Gläubiger die Möglichkeit haben, die erteilten Drittstellenauskünfte, die nicht älter als drei Monate sind, ebenfalls zu erhalten oder alternativ einen erneuten Antrag auf Einholung neuer Auskünfte bei Veränderung der Vermögensverhältnisse des Schuldners zu stellen

bedingungsfeindlich, doch werden bestimmte „interprozessuale" Bedingungen als zulässig erachtet. In Verbindung mit einem anderen, konkreten Auftrag ist es z.b. möglich, weitere Aufträge unter einer Bedingung zu erteilen.

Beispiele:

- beim Schuldner eine gütliche Erledigung nach § 802b ZPO zu versuchen. Sollte dies nicht möglich sein, wird Antrag gestellt, den Schuldner zur Abgabe der Vermögensauskunft zu laden.

- Der Auftrag zur Aufenthaltsermittlung (§ 755 ZPO) mit einem Auftrag zur Abnahme der Vermögensauskunft (§§ 802 Abs. 2 Nr. 2, 802c ZPO).

- Der Auftrag, zuerst die Vermögensauskunft einzuholen und sodann für den Fall, dass sich aus ihr pfändbare Gegenstände ermitteln lassen, zu pfänden und zu verwerten.

- Auch der schon in der Vergangenheit gängige kombinierte Auftrag, nämlich Pfändungsauftrag und für den Fall der fruchtlosen Pfändung einen Auftrag auf Abgabe der Vermögensauskunft, ist möglich.

Aufträge und Auftragsverbindung bei Zahlungstiteln

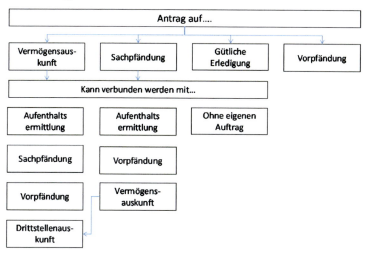

In der Praxis stellt sich für den Gerichtsvollzieher bei kombinierten Aufträgen das Problem, dass er ggf. über die Reihenfolge der Abarbeitung der Vollstreckungsaufträge dann entscheiden muss, wenn der Gläubiger keine konkreten Vorgaben gemacht hat. Im Antragsformular ist zwar hierzu eine Wahlmöglichkeit für den Gläubiger vorgesehen (siehe Modul N), dann aber problematisch, wenn dieser davon keinen Gebrauch macht.

M	**Einholung von Auskünften Dritter (§ 802l ZPO)** (bitte Hinweise zur Einholung von Auskünften Dritter in der Anlage 2 des Formulars beachten)
M1	☐ Ermittlung der Namen, der Vornamen oder der Firmen sowie der Anschriften der derzeitigen Arbeitgeber eines versicherungspflichtigen Beschäftigungsverhältnisses des Schuldners bei den **Trägern der gesetzlichen Rentenversicherung**
M2	☐ Ersuchen an das **Bundeszentralamt für Steuern**, bei den Kreditinstituten die in § 93b Absatz 1 der Abgabenordnung (AO) bezeichneten Daten abzurufen
M3	☐ Ermittlung der Fahrzeug- und Halterdaten nach § 33 Absatz 1 StVG zu einem Fahrzeug, als dessen Halter der Schuldner eingetragen ist, beim **Kraftfahrt-Bundesamt**
M4	☐ Die vorstehend ausgewählte/-n Drittauskunft/Drittauskünfte sollen nur eingeholt werden, wenn der Schuldner seiner Pflicht zur Abgabe der Vermögensauskunft nicht nachkommt.
M5	Antrag auf aktuelle Einholung von Auskünften (§ 802l Absatz 4 Satz 3 ZPO) Zur Änderung der Vermögensverhältnisse des Schuldners trage ich vor:

N	**Angaben zur Reihenfolge bzw. Kombination der einzelnen Aufträge**
N1	☐ Die Aufträge _____ werden ohne Angabe einer Reihenfolge erteilt. (Bezeichnung der Module bitte angeben)
N2	☐ Der Pfändungsauftrag soll **vor** weiteren Aufträgen durchgeführt werden.
N3	☐ Der Pfändungsauftrag soll **nach** Abnahme der Vermögensauskunft durchgeführt werden.
N4	☐ Die gestellten Aufträge sollen in folgender Reihenfolge durchgeführt werden: zuerst Auftrag _____, (Bezeichnung des Moduls bitte angeben) danach der Auftrag/die Aufträge _____ (Bezeichnung des Moduls/der Module bitte angeben)
N5	sonstige Angaben zur Reihenfolge bzw. Kombination der einzelnen Aufträge ☐ _____

O	**weitere Aufträge**
	☐ _____ ☐ _____ ☐ _____

<u>Beispiel:</u>

Der Gläubiger beantragt was folgt:
1. Vermögensauskunft nach den §§ 802c, 802f ZPO (Modul G, G1)
2. Pfändung körperlicher Sachen (Modul K)

Der Gerichtsvollzieher könnte jetzt alternativ wie folgt vorgehen:
1. Alternative:
   a) Ladung des Schuldners zur Vermögensauskunft, im Anschluss daran
   b) Pfändung
2. Alternative:
   a) Pfändung, im Anschluss daran
   b) Ladung des Schuldners zur Vermögensauskunft
3. Alternative:
   Gleichzeitiger Vollzug beider beantragter Vollstreckungsmaßnahmen

Es ist daher geradezu zu empfehlen, entsprechende Vorgaben im Antrag an den Gerichtsvollzieher vorzunehmen wie es z.B. im Modul K3 und im Modul N vorgesehen ist. Liegen keine Angaben des Gläubigers vor, so steht es im Ermessen des Gerichtsvollziehers in welcher Reihenfolge er vorgeht.

Als problematisch hat sich auch die Kombination eines Vollstreckungsauftrages im Zusammenhang mit der gütlichen Erledigung erwiesen. Vielfach beantragen Gläubiger wie folgt:

Mit dem Schuldner eine gütliche Erledigung zu versuchen, und ggf. (bei Scheitern des Versuchs der gütlichen Erledigung) die Vermögensauskunft abzunehmen. In seiner Entscheidung vom 12. Juni 2013 führt das Amtsgericht Augsburg[15] aus, dass, wenn der Gläubiger die Reihenfolge der Maßnahmen konkret vorgibt („in folgender Reihenfolge zu verfahren, 1. Mit dem Schuldner soll eine gütliche Erledigung im Sinne von § 802b ZPO versucht werden. 2. Soll dem Schuldner die Vermögensauskunft gemäß § 802c ZPO abgenommen werden"), dann ist die gütliche Erledigung zunächst isoliert beantragt, der Folgeauftrag Vermögensauskunft jedoch aufschiebend bedingt gestellt[16].

---

[15] DGVZ 2013, S. 188/189
[16] a.A. AG Leipzig, DGVZ 2013, S.189

Mit der Änderung des § 3 des Gerichtsvollzieherkostengesetzes[17] hat der Gesetzgeber nunmehr klargestellt, dass der Gerichtsvollzieher auch dann als gleichzeitig beauftragt gilt, wenn

1. der Auftrag zur Abnahme der Vermögensauskunft mit einem Vollstreckungsauftrag verbunden ist (§ 807 Absatz 1 der Zivilprozessordnung), es sei denn, der Gerichtsvollzieher nimmt die Vermögensauskunft nur deshalb nicht ab, weil der Schuldner nicht anwesend ist, oder
2. der Auftrag, eine gütliche Erledigung der Sache zu versuchen, in der Weise mit einem Auftrag auf Vornahme einer Amtshandlung nach § 802a Absatz 2 Satz 1 Nummer 2 oder Nummer 4 der Zivilprozessordnung verbunden ist, dass diese Amtshandlung nur im Fall des Scheiterns des Versuchs der gütlichen Einigung vorgenommen werden soll.

Des Weiteren kann der Gläubiger den Gerichtsvollzieher beauftragen, dem Schuldner bei wesentlicher Veränderung der Vermögensverhältnisse[18] die Vermögensauskunft erneut innerhalb der 2-jährigen Sperrfrist abzunehmen (§ 802d Abs. 1 Satz 1 ZPO), siehe Modul G3. Die Veränderung der Vermögensverhältnisse muss der Gläubiger im Antrag darlegen und ggf. auch glaubhaft machen.

G	Abnahme der Vermögensauskunft (bitte Hinweise in der Anlage 2 des Formulars beachten)
G1	☐ nach den §§ 802c, 802f ZPO (ohne vorherigen Pfändungsversuch)
G2	☐ nach den §§ 802c, 807 ZPO (nach vorherigem Pfändungsversuch) Sofern der Schuldner wiederholt nicht anzutreffen ist, ☐ bitte ich um Rücksendung der Vollstreckungsunterlagen. ☐ beantrage ich, das Verfahren zur Abnahme der Vermögensauskunft nach den §§ 802c, 802f ZPO einzuleiten.
G3	☐ erneute Vermögensauskunft nach § 802d ZPO (wenn der Schuldner bereits innerhalb der letzten zwei Jahre die Vermögensauskunft abgegeben hat) Die Vermögensverhältnisse des Schuldners haben sich wesentlich geändert, weil _____ _____ Zur Glaubhaftmachung füge ich bei: _____ _____
G4	weitere Angaben im Zusammenhang mit der Vermögensauskunft ☐ _____

---

[17] Gesetz zur Durchführung der Verordnung (EU) Nr. 655/2014 sowie zur Änderung sonstiger zivilprozessualer, grundbuchrechtlicher und vermögensrechtlicher Vorschriften und zur Änderung der Justizbeitreibungsordnung (EuKoPfVODG)
[18] zum Begriff „wesentliche Veränderung der Vermögensverhältnisse" siehe Ziffer 7.5.3

Elektronische Aufträge an den Gerichtsvollzieher

Nach § 753 Abs. 4 ZPO ist es rechtlich möglich, dem Gerichtsvollzieher schriftlich einzureichende Anträge und Erklärungen, sowie weitere im Gesetz aufgezählte Urkunden, elektronisch zu übermitteln. Voraussetzung ist allerdings nach § 753 Abs. 5 ZPO, dass die eingereichten Dokumente für die Bearbeitung beim Gerichtsvollzieher geeignet sind. Die Einführung normierter Aufträge öffnete damit der elektronischen Auftragserteilung die Tür.

Allerdings bestand für die elektronische Auftragserteilung bisher wenig Bedarf, da nach wie vor die (meist vollstreckbare) Ausfertigung des Titels in verkörperter Form dem Gerichtsvollzieher vorgelegt werden musste.

Dem hilft § 754a ZPO nun in einer großen Zahl der Fälle ab. Für die Vollstreckung aus Vollstreckungsbescheiden mit einer titulierten (Gesamt-) Forderung bis einschließlich 5.000,00 € kann demnach in eindeutigen Fällen auf die Vorlage der Ausfertigung des Titels in verkörperter Form verzichtet werden (§ 754a Abs. 1 ZPO). Dies betrifft in der Praxis einen erheblichen Teil der Vollstreckungsaufträge.

§ 754a ZPO entspricht der in der Forderungspfändung eingeführten Vorschrift des § 829a ZPO und schafft die gesetzliche Grundlage dafür, dass, unter den dort aufgeführten Voraussetzungen, auf die Vorlage des Titels in verkörperter Form verzichtet werden kann.

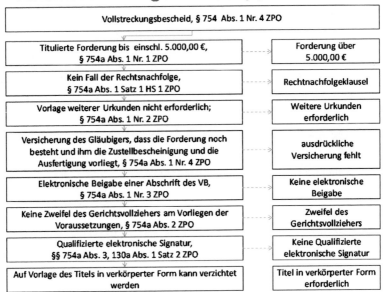

Der vereinfachte (elektronische) Auftrag ist nach § 754a Abs. 1 Satz 1 ZPO möglich, wenn die titulierte Geldforderung nicht mehr als 5.000,00 € beträgt und mit einem Vollstreckungsbescheid (§ 794 Abs. 1 Nr. 4 ZPO) tituliert wurde. Bei der Berechnung der Forderung sind titulierte Zinsen und Nebenforderungen hinzuzurechnen. Nur solche Kosten der Zwangsvollstreckung, die nach § 788 ZPO ohne Titulierung mit beigetrieben werden können, bleiben bei der Berechnung unberücksichtigt. Aber dennoch können sie mit vollstreckt werden, wenn der Gläubiger eine nachvollziehbare Aufstellung dieser Kosten samt Belegen als elektronisches Dokument übersendet.

Der Gläubiger muss nach § 754a Abs. 1 Satz 1 Nr. 4 ZPO versichern, dass er

- die Ausfertigung des Vollstreckungsbescheids
- nebst der ordnungsgemäßen Zustellbescheinigung in Händen hat
- und dass die Forderung in der Höhe des Vollstreckungsauftrages noch besteht.

Die nach § 757 Abs. 1 ZPO notwendige Übergabe des Titels bei einer vollständigen Bezahlung der Forderung durch den Schuldner entfällt. Der Gerichtsvollzieher erteilt lediglich die Quittung. Der Schuldner muss seinen Anspruch auf Herausgabe der Ausfertigung, entsprechend § 371 BGB, gegenüber dem Gläubiger nun selbst geltend machen.

Dem Schuldnerschutz vor unberechtigter Zwangsvollstreckung wird dadurch Rechnung getragen, dass der Gerichtsvollzieher bei Zweifeln am Vorliegen der Vollstreckungsvoraussetzungen, z.B. weil die elektronisch übermittelte Ausfertigung unleserlich ist oder der Forderungsbetrag unschlüssig ist, die Vorlage der Ausfertigung in verkörperter Form vor Vollstreckungsbeginn verlangen kann.

Die Übermittlung des formalisierten Auftrages, samt Ausfertigung des Vollstreckungsbescheides, als elektronisches Dokument erfolgt auf Grundlage der technischen Rahmenbedingungen, die durch die Bundesregierung auf Grund des § 130a Abs. 2 Satz 2 ZPO (mit Inkrafttreten des „Gesetzes zur Förderung des elektronischen Rechtsverkehrs mit den Gerichten" ab 01.01.2018) noch durch Rechtsverordnung festzulegen sind. Die Übermittlungswege werden demnach EGVP bzw. De-Mail (§ 130a Abs. 5 Satz 2 ZPO, ab 01.01.2018) sein.

Der Übermittlung von Dokumenten mit qualifizierter elektronischer Signatur wird, mit Inkrafttreten des „Gesetzes zur Förderung des elektronischen Rechtsverkehrs mit den Gerichten" grundsätzlich ab 1. Januar 2018 die Übermittlung über sichere Übermittlungswege als Alternative zur Seite gestellt wird. Als sichere Übermittlungswege sollen die Übermittlung über ein besonderes elektronisches Anwaltspostfach, die Übermittlung per De-Mail und weitere, zukünftig durch Rechtsverordnung zu bestimmende Wege gelten. Die in dem Gesetzentwurf vorgesehenen Maßnahmen treten schrittweise in Kraft. Seit 1. Juli 2014 können elektronische Erklärungen über De-Mail beweissicher abgegeben werden, d. h. bei einer vom Provider qualifiziert elektronisch signierten Absenderbestätigung ist die von dem De-Mail-System gewährleistete Authentizität und Integrität ausreichend, um von einem Anschein für die Echtheit einer per De-Mail abgegebenen Erklärung auszugehen. Außerdem ist seit dem 1. Juli 2014 die Zustellung von Urteilen und Beschlüssen nicht mehr in Ausfertigung, sondern nur noch in beglaubigter Abschrift vorgesehen; die Ausfertigung wird künftig nur noch auf Antrag und ausschließlich in Papierform erteilt (§ 317 Abs. 2 S. 1 ZPO n. F.). Urkunden dürfen von den Parteien nur noch in Abschrift (nicht mehr in Urschrift) bei Gericht eingereicht werden (§ 131 Abs. 1 ZPO n. F.). An dem Bedürfnis der Vorlage einer vollstreckbaren Ausfertigung bzw. einer Ausfertigung für die Belange der Zwangsvollstreckung ändert dies im Übrigen nichts.

Die technischen Voraussetzungen sind bei den Gerichtsvollziehern grundsätzlich vorhanden, allerdings ist deren EGVP-Postfach nicht allgemein zugänglich. Sollten die entsprechenden Rechtsverordnungen zum 01. Januar 2018 in Kraft treten, kann der elektronische Rechtsverkehr auch bei den Gerichtsvollziehern beginnen.

4. Ermittlung des Aufenthaltsorts des Schuldners

> **§ 755 Ermittlung des Aufenthaltsorts des Schuldners[19]**
>
> (1) Ist der Wohnsitz oder gewöhnliche Aufenthaltsort des Schuldners nicht bekannt, darf der Gerichtsvollzieher auf Grund des Vollstreckungsauftrags und der Übergabe der vollstreckbaren Ausfertigung zur Ermittlung des Aufenthaltsorts des Schuldners bei der Meldebehörde die gegenwärtigen Anschriften sowie Angaben zur Haupt- und Nebenwohnung des Schuldners erheben. Der Gerichtsvollzieher darf auch beauftragt werden, die gegenwärtigen Anschriften, den Ort der Hauptniederlassung oder den Sitz des Schuldners zu erheben
> 1. durch Einsicht in das Handels-, Genossenschafts-, Partnerschafts-, Unternehmens- oder Vereinsregister oder
> 2. durch Einholung einer Auskunft bei den nach Landesrecht für die Durchführung der Aufgaben nach § 14 Absatz 1 der Gewerbeordnung zuständigen Behörden."
>
> (2) Soweit der Aufenthaltsort des Schuldners nach Absatz 1 nicht zu ermitteln ist, darf der Gerichtsvollzieher
> 1. zunächst beim Ausländerzentralregister die Angaben zur aktenführenden Ausländerbehörde sowie zum Zuzug oder Fortzug des Schuldners und anschließend bei der gemäß der Auskunft aus dem Ausländerzentralregister aktenführenden Ausländerbehörde den Aufenthaltsort des Schuldners,
> 2. bei den Trägern der gesetzlichen Rentenversicherung die dort bekannte derzeitige Anschrift, den derzeitigen oder zukünftigen Aufenthaltsort des Schuldners sowie
> 3. bei dem Kraftfahrt-Bundesamt die Halterdaten nach § 33 Abs. 1 Satz 1 Nr. 2 des Straßenverkehrsgesetzes erheben.
>
> Ist der Schuldner Unionsbürger, darf der Gerichtsvollzieher die Daten nach Satz 1 Nummer 1 nur erheben, wenn ihm tatsächliche Anhaltspunkte für die Vermutung der Feststellung des Nichtbestehens oder des Verlusts des Freizügigkeitsrechts vorliegen. Eine Übermittlung der Daten nach Satz 1 Nummer 1 an den Gerichtsvollzieher ist ausgeschlossen, wenn der Schuldner Unionsbürger ist, für den eine Feststellung des Nichtbestehens oder des Verlusts des Freizügigkeitsrechts nicht vorliegt.
>
> (3) Nach Absatz 1 oder Absatz 2 erhobene Daten, die innerhalb der letzten drei Monate bei dem Gerichtsvollzieher eingegangen sind, darf dieser auch in einem Zwangsvollstreckungsverfahren eines weiteren Gläubigers gegen denselben Schuldner nutzen, wenn die Voraussetzungen für die Datenerhebung auch bei diesem Gläubiger vorliegen.

---

[19] In der Fassung nach dem Gesetz zur Durchführung der Verordnung (EU) Nr. 655/2014 sowie zur Änderung sonstiger zivilprozessualer Vorschriften (EuKoPfVODG)

4.1 Ermittlungsbefugnisse des Gerichtsvollziehers

Nach § 755 ZPO kann der Gerichtsvollzieher im Rahmen eines Vollstreckungsauftrages mit der Ermittlung des Aufenthaltsortes des Schuldners beauftragt werden (s.a. § 30 Abs. 1 Nr. 8, § 31 Abs. 4 GVGA). Im Antragsformular ist hierzu das Modul L vorgesehen.

L	Ermittlung des Aufenthaltsorts des Schuldners (§ 755 ZPO) (bitte Hinweise in der Anlage 2 des Formulars beachten)
L1	☐ Mir ist bekannt, dass der Schuldner unbekannt verzogen ist.
L2	☐ Negativauskunft des Einwohnermeldeamtes ist beigefügt.
	Ermittlung
L3	☐ der gegenwärtigen Anschriften sowie der Angaben zur Haupt- und Nebenwohnung des Schuldners durch Nachfrage bei der **Meldebehörde**
L4	☐ des Aufenthaltsorts durch Nachfragen beim **Ausländerzentralregister** und bei der aktenführenden **Ausländerbehörde**
L5	☐ der bekannten derzeitigen Anschrift sowie des derzeitigen oder zukünftigen Aufenthaltsorts des Schuldners bei den **Trägern der gesetzlichen Rentenversicherung**
L6	☐ der Halterdaten nach § 33 Absatz 1 Satz 1 Nummer 2 des Straßenverkehrsgesetzes (StVG) des Schuldners beim **Kraftfahrt-Bundesamt**
L7	☐ der gegenwärtigen Anschriften, des Ortes der Hauptniederlassung oder des Sitzes des Schuldners durch Einsicht in das **Handels-, Genossenschafts-, Partnerschafts-, Unternehmens- oder Vereinsregister**
L8	☐ der gegenwärtigen Anschriften, des Ortes der Hauptniederlassung oder des Sitzes des Schuldners durch Einholung einer Auskunft bei den nach Landesrecht für die Durchführung der Aufgaben nach § 14 Absatz 1 der **Gewerbeordnung (GewO) zuständigen Behörden**
L9	Hinweise zur Reihenfolge der Ermittlungen (wenn Anfrage nach den Modulen L3, L7 und L8 ergebnislos oder ein Fall des Moduls L1 gegeben ist) ☐

Örtlich zuständig ist der Gerichtsvollzieher, in dessen Bezirk die letzte bekannte Anschrift des Schuldners lag, § 17 Abs. 1 Satz 1 GVO. Die letzte bekannte Anschrift ist dabei die im Vollstreckungstitel genannte. Sollte dem Gläubiger eine solche Anschrift nicht bekannt sein oder hat er keinerlei Kenntnisse über frühere Aufenthalte des Schuldners vorliegen, so ist der Gerichtsvollzieher örtlich zuständig, wo der beantragende Gläubiger seinen Wohnsitz hat, § 17 Abs. 1 Satz 2 GVO. Diese Fälle sind von der praktischen Seite wohl eher selten, da sich aus dem vorliegenden Titel immer eine Anschrift im Inland für den Gläubiger ergibt. Die Zuständigkeit des Gerichtsvollziehers ist daher immer nach der im Titel genannten Adresse zu ermitteln (also § 17 Abs. 1 Satz 1 GVO ist grundsätzlich anwendbar)[20]. Sollte sich aufgrund der Aufenthaltsermittlung die Zuständigkeit eines anderen Gerichtsvollziehers

---

[20] das LG Frankenthal (s. DGVZ 2013, S. 186) hatte den Fall zu beurteilen, wenn ein ausländischer Titel im Inland vollstreckt werden soll und der Gläubiger über frühere Wohnsitze bzw. Aufenthalte des Schuldners im Inland keine Kenntnisse vorliegen hat; dann wäre eine Zuständigkeit aller Gerichtsvollzieher im Bundesgebiet eröffnet; sollte sich dann eine Zuständigkeit eines anderen Gerichtsvollziehers ergeben, wäre der Auftrag an diesen von Amts wegen abzugeben

ergeben, gibt der Gerichtsvollzieher das Verfahren von Amts wegen an diesen ab, § 17 Abs. 2 GVO.

Der Gerichtsvollzieher kann nur im Zusammenhang mit einem Zwangsvollstreckungsauftrag mit der Aufenthaltsermittlung beauftragt werden[21].

In Frage kommen daher die Verbindungen:
- Pfändungsauftrag (§ 802a Abs. 2 Nr. 4, §§ 808 ff. ZPO) / Aufenthaltsermittlung
- Vermögensauskunft (§ 802a Abs. 2 Nr. 3 ZPO) / Aufenthaltsermittlung
- Wegnahmeauftrag (§ 883 ZPO) / Aufenthaltsermittlung

Dass der Gerichtsvollzieher auch im Zusammenhang mit einem Wegnahmeauftrag nach § 883 ZPO mit der Aufenthaltsermittlung beauftragt werden kann, ergibt sich aus der Stellung des § 755 ZPO in dem 1. Abschnitt des 8. Buches der ZPO, der für alle Vollstreckungsverfahren des Gerichtsvollziehers Geltung hat.

Eine Ermittlung des Aufenthalts von Amts wegen für Gläubigerzwecke ist nicht vorgesehen. Aus der Formulierung in § 755 Abs. 1 ZPO „darf" kann auch kein Ermessen des Gerichtsvollziehers geschlossen werden. Die Formulierung gibt dem Gerichtsvollzieher lediglich die Berechtigung, bei den genannten Behörden Anfragen zu dürfen. Bei Vorliegen der Voraussetzungen muss der Gerichtsvollzieher den Aufenthalt ermitteln. Die entsprechenden Ermächtigungsvorschriften für die Behörden finden sich in § 18 Abs. 1 MRRG (Meldebehörde), in § 90 Abs. 6 AufenthG (Ausländerbehörde), in § 74a Abs. 2 SGB X (Rentenversicherungsträger) und in § 35 Abs. 4c StVG (Kraftfahrt-Bundesamt).

§ 755 ZPO enthält außerdem die nach dem Datenschutz erforderliche Datenerhebungsbefugnis des Gerichtsvollziehers und die konkrete Ausgestaltung, bei welchen Stellen, welche Angaben und zu welchem Zweck Daten erholt werden können. Diese Befugnis umfasst aber grundsätzlich nicht die Speicherung der Daten über den konkreten Auftrag hinaus. Inwieweit erhobene Daten für andere Gläubiger

---

[21] LG Heidelberg (Beschluss vom 20.01. 2014– 2 T 89/13; DGVZ 2014, S. 93): Soll der Gerichtsvollzieher mit einer Adressermittlung beauftragt werden, so ist daneben ein Vollstreckungsauftrag zu erteilen, der eine konkrete Vollstreckungsmaßnahme bezeichnet. Bestätigt durch BGH (Beschluss vom 14. August 2014 – VII ZB 4/14 –; DGVZ 2014, S. 257)

(im Verfahren gegen denselben Schuldner) verwendet werden dürfen war strittig. Der Gesetzgeber hat dies durch das Gesetz zur Durchführung der Verordnung (EU) Nr. 655/2014 sowie zur Änderung sonstiger zivilprozessualer Vorschriften (EuKoPfVODG) klargestellt. Gemäß § 755 Abs. 3 ZPO darf der Gerichtsvollzieher Daten, die er beim Einwohnermeldeamt, beim Handelsregister oder dem Gewerbeamt sowie bei den in § 755 Abs. 2 ZPO genannten Stellen eingeholt hat, für weitere Gläubiger verwenden, sofern die Daten nicht älter als drei Monate sind. Zudem müssen auch für diese Gläubiger die Voraussetzungen der Datenerhebung nach § 755 Abs.1 und 2 ZPO vorliegen.

Voraussetzungen der Aufenthaltsermittlung

- ZV-Auftrag des Gläubigers und konkreter Ermittlungsauftrag erforderlich
    - Isolierte Beauftragung nicht möglich
- Übergabe der vollstreckbaren Ausfertigung des Schuldtitels durch den Gläubiger bzw. dessen Vertreter (Zustellung des Titels und besondere Voraussetzungen nicht erforderlich)
- Wohnsitz oder gewöhnlicher Aufenthaltsort des Schuldners ist nicht bekannt (Glaubhaftmachung ist nicht erforderlich; Behauptung ausreichend)
- Zuständigkeit
    - Sachlich/funktionell: § 755 Abs. 1 Satz 1, der Gerichtsvollzieher
    - Örtlich:
        - § 17 GVO (§ 34 Abs. 4 S. 1 GVGA)
        - Der Gerichtsvollzieher der letzten bekannten Anschrift
        - frühestens Titelanschrift
        - Wohnsitz des Gläubigers

4.2 Antrag des Gläubigers

Die Regelung des § 755 ZPO überträgt dem Gerichtsvollzieher die Aufgabe, erforderlichenfalls den Aufenthaltsort des Schuldners zu ermitteln. Hier wird der geltende Beibringungsgrundsatz in der Zwangsvollstreckung durchbrochen, wonach es Aufgabe des Gläubigers war, den Wohnsitz des Schuldners in Eigenregie zu ermitteln.

Die Befugnis steht dem Gerichtsvollzieher nicht von Amts wegen zu, sondern nur auf Grund eines gesonderten Antrags des Gläubigers (siehe § 755 Abs. 1 ZPO „auf Grund des Vollstreckungsauftrages"). Eine generelle Beauftragung durch den Vollstreckungsauftrag, wie man aus der Gesetzesformulierung herauslesen könnte, so dass der Ermittlungsauftrag nach § 755 ZPO von jedem Vollstreckungsauftrag immer mit umfasst ist, liegt aber nicht vor (in § 755 Abs. 1 ZPO heißt es ja nur: „darf der Gerichtsvollzieher *auf Grund des Vollstreckungsauftrages*"). Der Gerichtsvollzieher kann eine Aufenthaltsermittlung nur dann durchführen, wenn er vom Gläubiger entsprechend beauftragt wurde. Dies auch schon deshalb, weil durch die Aufenthaltsermittlung Gebühren und Auslagen entstehen[22].

Einen rein isolierten Antrag auf Aufenthaltsermittlung an den Gerichtsvollzieher wollte der Gesetzgeber nicht[23]. Dies ergibt sich schon aus der Formulierung in § 755 Abs. 1 ZPO „auf Grund des Vollstreckungsauftrags". Die Aufenthaltsermittlung ist keine Zwangsvollstreckungsmaßnahme, sondern eine Vorermittlung zur Durchführung von Vollstreckungshandlungen. Eine Aufenthaltsermittlung nach § 755 ZPO kommt also nur im Rahmen von Vollstreckungshandlungen, wie sie sich aus § 802a ZPO ergeben, in Betracht[24].

4.3 Vollstreckbare Ausfertigung des Titels

Neben dem Antrag zur Aufenthaltsermittlung bedarf es einer vollstreckbaren Ausfertigung des Titels, die dem Gerichtsvollzieher vorliegen muss. Das heißt, es muss eine mit einer Vollstreckungsklausel versehene Ausfertigung des Titels vorliegen (§ 724 Abs. 1 ZPO). Für Titel, die keiner Vollstreckungsklausel bedürfen, genügt die Ausfertigung des Titels (z.B. Vollstreckungsbescheid, § 796 ZPO).

---

[22] Gebührentatbestand KVGvKostG Nr. 440: 13,00 €; Auslagentatbestand KVGvKostG Nr. 708
[23] s.a. AG Leipzig, Beschluss v. 23.09.13, DGVZ 2013, S. 245
[24] AG Wiesloch, Beschluss v. 28.11.13 , DGVZ 2014, S. 20: soll auf Antrag des Gläubigers durch den Gerichtsvollzieher eine Adressermittlung durchgeführt werden, ist die beantragte Zwangsvollstreckungsmaßnahme im Auftrag zu bezeichnen

> **Hinweis:**
> Eine Zustellung des Titels als Voraussetzung für die Aufenthaltsermittlung nach § 755 ZPO ist nicht erforderlich. Auch besondere Voraussetzungen der Zwangsvollstreckung (wie Nachweis der Sicherheitsleistung, § 751 Abs. 2 ZPO) müssen für die Aufenthaltsermittlung nicht vorliegen. Die genannten Voraussetzungen müssen jedoch spätestens mit Beginn der -gleichzeitig beantragten- Zwangsvollstreckung nachgewiesen sein.

4.4 Wohnsitz/Aufenthaltsort des Schuldners nicht bekannt

Die Aufenthaltsermittlung ist keine Primäraufgabe des Gerichtsvollziehers und kann, wenn sie notwendig ist, in Verbindung mit einem Vollstreckungsauftrag, z.b. einem Sachpfändungs- oder Vermögensauskunftsantrag erfolgen. Der Gläubiger muss darlegen, dass ihm der aktuelle Aufenthalt des Schuldners nicht bekannt ist. Eine Glaubhaftmachung i.S.d. § 294 ZPO ist allerdings nicht erforderlich.

Auch ein bedingter Auftrag zur Anschriftenermittlung für den Fall, dass sich bei der Vollstreckung herausstellt, dass der Schuldner nicht unter der angegebenen Anschrift zu ermitteln ist, ist zulässig. Allerdings wird dieser Auftrag dann nur existent, wenn die Bedingung eingetreten ist. Stellt sich bei der Aufenthaltsermittlung heraus, dass der angegangene Gerichtsvollzieher für die spätere Vollstreckungsmaßnahme örtlich unzuständig ist, ist der Auftrag von Amts wegen abzugeben (§ 17 Abs. 2 GVO).

4.5 Durchführung der Aufenthaltsermittlung

Die Ermittlung des Aufenthaltsortes des Schuldners durch den Gerichtsvollzieher ist nach § 755 ZPO *in mehreren Eskalationsstufen* geregelt. Er soll nämlich vorrangig bei den Meldebehörden (Einwohnermeldeamt), bei Handelsgesellschaften und Einzelkaufleuten im Handelsregister, Genossenschaftsregister, Vereinsregister beim Gewerbeamt etc. die aktuelle(n) Anschrift(en) des Schuldners ermitteln (§ 755 Abs. 1 ZPO) und nur wenn diese Anfrage scheitert, nachrangig beim Ausländerzentralregister, bei den Trägern der gesetzlichen Rentenversicherung und beim Kraftfahrt-Bundesamt (§ 755 Abs. 2 ZPO) anfragen. Mit der Änderung des

§ 755 ZPO durch das EuKoPfVODG verzichtet der Gesetzgeber nunmehr auf die Wertgrenze der zu vollstreckenden Ansprüche von mindestens 500,- €. Diese (Bagatell-)Grenze (§ 755 Abs. 2 Satz 4 ZPO a.f.) hat die Ermittlungsmöglichkeiten in Vollstreckungsverfahren von Gläubigern geringerer Forderungen (unter der Wertgrenze von 500,- €) eingeschränkt bzw. benachteiligt. Mit der Abschaffung der 500,- € Grenze können nunmehr auch Gläubiger von Kleinforderungen bei den Trägern der gesetzlichen Rentenversicherung und dem Kraftfahrt-Bundesamt eine Auskunft über den Gerichtsvollzieher verlangen. Weiterhin sind die im Zusammenhang mit der Wertgrenze entstandenen unterschiedlichen Auslegungsfragen in Literatur und Rechtsprechung damit obsolet.

Anknüpfungspunkt für die Aufenthaltsermittlung ist die letzte bekannte Anschrift des Schuldners, die nicht unbedingt mit der Meldeadresse identisch sein muss (z.B. die sich aus dem Titel ergebende Adresse). Zuständig für die Aufenthaltsermittlung ist der Gerichtsvollzieher bei dem Amtsgericht, in dessen Bezirk die letzte bekannte Anschrift des Schuldners lag, § 17 Abs. 1 Satz 1 GVO. Letztlich kann das auch die im Titel genannte Adresse sein, wenn weiteres nicht bekannt ist. Nach Vorliegen der Voraussetzungen ist der Gerichtsvollzieher ermächtigt aber auch verpflichtet, bei den Auskunftsstellen Auskünfte einzuholen.

Sobald die Adresse ermittelt ist, kann die Zuständigkeit für die erforderlichen weiteren Vollstreckungshandlungen bestimmt werden. Ist der ursprünglich angegangene Gerichtsvollzieher für die weiteren Maßnahmen nicht (mehr) zuständig, gibt er den Auftrag von Amts wegen an den zuständigen Gerichtsvollzieher ab und verständigt den Gläubiger von der Abgabe. Insoweit gelten die Regeln der GVO (§ 17 GVO).

Handelt es sich allerdings um einen Auftrag zur Abnahme der Vermögensauskunft und wohnt der Schuldner schon bei Auftragseingang nicht im Bezirk des ursprünglich angegangenen Gerichtsvollziehers, war dieser also von Anfang an nicht zuständig, § 137 Abs. 1 Satz 1 GVGA, § 20 GVO.

In diesem Zusammenhang sind folgende Konstellationen denkbar:

- Stellt sich heraus, dass der Schuldner **innerhalb des Amtsgerichtsbezirk verzogen ist** (also im Bezirk eines anderen Gerichtsvollziehers wohnt), gibt er den Antrag des Gläubigers an diesen Gerichtsvollzieher ab, § 137 Abs. 1 Satz 3 GVGA, § 20 Abs. 2 Nr. 1 GVO. Dieser benachrichtigt den Gläubiger von der Übernahme des Auftrags.

- Ist der Schuldner in den Bezirk eines **anderen Amtsgerichts** verzogen, muss der Gerichtsvollzieher den Gläubiger auf den gegebenen Umstand hinweisen und **auf Antrag** des Gläubigers das Verfahren an den zuständigen Gerichtsvollzieher (Amtsgericht-Gerichtsvollzieherverteilerstelle) weiter leiten (§ 802e Abs. 2 ZPO, § 20 Abs. 2 Nr. 2 GVO, § 137 Abs. 1 Satz 5 GVGA). Ist der Wohnsitz bzw. Aufenthalt des Schuldners nach Rückleitung der Ladung zum Termin zur Vermögensauskunft unbekannt ist wie folgt unterscheiden:
  1. Wenn der Gläubiger einen Antrag nach § 755 ZPO zur Aufenthaltsermittlung gestellt hat, führt der Gerichtsvollzieher zunächst den Auftrag aus, § 137 Abs. 1 Satz 5 GVGA; stellt sich bei den Ermittlungen heraus, dass ein anderer Gerichtsvollzieher örtlich zuständig ist, gibt der ermittelnde Gerichtsvollzieher das Verfahren an diesen von Amts wegen ab, § 17 Abs. 2 GVO
  2. Hat der Gläubiger keinen Antrag nach § 755 ZPO gestellt, oder ergibt die Ermittlung keine Erkenntnisse zu einem neuen Wohnsitz des Schuldners (erfolglose Aufenthaltsermittlung), gibt der Gerichtsvollzieher das Verfahren an den Gläubiger zurück, § 137 Abs. 1 Satz 6 GVGA, § 20 Abs. 2 Nr. 2 GVO.

4.5.1 Aufenthaltsermittlung bei der Meldebehörde

Die Rechtsgrundlage für eine Datenübermittlung der Meldebehörde an den Gerichtsvollzieher findet sich zunächst in § 755 Abs. 1 Satz 1 ZPO. Da dieser eine „sonstige öffentliche Stelle" i.S.d. § 18 Abs. 1 Satz 1 Melderechtsrahmengesetz (MRRG) ist, reicht die Vorschrift des § 18 Abs. 1 MRRG für eine Datenübermittlung der Meldebehörde an den Gerichtsvollzieher als Rechtsgrundlage aus.
Der Gerichtsvollzieher darf nur die gegenwärtige Anschrift sowie Angaben zur Haupt- und Nebenwohnung des Schuldners erheben (§ 755 Abs. 1 Satz 1 ZPO). Dies sind

die Angaben gemäß § 18 Abs. 1 Nr. 10 MRRG[25]. In der ab 01. November 2015 gültigen Meldedatenverordnung ist für Bayern geregelt:

§ 25
Datenübermittlungen an die Gerichtsvollzieher
Zur Erfüllung ihrer Aufgaben nach § 755 Abs. 1 und § 882c Abs. 3 der Zivilprozessordnung (ZPO) können bayerische Gerichtsvollzieher aus dem nach Art. 7 Abs. 1 BayAGBMG geschaffenen zentralen Meldedatenbestand folgende Daten automatisiert abrufen:

1. Familienname
2. frühere Namen
3. Vornamen
4. Doktorgrad
5. Ordensname, Künstlername
6. Geburtsdatum und Geburtsort sowie bei Geburt im Ausland auch den Staat
7. derzeitige Anschriften (Haupt- und Nebenwohnung)
8. Einzugsdatum und Auszugsdatum
9. Sterbedatum und Sterbeort

Unzulässig ist die Weitergabe einer erteilten Meldeauskunft an den Gläubiger, wenn bei der Meldebehörde eine Auskunftssperre nach § 51 Bundesmeldegesetz (BMG) nach dem betroffenen Schuldner vorliegt[26]. Ansonsten ist auf Antrag des Gläubigers eine Abschrift der eingeholten Adressauskunft zu erteilen[27].

Der Gläubiger kann dem Gerichtsvollzieher aber auch selbst eine Einwohnermeldeamtsanfrage vorlegen (um die Voraussetzungen für eine Abfrage bei den in § 755 Abs. 2 ZPO genannten Stellen zu schaffen), siehe § 31 Abs. 4 Satz 2 GVGA. Der Gerichtsvollzieher kann daher den Auftrag nicht ablehnen, bei dem in § 755 Abs. 2 ZPO genannten Stellen anzufragen, mit der Begründung, dass er selbst zunächst gemäß § 755 Abs. 1 beim Einwohnermeldeamt ermitteln müsste.

---

[25] bzw. für Bayern: § 25 MeldDV (Meldedatenverordnung vom 15.09.2015)
[26] AG Marbach am Neckar (Beschluss vom 20.12. 2013 – 3 M 1312/13)
[27] AG Leipzig (Beschluss vom 20.12.2013 – 434 M 19788/13):

Gemäß § 31 Abs. 4 Satz 3 GVGA sollte die vom Gläubiger vorgelegte Negativauskunft bei Auftragseingang nicht älter als einen Monat sein.[28]

Kosten der Auskunftserholung bei der Meldebehörde

Es steht in der Satzungskompetenz der jeweiligen Gemeinde zu entscheiden, ob Gebühren für die Abfrage nach § 755 ZPO bei der Meldebehörde erhoben werden und wenn ja, in welcher Höhe. Da es in Deutschland ca. 5.000 Einwohnermeldeämter gibt, gelten für jedes Einwohnermeldeamt unterschiedliche Gebührensätze. Anfragen im Rahmen des § 755 ZPO erfolgen nicht im Wege der Amtshilfe, sondern auf Betreiben der Gläubigerpartei. Deshalb erheben die Meldebehörden entsprechende Gebühren, die regional variieren.

Im Gerichtsvollzieherkostengesetz (GvKostG) wurde ein allgemeiner Auslagentatbestand in Nr. 708 KV GvKostG geschaffen.

> 708 KV GvKostG:
> An deutsche Behörden für die Erfüllung von deren eigenen Aufgaben zu zahlende Gebühren sowie diejenigen Auslagen, die diesen Behörden, öffentlichen Einrichtungen oder deren Bediensteten als Ersatz für Auslagen der in den Nummern 700 und 701 bezeichneten Art zustehen.

Die Gerichtsvollzieher sind nach § 4 Abs. 1 GvKostG verpflichtet, die Anfrage beim Einwohnermeldeamt von einem Kostenvorschuss für die Auslagen abhängig zu machen.

4.5.2 Aufenthaltsermittlung bei Juristischen Personen

Gemäß § 755 Abs. 1 Satz 2 ZPO kann der Gerichtsvollzieher auch Anschriften der Hauptniederlassung oder des Sitzes juristischer Personen, von Personenvereinigungen, Kaufleuten sowie von sonstigen Gewerbetreibenden ermitteln. Die Einsichtnahme kann unter anderem über das Registerportal der Länder (§ 9 Abs. 1 Satz 4 HGB unter www.handelsregister.de) und über das

---

[28] AG Offenbach, Beschluss vom 15.07.13: EMA-Anfrage des Gläubigers sollte nicht älter als zwei bis vier Wochen sein, DGVZ 2013, S. 188

Unternehmensregister (§ 8b HGB unter www.unternehmensregister.de) erfolgen. Dies gilt ebenfalls mit Blick auf Anschriften von Gewerbetreibenden, die im Rahmen der Anzeige nach § 14 Abs. 1 Gewerbeordnung (GewO) erfasst werden und gemäß § 14 Abs. 5 Satz 2 GewO allgemein zugänglich gemacht werden dürfen.

Mit den weiteren Abfragemöglichkeiten nach § 755 Abs. 1 Satz 2 ZPO hat der Gesetzgeber das Antragsformular nach der GVFV mit den Modulen L7 und L8 und die Anlage 2 (Hinweise zum Ausfüllen) ergänzt[29].

L7	☐	der gegenwärtigen Anschriften, des Ortes der Hauptniederlassung oder des Sitzes des Schuldners durch Einsicht in das **Handels-, Genossenschafts-, Partnerschafts-, Unternehmens- oder Vereinsregister**
L8	☐	der gegenwärtigen Anschriften, des Ortes der Hauptniederlassung oder des Sitzes des Schuldners durch Einholung einer Auskunft bei den nach Landesrecht **für die Durchführung der Aufgaben nach § 14 Absatz 1 der Gewerbeordnung (GewO) zuständigen Behörden**
Modul L		**Hinweise zur Ermittlung des Aufenthaltsorts des Schuldners (§ 755 ZPO)** Der Auftrag ist nur in Verbindung mit einem Vollstreckungsauftrag und nur für den Fall zulässig, dass der Wohnsitz oder der gewöhnliche Aufenthaltsort bzw. die gegenwärtige Anschrift, der Ort der Hauptniederlassung oder der Sitz des Schuldners nicht bekannt ist. Die Anfragen beim Ausländerzentralregister und der aktenführenden Ausländerbehörde (Modul L4), bei den Trägern der gesetzlichen Rentenversicherung (Modul L5) sowie beim Kraftfahrt-Bundesamt (Modul L6) sind nur zulässig, falls der Aufenthaltsort des Schuldners durch Nachfrage bei der Meldebehörde (Modul L3) nicht zu ermitteln ist. Der Nachfrage bei der Meldebehörde steht gleich die Einsicht in das Handels-, Genossenschafts-, Partnerschafts-, Unternehmens- oder Vereinsregister (Modul L7) und die Einholung einer Auskunft bei den nach Landesrecht für die Durchführung der Aufgaben nach § 14 Absatz 1 der Gewerbeordnung zuständigen Behörden (Modul L8) bei dem Schuldner, der in die genannten Register eingetragen ist. Die Anfrage beim Ausländerzentralregister (Modul L4) ist bei Unionsbürgern nur zulässig, wenn – darzulegende – tatsächliche Anhaltspunkte für die Vermutung der Feststellung des Nichtbestehens oder des Verlusts des Freizügigkeitsrechts vorliegen.

In der Konsequenz dieser weiteren Ermittlungsmöglichkeiten des Gerichtsvollziehers nach § 755 ZPO und dem damit verbundenen Aufwand ist auch das Gerichtsvollzieherkostengesetz (GvKostG) samt Anlage Kostenverzeichnis geändert worden. Entscheidend ist hierbei, dass grundsätzlich zu unterscheiden ist, ob eine Ermittlung nach § 755 Abs. 1 ZPO erfolgt (dann ermäßigte Gebühr: 5,00 €, KVNr. 441) oder nach § 755 Abs. 2 ZPO (dann Gebühr: 13,00 €, KVNr. 440). Es erfolgt also eine Staffelung der Gebührenhöhe je nach Aufwand bei der Datenerhebung.

---

[29] Die Änderungen der Gerichtsvollzieherformular-Verordnung treten erst ab dem auf die Verkündung folgenden Monat in Kraft, um der Praxis Klarheit zu geben, ab welchem Zeitpunkt das neugefasste Formular für den Vollstreckungsauftrag an den Gerichtsvollzieher anwendbar ist.

Wenn der Gerichtsvollzieher Daten zur Ermittlung nach § 755 Abs. 1 ZPO online erholt (und diese dann sofort zur Verfügung stehen), ist der Aufwand nicht so hoch einzustufen (daher die ermäßigte Gebühr i.H.v. 5,- € nach KV Nr. 441) als bei der Einholung einer Auskunft bei den in § 755 Abs. 2 ZPO (und § 802l ZPO) genannten Stellen. Dies dürfte bei den handelsrechtlichen Registern (Handels-Genossenschaftsregister etc.) zutreffen. In aller Regel verfügen Gerichtsvollzieher über einen Onlinezugang zu den entsprechenden Registern. Für das Verfahren zur Einholung einer Auskunft bei den Gewerbeämtern (§ 14 Abs. 1 GewO) sieht es jedoch anders aus. Hier besteht keine einheitliche Handhabung (nicht alle Städte und Gemeinden verfügen über ein Onlineportal). Das bedeutet, dass unter Umständen ein Papierrücklauf abzuwarten ist, so dass mit einem größeren Aufwand zu rechnen ist. Nicht nachvollziehbar ist jedoch, dass eine Anfrage bei den in § 755 Abs. 2 ZPO genannten Stellen aufwendiger sein soll. Nach derzeitigem Kenntnisstand sind mittlerweile fast alle Anfragen an diese Stellen ebenso durch ein Onlineportal möglich. Einzig beim Ausländerzentralregister und beim Kraftfahrtbundesamt (KBA) ist nur eine Anfrage in Papierform zulässig. Diese Anfragen sind jedoch in der Praxis zu vernachlässigen. Insoweit wäre eine einheitliche gebührenrechtliche Handhabung wünschenswert gewesen.

Gemäß § 10 Abs. 2 Nr. 3 GvKostG sind die Gebühren KVNr. 440 (Erhebung von Daten nach § 755 Abs. 2 ZPO) und KV Nr. 441 (Erhebung von Daten nach § 755 Abs. 1 ZPO) gesondert zu erheben und es fällt für jede Abfrage bei der in § 755 Abs. 1 und Abs. 2 ZPO genannten Stellen eine Gebühr an.

GvKostG

§ 10 Abgeltungsbereich der Gebühren

(1)...

(2) Ist der Gerichtsvollzieher beauftragt, die gleiche Vollstreckungshandlung wiederholt vorzunehmen, sind die Gebühren für jede Vollstreckungshandlung gesondert zu erheben. Dasselbe gilt, wenn der Gerichtsvollzieher auch ohne ausdrückliche Weisung des Auftraggebers die weitere Vollstreckung betreibt, weil nach dem Ergebnis der Verwertung der Pfandstücke die Vollstreckung nicht zur vollen Befriedigung des Auftraggebers führt oder Pfandstücke bei dem Schuldner abhandengekommen oder beschädigt worden sind. Gesondert zu erheben sind

1. eine Gebühr nach Abschnitt 1 des Kostenverzeichnisses für jede Zustellung,
2. eine Gebühr nach Nummer 430 des Kostenverzeichnisses für jede Zahlung,
3. eine Gebühr nach Nummer 440 oder Nummer 441 des Kostenverzeichnisses für die Erhebung von Daten bei jeder der in den §§ 755 und 802l der Zivilprozessordnung genannten Stellen und
4. eine Gebühr nach Nummer 600 des Kostenverzeichnisses für jede nicht erledigte Zustellung.

(3) ....

Anlage Kostenverzeichnis zum GvKostG

440
Erhebung von Daten bei einer der in § 755 Abs. 2, § 802l Abs. 1 ZPO genannten
Stellen...................................13,00 €

Die Gebühr entsteht nicht, wenn die Auskunft nach § 882c Abs. 3 Satz 2 ZPO eingeholt wird.

441
Erhebung von Daten bei einer der in § 755 Abs. 1 ZPO genannten
Stellen...................................5,00 €

Die Gebühr entsteht nicht, wenn die Auskunft nach § 882c Abs. 3 Satz 2 ZPO eingeholt wird.

442
Übermittlung von Daten nach § 802l Abs. 4 ZPO ....5,00 €

4.5.3 Aufenthaltsermittlung beim Ausländerzentralregister

Abfrage Ausländerzentralregister

- Gegenüber der Melderegisterabfrage nachrangig („soweit der Aufenthalt nach 1 nicht zu ermitteln ist")
- Daten mit EMA in der Regel identisch
- Rechtsgrundlagen
  - Berechtigung des Gerichtsvollziehers, § 755 Abs. 2 Nr. 1
  - Auskunftspflicht Meldebehörde: § 14 Ausländerzentralregistergesetz (Gerichtsvollzieher ist „sonstige öffentliche Stelle"
- Vorgehensweise: § 755 Abs. 2 Nr. 1ZPO
  - 1. Schritt:
    - Ausländerzentralregister (Auskunftserteilung d.d. Bundesverwaltungsamt in Köln)
    - Gespeichert sind alle Ausländer, die sich länger als 3 Monate in Deutschland aufhalten, die Visa-Datei enthält alle Personen die ein deutsches Visa beantragt haben
    - Keine Auskünfte über EU-Bürger (EuGH, 16.12.2008)
    - Ergebnis (automatische Abfrage, wie ist noch offen): Geschäftszeichen und zuständige Ausländerstelle
  - 2. Schritt:
    - Anfrage bei den regionalen Ausländerbehörden (Gemeinde oder Kreis)
    - Auskunftsplicht nach § 90 Abs. 6 AufenthG
    - Ergebnis: Aufenthaltsort des Schuldners

Die Ermittlungsbefugnisse des Gerichtsvollziehers stützen sich vorrangig auf die Melderegister (siehe § 755 Abs. 2, *„soweit der Aufenthaltsort des Schuldners nach Absatz 1 nicht zu ermitteln ist"*). Die Datenerhebung beim Ausländerzentralregister (AZR), bei den Trägern der gesetzlichen Rentenversicherung (DRVS) und beim Kraftfahrt-Bundesamt (KBA) ist gegenüber der Melderegisterauskunft subsidiär (§ 755 Abs. 2 ZPO).

Sollten die Ermittlungen des Gerichtsvollziehers also nach § 755 Abs. 1 ZPO bei der Meldebehörde scheitern, kann bei **ausländischen** Schuldnern auf das AZR zugegriffen werden. Die Rechtsgrundlage für eine Datenübermittlung des Ausländerzentralregisters an den Gerichtsvollzieher findet sich zunächst in § 755 Abs. 2 Nr. 1 ZPO i.V.m. § 14 Ausländerzentralregistergesetz (AZRG). Da der Gerichtsvollzieher eine *„sonstige öffentliche Stelle"* i.S.d. § 14 Abs. 1 AZRG ist, genügt dies als Rechtsgrundlage für eine Datenübermittlung des AZR an den Gerichtsvollzieher.

Im Ausländerzentralregister sind grundsätzlich alle Ausländer, die sich in der BRD aufhalten, registriert. Aufgrund der Rechtsprechung des Europäischen Gerichtshofs (EuGH) dürfen jedoch nicht sämtliche Daten ausländischer Bürger an anfragende Stellen, wie z.b. Gerichtsvollzieher, herausgegeben werden.

So hat der EuGH in seiner Entscheidung vom 16.12.2008[30] („Huber-Urteil") festgestellt, dass Daten von EU-Ausländern im Ausländerzentralregister nur in sehr begrenztem Rahmen gespeichert werden dürfen und nur für bestimmte Verwendungszwecke Auskünfte erteilt werden können. Das heißt im Ergebnis, dass Daten von EU-Bürgern nur noch zur Durchführung ausländer- und asylrechtlicher Aufgaben für die mit solchen Aufgaben betrauten Behörden im AZR gespeichert und für diese Zwecke abgerufen bzw. übermittelt werden dürfen. Für andere, als die vorgenannten Zwecke ist eine Datenübermittlung nicht zulässig.

Beachte:

Eine Auskunft aus dem AZR an den Gerichtsvollzieher nach § 755 Abs. 2 Nr. 1 ZPO ist daher bei EU-Ausländern nicht möglich und kann nur bei Ausländern, die keine EU-Bürger sind, erfolgen.

Das Auskunftsverfahren beim Ausländerzentralregister

Da im **Ausländerzentralregister selbst keine Anschriften gespeichert** werden, muss die Auskunft hier in **zwei Schritten** eingeholt werden.

1. Schritt

Durch schriftliche **Anfrage beim AZR** kann der Gerichtsvollzieher die Bezeichnung und das Geschäftszeichen der zuständigen Ausländerbehörde ermitteln (§ 3 Nr. 1 des Ausländerzentralregistergesetzes, AZRG). Seit dem 01. Januar 2005 ist das Bundesamt für Migration und Flüchtlinge (BAMF) Registerführer für das Ausländerzentralregister (AZR).

---

[30] EuGH, 16.12.2008, C-524/06

> **§ 1 AZR-Gesetz**
> Registerbehörde, Bestandteile des Registers, Zweck des Registers
>
> (1) Das Ausländerzentralregister wird vom Bundesamt für Migration und Flüchtlinge geführt (Registerbehörde). Das Bundesverwaltungsamt verarbeitet und nutzt die Daten im Auftrag und nach Weisung des Bundesamtes für Migration und Flüchtlinge, soweit das Bundesamt für Migration und Flüchtlinge die Daten nicht selbst verarbeitet und nutzt. Das Ausländerzentralregister besteht aus einem allgemeinen Datenbestand und einer gesondert geführten Visadatei.
>
> (2) Die Registerbehörde unterstützt durch die Speicherung und die Übermittlung der im Register gespeicherten Daten von Ausländern die mit der Durchführung ausländer- oder asylrechtlicher Vorschriften betrauten Behörden und andere öffentliche Stellen. Bei Unionsbürgern, bei denen eine Feststellung des Nichtbestehens oder des Verlusts des Freizügigkeitsrechts nicht vorliegt, unterstützt die Registerbehörde nur die mit der Durchführung ausländer- oder asylrechtlicher Vorschriften betrauten Behörden.

> **§ 3 AZR-Gesetz**
> Allgemeiner Inhalt
>
> Folgende Daten werden gespeichert:
> 1. die Bezeichnung der Stelle, die Daten übermittelt hat, und deren Geschäftszeichen,
> 2. das Geschäftszeichen der Registerbehörde (AZR-Nummer),.....

Die Auskunft wird allerdings bei dem Bundesverwaltungsamt (BVA) in Köln erholt, dem als zentralem Dienstleister neben der Unterstützung und Beratung der Registerbehörde (= BAMF) auch die Datenverwaltung, -verarbeitung, -pflege und **Auskunftserteilung** obliegt. Die Auskunftsersuchen an das BVA müssen mittels Vordruck erfolgen, also auf schriftlichem Weg. Diese können von den Gerichtsvollziehern durch die GV-Software automatisch mit den notwendigen Daten befüllt und per PC-Fax, Fax oder Brief unter Angabe des eigenen Aktenzeichens (DRNr. und Name des/r Gerichtsvollziehers/in) übermittelt werden. Die Gerichtsvollzieher erhalten dann über die Gerichtsvollzieher-Verteilerstelle eine entsprechende Papierrückmeldung. Ein durch EDV automatisiertes Verfahren ist auf Seiten des AZR nicht vorgesehen. Daher sind alle Anfragen mittels des genannten Formulars auf schriftlichem Weg zu stellen.

Im allgemeinen Datenbestand des AZR werden grundsätzlich die Daten der Ausländer erfasst, die sich länger als drei Monate in Deutschland aufhalten. Die gesondert geführte Visadatei enthält Daten über ausländische Personen, die ein Visum bei einer deutschen Auslandsvertretung beantragt haben.

Das Ausländerzentralregister ist mit über 20 Millionen personenbezogenen Datensätzen eines der großen automatisierten Register der öffentlichen Verwaltung der Bundesrepublik Deutschland und für etwa 6.000 Partnerbehörden Informationsquelle.

2. Schritt

Bei der zuständigen Ausländerbehörde kann der Gerichtsvollzieher dann aufgrund der beim AZR erteilten Auskünfte den Aufenthaltsort des Schuldners ermitteln. Die Auskunftsberechtigung der zuständigen Ausländerbehörde ergibt sich aus § 90 Abs. 6 Aufenthaltsgesetz (AufenthG).

> **§ 90 Abs. 6 AufenthG**
>
> Zu den in § 755 der Zivilprozessordnung genannten Zwecken übermittelt die Ausländerbehörde dem Gerichtsvollzieher auf Ersuchen den Aufenthaltsort einer Person.

Es steht jedoch zu befürchten, dass nahezu alle Anfragen um Auskünfte aus dem AZR und darauf folgende Nachfragen bei den zuständigen Ausländerbehörden bezüglich der Aufenthaltsermittlung zu keinen neuen Erkenntnissen führen werden, denn die Datensätze der Meldebehörde und die der Ausländerbehörden werden aufgrund des entsprechenden Datenaustausches übereinstimmend sein. Bereits zum heutigen Zeitpunkt werden mit dem Standard *„XAusländer*[31]*"* in der Regel von beiden Behörden (Meldebehörde und Ausländerbehörde) identische Auskünfte erteilt.

Ausländerbehörden (regional unterschiedlich zumeist als ALB oder ABH abgekürzt) oder Ausländeramt (ALA) bestehen in Deutschland in jedem Landkreis und in kreisfreien Städten mit der Aufgabe des Vollzugs des Ausländerrechts im Rahmen der Auftragsverwaltung für den Bund.

Kosten der Auskunftserholung bei der Ausländerbehörde

Für das Auskunftsersuchen werden den jetzt schon ersuchenden Behörden keine Gebühren in Rechnung gestellt. Gleiches ist bei Anfragen über den Gerichtsvollzieher der Fall.

---

[31] standardisierte elektronische Datenübermittlung der Ausländerbehörden untereinander sowie zwischen den Ausländerbehörden und den Meldebehörden

4.5.4 Aufenthaltsermittlung beim Rentenversicherungsträger

Kann der Aufenthaltsort des Schuldners weder über das Melderegister (§ 755 Abs. 1 ZPO) noch über das Ausländerzentralregister bzw. dort gespeicherte Ausländerbehörden (§ 755 Abs. 2 Nr. 1 ZPO) ermittelt werden, so kann sich der Gerichtsvollzieher auch an die Träger der gesetzlichen Rentenversicherung wenden, um die derzeitige Wohnanschrift des Schuldners zu ermitteln (§ 755 Abs. 2 Nr. 2 ZPO).

Dies ist nur bei denjenigen Schuldnern zweckmäßig, die bei einem gesetzlichen Rentenversicherungsträger versichert sind. Der Kreis aller in der gesetzlichen Rentenversicherung Kraft Gesetz Versicherten wird in den §§ 1 bis 3 des Sozialgesetzbuches (SGB) VI aufgelistet. Pflichtversichert in der gesetzlichen Rentenversicherung sind:

- Alle Arbeitnehmer und Auszubildenden, Bundesfreiwilligendienstleistende, Krankengeldbezieher und Arbeitslose mit Leistungsanspruch auf Arbeitslosengeld, Geringfügig Beschäftigte (Minijobs) sind versicherungsfrei, können aber durch eine entsprechende Eigenleistung ebenfalls zum Kreis der Versicherten gehören <u>Wichtig</u>: Bezieher von Arbeitslosengeld II sind seit 2011 nicht mehr in der gesetzlichen Rentenversicherung pflichtversichert.

- Junge Eltern während der ihnen zustehenden Kindererziehungszeiten und Pflegepersonen, die mindestens 14 Stunden wöchentlich in einer häuslichen Umgebung Pflegebedürftige mit Anspruch auf Leistungen aus der gesetzlichen Pflegeversicherung nicht erwerbsmäßig versorgen und nicht mehr als 30 Stunden in der Woche erwerbstätig sind.

- Bestimmte Gruppen von Selbstständigen, u. a. Handwerker, Künstler und Publizisten, Selbstständige in Heil- und Pflegeberufen wie zum Beispiel Physiotherapeuten, die überwiegend auf ärztliche Anordnung handeln, Hebammen, freiberuflich tätige Lehrer und Erzieher, Tagesmütter, Hausgewerbetreibende und Personen, die nur für einen Auftraggeber arbeiten.

Die Versicherungspflicht hängt zum Teil auch davon ab, ob und wie der Selbstständige versicherungspflichtige Arbeitnehmer beschäftigt ist. Auch wer als

Selbstständiger nicht versicherungspflichtig ist, kann innerhalb von 5 Jahren nach Aufnahme der selbstständigen Tätigkeit die Versicherungspflicht beantragen. Einmal beantragt, kann er allerdings aus der Pflicht nicht mehr austreten, solange er die Selbstständigkeit ausübt.

Landwirte sind grundsätzlich nicht in der gesetzlichen Rentenversicherung, sondern in der Alterssicherung der Landwirte pflichtversichert.

Beamte, Richter, Berufs- und Zeitsoldaten, Altersrentner sind grundsätzlich versicherungsfrei.

Problem:
Mit dem EukoPfVODG wurde in § 755 Abs. 2 ZPO die Wertgrenze von 500,- € gestrichen. Ziel soll es sein, dass Gläubiger mit kleineren titulierten Forderungen (unter der 500,- € Grenze) die Möglichkeit erhalten, eine Aufenthaltsermittlung beim Rentenversicherungsträger (und Kraftfahrtbundesamt) durchführen lassen zu können. Offensichtlich wurde jedoch übersehen auch den § 74a Abs. 2 SGB X zu ändern. Hier heißt es nämlich noch:

§ 74a SGB X

*(2) Zur Durchführung eines Vollstreckungsverfahrens, dem zu **vollstreckende Ansprüche von mindestens 500 Euro zugrunde liegen**, dürfen die Träger der gesetzlichen Rentenversicherung im Einzelfall auf Ersuchen des Gerichtsvollziehers die derzeitige Anschrift des Betroffenen, seinen derzeitigen oder zukünftigen Aufenthaltsort sowie Namen, Vornamen oder Firma und Anschriften seiner derzeitigen Arbeitgeber übermitteln, soweit kein Grund zu der Annahme besteht, dass dadurch schutzwürdige Interessen des Betroffenen beeinträchtigt werden und das Ersuchen nicht länger als sechs Monate zurückliegt. Die Träger der gesetzlichen Rentenversicherung sind über § 4 Abs. 3 hinaus zur Übermittlung auch dann nicht verpflichtet, wenn sich die ersuchende Stelle die Angaben auf andere Weise beschaffen kann. Die Übermittlung ist nur zulässig, wenn*

1. *der Schuldner seiner Pflicht zur Abgabe der Vermögensauskunft nach § 802c der Zivilprozessordnung nicht nachkommt,*
2. *bei einer Vollstreckung in die in der Vermögensauskunft aufgeführten Vermögensgegenstände eine vollständige Befriedigung des Gläubigers voraussichtlich nicht zu erwarten wäre oder*
3. *die Anschrift oder der derzeitige oder zukünftige Aufenthaltsort des Schuldners trotz Anfrage bei der Meldebehörde nicht bekannt ist.*

Der Gerichtsvollzieher hat in **seinem Ersuchen zu bestätigen, dass diese Voraussetzungen vorliegen.**

Im Ergebnis bedeutet dies, dass „Kleingläubiger" zwar die Möglichkeit haben einen Antrag auf Aufenthaltsermittlung zu stellen, dieser aber nicht durchführbar ist, da der Gerichtsvollzieher nach § 74a Abs. 2 Satz 4 SGB X bestätigen muss, dass die Voraussetzungen des § 74a Abs. 2 SGB X (unter anderem: „zu vollstreckende Ansprüche von mindestens 500 Euro zugrunde liegen") für das Ersuchen vorliegen müssen. Wenn demnach ein Gläubiger mit einer Forderung von unter 500,- € diesen Antrag stellt, ist dieser mangels Bestätigung der vorliegenden Voraussetzungen an den Rentenversicherungsträger nicht durchführbar und daher wieder abzulehnen. Ohne eine entsprechende Anpassung des § 74a SGB X an die in § 755 Abs. 2 ZPO beschriebene Gesetzeslage kann der Gerichtsvollzieher solche Aufträge solange dann nicht durchführen. Es bleibt vorerst dabei, dass der Gerichtsvollzieher nur bei Forderungen von mindestens 500,- € eine Abfrage durchführen kann.

Zudem ist gemäß § 74a Abs. 2 Nr. 3 SGB X nur dann eine Übermittlung zulässig, wenn die Anschrift des Schuldners trotz einer Anfrage beim Einwohnermeldeamt bzw. bei ausländischen Schuldner über das Ausländerzentralregister nicht zu ermitteln ist (subsidiäre Anfrage). Der Gerichtsvollzieher wird verpflichtet, im Ersuchen zu bestätigen, dass diese Voraussetzungen vorliegen (§ 74a Abs. 2 Satz 4 SGB X).

Kosten der Auskunftserholung bei dem Gesetzlichen Rentenversicherungsträger

Die Auskunftserteilung der gesetzlichen Rententräger an den Gerichtsvollzieher nach § 74a Abs. 2 Nr. 3 SGB X ist *nicht* kostenfrei. Es fällt für die Auskunft eine Gebühr von 10,20 € an (§ 64 Abs. 1 Satz 2 SGB X), die als Kosten der Zwangsvollstreckung gelten.

Die Gebühr von 10,20 € ist als Auslage des Zwangsvollstreckungsverfahrens nach KVGvKostG Nr. 708 zu erheben.

Die Gebühr in Höhe von 10,20 € wird vom Rentenversicherungsträger mit der Beauskunftung an den Gerichtsvollzieher in Rechnung gestellt.

> **§ 64 SGB X Kostenfreiheit**
>
> (1) Für das Verfahren bei den Behörden nach diesem Gesetzbuch werden keine Gebühren und Auslagen erhoben. Abweichend von Satz 1 erhalten die Träger der gesetzlichen Rentenversicherung für jede auf der Grundlage des § 74a Abs. 2 Satz 1 erteilte Auskunft eine Gebühr von 10,20 Euro."

Die Anfrage bei und die Auskunftserteilung durch den gesetzlichen Rentenversicherungsträger erfolgt in einem vollautomatisierten Abrufverfahren.

Eine Feststellung des zuständigen Rentenversicherungsträgers durch den Gerichtsvollzieher ist nicht erforderlich. Der Gerichtsvollzieher sendet seine Anfrage mittels Einlage in sein EGVP-Postfach an das EGVP-Postfach des DRV. Von dort wird dann die Anfrage entsprechend bearbeitet.

4.5.5 Aufenthaltsermittlung beim Kraftfahrt-Bundesamt

Das Kraftfahrt-Bundesamt (KBA)[32] führt das zentrale Fahrzeugregister (ZFZR). In diesem werden die von den örtlichen Zulassungsbehörden und ergänzend von den Versicherungsunternehmen übermittelten Fahrzeug- und Halterdaten aller mit Kennzeichen bzw. mit einem Versicherungskennzeichen versehenen Fahrzeuge gespeichert. Daten werden gemeldet bei Neuzulassungen, Besitzumschreibungen, Außerbetriebsetzungen, Suchvermerken (Hinweise wie z.B. auf Diebstähle oder Rückrufe) und (z.B. bautechnischen) Veränderungen von Kraftfahrzeugen sowie Anhängern. Es erteilt ca. 14 Millionen Auskünfte pro Jahr, wovon ca. 10 Millionen Anfragen per Onlineverfahren erledigt werden.

---

[32] www.kba.de

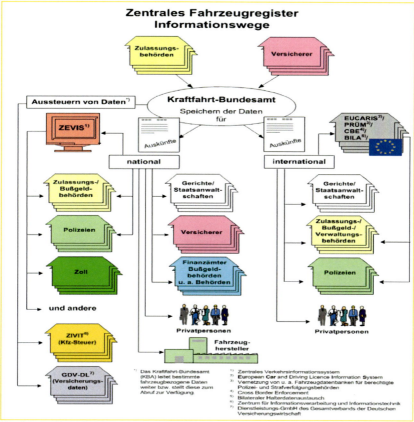

(Quelle:www.kba.de)

Kann der Aufenthaltsort des Schuldners weder über das Melderegister (§ 755 Abs. 1 ZPO) noch über das Ausländerzentralregister bzw. dort gespeicherte Ausländerbehörden (§ 755 Abs. 2 Nr. 1 ZPO) ermittelt werden, so kann sich der Gerichtsvollzieher auch an das Kraftfahrt-Bundesamt wenden, um die derzeitige Wohnanschrift des Schuldners zu ermitteln (§ 755 Abs. 2 Nr. 3 ZPO).

Die rechtliche Grundlage für den Gerichtsvollzieher beim Kraftfahrt-Bundesamt in Flensburg Daten zu ermitteln, ergibt sich aus § 755 Abs. 2 Nr. 3 ZPO i.V.m. § 33 Abs. 1 Satz 1 Nr. 2 des Straßenverkehrsgesetzes (StVG).

> **§ 33 StVG Inhalt der Fahrzeugregister**
>
> (1) Im örtlichen und im Zentralen Fahrzeugregister werden, soweit dies zur Erfüllung der in § 32 genannten Aufgaben jeweils erforderlich ist, gespeichert
> 1. .....
> 2. Daten über denjenigen, dem ein Kennzeichen für das Fahrzeug zugeteilt oder ausgegeben wird (Halterdaten), und zwar
> a)
> bei natürlichen Personen:
> Familienname, Geburtsname, Vornamen, vom Halter für die Zuteilung oder die Ausgabe des Kennzeichens angegebener Ordens- oder Künstlername, Tag und Ort der Geburt, Geschlecht, Anschrift; bei Fahrzeugen mit Versicherungskennzeichen entfällt die Speicherung von Geburtsnamen, Ort der Geburt und Geschlecht des Halters,
> b)
> bei juristischen Personen und Behörden:
> Name oder Bezeichnung und Anschrift und
> c)
> bei Vereinigungen:
> benannter Vertreter mit den Angaben nach Buchstabe a und gegebenenfalls Name der Vereinigung.
>
> **Beachte:** Rechtsgrundlage für das Kraftfahrt-Bundesamt, Halterdaten nach § 33 Abs. 1 Satz 1 Nr. 2 StVG an den Gerichtsvollzieher auf sein Ersuchen weiterzuleiten, ist § 35 Abs. 4c StVG.

> **§ 35 StVG Übermittlung von Fahrzeugdaten und Halterdaten**
>
> Abs. 4c
> Zu den in § 755 der Zivilprozessordnung genannten Zwecken übermittelt das Kraftfahrt-Bundesamt dem Gerichtsvollzieher auf Ersuchen die nach § 33 Abs. 1 Satz 1 Nr. 2 gespeicherten Halterdaten."

Nach Angaben des KBA sind Anfragen nach § 755 nur im **manuellen Verfahren,** also in **Schriftform**, möglich. Bei der schriftlichen Anfrage überprüft das KBA, ob der anfragende Gerichtsvollzieher durch das für ihn zuständige Oberlandesgericht registriert wurde und somit autorisiert ist.

Die schriftlichen Anfragen müssen an das Zentrale Fahrzeugregister (ZFZR) gerichtet werden (Postanschrift: Kraftfahrt-Bundesamt 24932 Flensburg). Das Schreiben muss eine kurze Begründung enthalten (§ 755 ZPO i.V.m § 35 Abs. 4c StVG), ein Dienstsiegel des Gerichtsvollziehers tragen und im Original eingereicht werden.

Kosten der Auskunftserholung bei dem Kraftfahrt-Bundesamt

Für Auskünfte aus dem Zentralen Fahrzeugregister zur Ermittlung des Aufenthaltsortes nach § 755 ZPO i.V.m. § 35 Abs. 4c StVG im manuellen Verfahren (= schriftliche Anfrage) wird eine Gebühr in Höhe von 5,10 € pro Auskunft erhoben (Nr. 141.3 der Gebührenordnung für Maßnahmen im Straßenverkehr- GebOSt).

Der Gerichtsvollzieher erhält zusammen mit der schriftlichen Antwort auf seine Anfrage einen Gebührenbescheid (Einzelrechnung) über die angefallene Gebühr. Grundsätzlich erhebt das KBA die Gebühren im Nachnahmeverfahren. Da die Gerichtsvollzieher wie eine Behörde anzusehen sind, ist eine Überweisung der Gebühr ausreichend.

Für Tätigkeiten des Gerichtsvollziehers nach § 755 ZPO ist in Nummer 440 des Kostenverzeichnisses zum GvKostG ein entsprechender Gebührentatbestand vorgesehen. Hiernach fällt für die Einholung einer Auskunft bei einer der in § 755 Abs. 2 ZPO genannten Stellen eine Gebühr von 13,- € an. Sollte der Gerichtsvollzieher im Zuge der Ermittlung des Aufenthaltsortes bei mehreren Behörden anfragen müssen, fällt <u>je Anfrage</u> die Gebühr an (§ 10 Abs. 2 Satz 3 Nr. 3 GvKostG).

5. Regelungsbefugnisse des Gerichtsvollziehers nach § 802a ZPO

> § 802a Grundsätze der Vollstreckung; Regelungsbefugnisse des Gerichtsvollziehers
>
> (1) Der Gerichtsvollzieher wirkt auf eine zügige, vollständige und Kosten sparende Beitreibung von Geldforderungen hin.
>
> (2) Auf Grund eines entsprechenden Vollstreckungsauftrages und der Übergabe der vollstreckbaren Ausfertigung ist der Gerichtsvollzieher unbeschadet weiterer Zuständigkeiten befugt,
> 1. eine gütliche Erledigung der Sache (§ 802b) zu versuchen,
> 2. eine Vermögensauskunft des Schuldners (§ 802c) einzuholen,
> 3. Auskünfte Dritter über das Vermögen des Schuldners (§ 802l) einzuholen,
> 4. die Pfändung und Verwertung körperlicher Sachen zu betreiben,
> 5. eine Vorpfändung (§ 845) durchzuführen; hierfür bedarf es nicht der vorherigen Erteilung einer vollstreckbaren Ausfertigung und der Zustellung des Schuldtitels.
>
> Die Maßnahmen sind in dem Vollstreckungsauftrag zu bezeichnen, die Maßnahme nach Satz 1 Nr. 1 jedoch nur dann, wenn sich der Auftrag hierauf beschränkt.

Ziel ist die möglichst zeitnahe und vollständige Befriedigung des Gläubigers, bei der jeder überflüssige Aufwand vermieden werden soll. Die Vollstreckung soll dabei aber auch Kosten sparend erfolgen (§ 802a Abs. 1 ZPO).

In § 802a Abs. 2 werden in Satz 1 Nr. 1 bis 5 bestimmte (vollstreckungs-)rechtliche Standardbefugnisse bei der Geldvollstreckung bezeichnet, die dem Gerichtsvollzieher auf Grund des Vollstreckungsauftrags des Gläubigers zustehen.

Die Aufzählung in § 802a Abs. 2 Nr. 1 bis 5 ZPO folgt dem regelmäßigen (vorstellbaren) Vollstreckungsablauf. Aufgrund der Dispositionsmaxime im Vollstreckungsverfahren bestimmt der Gläubiger Art und Umfang des Vollstreckungszugriffs, der auch seinen Vollstreckungsauftrag auf einzelne Maßnahmen nach Satz 1 beschränken kann. § 802a Abs. 2 Satz 2 ZPO stellt klar, dass der Gläubiger die begehrten Maßnahmen im Vollstreckungsauftrag konkret bezeichnen muss. Der Gläubiger kann seine Aufträge auch unter einer aufschiebenden Bedingung erteilen und damit eine Reihenfolge vorgeben.

> **Beachte:**
> Stets, also auch ohne ausdrückliche Nennung im Auftrag, ist nach § 802b ZPO die gütliche Erledigung durch den Gerichtsvollzieher anzustreben (Argument: § 754 Abs. 1, § 802a Abs. 2 Satz 2 ZPO); dies gehört zu den Amtspflichten des Vollstreckungsorgans.
> Der Gläubiger kann auch einen Vollstreckungsauftrag soweit reduzieren, dass nur noch die gütliche Erledigung (§ 802b ZPO) als „isolierter Auftrag" erteilt ist. In diesem Fall muss dies aus dem Auftrag eindeutig hervorgehen (§ 802a Abs. 2 Satz 2 ZPO).
>
> **Hinweis:**
> Der Gläubiger muss nicht (erst) einen Pfändungsversuch durchführen lassen, um die Voraussetzungen der Vermögensauskunft zu schaffen. Vielmehr kann er sich erst Informationen über die aktuelle Vermögenssituation des Schuldners verschaffen und anschließend über die Einleitung gezielter Vollstreckungsmaßnahmen entscheiden.
>
> Ein sofortiger Pfändungsversuch nach § 808 ZPO wird dadurch ebenso wenig ausgeschlossen wie ein kombinierter Auftrag auf Sachaufklärung und gegebenenfalls anschließende Vollstreckung.

Der Auftrag und die vollstreckbare Ausfertigung bilden gemeinsam die Legitimation für die Vollstreckungshandlungen des Gerichtsvollziehers. Eine Ausnahme bildet insoweit der Fall der Vorpfändung nach § 802a Abs. 2 Nr. 5 ZPO.

6. Gütliche Erledigung

> § 802b Vollstreckungsaufschub bei Zahlungsvereinbarung; gütliche Erledigung
>
> (1) Der Gerichtsvollzieher soll in jeder Lage des Verfahrens auf eine gütliche Erledigung bedacht sein.
>
> (2) Hat der Gläubiger eine Zahlungsvereinbarung nicht ausgeschlossen, so kann der Gerichtsvollzieher dem Schuldner eine Zahlungsfrist einräumen oder eine Tilgung durch Teilleistungen (Ratenzahlung) gestatten, sofern der Schuldner glaubhaft darlegt, die nach Höhe und Zeitpunkt festzusetzenden Zahlungen erbringen zu können. Soweit ein Zahlungsplan nach Satz 1 festgesetzt wird, ist die Vollstreckung aufgeschoben. Die Tilgung soll binnen zwölf Monaten abgeschlossen sein.
>
> (3) Der Gerichtsvollzieher unterrichtet den Gläubiger unverzüglich über den gemäß Absatz 2 festgesetzten Zahlungsplan und den Vollstreckungsaufschub. Widerspricht der Gläubiger unverzüglich, so wird der Zahlungsplan mit der Unterrichtung des Schuldners hinfällig; zugleich endet der Vollstreckungsaufschub. Dieselben Wirkungen treten ein, wenn der Schuldner mit einer festgesetzten Zahlung ganz oder teilweise länger als zwei Wochen in Rückstand gerät.

Die Möglichkeiten der ratenweisen Tilgung bzw. der Vereinbarung einer Zahlungsfrist finden sich in § 802b ZPO. Diese Vorschrift schwebt wie ein Dach über dem gesamten Vollstreckungsverfahren und erstreckt sich von der Ladung zur Vermögensauskunft bis zur endgültigen Eintragung in das Schuldnerverzeichnis. Der Versuch, auf eine gütliche Erledigung hinzuwirken, gehört zu den Amtspflichten des Gerichtsvollziehers. Der „Sollzeitraum" für die Zahlungsfrist bzw. die ratenweise Tilgung beträgt 12 Monate und ist ausdrücklich als „Sollbestimmung" deklariert.

Mit der Reform der Sachaufklärung hat der Gesetzgeber das erfolgreichste Mittel der Zwangsvollstreckung in körperliche Sachen, die freiwillige Leistung des Schuldners, als zentrales Mittel der erfolgreichen Erledigung von Vollstreckungsaufträgen manifestiert. Allerdings kann die Parteiherrschaft als Maxime des Zivilrechts nicht ausgehebelt werden. Deshalb liegt es auch grundsätzlich in der Hand des Gläubigers, ob ein Zahlungsaufschub bewilligt werden kann (siehe Modul E im Formular). Schließt dieser in seinem Auftragsschreiben jeden Aufschub von vornherein aus, ist der Weg für eine gütliche Erledigung i.S.d. § 802b ZPO verschlossen (siehe Modul F im Formular).

Andererseits, wenn der Gläubiger in seinem Auftragsschreiben zur gütlichen Erledigung „schweigt", ist die Möglichkeit der gütlichen Einigung im Gesetz grundsätzlich gewährt, was zur Folge hat, dass der Gläubiger seinen Widerspruch ausdrücklich artikulieren muss (§ 754 Abs. 1, § 802b Abs. 3 ZPO).

Der Gläubiger kann allerdings in seinem Auftrag auch einen Rahmen setzen, innerhalb dessen er mit einem Zahlungsaufschub einverstanden ist. Dies gilt insbesondere dann, wenn die 12-Monatsgrenze überschritten werden soll.

Umstritten ist, ob ein Widerspruch des Gläubigers auch dann möglich ist, wenn dieser den Gerichtsvollzieher isoliert mit der gütlichen Erledigung beauftragt hat, bzw. wenn dieser in seinem Auftragsschreiben sich mit der gütlichen Erledigung einverstanden erklärt hat. Dieser ist sicher zulässig, wenn der Zahlungsplan die grundsätzliche Regelung des § 802b ZPO sprengt, z.B. durch Überschreitung des 12-Monate-Zeitraums. Da der Gläubiger auch mit den Modalitäten des Zahlungsplanes einverstanden sein muss, ist aber ein Widerspruch auch in anderen Fällen zulässig.

6.1 Antrag und Zustimmung des Gläubigers zur Zahlungsvereinbarung

Grundsätzlich liegt in der Beauftragung des Gerichtsvollziehers samt Übergabe der vollstreckbaren Ausfertigung die vermutete Zustimmung (Einwilligung) des Gläubigers, dass der Gerichtsvollzieher Zahlungsvereinbarungen nach der Bestimmung des § 802b ZPO mit Wirkung für den Gläubiger treffen kann (§ 754 Abs. 1 ZPO). Die Wirksamkeit der Zahlungsvereinbarung schwebt jedoch unter dem Vorbehalt des Gläubigerwiderspruchs (§ 802b Abs. 3 ZPO, „Widerspruchslösung").

Eine ausdrückliche Einwilligung zu einer Zahlungsvereinbarung durch den Gläubiger ist nicht erforderlich. Möglich ist aber, dass der Gläubiger von vornherein eine gütliche Erledigung ausschließt oder an Bedingungen knüpft. Der Gläubiger kann z.B. sein Einverständnis auf Mindestraten oder eine Höchstlaufzeit der Ratenzahlung beschränken. Der Gerichtsvollzieher ist an diese „Weisungen" gebunden und darf grundsätzlich die Zahlungsvereinbarung nur nach den Vorgaben des Gläubigers eingehen.

Zulässig ist auch, dass der Gläubiger einen isolierten Auftrag zur gütlichen Erledigung beim Gerichtsvollzieher stellt (§ 802a Abs. 2 Satz 2 ZPO), was aber kaum sinnvoll erscheint, da an den Fall des Scheiterns keine Konsequenz geknüpft ist.

Kommen nach Bewilligung des Vollstreckungsaufschubes Aufträge weiterer Gläubiger hinzu, so kann, bei Vorliegen der Voraussetzungen, auch für diese Gläubiger Vollstreckungsaufschub gewährt werden (§ 68 Abs. 4 Satz 1 GVGA). Auch für diesen Gläubiger ist ein weiterer Zahlungsplan zu erstellen (Protokollierung), § 68 Abs. 5 Satz 1, Abs. 2 Satz 1 GVGA. Der Gläubiger ist entsprechend § 802b Abs. 3 Satz 1 ZPO, § 68 Abs. 5 Satz 4 GVGA über den Ratenzahlungsplan unverzüglich zu benachrichtigen. Die Rate für den bereits bewilligten Zahlungsaufschub ist bei der Erstellung des Zahlungsplans für den hinzukommenden Gläubiger zu berücksichtigen.

Problematisch ist die Situation aber dann, wenn ein hinzutretender Gläubiger dem Zahlungsaufschub widerspricht bzw. bei einem der Gläubiger der Zahlungsaufschub endet. Denn es droht die Gefahr, dass dem Gläubiger, für den der Zahlungsaufschub bewilligt wurde, nun Nachteile erwachsen. Dies kann einerseits dadurch entstehen, dass der Schuldner nun hinsichtlich des hinzukommenden Gläubigers sein Vermögen offenbart und dabei Hinweise auf pfändbare Habe erhält oder aber indem der hinzukommende Gläubiger im Wege der Pfändung seine Forderung realisieren kann.

So können zur Lösung der Probleme die Grundsätze der Zwangsvollstreckung herangezogen werden, insbesondere das Prinzip der Einzelzwangsvollstreckung. Jeder Gläubiger vollstreckt für sich allein und nur in die von ihm bestimmte Vermögensmasse. Es gilt die Parteiherrschaft. In der Folge trägt der Gläubiger, der dem Vollstreckungsaufschub nicht widerspricht, auch das Risiko eines Rang- oder Informationsverlustes.

An dem bestehenden Zahlungsaufschub ändert der hinzukommende Gläubiger nichts, solange der Schuldner seine Verpflichtung aus dem Zahlungsplan erfüllt. Die angebotene Rate kann der Gerichtsvollzieher nach § 811 Abs. 1 Nr. 8 ZPO als aus dem pfandfreien Betrag stammend betrachten.

Allenfalls könnte dem Gerichtsvollzieher eine Hinweispflicht gegenüber dem Erstgläubiger entsprechend 139 ZPO zukommen. Aufgrund der neuen Sachlage könnte dieser nun Widerspruch einlegen, da sich die Grundlagen für den Zahlungsplan geändert haben (Wegfall der Geschäftsgrundlage, str.).

Sollten mehrere Vollstreckungsaufträge von Gläubigern beim Gerichtsvollzieher gleichzeitig eingegangen sein, besteht auch die Möglichkeit, einen Gesamtratenzahlungsplan für alle Gläubiger zu erstellen (§ 68 Abs. 5 Sätze 2, 3 GVGA). Auch hier ist jeder Gläubiger gesondert über den Ratenzahlungsplan zu unterrichten (§ 802b Abs. 3 Satz 1 ZPO, § 68 Abs. 5 Satz 4 GVGA).

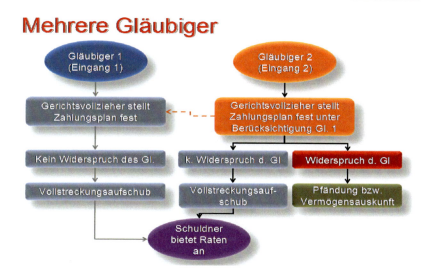

6.2 Glaubhaftes Zahlungsversprechen

Der Gerichtsvollzieher ist ein Organ der Rechtspflege und damit ein staatliches Vollzugsorgan. Handeln des Staates, und damit z.B. auch die Gewährung des Zahlungsaufschubs darf, nicht willkürlich, d.h. ohne sachlichen Grund geschehen. Glaubensfragen, bzw. persönliche oder dienstliche Erfahrungen können nicht Tatbestandsmerkmal für staatliches Handeln sein.

Deshalb kann ein Vollstreckungsaufschub nur gewährt werden, wenn nicht nur für den Gerichtsvollzieher, sondern auch gegenüber Dritten nachvollziehbar dargestellt wird, dass der Schuldner zur Tilgung in der Lage ist. Der Schuldner muss das Vorliegen dieser Voraussetzungen nicht beweisen, z.B. im Sinne einer Glaubhaftmachung nach § 294 ZPO, aber dennoch schlüssig und nachvollziehbar darlegen, wie er die Mittel zur Tilgung aufbringen will.

Die Bewilligung des Vollstreckungsaufschubes nach § 802b ZPO bedingt daher die Erstellung eines schriftlichen Zahlungsplanes, aus dem nachvollziehbar sein muss,

- die konkreten Zahlungstermine (§ 68 Abs. 2 Satz 1 Nr. 1 GVGA)

- die Höhe der Zahlungen oder Teilzahlungen (§ 68 Abs. 2 Satz 1 Nr. 2 GVGA)

- der Zahlungsweg (§ 68 Abs. 2 Satz 1 Nr. 3 GVGA)

- die Gründe, die der Schuldner zur Glaubhaftmachung der Erfüllung der Vereinbarung vorbringt (§ 68 Abs. 2 Satz 1 Nr. 4 GVGA)

- die erfolgte Belehrung über die in § 802b Abs. 3 Satz 2, 3 ZPO getroffenen Regelungen- der Schuldner ist zu belehren, dass der Aufschub endet, wenn der Gläubiger widerspricht bzw. wenn der Schuldner mit der festgesetzten Zahlung in Rückstand gerät (§ 68 Abs. 2 Satz 1 Nr. 5 GVGA)

Der Inhalt des Zahlungsplanes samt der Belehrungen ist zu protokollieren (§ 68 Abs. 2 Satz 1 GVGA).

Der Gerichtsvollzieher soll auch die Gründe protokollieren, die zu einer Ablehnung eines Ratenzahlungsplanes führen (§ 68 Abs. 2 Satz 2 GVGA).

Das Zahlungsversprechen ist glaubhaft, wenn der Schuldner Nachweise vorlegt, aus denen auch für einen Dritten ersichtlich ist, dass

- ausreichende Einkünfte vorhanden (oder zu erwarten) sind, so dass

- nach Abzug der laufenden Verpflichtungen

- sowie der Kosten des Lebensunterhalts noch

- ein ausreichender Betrag zur Leistung der Rate übrig bleibt.

Der Schuldner muss somit z.B. anhand der Lohnabrechnungen, des Bewilligungsbescheids über Arbeitslosengeld oder sonstiger Urkunden glaubhaft machen, dass er über laufende Einkünfte verfügt.

Seine laufenden monatlichen Verpflichtungen kann er durch Vorlage der Girokontoauszüge nachweisen. Bleibt nach Abzug der Kosten für Verpflegung und sonstigen Kosten der Lebenserhaltung noch **mindestens** der Betrag der angebotenen Rate übrig, ist das Ratenzahlungsangebot glaubhaft gemacht.

Soweit die Glaubhaftmachung durch Zahlung einer ersten Teilrate vorgetragen wird, ist dies sicher nicht schädlich. Allerdings trägt die Zahlung einer ersten Rate nach den Erfahrungen der Praxis nicht zwingend dazu bei, den Willen des Schuldners zur Einhaltung seiner Ratenzahlungspflicht zu beweisen. Unter dem Eindruck der aktuellen Vollstreckung wird der Schuldner unter Umständen alle Möglichkeiten ausschöpfen, um diese zunächst abzuwenden.

6.3 Kein Widerspruch bzw. Genehmigung des Gläubigers

Widerspricht der Gläubiger oder dessen Vertreter dem Zahlungsplan nicht unverzüglich (§ 802b Abs. 3 Satz 2 ZPO) oder stimmt er diesem ausdrücklich zu, wird die Zahlungsvereinbarung von Anfang an wirksam und der Vollstreckungsaufschub bleibt bestehen.

Solange dieser Aufschub wirksam ist, darf der Gerichtsvollzieher die Zwangsvollstreckung nicht fortsetzen. Es besteht ein Vollstreckungshindernis. Er darf also weder pfänden, noch einen Termin zur Vermögensauskunft anberaumen noch die Eintragung des Schuldners im Schuldnerverzeichnis veranlassen. Nicht ausgeschlossen ist die Vollstreckung in Forderungen, andere Vermögensrechte und Immobilien. Die Vollstreckungsunterlagen bleiben während des Vollstreckungsaufschubs beim zuständigen Gerichtsvollzieher.

Der Gesetzgeber verwendet zwei Begriffe, nämlich **Zahlungsvereinbarung** und **Zahlungsplan**, die es zu definieren und zu unterscheiden gilt.

6.4 Der Zahlungsplan

Der Zahlungsplan stellt die vom Gerichtsvollzieher mit dem Schuldner schriftlich dokumentierte Zahlungsvereinbarung dar. Diese hat der Gerichtsvollzieher entsprechend zu protokollieren (§ 763 ZPO). Er hat die Einzelheiten der gütlichen Erledigung wie Höhe und Anzahl der Raten, Zeitpunkt der Zahlung oder einen fixen Zahlungszeitpunkt zu enthalten (§ 68 Abs. 2 GVGA). Die Protokollierung des Zahlungsplans ist erforderlich, da der Gerichtsvollzieher den Gläubiger vom Inhalt des Zahlungsplans zu unterrichten hat (§ 802b Abs. 3 Satz 1 ZPO), damit dieser ggf. gegen den Zahlungsplan Widerspruch erheben kann (§ 802b Abs. 3 Satz 2 ZPO). Des Weiteren auch deshalb, um festzustellen, wann der Schuldner ggf. mit eine Zahlung in Rückstand gerät (2 Wochenfrist, § 802b Abs. 3 Satz 3 ZPO).

Inhalt des Zahlungsplans

Aus dem Zahlungsplan muss nach § 802b Abs. 2 ZPO ersichtlich sein, dass:
- Der Schuldner über **genügend freie Mittel** zur Erfüllung des Zahlungsplanes verfügt was bedeutet:
  - dass er über **regelmäßige Einkünfte** verfügt aus denen
  - nach **Abzug der Fix- und Lebenshaltungskosten**
  - der zur Zahlung der Rate notwendige Betrag
  - **sinnvoll** geleistet werden kann

- **Wann** die Raten auf
- welchen **Zahlungsweg** und in
- welcher **Höhe** bezahlt werden, bzw. wann die Tilgung erfolgt

- In dem Zahlungsplan ist der Schuldner zu belehren, dass der Aufschub endet, wenn der Gläubiger widerspricht bzw. wenn der Schuldner mit der festgesetzten Zahlung in Rückstand gerät.
- **Die Belehrung ist zu protokollieren.**

Erforderlich ist eine glaubhafte Darlegung des Schuldners, die Forderung innerhalb von zwölf Monaten zu begleichen (vgl. § 802b Abs. 2 Satz 3 ZPO).

Anlässlich der Zahlungsvereinbarung ist der Schuldner vom Gerichtsvollzieher über die Folgen der Nichteinhaltung zu belehren, nämlich dass der Aufschub endet, wenn der Gläubiger widerspricht und wenn der Schuldner mit einer festgesetzten Zahlung ganz oder teilweise länger als zwei Wochen in Rückstand gerät. Auch diese Belehrung ist im Protokoll aufzunehmen, um spätere Einwendungen des Schuldners, er habe dies nicht gewusst und deswegen nicht schuldhaft gehandelt, zu vermeiden. Eine mögliche Formulierung wäre: „Der Schuldner wurde gemäß § 802b Abs. 3 Satz 2 und 3 ZPO belehrt".

Eine Ratenzahlungsvereinbarung kann mit dem Schuldner im Verfahren auch mehrmals getroffen werden.

6.5 Widerrufsvorbehalt des Gläubigers

Jede geschlossene Zahlungsvereinbarung des Gerichtsvollziehers mit dem Schuldner steht immer unter dem **Widerrufsvorbehalt des Gläubigers**.

Merke: Der festgelegte Zahlungsplan des Gerichtsvollziehers führt dazu, dass die Zahlungsvereinbarung bereits schwebend wirksam ist. Dies ergibt sich dadurch, dass gemäß § 802b Abs. 2 Satz 2 ZPO mit der Festsetzung des Zahlungsplans der Vollstreckungsaufschub eintritt.

Gemäß § 802b Abs. 3 Satz 1 ZPO ist der Gerichtsvollzieher verpflichtet, den Gläubiger (Gläubigervertreter) unverzüglich über den Zahlungsplan und den Vollstreckungsaufschub zu unterrichten. Dies erfolgt nach § 68 Abs. 2 Satz 3 GVGA durch Übersendung der Protokollabschrift, damit der Gläubiger den Inhalt des Zahlungsplans nachvollziehen und ggf. einen Widerspruch erheben kann. Eine förmliche Unterrichtung des Gläubigers mittels Zustellung ist nicht notwendig.

Beachte: Die Unterrichtung des Gläubigers von dem Zahlungsplan ist auch dann erforderlich, wenn der Gläubiger in dem Auftragsschreiben ausdrücklich sein Einverständnis mit einer gütlichen Erledigung erklärt hat.

Der Gläubiger soll grundsätzlich die Möglichkeit erhalten, einem vom Gerichtsvollzieher bewilligten Zahlungsplan und Vollstreckungsaufschub zu widersprechen (§ 802b Abs. 3 Satz 2 ZPO).

Beachte: Das Widerspruchsrecht besteht auch dann, wenn der Gläubiger im Auftrag sich mit einer gütlichen Erledigung ausdrücklich einverstanden erklärt hat.

Den _formfreien_ Widerspruch (mündlich, telefonisch, schriftlich) muss der Gläubiger gegenüber dem Gerichtsvollzieher (nicht gegenüber dem Schuldner) unverzüglich (vgl. § 121 Abs. 1 Satz 1 BGB) erklären, um alsbald Rechtsklarheit zu schaffen. Der Begriff „unverzüglich" ist in § 121 Abs. 1 BGB legal definiert (ohne schuldhaftes Zögern). Schuldhaft ist ein Zögern dann, wenn das Zuwarten durch die Umstände des Einzelfalles nicht geboten ist[33]. "Unverzüglich" bedeutet damit weder "sofort", noch ist damit eine bestimmte Zeitspanne verbunden. Dem Gläubiger muss also eine

---

[33] RG 22. Februar 1929 - II 357/ 28 - RGZ 124, 115, 118 = JW 1929, 1457; MünchKomm/ Kramer 4. Aufl. BGB § 121 Rn. 7).

angemessene Überlegungsfrist zugestanden werden. So darf der Gläubiger sich vor dem Widerspruch mit einem Rechtsbeistand oder der Prozessbevollmächtigte sich mit der Partei beraten. Ohne schuldhaftes Verzögern ist der Widerspruch dann eingelegt, wenn er innerhalb einer nachvollziehbaren Frist, die notwendige Übermittlungslaufzeiten und Bedenkzeit ausreichend berücksichtigt, eingelegt wird.

Widerspricht der Gläubiger, wird die Zahlungsvereinbarung in dem Zeitpunkt, in dem der Schuldner von dem Widerspruch Kenntnis erlangt, endgültig unwirksam. Deshalb ist der Schuldner von dem Widerspruch nach § 802b Abs. 2 Satz 2 ZPO unverzüglich zu unterrichten. Kein Widerspruch liegt vor, wenn der Gläubiger sich nur gegen die Ausgestaltung des Zahlungsplans wendet (also z.b. mit einer Ratenhöhe nicht einverstanden ist), § 68 Abs. 3 Satz 2 GVGA. Hier müsste der Gerichtsvollzieher den Zahlungsplan nach den Vorgaben des Gläubigers modifizieren und den Schuldner hiervon unterrichten (§ 68 Abs. 3 Satz 3 GVGA).

Zu empfehlen wäre daher, dass der Gerichtsvollzieher mit Unterrichtung des Gläubigers über den Zahlungsplan eine Frist zur Erhebung des Widerspruchs setzt.

Das Widerrufsrecht des Gläubigers besteht vor diesem Hintergrund auch in den Fällen, in denen der Gerichtsvollzieher abweichend von § 802b Abs. 2 Satz 3 ZPO eine zwölf Monate übersteigende Tilgungsfrist einräumt.

Sollte der Gläubiger sein Einverständnis erteilt haben, ist dieser grundsätzlich daran gebunden. Ein nachträglicher Widerspruch bzw. die Rücknahme der Zustimmung zur Zahlungsvereinbarung ist nur möglich, wenn sich Grundlagen des Zahlungsplanes geändert haben. Mit der Zahlungsvereinbarung muss der Schuldner auf einen bestehenden Vollstreckungsaufschub vertrauen dürfen, solange er die Zahlungen ordnungsgemäß erbringt. Zudem wird dem Gläubiger mit der Unterrichtung über den Zahlungsplan die Information über den Vollstreckungsaufschub mitgeteilt.

6.6 Ende des Vollstreckungsaufschubs

6.6.1 Unterrichtung des Schuldners vom Widerspruch

Legt der Gläubiger Widerspruch ein, endet der Vollstreckungsaufschub mit dem Zugang der nach § 802b Abs. 3 Satz 2 Halbsatz 1 ZPO erforderlichen Unterrichtung des Schuldners. Die Mitteilung gilt dann als zugegangen, wenn der Schuldner die

Möglichkeit hat, vom Widerspruch des Gläubigers Kenntnis zu erlangen (§ 130 BGB). Der Gerichtsvollzieher müsste daher entweder auf schriftlichem (einfacher Brief) oder mündlichem Weg den Widerspruch an den Schuldner mitteilen. Denkbar wäre auch ein E-Mail-Schreiben oder ein Anruf (auch eine Nachricht auf dem Anrufbeantworter). Eine formale Zustellung des Widerspruchs des Gläubigers an den Schuldner ist nicht erforderlich. Sollte der Schuldner geschäftsunfähig sein und einen gesetzlichen Vertreter haben (z.b. Betreuer, § 1902 BGB), muss die Widerspruchserklärung des Gläubigers an den gesetzlichen Vertreter zugehen (§ 131 BGB).

6.6.2 Zahlungsrückstand

Der Vollstreckungsaufschub endet ebenso, wenn der Schuldner mit einer festgesetzten Zahlung ganz oder teilweise zwei Wochen in Rückstand gerät. Das Ende des Vollstreckungsaufschubes ist an das schlichte Verstreichen des vereinbarten Zahlungstermins geknüpft, ein Verzug des Schuldners ist nicht erforderlich. Der Vollstreckungsaufschub endet kraft Gesetzes, wenn die vereinbarte Rate nicht bis zu diesem Tag auf dem Konto des Gerichtsvollziehers eingegangen ist[34].

Diese strikte Regel wird nachvollziehbar, wenn man die Intension des Gesetzgebers kennt. Dieser geht davon aus, dass der Schuldner spätestens am Tag der Fälligkeit der Rate weiß, dass er nicht zahlen kann und nun zwei Wochen Zeit hat, eine abweichende neue Vereinbarung zu treffen. Für die neue Vereinbarung gelten die Bestimmungen des § 802b Abs. 2 und 3 ZPO ebenfalls. Dem Gläubiger steht dann erneut ein Widerspruchsrecht gegen die (neue) Vereinbarung zu.

Sollte der Gläubiger nicht einverstanden sein und tatsächlich widerrufen, kann von dem Fortbestehen der ursprünglichen Vereinbarung ausgegangen werden.

Verstreicht die zweiwöchige Frist fruchtlos, hat dies dann zur Folge, dass eine Zahlungsvereinbarung automatisch kraft Gesetzes endet.

---

[34] Palandt/Grünberg, BGB, § 270 Rd. Nrn. 5, 6

Verspätete Zahlungen bedeuten aber nicht unbedingt, dass das ursprüngliche Zahlungsversprechen des Schuldners nun nicht mehr glaubhaft wäre. Eine erneute Zahlungsvereinbarung ist nach § 802b ZPO nicht ausgeschlossen, so dass in der weiteren Verfahrensweise der Beteiligten nach dem bisherigen Muster auch die stillschweigende Erneuerung der Vereinbarung gesehen werden kann. Wenn der Gläubiger also keine Einwände erhebt, kann der Gerichtsvollzieher, wenn er nach seinem freien Ermessen den Erfolg des Zahlungsplanes nicht endgültig gefährdet sieht, die Teilzahlungen weiter einziehen. Da es sich um eine neue Vereinbarung handelt, hat der Gläubiger ein erneutes Widerspruchsrecht.

> **Wichtig:** Die vorgesehene Frist soll es den Parteien ermöglichen, gegebenenfalls ihre Zahlungsvereinbarung *zu ändern* und damit den *Vollstreckungsaufschub zu erhalten*. Im Interesse einer klaren und leicht nachprüfbaren Rechtslage ersetzt § 802b Abs. 2 Satz 3 ZPO das bisherige materiell rechtliche Erfordernis des Schuldnerverzugs durch den schlichten Zahlungsrückstand. Die Beendigung des Aufschubs tritt damit auch bei unverschuldeten Leistungshindernissen ein.

Für den Gerichtsvollzieher bedeutet dies zum einen, dass die Frist von zwei Wochen nicht verlängerbar ist und zum anderen er nicht „prüfen" muss, ob der Zahlungsrückstand mit oder ohne Verschulden des Schuldners zustande gekommen ist.

6.7 Die Zahlungsvereinbarung

Der Begriff „Zahlungsvereinbarung" korrespondiert mit der in § 754 Abs. 1 ZPO erteilten Befugnis des Gerichtsvollziehers, mit Wirkung für den Gläubiger „Zahlungsvereinbarungen" zu treffen. Der Begriff der „Zahlungsvereinbarung" ist nicht mit einer Stundung zu verwechseln. An Zahlungsvereinbarungen (einem vollstreckungsrechtlichen Vertrag zwischen Gläubiger und Schuldner[35]) im Zwangsvollstreckungsverfahren sind keine materiell-rechtlichen Wirkungen geknüpft. Die Forderung an sich ist fällig und auch Zinsen laufen während einer Zahlungsvereinbarung weiter (anders als bei einer Stundung).

---

[35] Gothe, DGVZ 2013, S. 197

Nach § 802b ZPO wird zwischen zwei Varianten der Zahlungsvereinbarung (Einräumung einer Zahlungsfrist oder Ratenzahlung) und deren verfahrensrechtlichen Folgen (Vollstreckungsaufschub) unterschieden.

6.8. Vollstreckungsaufschub

Der Vollstreckungsaufschub ist die öffentlich-rechtliche Wirkung des Zahlungsplans und betrifft das Vollstreckungsverhältnis zwischen Staat und Schuldner. Ab diesem Zeitpunkt ruht die Vollstreckung. Sie wird erst wieder aufgenommen, wenn der Gläubiger rechtzeitig widerspricht oder der Zahlungsplan nicht eingehalten wird. Beim Vollstreckungsaufschub handelt es sich um ein Vollstreckungshindernis, so dass die Vollstreckung einstweilen einzustellen ist.

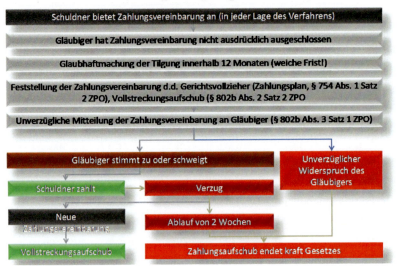

6.9 Rechtsbehelf

Gegen die Versagung des Vollstreckungsaufschubs steht dem Schuldner die Erinnerung nach § 766 Abs. 1 ZPO zu.

6.10 Voraussetzungen im Überblick

Die Voraussetzungen des § 802b ZPO im Überblick:

- Einwilligung des Gläubigers (wird vermutet „hat der Gläubiger eine Zahlungsvereinbarung nicht ausgeschlossen, ...") bzw. kein ausdrücklicher Ausschluss einer Zahlungsvereinbarung
- Glaubhaftes Tilgungsversprechen des Schuldners (Nachweis, dass der Schuldner über ausreichende Einkünfte verfügt)
- Tilgung innerhalb von 12 Monaten möglich (im Einzelfall darüber hinausgehende Frist möglich)
- Mitteilung des Zahlungsplans und des Vollstreckungsaufschubs durch den Gerichtsvollzieher an den Gläubiger
- Kein Widerspruch des Gläubigers

Hinzukommen die allgemeinen und besonderen Voraussetzungen der Zwangsvollstreckung:

- Titel, Klausel, Zustellung
- Sicherheitsleistung, Zug-um-Zug-Leistung, Kalendertag

7. Vermögensauskunft mit eidesstattlicher Versicherung

> **§ 802c Vermögensauskunft des Schuldners**
>
> (1) Der Schuldner ist verpflichtet, zum Zwecke der Vollstreckung einer Geldforderung auf Verlangen des Gerichtsvollziehers Auskunft über sein Vermögen nach Maßgabe der folgenden Vorschriften zu erteilen sowie seinen Geburtsnamen, sein Geburtsdatum und seinen Geburtsort anzugeben. Handelt es sich bei dem Vollstreckungsschuldner um eine juristische Person oder um eine Personen- vereinigung, so hat er seine Firma, die Nummer des Registerblatts im Handelsregister und seinen Sitz anzugeben.
>
> (2) Zur Auskunftserteilung hat der Schuldner alle ihm gehörenden Vermögensgegenstände anzugeben. Bei Forderungen sind Grund und Beweismittel zu bezeichnen.
> Ferner sind anzugeben:
>
> 1. die entgeltlichen Veräußerungen des Schuldners an eine nahe stehende Person (§ 138 der Insolvenzordnung), die dieser in den letzten zwei Jahren vor dem Termin nach § 802f Abs. 1 und bis zur Abgabe der Vermögensauskunft vorgenommen hat;
>
> 2. die unentgeltlichen Leistungen des Schuldners, die dieser in den letzten vier Jahren vor dem Termin nach § 802f Abs. 1 und bis zur Abgabe der Vermögensauskunft vorgenommen hat, sofern sie sich nicht auf gebräuchliche Gelegenheitsgeschenke geringen Wertes richteten.
> Sachen, die nach § 811 Abs. 1 Nr. 1 und 2 der Pfändung offensichtlich nicht unterworfen sind, brauchen nicht angegeben zu werden, es sei denn, dass eine Austauschpfändung in Betracht kommt.
>
> (3) Der Schuldner hat zu Protokoll an Eides statt zu versichern, dass er die Angaben nach Absatz 2 nach bestem Wissen und Gewissen richtig und vollständig gemacht habe. Die Vorschriften der §§ 478 bis 480, 483 gelten entsprechend.

7.1 Arten der eidesstattlichen Versicherung

Die Eidesstattliche Versicherung ist in den Fällen, in denen das Gesetz dies ausdrücklich zulässt, ein gerichtliches Beweismittel. Dieses Beweismittel kann sich der Beweisführer in bestimmten Fällen aus eigenem Antrieb bedienen, z.B. wenn ihm die Beweisführung durch Urkunden oder Zeugen nicht gelingt, in anderen Fällen kann die Partei verpflichtet sein, den Beweis durch eine eidesstattliche Versicherung zu führen. Die Ursachen und Motive zur Abgabe der eidesstattlichen Versicherung können unterschiedlich sein.

Zu unterscheiden sind:

Eidesstattliche Versicherung nach **bürgerlichem Recht**	Eidesstattliche Versicherung nach der **Zivilprozessordnung**
Beispiele: §§ 259, 260, 2006, 2028 2057 BGB	Beispiele: § 802c, § 883 Abs. 2, § 836 Abs. 3 ZPO

Für die Entgegennahme der eidesstattlichen Versicherungen nach dem bürgerlichen Recht ist das Gericht der freiwilligen Gerichtsbarkeit zuständig, solange diese Pflicht freiwillig erfüllt wird.

Ist der Schuldner dann zur Abgabe der eidesstattlichen Versicherung verurteilt, so wechselt die Zuständigkeit, und das Vollstreckungsgericht ist für die Entgegennahme der eidesstattlichen Versicherung zuständig.

Die eidesstattliche Versicherung als Beweismittel ist aber nur in den Fällen zulässig, in denen das Gesetz dies ausdrücklich zulässt und nur wirksam, wenn sie vor einer zuständigen Stelle abgegeben wird.

Die Voraussetzungen und Formalien einer wirksamen eidesstattlichen Versicherung sind in den §§ 478 ff. ZPO geregelt.

Der Gerichtsvollzieher holt im Rahmen des § 802c ZPO Informationen über das Vermögen des Schuldners bereits zu Beginn des Vollstreckungsverfahrens ein, so dass der Gläubiger auf dieser Grundlage über das weitere vollstreckungsrechtliche Vorgehen entscheiden kann.

§ 802c Abs. 1 ZPO formuliert damit eine zentrale vollstreckungsrechtliche Mitwirkungspflicht des Schuldners. Die Erklärungspflicht des Schuldners zu Beginn des Vollstreckungsverfahrens rechtfertigt sich aus dem Umstand, dass er trotz Verwirklichung der allgemeinen Vollstreckungsvoraussetzungen (v.a. titulierte Forderung des Gläubigers) nicht leistet.

7.2 Zuständigkeit für die Abnahme der Vermögensauskunft

§ 802e Zuständigkeit

(1) Für die Abnahme der Vermögensauskunft und der eidesstattlichen Versicherung ist der Gerichtsvollzieher bei dem Amtsgericht zuständig, in dessen Bezirk der Schuldner im Zeitpunkt der Auftragserteilung seinen Wohnsitz oder in Ermangelung eines solchen seinen Aufenthaltsort hat.

(2) Ist der angegangene Gerichtsvollzieher nicht zuständig, so leitet er die Sache auf Antrag des Gläubigers an den zuständigen Gerichtsvollzieher weiter.

Nach § 802e ZPO sind dem Gerichtsvollzieher folgende Verfahren auf Abgabe der eidesstattlichen Versicherung übertragen:

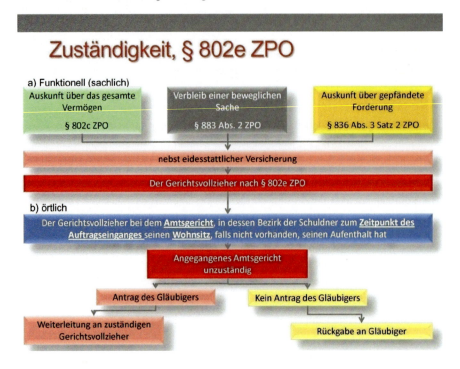

Für die Entgegennahme der prozessualen eidesstattlichen Versicherung nach § 802c, § 883 Abs. 2 und § 836 Abs. 3 ZPO ist der Gerichtsvollzieher zuständig. Örtlich zuständig ist der nach § 802e Abs. 1 ZPO für den Wohnsitz/Sitz des Schuldners zuständige Gerichtsvollzieher.

Im Bereich des FamFG zur Herausgabe von Personen, in der Regel von Kindern, (§§ 88 ff. FamFG) ist der Gerichtsvollzieher auch für die Entgegenahme der eidesstattlichen Versicherung zuständig, § 94 S. 2 FamFG i.V.m. § 883 Abs. 2 S. 2 ZPO (§ 802e Abs. 1 ZPO).

Für die Abnahme der Vermögensauskunft und deren eidesstattlicher Versicherung ist sachlich/funktionell der Gerichtsvollzieher zuständig (§ 802e Abs. 1 ZPO).

Die örtliche Zuständigkeit richtet sich nach dem Wohnsitz des Schuldners/Sitz (siehe §§ 7 bis 11 BGB; § 17 ZPO) und in Ermangelung eines solchen nach seinem Aufenthaltsort (§ 802e Abs. 1 ZPO).

Sachlich und örtlich ist demnach das Amtsgericht zuständig, in dessen Bezirk der Schuldner im Zeitpunkt des Auftragseinganges seinen Wohnsitz oder in Ermangelung eines solchen, seinen Aufenthalt hat. § 802e Abs. 1 ZPO begründet lediglich eine örtliche Zuständigkeit des Amtsgerichts, nicht des Gerichtsvollzieherbezirks. Hat der Schuldner zwar im Amtsgerichtsbezirk aber in einem anderen Gerichtsvollzieherbezirk seinen Wohnsitz, ist dies kein rechtliches, sondern ein verwaltungstechnisches Problem, das durch § 137 Abs. 1 S. 3 GVGA dahingehend geregelt wird, dass der Gerichtsvollzieher den Auftrag formlos an den zuständigen Kollegen abgibt. Wurde die örtliche Zuständigkeit des Amtsgerichts einmal begründet, dann verbleibt sie gemäß § 261 Abs. 3 Nr. 2 ZPO bei dem Gericht, auch wenn sich nachträglich die Umstände ändern.

Tatbestandsmerkmale für die Begründung der örtlichen Zuständigkeit sind nach § 802e Abs. 1 ZPO somit:

- Der Wohnsitz
- In Ermangelung eines solchen, der Aufenthalt und
- Der Zeitpunkt des Auftragseingangs

Der Wohnsitz einer Person ist der Ort, an dem sie sich niederlässt.

> § 7 BGB Wohnsitz; Begründung und Aufhebung
> (1) Wer sich an einem Orte ständig niederlässt, begründet an diesem Orte seinen Wohnsitz.
> (2) Der Wohnsitz kann gleichzeitig an mehreren Orten bestehen.
> (3) Der Wohnsitz wird aufgehoben, wenn die Niederlassung mit dem Willen aufgehoben wird, sie aufzugeben.

Die Begründung des Wohnsitzes ist somit nicht eine Frage der Anmeldung beim Einwohnermeldeamt, sondern begründet sich hauptsächlich im Willen der Person. Dort, wo sie sich mit dem Willen, ihren Wohnsitz zu begründen, niederlässt, hat sie ihren Wohnsitz.

Das können auch mehrere Wohnsitze sein, so z.B. wenn der Schuldner den Sommer auf Sylt und den Winter in Mittenwald verbringt. In diesem Fall ist der

Gerichtsvollzieher zuständig, der vom Gläubiger beauftragt wird. Geht der Auftrag im Winter in Sylt ein, ist der Gerichtsvollzieher auf Sylt zuständig. Er kann das Verfahren nicht von selbst an den Gerichtsvollzieher des Wohnsitzes abgeben, bei dem der Schuldner sich gerade tatsächlich aufhält.

Voraussetzung für die Begründung des Wohnsitzes ist der Wille des Schuldners, sich an einem bestimmten Ort auf eine gewisse Dauer niederzulassen. Das hat zur Folge, dass eine zwangsweise Veränderung des Aufenthalts keinen neuen Wohnsitz begründet. So hat derjenige, der sich in Strafhaft befindet, keinen neuen Wohnsitz am Ort der Justizvollzugsanstalt begründet, da er sich ja dort nicht mit seinem Willen niederlässt. Das heißt auch, dass derjenige, der nicht geschäftsfähig, somit zu einer rechtlich relevanten Willensbekundung nicht in der Lage ist, auch keinen eigenen Wohnsitz begründen kann:

> § 8 BGB Wohnsitz nicht voll Geschäftsfähiger
>
> (1) Wer geschäftsunfähig oder in der Geschäftsfähigkeit beschränkt ist, kann ohne den Willen seines gesetzlichen Vertreters einen Wohnsitz weder begründen noch aufheben.
>
> (2) Ein Minderjähriger, der verheiratet ist oder war, kann selbständig einen Wohnsitz begründen und aufheben.

Die 15-jährige Zenzi Zahnspange wohnt bei ihrem Onkel in München. Ihre sorgeberechtigten Eltern leben in Düsseldorf. Welcher Gerichtsvollzieher ist für die Abnahme der Vermögensauskunft zuständig?

Für die Abnahme der Vermögensauskunft ist nach § 802e Abs. 1 ZPO der Gerichtsvollzieher zuständig, in dessen Bezirk die Schuldnerin, also Zenzi, ihren Wohnsitz hat. Nach § 11 S. 1 BGB teilt das Kind den Wohnsitz der Eltern. Zuständig für die Abnahme der Vermögensauskunft ist deshalb der Gerichtsvollzieher in Düsseldorf.

Bei unter Betreuung stehenden Schuldnern ist deren Wohnsitz, nicht der des gesetzlichen Vertreters maßgebend, denn sie sind in ihrer Geschäftsfähigkeit grundsätzlich nicht beschränkt.

Hubert wohnt in München und steht unter Betreuung. Sein Betreuer (Aufgabenkreis: „Aufenthaltsbestimmungsrecht") wohnt in Starnberg. Welcher Gerichtsvollzieher ist für das Verfahren auf Abnahme der Vermögensauskunft zuständig?

§ 802e Abs. 1 ZPO betont, dass für das Verfahren auf Abnahme Vermögensauskunft der Gerichtsvollzieher zuständig ist, in dessen Bezirk der Schuldner bei Auftragseingang/-erteilung seinen Wohnsitz hatte. Wenn die Begründung eines Wohnsitzes nach § 7 Abs. 1 BGB vom Willen des sich Niederlassenden abhängig ist, ist natürlich fraglich, ob der Betreute einen eigenen Wohnsitz begründen kann.

Auf einen unter Betreuung stehenden ist § 8 BGB nur anwendbar, wenn dieser gemäß § 104 Nr. 2 BGB geschäftsunfähig ist. In diesen Fällen ist allerdings in der Regel Betreuung unter Einwilligungsvorbehalt angeordnet mit der Folge, dass der Betreute keinen eigenen Wohnsitz bestimmen kann. Wenn der Aufgabenkreis des Betreuers das Aufenthaltsbestimmungsrecht umfasst, kann der Betreute aber einen eigenen Wohnsitz begründen, denn er ist in seiner Geschäftsfähigkeit nicht beschränkt.

Hat der Schuldner seinen Wohnsitz außerhalb des Amtsgerichtsbezirks, aber innerhalb des Amtsgerichtsbezirkes seinen Aufenthaltsort, begründet sich dadurch keine Zuständigkeit, da die in § 802e Abs. 1 ZPO genannte Zuständigkeit des Aufenthaltsorts nicht alternativ, sondern hilfsweise ist. Als Auslegungsregel ist § 16 ZPO heranzuziehen, der für die Zuständigkeit des Gerichts des Aufenthaltsorts verlangt, für den Fall, dass kein Wohnsitz vorhanden ist.

Kuno Knast ist zu 3 Jahren Freiheitsstrafe verurteilt und sitzt seine Strafe in der JVA Augsburg ab. Gläubiger Raff beantragt bei dem für die Justizvollzugsanstalt zuständigen Gerichtsvollzieher Achtsam den Schuldner zur Abgabe der Vermögensauskunft vorzuladen. Er erwähnt, dass die Ehefrau und die Kinder des Schuldners noch in der Ehewohnung in München leben. Ist Gerichtsvollzieher Achtsam zuständig?

Gerichtsvollzieher Achtsam wäre nach § 802e Abs. 1 ZPO zuständig, wenn der Schuldner seinen Wohnsitz i.S.d. § 7 BGB in der JVA begründet hätte. Davon ist aber grundsätzlich nicht auszugehen, wenn der Schuldner an dem Ort nur in Haft sitzt[36]. Gerichtsvollzieher Achtsam ist aber auch nicht nach § 802e Abs. 1 Alternative 2 ZPO zuständig, da die Zuständigkeit des Aufenthaltsorts nur eintritt, wenn der Nachweis durch den Gläubiger erbracht wird, dass der Schuldner keinen Wohnsitz bzw. seinen alten Wohnsitz aufgegeben und keinen neuen begründet hat. Da die

---

[36] BGH, NJW-RR 96, 1217

Ehefrau und die Kinder noch in der Wohnung in München leben, ist davon auszugehen, dass der Schuldner seinen Wohnsitz dort immer noch nicht aufgegeben hat. Zuständig für das Verfahren auf Abnahme der Vermögensauskunft ist somit der Gerichtsvollzieher in München, der nun wieder den Gerichtsvollzieher Achtsam in Augsburg beauftragen wird, dem Schuldner im Wege der Rechtshilfe die Vermögensauskunft abzunehmen.

> *Der Wohnsitzlose Peter P. ist in Augsburg auf der Durchreise und nächtigt im Obdachlosenasyl Krähennest. Der Gläubigervertreter Rechtsanwalt Fix erfährt davon und beauftragt den für das Krähennest zuständigen Gerichtsvollzieher, den Schuldner zur Abgabe der Vermögensauskunft zu laden.*

Da Obdachlose nur Obdachlose sind, wenn sie keinen Wohnsitz haben, trifft hier die Zuständigkeitsregelung des § 802e Abs. 1 Alternative 2 ZPO zu, mit der Folge, dass der Gerichtsvollzieher in Augsburg zuständig ist. Die Länge des Aufenthalts ist dabei ohne Bedeutung.

Mit dem Wohnsitz ist bei prozessunfähigen Personen (juristischen Personen wie GmbH usw., Handelsgesellschaften wie OHG, KG usw.) deren Sitz gemeint, und damit für die Beurteilung der örtlichen Zuständigkeit des Gerichtsvollziehers maßgebend, s.a. § 17 ZPO. Die örtliche Zuständigkeit wird insbesondere nicht durch den Wohnsitz der gesetzlichen Vertreter (wie Geschäftsführer, Gesellschafter) bestimmt.

Die HiWi-GmbH ist im Handelsregister mit dem Firmensitz in Leipzig eingetragen. Dort befinden sich aber weder ein Büro noch sonstige Geschäftsräume der Schuldnerin. Der für den Firmensitz zuständige Gerichtsvollzieher Grabsch wird beauftragt, die Schuldnerin, vertreten durch ihre Geschäftsführer, zur Abgabe der Vermögensauskunft vorzuladen. Der Gerichtsvollzieher weiß aus früheren Vollstreckungsverfahren, dass die abgabeverpflichteten Geschäftsführer in Augsburg wohnen. Ist Grabsch zuständig?
Schuldner der Vermögensauskunft ist die GmbH, die lediglich durch ihre Geschäftsführer handelt (s. § 35 GmbHG). Zuständig für die Abnahme der Vermögensauskunft ist deshalb der Gerichtsvollzieher des Amtsgerichts, in dessen Bezirk sich der im Handelsregister eingetragene Firmensitz befindet. Der Wohnort

der Geschäftsführer ist dabei ohne Belang. Zuständig ist somit Grabsch. Allerdings kann der Geschäftsführer im Wege der Rechtshilfe geladen werden.

Die HiWi-GmbH ist im Handelsregister mit dem Firmensitz in Leipzig eingetragen. Tatsächlich weiß der Gerichtsvollzieher allerdings, dass die GmbH nicht mehr arbeitet und längst keine Geschäftsräume mehr bestehen?

Ausschlaggebend für die rechtliche Existenz der GmbH ist die Eintragung im Handelsregister. Ab dem Zeitpunkt der Eintragung existiert die GmbH, unabhängig ob sie tatsächlich arbeitet oder nicht, und erst mit der Löschung endet sie. Dies gilt auch für deren Sitz. Für die Abnahme der Vermögensauskunft ist somit nach wie vor der Gerichtsvollzieher zuständig, in dessen Bezirk sich der eingetragene Sitz der GmbH befindet. Ob sich dort oder anderswo tatsächlich Geschäftsräume befinden, ist gleichgültig. Der Gerichtsvollzieher hat somit den Geschäftsführer zur Abgabe der Vermögensauskunft zu laden. Stellt sich heraus, dass dieser außerhalb des Amtsgerichtsbezirkes wohnt, kommt eine Ladung im Wege der Rechtshilfe in Frage.

Überblick örtliche Zuständigkeit

Schuldner	Zuständigkeit
Natürliche Personen, die im Inland wohnen	Der Gerichtsvollzieher des (jedes) Wohnorts. Bei mehreren Wohnorten kann der Gläubiger wählen, welchen Gerichtsvollzieher er beauftragt.
Einzelkaufmann	Der Gerichtsvollzieher des Wohnsitzes
Minderjährige Kinder	Der Gerichtsvollzieher des Wohnsitzes der Sorgeberechtigten
Betreute	Der Gerichtsvollzieher des Wohnsitzes des Betreuten
Zeit- und Berufssoldaten	Der Gerichtsvollzieher des Standorts (§ 9 Abs. 1 BGB). Mehrere Wohnsitze sind möglich.
Gefangene	Der Gerichtsvollzieher des (jedes) Wohnorts, nicht der für den Ort der Inhaftierung zuständige.
Juristische Personen, Handelsgesellschaften, Partnerschaften	Der im Handelsregister/sonstiges Register eingetragene Firmensitz

Maßgeblich ist der Zeitpunkt des Antrags auf Einholung der Vermögensauskunft (vgl. § 802e Abs. 1, § 802a Abs. 2 Satz 1 Nr. 2 ZPO), also der Zeitpunkt des Eingangs beim Gerichtsvollzieher. Da in aller Regel die Vollstreckungsaufträge bei der Gerichtsvollzieherverteilerstelle des Amtsgerichts (§ 22 GVO) eingehen, ist der maßgebliche Zeitpunkt, in dem der Auftrag bei der Verteilerstelle eingegangen ist (§ 24 Abs. 1 GVO).

Problematisch ist, dass der Gerichtsvollzieher in dem Zeitpunkt, in dem der Auftrag eingeht, nicht weiß, ob der Schuldner nun tatsächlich in diesem Moment im Amtsgerichtsbezirk wohnt. Diese Feststellung der Zuständigkeit muss deshalb an ein äußeres Zeichen geknüpft werden. Der Gerichtsvollzieher kann dann davon ausgehen, dass der Schuldner im Zeitpunkt des Auftragseinganges in seinem Bezirk wohnte, wenn die Ladung zum Termin im Bezirk zugestellt werden konnte. Sollte der Schuldner an einen anderen Ort verzogen sein, kann der Gerichtsvollzieher davon ausgehen, dass der Schuldner bereits bei Auftragseingang bereits verzogen war (§ 137 Abs. 1 Satz 1 GVGA).

Es können folgende Fallkonstellationen auftreten:

1. Schuldner konnte <u>nicht im Bezirk geladen</u> werden bzw. ist <u>vor Auftragseingang verzogen</u>

*a) Schuldner ist in **anderen** AG Bezirk verzogen*

Ist es dem Gerichtsvollzieher zum Zeitpunkt des Auftragseinganges oder durch die Rückbriefadresse der Post bekannt, dass der Schuldner inzwischen in einem anderen Amtsgerichtsbezirk wohnt (und er damit örtlich unzuständig ist), so trägt er den Auftrag nach §§ 20, 47 GVO in das Dienstregister ein. Danach gibt er den Auftrag auf Antrag des Gläubigers (§ 802e Abs. 2 ZPO) an das zuständige Amtsgericht ab und informiert den Auftraggeber von der Abgabe (§ 137 Abs. 1 Satz 4 GVGA, § 20 Abs. 2 Nr. 2 GVO). Hierfür ist jedoch ein ausdrücklicher Abgabeantrag des Gläubigers erforderlich. Die Abgabe ist dann für das tatsächlich zuständige Amtsgericht nach § 802e Abs. 2 ZPO bindend. Beantragt der Gläubiger die Abgabe nicht, hat der unzuständig angegangene Gerichtsvollzieher den Antrag auf Abnahme der Vermögensauskunft und deren eidesstattliche Versicherung abzulehnen. Hat das Verfahren vor einem örtlich unzuständigen Gerichtsvollzieher stattgefunden, so berührt dies die Wirksamkeit der Vermögensauskunft nicht.

b) Schuldner ist *innerhalb* des Amtsgerichtsbezirkes verzogen

Ist es dem Gerichtsvollzieher zum Zeitpunkt des Auftragseinganges bekannt, dass der Schuldner in einen anderen **Gerichtsvollzieherbezirk** desselben Amtsgerichtsbezirkes verzogen ist, so gibt er den Auftrag unverzüglich nach § 137 Abs. 1 Satz 3 GVGA, § 20 Abs. 2 Nr. 1 GVO an den zuständigen Kollegen ab. Der übernehmende Gerichtsvollzieher hat den Auftraggeber unverzüglich von der Übernahme zu benachrichtigen.

2. Umzug des Schuldners (nach erfolgreicher Ladung)

a) *innerhalb* des Amtsgerichtsbezirkes

Verzieht der Schuldner nach erfolgreicher Zustellung im Bezirk in einen anderen Gerichtsvollzieherbezirk **desselben Amtsgerichts**, so führt der Gerichtsvollzieher das Verfahren weiter.

Gerichtsvollzieher Achtsam ist beim Amtsgericht Augsburg für den Bezirk 10 zuständig. Er wird mit der Ladung des Schuldners S. zum Termin zur Abgabe der Vermögensauskunft beauftragt. Die Ladung wird dem Schuldner zugestellt. Danach verzieht der Schuldner innerhalb des Amtsgerichtsbezirkes in den Gerichtsvollzieherbezirk 31.

Der Umzug des Schuldners innerhalb des Amtsgerichtsbezirkes hat für den Ablauf des Verfahrens keine Bedeutung, denn welcher Gerichtsvollzieher innerhalb des Amtsgerichtsbezirkes zuständig ist, ist keine Frage der örtlichen Zuständigkeit, sondern eine Frage der Geschäftsverteilung. Der Gerichtsvollzieher bleibt zuständig. Es liegt auch kein Fall der Rechtshilfe vor. Der Schuldner muss somit zum Termin bei Gerichtsvollzieher Achtsam erscheinen.

b) *außerhalb* des Amtsgerichtsbezirks

Verzieht der Schuldner nach Eingang des Auftrages in einen anderen Amtsgerichtsbezirks, so ersucht der beauftragte Gerichtsvollzieher nun den Gerichtsvollzieher, in dessen Bezirk der Schuldner nun seinen Wohn- bzw. Aufenthaltsort hat, diesen im Wege der Rechtshilfe nach §§ 156, 157 GVG, §§ 478, 479 ZPO zur Abgabe der Vermögensauskunft vorzuladen (§ 137 Abs. 2 GVGA). Die Rechtshilfe ändert aber nichts an der ursprünglichen Zuständigkeit. Der ersuchte

Gerichtsvollzieher hat keine Entscheidungsbefugnis über das Verfahren. Der ersuchte Gerichtsvollzieher kann das Ersuchen nicht ablehnen.

3. Schuldner ist **unbekannt verzogen**

Ist es dem Gerichtsvollzieher zum Zeitpunkt des Auftragseingangs bekannt, dass der Schuldner unbekannt verzogen ist,

a) und hat der Gläubiger einen Aufenthaltsermittlungsantrag nach § 755 ZPO gestellt, so führt der Gerichtsvollzieher diesen zunächst aus (§ 137 Abs. 1 Satz 5 GVGA); ergibt sich sonach eine neue Zuständigkeit eines Gerichtsvollziehers gibt der Gerichtsvollzieher bei entsprechender Antragstellung des Gläubigers (§ 802e Abs. 2 ZPO) das Verfahren an das zuständige Amtsgericht weiter (wie § 137 Abs. 1 Satz 4 GVGA); wenn innerhalb des Amtsgerichtsbezirks verzogen, dann an den zuständigen Kollegen (wie § 137 Abs. 1 Satz 3 GVGA. Sollte die Aufenthaltsermittlung ergebnislos verlaufen, gibt der Gerichtsvollzieher das Verfahren an den Gläubiger mit entsprechendem Hinweis (Schuldner konnte nicht ermittelt werden) zurück (§ 137 Abs. 1 Satz 6 GVGA)

b) und der Gläubiger hat keinen Antrag nach § 755 ZPO gestellt, so gibt der Gerichtsvollzieher das Verfahren an den Gläubiger mit entsprechendem Hinweis zurück (§ 137 Abs. 1 Satz 6 GVGA).

4. Folgen der örtlichen Unzuständigkeit

Ein Verstoß gegen die örtliche Zuständigkeit innerhalb des Amtsgerichtsbezirks berührt die Wirksamkeit der abgegebenen Vermögensauskunft samt eidesstattlicher Versicherung nicht und begründet, auch dem Rechtsgedanken des § 571 Abs. 2 Satz 2 ZPO folgend, keine Beschwerde.

7.3 Inhalt und Zweck des Vermögensauskunftsverfahrens

Durch die Vermögensauskunft soll der Gläubiger zu Beginn des Zwangsvollstreckungsverfahrens Erkenntnisse über das Vermögen des Schuldners gewinnen und damit in die Lage versetzt werden, im Anschluss an die abgegebene Vermögensauskunft geeignete Zwangsvollstreckungsmaßnahmen zu ergreifen.

Der Schuldner hat, wenn die Voraussetzungen des § 802c ZPO vorliegen, seine gesamten persönlichen und wirtschaftlichen Verhältnisse anhand eines Vermögensverzeichnisses zu offenbaren. Die Vollständigkeit und Richtigkeit dieser Erklärung muss er beweisen, indem er sie an Eides statt versichert (siehe § 294, § 802c Abs. 3 ZPO). Sind diese Angaben unrichtig oder unvollständig, so kann dies nach § 156 StGB mit Freiheitsstrafe bis zu drei Jahren oder mit Geldstrafe geahndet werden.

Die Vermögensauskunft ist, rechtlich gesehen, eine unvertretbare Handlung, die, falls der Schuldner nicht freiwillig leistet, durch Auferlegung von Zwangsmitteln durchgesetzt wird. Das gesetzlich vorgesehene Zwangsmittel ist gemäß § 802g ZPO die Erzwingungshaft.

Aus § 802g ZPO ergibt sich auch, dass dieses Zwangsmittel erst zur Anwendung kommt, wenn der Schuldner hinsichtlich seiner Verpflichtung zur Vermögensauskunft nicht nachgekommen ist.

Er kommt mit seiner Verpflichtung in Verzug, wenn er zu dem vom Gerichtsvollzieher nach den gesetzlichen Bestimmungen ordnungsgemäß anberaumten Termin (§ 802f ZPO) nicht erscheint oder die Abgabe der Vermögensauskunft grundlos verweigert[37].

Für den Gläubiger ist das Verfahren auf Abgabe der Vermögensauskunft nach § 802c ZPO in erster Linie ein Mittel zur Informationsgewinnung, insbesondere, um zu entscheiden, ob aufgrund der Schuldnerangaben zum Vermögen sinnvolle zwangsvollstreckungsrechtliche Schritte eingeleitet werden können. Aber sie ist auch ein Druckmittel gegen den Schuldner. Denn dieser sitzt, seit er die Ladung zum Termin zur Vermögensauskunft erhalten hat, wirklich in der Klemme. Das Verfahren zieht so manche üble Folge nach sich.

---

[37] das bedeutet, dass der Schuldner vorher immer freiwillig leisten kann

Dem Schuldner, der die Vermögensauskunft nach § 802c ZPO abgegeben hat bzw. unentschuldigt zum Termin nicht erschienen ist, droht die Eintragung durch den Gerichtsvollzieher in das Schuldnerverzeichnis des Zentralen Vollstreckungsgerichts nach § 882c ZPO. In dieses kann dann grundsätzlich Jedermann Einsicht nehmen, der die Voraussetzungen nach § 882f ZPO erfüllt (z.B. für Zwecke der Zwangsvollstreckung).

Damit aber nicht genug: Aus diesem Schuldnerverzeichnis gelangen regelmäßig Auskünfte an die Industrie- und Handelskammern und an die Schufa (Schutzgemeinschaft für allgemeine Kreditsicherung), vgl. § 882g ZPO. Und diese Schufa ist nichts Weiteres als ein Nachrichtendienst der Handeltreibenden, bei dem alle erreichbaren Daten, vor allem über die Zahlungsfähigkeit und Zahlungsgewohnheiten der Bundesbürger, gespeichert sind. Dort sind jeder geplatzte Scheck, teilweise auch bereits erlassene Mahnbescheide und jedenfalls die abgegebene Vermögensauskunft registriert. Und von der IHK und der Schufa aus, verteilen sich die Informationen an deren Mitglieder im ganzen Land.

Peinlich! Nein, mehr als das – schmerzhaft! Denn damit gelangt sie ja auch zu der Hausbank und dort droht die Kündigung des Gehaltskontos[38], womit unter Umständen der Dispositionskredit sofort fällig wird und auch eine bisher tragbare Schuld plötzlich akut wird und die Katastrophe verstärkt. Es wird auch sehr schwierig sein, eine neue Bank zu finden, denn vor Abschluss des Girovertrages ist natürlich eine Schufa-Anfrage fällig und diese ist dann eben positiv! Natürlich können auch andere Kredite sofort fällig gestellt werden, denn die Eintragung in das Schuldnerverzeichnis ist immer ein Grund für eine vorzeitige Kündigung.

Aber es kann noch schlimmer kommen! In einigen Berufszweigen kann die Eintragung in das Schuldnerverzeichnis auch zur Entlassung bzw. zu einer Umsetzung führen. Wer würde einen Buchhalter oder Kassierer beschäftigen, der Schulden bis über beide Ohren hat? Stellt ein Geheimnisträger, der in dem Schuldnerverzeichnis eingetragen ist, nicht ein Sicherheitsrisiko dar, weil er sicher anfälliger gegen Verlockungen ist als ein wohlsituierter Bürger? Und könnte jemand Gerichtsvollzieher sein, der dort registriert ist?

---

[38] soweit es sich nicht um ein Pfändungsschutzkonto (P-Konto) handelt.

Und noch eines: Dass diese Schuldner nichts mehr auf Raten im Versandhandel kaufen können, ist ohnehin klar. Ein sehr wichtiges Druckmittel für den Gläubiger ist aber, dass der Schuldner, der die Vermögensauskunft abgegeben hat, eigentlich nur noch Bargeschäfte tätigen darf. Denn schon ein Kauf auf Rechnung kann den Tatbestand des Betruges erfüllen, weil der Käufer ja offensichtlich nicht dazu in der Lage ist, eingegangene Verpflichtungen durch eigene Vermögenswerte zu sichern.

Eine weitere Bedeutung für den Gläubiger liegt darin, dass Kreditausfallversicherungen in den meisten Fällen erst zahlen, wenn feststeht, dass die Forderung nicht einziehbar ist. Als äußeres Kennzeichen gilt dafür die Eintragung in das Schuldnerverzeichnis.

Wir sehen also, dass sich die Folgen der abgegebenen Vermögensauskunft nicht auf Peinlichkeiten beschränken. Die Abgabe der Vermögensauskunft stellt für den Schuldner in vielen Fällen das wirtschaftliche Ende dar.

7.4 Voraussetzungen

Das Verfahren zur Vermögensauskunft beginnt mit einem entsprechenden Antrag des Gläubigers (vgl. insoweit § 802a Abs. 2 Satz 1 Nr. 2 ZPO) an den zuständigen Gerichtsvollzieher (§ 802e Abs. 1 ZPO). Dies gilt auch für die (sofortige) Abnahme der Vermögensauskunft nach einem Pfändungsversuch nach § 807 ZPO.

In seinem Auftrag muss der Gläubiger konkret zum Ausdruck bringen, dass er die Vorladung des Schuldners zur Abnahme der Vermögensauskunft will (§ 802a Abs. 2 Satz 2 ZPO). Dem Auftrag ist eine Aufstellung über die Forderung[39] beizugeben, wenn sich diese nicht zweifelsfrei aus dem Titel ergibt[40]. Der Auftrag zur Ladung zur Abnahme der Vermögensauskunft wegen einer verschwindend kleinen Restforderung kann unzulässige Rechtsausübung und damit unzulässig sein[41]. Teilvollstreckungsaufträge sind möglich.

---

[39] siehe Formular nach der GVFV Anlage 1, Seite 8
[40] LG Düsseldorf MDR 60, 58; LG Essen MDR 76, 1026; a.A. LG Oldenburg, RPfleger 80, 353
[41] LG Köln, RPfleger 91, 328 (wegen restlicher Zinsforderung in Höhe von 2,10 DM)

Zudem müssen die allgemeinen und besonderen[42] Voraussetzungen der Zwangsvollstreckung wegen einer Geldforderung vorliegen.

Für den Fall, dass dem Gerichtsvollzieher ein gegen Sicherheitsleistung vorläufig vollstreckbares Zahlungsurteil vorliegen sollte, kann der Gerichtsvollzieher nach wohl herrschender Meinung im Rahmen der Sicherungsvollstreckung (§ 720a ZPO) auch ohne einen Nachweis der Sicherheitsleistung die Vermögensauskunft abnehmen. Argumentiert wird damit, dass „die Abgabe der eidesstattlichen Versicherung eine zweckgerichtete Maßnahme zur Vorbereitung zulässiger, hier auf Sicherung beschränkter, Vollstreckungszugriffe ist".

Zu beachten ist jedoch, dass dann gemäß § 750 Abs. 3 ZPO eine Wartefrist von 2 Wochen einzuhalten ist.

Sollte der Titel samt Klausel noch nicht an den Schuldner zugestellt sein, muss die Zustellung vom Gerichtsvollzieher noch bewirkt (§ 44 Abs. 1 Satz 2 GVGA) und eine Wartefrist eingehalten werden, bis er mit der Zwangsvollstreckung beginnen kann.

Der Auftrag ist als Einzelauftrag und als kombinierter Auftrag zulässig.

7.4.1 Der Einzelauftrag

Der Einzelauftrag nach § 802a Abs. 2 Nr. 2 ZPO richtet sich ausschließlich auf Ladung des Schuldners zum Termin zur Abgabe der Vermögensauskunft. Der Gläubiger möchte also nur erreichen, dass der Schuldner zu Beginn des Vollstreckungsverfahrens sein Vermögen offenbart. Allerdings erstreckt sich die Bevollmächtigung des Gerichtsvollziehers nach § 754 ZPO dann nur auf die Abnahme der Vermögensauskunft. Erhält der Gerichtsvollzieher im Laufe des Termins z.B. Kenntnis von pfändbaren Gegenständen, darf er diese nicht pfänden, da ihm mangels Auftrag die notwendige Legitimation fehlt. Ebenso kann keine Vorpfändung ausgebracht werden, falls pfändbare Forderungen bekannt werden. Auch kann der Gerichtsvollzieher keine Aufenthaltsermittlung nach § 755 ZPO

---

[42] Abnahme der eidesstattliche Versicherung aus vorläufig vollstreckbaren Zahlungstiteln ohne Nachweis der Sicherheitsleistung im Rahmen der Sicherungsvollstreckung nach §720a ZPO zulässig, str.; bejahend BGH, Beschluss vom 26. 10. 2006 - I ZB 113/05

durchführen oder Auskünfte bei Drittstellen nach § 802l ZPO erholen, wenn der entsprechende Auftrag fehlt.

7.4.2 Der kombinierte Auftrag

Ein kombinierter Auftrag liegt z.B. vor, wenn der Gläubiger den Gerichtsvollzieher mit der Sachpfändung beauftragt und gleichzeitig, für den Fall des Eintritts der Voraussetzungen des § 807 Abs. 1 ZPO, dem Schuldner die Vermögensauskunft sofort vor Ort abnimmt. Die Möglichkeit der sofortigen Abnahme der Vermögensauskunft vor Ort beim Schuldner in dessen Wohnung oder Geschäftslokal steht dabei unter der aufschiebenden Bedingung, dass einer der Tatbestände des § 807 Abs. 1 Nr. 1 oder Nr. 2 ZPO eintritt.

Aufgrund der in § 802a Abs. 2 und § 755 ZPO geregelten Befugnisse des Gerichtsvollziehers sind weitere Aufträge kombinierbar.

Beispiele:

1. Auftrag zur Vermögensauskunft (§ 802a Abs. 2 Nr. 2 ZPO) und Aufenthaltsermittlung (§ 755 ZPO)
2. Auftrag zur Vermögensauskunft und Auftrag zur Einholung Auskünfte Dritter über das Vermögen des Schuldners (§ 802l ZPO)
3. Auftrag zur Vermögensauskunft und Sachpfändungsauftrag (§ 802 Abs. 2 Nr. 4 ZPO) und Antrag auf Vorpfändung (§ 802c Abs. 2 Nr. 5 ZPO)

Der Vorteil des kombinierten Auftrages liegt sicher in der Verfahrensvereinfachung. Der Gläubiger muss nur einen Antrag stellen und legt damit den weiteren Gang des Verfahrens voll in die Hände des Gerichtsvollziehers. Diesem steht nun eine große Bandbreite an Möglichkeiten zur Verfügung, den Auftrag zu erledigen. Der Nachteil besteht darin, dass das Verfahren seinen Lauf nimmt, ohne dass der Gläubiger aufgrund der Zwischenergebnisse einzelnen Schritte aussichtslose und kostenverursachende weitere Maßnahmen vermeiden kann.

Der Gläubiger hat weiterhin die Möglichkeit, den Gerichtsvollzieher schon rein vorsorglich mit der Verhaftung des Schuldners zu beauftragen, falls es zur Erteilung des Haftbefehls kommt.

Erscheint der Schuldner in diesen Fällen nun nicht zum Termin bzw. verweigert er die Abgabe der Vermögensauskunft ohne Grund, gibt der Gerichtsvollzieher das Verfahren auftragsgemäß an das örtliche Vollstreckungsgericht ab, ohne auf das Ergebnis des Eintragungsanordnungsverfahrens zur Eintragung im Zentralen Vollstreckungsgericht zu warten[43]. Dies ist klarstellend in § 143 Abs. 1 Satz 1 GVGA geregelt. Dabei empfiehlt sich, in dem Vorlageschreiben ausdrücklich nochmals auf die Rückleitung des Haftbefehls an den Gerichtsvollzieher hinzuweisen. Das Vollstreckungsgericht übersendet dann den erlassenen Haftbefehl direkt an den für die Verhaftung des Schuldners zuständigen Gerichtsvollzieher. Dieser wird dann aufgrund des bereits vorsorglich erteilten Verhaftungsauftrages tätig.

---

[43] LG Leipzig vom 10. März 2014, 8 T 767/13, DGVZ 2014, S. 131: Der Gerichtsvollzieher hat entgegen § 143 GVGA den Antrag auf Erlass des Haftbefehls unmittelbar nach dem versäumten Termin zur Abgabe der Vermögensauskunft mit seiner Sonderakte an das Vollstreckungsgericht weiterzuleiten.

7.4.3 Vertretung bei der Auftragserteilung

Der Auftrag unterliegt keinem Anwaltszwang (§ 79 ZPO).

Der Gläubiger kann sich bei der Auftragserteilung vertreten lassen. Problematisch ist allerdings der Nachweis der Vollmacht. Grundsätzlich hat der Bevollmächtigte seine Vertretungsbefugnis nach § 80 Abs. 1 ZPO schriftlich nachzuweisen.

Ist der Bevollmächtigte ein Rechtsanwalt, so ist nach § 88 Abs. 2 ZPO die Vorlage der Originalvollmacht nur auf Rüge des Schuldners hin notwendig. Tritt kein Rechtsanwalt auf, also z.B. ein Inkassounternehmen (s. § 79 Abs. 2 Nr. 4 ZPO) im Rahmen einer Rechtsdienstleistung nach dem Rechtsdienstleistungsgesetz (RDG), so hat das Gericht, in diesem Fall der Gerichtsvollzieher, den Mangel des Nachweises der Vollmacht nach § 88 Abs. 2 ZPO von Amts wegen zu beachten.

Für den Gerichtsvollzieher hat das Auftreten eines Inkassobüros als Gläubigervertreter somit nur insoweit Bedeutung, dass dieses seine Bevollmächtigung anhand von Originalurkunden nachweisen muss.

7.4.4 Form

Der Auftrag ist grundsätzlich mit den vorgeschriebenen Formularen nach der Gerichtsvollzieherformular-Verordnung (GVFV) zu erteilen (verpflichtend ab 01. April 2016).

7.4.5 Beizufügende Anlagen zum Auftrag

Der Auftraggeber hat dem Auftragsschreiben die für die Zustellung an den Schuldner notwendigen Abschriften beizufügen. Fehlen sie, kann der Gerichtsvollzieher die Abschriften anfertigen und die dafür entstehenden Kosten dem Gläubiger in Rechnung stellen[44].

Der Gerichtsvollzieher hat dem Schuldner mit der Ladung zum Termin zur Abgabe der Vermögensauskunft eine Abschrift des Vollstreckungsauftrags, die

---

[44] AG Sinzig, DGVZ 2000, 142; AG Mainz, DGVZ 2000, 156

Forderungsaufstellung (siehe Formular), ggf. einen Vordruck Vermögensverzeichnis sowie die in § 802f Abs. 3 genannten Belehrungen zuzustellen (§ 802f Abs. 4 ZPO, § 136 Abs. 1 Satz 1 GVGA). Der Gerichtsvollzieher kann aber die Ausführung des Auftrages von der Nachreichung der Abschriften nicht abhängig machen. Er kann den Gläubiger auffordern, eine solche Abschrift einzureichen, ist aber nicht berechtigt, das Zwangsvollstreckungsverfahren einzustellen, wenn der Gläubiger dieser Aufforderung nicht nachkommt[45].

Dem Auftrag sind alle Urkunden beizulegen, die die Voraussetzungen des Verfahrens auf Abgabe der Vermögensauskunft beweisen (vollstreckbare Ausfertigung des Titels etc.).

Bei der Vollstreckung gegen Minderjährige, gegen Gesellschaften, in Sondervermögen und gegen Betreute ist der Nachweis zu führen, wer zur Vermögensoffenbarung verpflichtet ist[46].

7.4.6 Partei- und Prozessfähigkeit

Natürlich muss der Gläubiger, aber auch der Schuldner, partei- und prozessfähig sein (§§ 50 ff. ZPO).

Der Gerichtsvollzieher hat die Voraussetzungen der Zwangsvollstreckung zu prüfen (§ 56 ZPO); der Schuldner ist nicht auf das Verfahren der Erinnerung nach § 766 ZPO zu verweisen, da eine Verfahrensvoraussetzung fehlt. In der Prüfung der Prozessfähigkeit des Schuldners ist der Gerichtsvollzieher nach der herrschenden Meinung an den (rechtskraftfähigen) Titel gebunden, so dass er den Mangel der Prozessfähigkeit nur zu beachten hat, wenn er auf nachträglich eingetretenen Umständen beruht. Dies kann aber nur dann gerechtfertigt sein, wenn das Gericht sich mit der Frage der Prozessfähigkeit auseinander gesetzt hat. Dabei ist in entsprechender Anwendung des § 393 ZPO auch zu prüfen, ob der Schuldner körperlich und seelisch in der Lage ist, eine Vermögensauskunft abzugeben[47]. So kann die Verpflichtung zur Aufstellung eines Vermögensverzeichnisses nicht mehr durchsetzbar sein, wenn der Schuldner aufgrund seines Gesundheitszustands keine

---

[45] BGH, Beschluss vom 21. Juli 2011 –I ZB 96/10
[46] LG Essen, JurBüro 72, 76
[47] Kammergericht, NJW 67, 59; OLG Köln, MDR 78, 59; OLG Frankfurt/Main. 68, 1194

Übersicht über seine Vermögensverhältnisse hat und auch nicht in der Lage ist, sie sich zu verschaffen[48].

Ist der Schuldner prozessunfähig, muss der gesetzliche Vertreter für ihn die Vermögensauskunft abgeben. Ist weder eine Betreuung noch eine Pflegschaft angeordnet, lehnt der Gerichtsvollzieher den Auftrag ab. Es obliegt dem Gläubiger beim Betreuungsgericht eine Anregung auf Anordnung einer Betreuung zu stellen.

Wird der Schuldner durch mehrere Personen vertreten, so ist zu prüfen ob Einzel- oder Gesamtvertretung vorliegt.

7.4.6.1 Gesamtvertretung

Liegt Gesamtvertretung vor, so z.B. bei der Ausübung der elterlichen Sorge, so müssen zwingend **alle gesetzlichen Vertreter** die Vermögensauskunft abgeben.

Teilweise wird auch die Meinung vertreten, dass der Gerichtsvollzieher bei einer Mehrheit von gesetzlichen Vertretern entscheiden könne, wer von Ihnen die Vermögensauskunft samt eidesstattlicher Versicherung für den Vertretenen abgibt[49]. Demnach ist zur Abgabe der Vermögensauskunft bei mehreren Gesamtvertretungsberechtigten derjenige zu laden, von dem das Gericht sich die größere Kenntnis erwartet. Dabei wird das Verfahren auf Abgabe der eidesstattlichen Versicherung als auf „Wissensvermittlung" gerichtet betrachtet, mit der Folge, dass die § 455 Abs. 1, § 449 ZPO Anwendung finden können[50].

Dies kann jedoch nur für den Fall gelten, wenn mehrere gesetzliche Vertreter einzelvertretungsberechtigt sind (z.B. mehrere GmbH-Geschäftsführer haben Einzelvertretung).

Dies ist jedoch bei Eltern grundsätzlich nicht der Fall, da beide gemeinsam vertretungsberechtigt sind (§ 1629 Abs. 1 Satz 2 BGB).

Nach der herrschenden Meinung müssen daher alle gemeinschaftlichen Vertreter die Vermögensauskunft mit eidesstattlicher Versicherung für das Kind abgeben.

---

[48] Kammergericht, OLG Rechtsprechung, 35
[49] LG Frankfurt/Main, RPfleger 93, 502; Behr, RPfleger 88, 4
[50] AG Wilhelmshaven, DGVZ 2005, S.13

7.4.6.2 Einzelvertretungsbefugnis

Besteht bei einer Mehrheit von gesetzlichen Vertretern Einzelvertretungsbefugnis (z.b. OHG), hat der Gerichtsvollzieher nach „pflichtgemäßem Ermessen" zu entscheiden, welcher Vertretungsberechtigter die Vermögensauskunft mit eidesstattlicher Versicherung abzugeben hat.

7.4.6.3 Besonderheit Betreuung

Ist Betreuung angeordnet, so ist grundsätzlich der Betreute selbst zu laden. Eine Ausnahme gilt lediglich, wenn der Betreute geschäftsunfähig oder die „Betreuung unter Einwilligungsvorbehalt" (§ 1903 BGB) angeordnet ist. Steht die Betreuung unter Einwilligungsvorbehalt des Betreuers, ist nur der Betreuer zu laden, denn in diesen Fällen sind Erklärungen des Betreuten, seien es rechtsgeschäftliche oder prozessuale, unwirksam. Ist Betreuung mit dem Aufgabenkreis „Vermögenssorge" oder „Besorgung von Rechtsangelegenheiten" angeordnet, sind Erklärungen und Handlungen des Betreuten zunächst wirksam. Deshalb ist der unter Betreuung stehende Schuldner zu laden. Der Betreuer ist mit zu laden, da er den Betreuten bei der Anfertigung des Vermögensverzeichnisses zu unterstützen hat.

Zwar wird teilweise die Meinung vertreten, dass auf eine Ladung des Betreuten verzichtet werden kann, weil der Betreute nach § 53 ZPO als prozessunfähig gilt.

Doch wird dabei aber der Charakter des Verfahrens verkannt. Wesen und Inhalt des Verfahrens ist nicht die Vermögensoffenbarung, d.h. das Ausfüllen des Vermögensverzeichnisses, sondern dessen eidesstattliche Bekräftigung. Der Eid bzw. die eidesstattliche Versicherung aber ist nach § 478 ZPO persönlich zu leisten. Für Betreute ist § 455 Abs. 1 und § 455 Abs. 2 Satz 2 ZPO analog anzuwenden[51], mit der Folge, dass bei der Eidesleistung zu prüfen ist, ob der Schuldner in dem Moment dazu in der Lage ist, den Eid zu leisten[52]. Das bedingt, dass er bei der Abnahme der eidesstattlichen Versicherung auch anwesend ist. Der Betreuer hat darauf hinzuwirken, dass der Schuldner vollständige und richtige Angaben macht. Ist der Schuldner nach dem Augenschein des Gerichtsvollziehers nicht dazu in der Lage

---

[51] Thomas/Putzo, ZPO, zu § 478 ZPO; Zöller/Greger, ZPO, Rn 1 zu § 478 ZPO
[52] BGH, Beschluss vom 14. August 2008, I ZB 20/08

den Eid zu leisten, ist der Betreuer zur Abgabe der Vermögensauskunft und eidesstattlicher Versicherung verpflichtet. § 53 ZPO ist deshalb auf das Verfahren zur Abgabe der Vermögensauskunft nicht anwendbar. Eine andere Meinung bejaht ebenfalls die persönliche Verpflichtung des Schuldners zur Vermögensoffenbarung, macht aber die Verpflichtung des Betreuers davon anhängig, ob er in das Verfahren eingetreten ist[53].

Bei allen sonstigen Betreuungen ist ausschließlich der Schuldner zu laden.

7.4.7 Nachweis der Vertretungsmacht

Im Verfahren zur Abgabe der Vermögensauskunft gilt, wie in beinahe der gesamten Zivilprozessordnung, der Beibringungsgrundsatz. Der Gläubiger hat dem Gerichtsvollzieher nachzuweisen, wer vertretungsberechtigt ist. Dies gilt sowohl für die gesetzliche als auch für die rechtsgeschäftliche Vertretung. Im Zweifelsfall kann dies bei juristischen Personen durch den Handelsregisterauszug geschehen.

Wer nun im Einzelnen die Vermögensauskunft abzugeben hat, ergibt sich aus der unten stehenden Übersicht:

Schuldner	Vermögensauskunftspflichtiger
prozessfähige Personen	der Schuldner
unter Betreuung stehende	der Betreute selbst, es sei denn, ein Einwilligungsvorbehalt (dann nur der Betreuer) oder der Betreute ist geschäftsunfähig und damit nicht prozessfähig i.S.d. § 52 ZPO, § 104 Nr. 2 BGB.
nicht prozessfähige Schuldner	der (die) gesetzliche(n) Vertreter
unbekannte Erben	der Nachlasspfleger
Gesamtschuldner	jeder Schuldner
OHG oder KG	der oder die vertretungsberechtigten Gesellschafter [54]
alle Vereine	der Vorstand [55]

---

[53] AG Haßfurt, Urteil vom 21.01.2003, 1 M 108/03; DGVZ 2003, S. 46
[54] § 124 Abs. 2 HGB; Hamburg OLG 29, 261
[45] Zöller, zu § 807 ZPO, Rdn. 10, 28. Auflage

GmbH/ UG (haftungsbeschränkt)	Der (die) vertretungsberechtigten Geschäftsführer im Zeitpunkt des Termins[56], auch dann, wenn er nicht ins Handelsregister eingetragen ist[57]. Der nach Erlass des Haftbefehls ausgeschiedene GF bleibt offenbarungspflichtig[58]. Der Zeitpunkt der Ladung spielt keine Rolle.[59]
Die gelöschte Gesellschaft [60]	der letzte Gesellschafter oder Liquidator[61]; a.M.: es muss ein eigener Liquidator bestellt werden[62].
Die GmbH & Co. KG	der (die) vertretungsberechtigte(n) Geschäftsführer der GmbH im Zeitpunkt des Termins[63]
Aktiengesellschaft, KGaA, e.G.,	die Mitglieder des Vorstandes
Insolvenzmasse	der Insolvenzverwalter
Nachlass, solange eine Haftungsbeschränkung nicht endgültig feststeht	der Erbe

7.5 Verfahren zur Abnahme der Vermögensauskunft

§ 802f Verfahren zur Abnahme der Vermögensauskunft

(1) Zur Abnahme der Vermögensauskunft setzt der Gerichtsvollzieher dem Schuldner für die Begleichung der Forderung eine Frist von zwei Wochen. Zugleich bestimmt er für den Fall, dass die Forderung nach Fristablauf nicht vollständig beglichen ist, einen Termin zur Abgabe der Vermögensauskunft alsbald nach Fristablauf und lädt den Schuldner zu diesem Termin in seine Geschäftsräume. Der Schuldner hat die zur Abgabe der Vermögensauskunft erforderlichen Unterlagen im Termin beizubringen. Der Fristsetzung nach Satz 1 bedarf es nicht, wenn der Gerichtsvollzieher den Schuldner bereits zuvor zur Zahlung aufgefordert hat und seit dieser Aufforderung zwei Wochen verstrichen sind, ohne dass die Aufforderung Erfolg hatte.

---

[56] OLG Düsseldorf MDR 61, 328; OLG Schleswig, RPflger 79, 73; OLG Hamm, MDR 84, 854
[57] LG Bochum, Urteil vom 30.08.2001-7a T 182/01, DGVZ 2002, 22
[58] OLG Stuttgart MDR 84, 238; LG Nürnberg-Fürth DGVZ 1994, S. 172; LG Bochum, Urteil vom 19.02.2001 -7a T 12/01, RPfleger 2001, 442
[59] OLG Frankfurt/Main, RPfleger 1976, S. 27
[60] Zu deren Parteifähigkeit: OLG Stuttgart, RPfleger 1994, S. 424
[61] KG, NJW-RR 91, 933; OLG Köln, OLGZ 91, 214; LG Berlin, RPfleger 90, 374; LG Zweibrücken, RPfleger 1996, S. 209; LOG Stuttgart, RPfleger 1995, S. 168
[62] OLG Stuttgart, Rpfleger 1994, S. 424
[63] Bei Konkurs der GmbH, siehe OLG Frankfurt/Main, GmbH-Rdsch 88, 68; MDR 88, 153; NJW-RR 88, 807; RPfleger 88, 110

> (2) Abweichend von Absatz 1 kann der Gerichtsvollzieher bestimmen, dass die Abgabe der Vermögensauskunft in der Wohnung des Schuldners stattfindet. Der Schuldner kann dieser Bestimmung binnen einer Woche gegenüber dem Gerichtsvollzieher widersprechen. Andernfalls gilt der Termin als pflichtwidrig versäumt, wenn der Schuldner in diesem Termin aus Gründen, die er zu vertreten hat, die Vermögensauskunft nicht abgibt.
>
> (3) Mit der Terminsladung ist der Schuldner über die nach § 802c Abs. 2 erforderlichen Angaben zu belehren. Der Schuldner ist über seine Rechte und Pflichten nach den Absätzen 1 und 2, über die Folgen einer unentschuldigten Terminsäumnis oder einer Verletzung seiner Auskunftspflichten sowie über die Möglichkeit der Einholung von Auskünften Dritter nach § 802l und der Eintragung in das Schuldnerverzeichnis bei Abgabe der Vermögensauskunft nach § 882c zu belehren.
>
> (4) Zahlungsaufforderungen, Ladungen, Bestimmungen und Belehrungen nach den Absätzen 1 bis 3 sind dem Schuldner zuzustellen, auch wenn dieser einen Prozessbevollmächtigten bestellt hat; einer Mitteilung an den Prozessbevollmächtigten bedarf es nicht. Dem Gläubiger ist die Terminsbestimmung nach Maßgabe des § 357 Abs. 2 mitzuteilen.
>
> (5) Der Gerichtsvollzieher errichtet in einem elektronischen Dokument eine Aufstellung mit den nach § 802c Absatz 1 und 2 erforderlichen Angaben (Vermögensverzeichnis). Diese Angaben sind dem Schuldner vor Abgabe der Versicherung nach § 802c Abs. 3 vorzulesen oder zur Durchsicht auf einem Bildschirm wiederzugeben. Dem Schuldner ist auf Verlangen ein Ausdruck zu erteilen.
>
> (6) Der Gerichtsvollzieher hinterlegt das Vermögensverzeichnis bei dem zentralen Vollstreckungsgericht nach § 802k Abs. 1 und leitet dem Gläubiger unverzüglich einen Ausdruck zu. Der Ausdruck muss den Vermerk enthalten, dass er mit dem Inhalt des Vermögensverzeichnisses übereinstimmt; § 802d Abs. 1 Satz 3 und Abs. 2 gilt entsprechend.

7.5.1 Prüfung der Voreintragung

> **§ 802d Erneute Vermögensauskunft**
>
> (1) Ein Schuldner, der die Vermögensauskunft nach § 802c dieses Gesetzes oder nach § 284 der Abgabenordnung innerhalb der letzten zwei Jahre abgegeben hat, ist zur erneuten Abgabe nur verpflichtet, wenn ein Gläubiger Tatsachen glaubhaft macht, die auf eine wesentliche Veränderung der Vermögensverhältnisse des Schuldners schließen lassen. Andernfalls leitet der Gerichtsvollzieher dem Gläubiger einen Ausdruck des letzten abgegebenen Vermögensverzeichnisses zu; ein Verzicht des Gläubigers auf die Zuleitung ist unbeachtlich. Der Gläubiger darf die erlangten Daten nur zu Vollstreckungszwecken nutzen und hat die Daten nach Zweckerreichung zu löschen; hierauf ist er vom Gerichtsvollzieher hinzuweisen. Von der Zuleitung eines Ausdrucks nach Satz 2 setzt der Gerichtsvollzieher den Schuldner in Kenntnis und belehrt ihn über die Möglichkeit der Eintragung in das Schuldnerverzeichnis (§ 882c).
>
> (2) Anstelle der Zuleitung eines Ausdrucks kann dem Gläubiger auf Antrag das Vermögensverzeichnis als elektronisches Dokument übermittelt werden, wenn dieses mit einer qualifizierten elektronischen Signatur versehen und gegen unbefugte Kenntnisnahme geschützt ist.

Gemäß § 802d Abs. 1 Satz 1 ZPO ist der Schuldner grundsätzlich innerhalb von 2 Jahren nur einmal verpflichtet, die Vermögensauskunft abzugeben (Sperrfrist). Die Frist berechnet sich nach § 222 Abs. 1 ZPO ab Abgabe der Versicherung und ist eine „uneigentliche Frist", was bedeutet, dass § 222 Abs. 2 ZPO keine Anwendung findet und sie auch an einem Wochenende/Feiertag enden kann.

Der Gerichtsvollzieher ist von Amts wegen verpflichtet beim zentralen Vollstreckungsgericht nach § 802k Abs. 1 ZPO zu prüfen, ob der Schuldner die

Vermögensauskunft geleistet hat (s.a. § 201 GVGA). Die Sperrfrist gilt nicht nur gegenüber Vermögensauskünften, die vor dem Gerichtsvollzieher abgegeben wurden, sondern auch gegenüber den wesensgleichen Vermögensauskünften, die die Vollstreckungsbehörde nach § 284 AO oder eine sonstige Vollstreckungsbehörde aufgrund landesrechtlicher Vollstreckungsvorschriften (siehe z.B. Art 26 Abs. 2a BayVwZVG) abgenommen hat.

Schuldner hat Vermögensoffenbarung/Vermögensauskunft bereits geleistet

Vermögensauskunft wurde bereits geleistet:
Stellt der Gerichtsvollzieher bei der Abfrage fest, dass die Vermögensauskunft geleistet wurde, erhält der Gläubiger einen Ausdruck der zuletzt abgegebenen Vermögensauskunft, versehen mit einer Belehrung über die Nutzung und Löschung der Daten (§ 802d Abs. 1 Sätze 2, 3 ZPO) und nach Abschluss des Verfahrens[64], die Vollstreckungsunterlagen mit Kostenrechnung zurück.

---

[64] d.h. nach Eintragung in das Schuldnerverzeichnis, weil der Schuldner bis zu diesem Zeitpunkt noch zahlen kann oder eine gütliche Erledigung möglich ist

Liegen sowohl eine Eintragung nach altem Recht, die noch nicht abgelaufen ist, und eine Vermögensauskunft nach neuem Recht vor, verdrängt die Vermögensauskunft nach neuem Recht die frühere.

Die Erteilung der Vermögensauskunft erfolgt durch den Gerichtsvollzieher[65]. Im Anschluss daran prüft das Vollstreckungsorgan nach § 882c ZPO, ob eine Eintragung in das Schuldnerverzeichnis erfolgen muss. Für das Eintragungsanordnungsverfahren gilt § 882c ZPO (siehe hierzu später).

7.5.2 Nachbesserung

Ergibt sich der begründete Verdacht, dass die abgegebene Vermögensauskunft unvollständig, ungenau oder widersprüchlich ist, so kann jeder Gläubiger unabhängig von der Sperrfrist des § 802d ZPO die Anberaumung eines neuen Termins zur Vervollständigung des Vermögensverzeichnisses verlangen. Es handelt sich insoweit um die Fortsetzung des noch nicht beendeten ursprünglichen Abnahmeverfahrens. In diesem Fall muss der Gerichtsvollzieher ein neues, vollständiges Vermögensverzeichnis errichten (§ 142 Satz 1 GVGA). Er hat darauf zu achten, dass in dem neu erstellten Vermögensverzeichnis dokumentiert ist, wann der Schuldner (an welchem Tag) die eidesstattliche Versicherung beim ersten Vermögensverzeichnis abgegeben hat (§ 201 Satz 2 GVGA, § 3 Abs. 2 Nr. 3 VermVV). Dies ist wichtig, weil die 2-jährige Sperrfrist des § 802d ZPO seit der ursprünglichen Abnahme weiterläuft.

---

[65] Es fallen hierfür Gebühren in Höhe von 33,00 € an (KV 261 GvKostG)

Nachbesserung

Nachbesserung, nicht geregelt (entspr. §§ 320, 321 ZPO)
- Antrag
- Vermögensverzeichnis hinterlegt
- Vortrag dass
  - VV unvollständig
  - ungenaue oder widersprüchliche Angaben
  - unrichtige Angaben
- Verfahren
  - Kein neues Verfahren sondern Wiederaufnahme des ursprünglichen
  - Keine neue DR
  - Keine neue Gebühr
  - Jeder Gläubiger ist antragsberechtigt
  - Neues Vermögensverzeichnis, das fehlerhafte Vermögensverzeichnis ist durch dass berichtigte zu ersetzen
  - Keine neue Schutzfrist

7.5.3 Erneute Vermögensauskunft innerhalb der Sperrfrist

<u>Vor</u> Ablauf der Zweijahresfrist ist der Schuldner ausnahmsweise erneut auskunftspflichtig, wenn Anhaltspunkte für eine wesentliche Veränderung seiner Vermögensverhältnisse vom Gläubiger glaubhaft gemacht werden (§ 294 ZPO). Gegenüber den in § 903 S. 1 ZPO a.F. genannten zwei Ausnahmefällen (Schuldner hat später Vermögen erworben oder Arbeitsverhältnis mit dem Schuldner ist aufgelöst) wird einerseits durch die Formulierung „Veränderung der Vermögensverhältnisse" der Ausnahmebereich ausgeweitet. Andererseits führt die Beschränkung auf wesentliche Veränderungen zur Entlastung aller Beteiligten.

Die im Gesetzeswortlaut genannte Voraussetzung „wesentliche Veränderung der Vermögensverhältnisse" beim Schuldner stellt einen unbestimmten Rechtsbegriff dar.

Einen vergleichbaren Begriff verwendet der Gesetzgeber im Prozesskostenhilferecht. Dort kann das Gericht in Anwendung des § 120a Abs. 1 Satz 1 ZPO eine Änderung der festgesetzten Zahlungen vornehmen, wenn „sich die für die Prozesskostenhilfe maßgebenden persönlichen und wirtschaftlichen Verhältnisse wesentlich verändert haben".

Dabei können eine Einkommenserhöhung, Vermögenserwerb oder nicht vorgesehene vorzeitige Schuldentilgung zu einer wesentlichen Verbesserung der Vermögensverhältnisse führen[66]. Beim Einkommen kann das auch der Bezug von Arbeitseinkommen sein, wenn zuvor Arbeitslosengeld bezogen wurde[67]. Ein Hinweis auf den Erwerb von Vermögen besteht auch dann, wenn der Schuldner eine selbständige oder unternehmerische Tätigkeit aufgenommen hat[68].
Eine wesentliche Änderung der Einkommens- bzw. Vermögensverhältnisse wird durch die Rechtsprechung dann gesehen, wenn sich das Netteinkommen/vermögen um 10 % verändert (LAG Düsseldorf, JurBüro 89, 1446). Wesentlich ist nur eine Verbesserung, die den wirtschaftlichen und sozialen Lebensstandard prägt und verändert[69]. Eine wesentliche Verbesserung der Vermögensverhältnisse wäre zum Beispiel dann nicht gegeben, wenn das hinzugewonnene Vermögen geringer ist als die fälligen Schulden des Schuldners."[70]

7.5.4 Übersendung des Vermögensverzeichnisses an Folgegläubiger

Der Gläubiger erlangt das Vermögensverzeichnis des Schuldners für eine bereits abgegebene Vermögensauskunft gemäß § 802d Abs. 1 Satz 2 ZPO nur über den Gerichtsvollzieher im Rahmen des Antrags auf Abnahme der Vermögensauskunft[71]. Stellt der Gerichtsvollzieher fest, dass der Schuldner bereits eine Vermögensauskunft geleistet hat, greift für diesen zum einen die Sperrwirkung nach § 802d Abs. 1 Satz 1 ZPO und zum anderen ist der Gerichtsvollzieher verpflichtet, dem Gläubiger das hinterlegte Vermögensverzeichnis zuzuleiten (§ 802d Abs. 1 Satz 2 Halbsatz 1 ZPO, auch ohne Antrag). Ein Verzicht des Gläubigers auf Übersendung des bereits hinterlegten Vermögensverzeichnisses ist in der Rechtsprechung umstritten[72]. Der Gesetzgeber hat nunmehr klarstellend § 802d Abs. 1 Satz 2 ZPO geändert, wonach ein Verzicht des Gläubigers auf Übersendung eines Vermögenverzeichnisses unbeachtlich ist. Gleiches gilt, wenn der Gläubiger

---

[66] Zöller ZPO, zu § 120a Rn. 12, 31. Auflage
[67] Prütting/Gehrlein, ZPO, zu § 120 Rn. 20, 1. Auflage
[68] Fleck, BeckOK, ZPO, zu § 802d, Rn 5d; LG Dresden JurBüro 2010, 663; s.a. DGVZ 2015, S. 39
[69] OLG Hamm, Beschluss vom 28.08.1990, Rpfleger 1991, S. 64
[70] BGH, Beschluss vom 21.09.2006, IX ZB 305/05
[71] Gebühren: 33,- €, KV Nr. 261 GVKostG
[72] siehe hierzu: Verzicht unzulässig: AG Heidelberg (DGVZ 2013, S. 166), AG Mühldorf (DGVZ 2013, S.193), LG Würzburg, Beschluss vom 30. März 2015– 3 T 284/15 –; AG Schwerin, DGVZ 2015, S. 258; Verzicht zulässig: LG Arnsberg (DGVZ 2014, S.18); AG Solingen (DGVZ 2014, S. 132); LG Neubrandenburg (DGVZ 2014, S. 218)

die Übersendung davon abhängig machen will, wenn das hinterlegte Vermögensverzeichnis ein bestimmtes „Alter" erreicht hat.

Wird dem (Folge)Gläubiger eine Abschrift des bereits vorhandenen Vermögensverzeichnisses erteilt, obwohl dieser auf die Übersendung verzichtet hat, so entsteht die Gebühr nach KV Nr. 261 GV KostG. Eine unrichtige Sachbehandlung liegt nicht vor[73].

Die bedingte Sperrwirkung gilt für alle Gläubiger. Soweit daher der Anspruch weiterer Gläubiger auf Abgabe der Vermögensauskunft durch die Sperrfrist beschränkt ist, bestimmt § 802d Abs. 1 Satz 2 ZPO, dass der Gerichtsvollzieher diesen einen Ausdruck der letzten abgegebenen Vermögensauskunft erteilt. Den Schuldner hat er hiervon zu unterrichten. Die Sperrwirkung bezieht sich allerdings nur auf die Selbstauskunft des Schuldners; die nach § 802l Abs. 1 ZPO eröffneten Fremdauskünfte bleiben unberührt. Andernfalls würden den Gläubigern im Falle einer unvollständigen oder unergiebigen Selbstauskunft weitere Informationsquellen abgeschnitten; zugleich entfiele ein wesentlicher Anreiz für den Schuldner, wahrheitsgemäße Auskünfte zu erteilen. Nicht zu den Gläubigern im Sinne von Satz 2 gehören die Vollstreckungsbehörden, denen nach § 802k Abs. 2 Satz 2 ZPO ein unmittelbares Einsichtsrecht in die abgegebenen Vermögensverzeichnisse zukommt. § 802k Abs. 2 Satz 3 dient den Erfordernissen eines wirksamen Datenschutzes, indem er klarstellt, dass der Gläubiger die erlangten Daten nicht zu anderen als Vollstreckungszwecken nutzen darf. Entsprechend hat der Gläubiger die Daten nach erfolgreicher Vollstreckung zu löschen. Hierüber ist er durch den Gerichtsvollzieher zu belehren. § 802d Abs. 2 Satz 4 zeigt dem Schuldner an, dass eine erneute Eintragungsanordnung nach § 882c Abs. 1 Nr. 2 oder Nr. 3 ZPO droht, wenn er z.B. die Forderung des Folgegläubigers nicht innerhalb eines Monats befriedigt.

Mit dem Justizkommunikationsgesetz vom 22. März 2005[74] wurden die Grundlagen für eine elektronische Aktenführung gelegt. In Anlehnung an die nunmehr in § 299 Abs. 3 Satz 1 ZPO geschaffene Möglichkeit, Akteneinsicht in elektronischer Form

---

[73] OLG Düsseldorf, Beschluss vom 23.09.2014, I-10W-130/14; a.A. Kammergericht DGVZ 2015, S. 207
[74] BGBl. I 2005 S. 837

durch Übermittlung von elektronischen Dokumenten per E-Mail zu gewähren, sieht § 802d Abs. 2 ZPO die Möglichkeit für den Gerichtsvollzieher vor, dem Gläubiger auf Antrag das Vermögensverzeichnis in elektronischer Form zu übermitteln. Entsprechend § 299 Abs. 3 Satz 4 ZPO ist bei der Übermittlung zu gewährleisten, dass das Dokument vollständig und unversehrt übermittelt wird, und dass Unbefugte keine Kenntnis vom Inhalt des Dokuments erlangen können. Das Vermögensverzeichnis ist daher vom Gerichtsvollzieher mit einer qualifizierten elektronischen Signatur zu versehen. Der Schutz vor unbefugter Kenntnisnahme ist durch geeignete technische Maßnahmen, insbesondere durch Verschlüsselung, sicherzustellen.

7.5.5 Zahlungsaufforderung und Terminbestimmung

Die Vorschrift des § 802f ZPO regelt das Verfahren zur Abnahme der Vermögensauskunft und geht in den Absätzen 1 bis 6 in zeitlicher Abfolge vor. Also von der Zahlungsaufforderung bis zur Erstellung des Vermögensverzeichnisses samt Hinterlegung beim Zentralen Vollstreckungsgericht.

7.5.5.1 Zahlungsaufforderung mit Zahlungsfrist

Stellt sich aufgrund der Anfrage beim Bundesportal heraus, dass kein gültiges Vermögensverzeichnis hinterlegt ist, fordert der Gerichtsvollzieher den Schuldner auf, die Forderung binnen zwei Wochen zu begleichen und lädt ihn gleichzeitig für den Fall, dass er die Begleichung der Forderung nicht bis zum Fristablauf[75] nachweist, zur Vermögensauskunft (§ 802f Abs. 1 ZPO). Die Ladung erfolgt somit unter der auflösenden Bedingung der Zahlung; d.h. die Ladung wird hinfällig, wenn nachgewiesen wird, dass die Forderung erloschen ist. Eine Zahlungsfrist von zwei Wochen ist nur dann entbehrlich, wenn der Gerichtsvollzieher den Schuldner in diesem Verfahren schon mal zur Zahlung aufgefordert hat (z.B. im Rahmen des Versuchs einer gütlichen Erledigung oder im Pfändungsverfahren) und seit der Aufforderung zur Zahlung die 2-Wochenfrist ohne Ergebnis verstrichen ist (§ 802d Abs. 1 Satz 4 ZPO). In diesem Fall muss der Schuldner mit (weiteren) Zwangsvollstreckungsmaßnahmen rechnen. Die in § 802f Abs. 1 Satz 1 ZPO

---

[75] zur Fristberechnung: AG Augsburg, DGVZ 2013, S. 140; LG Bamberg Beschluss vom 19.09.2013, Az. 3 T 157/13

vorgesehene Fristsetzung würde in diesen Fällen das Verfahren nur unnötig verzögern.

a) Schuldner weist die Zahlung bis zum Ablauf der Frist nach

Weist der Schuldner innerhalb der zweiwöchigen Frist nach, dass er die gegenständliche Forderung beglichen hat, ist der Termin hinfällig. Der Gerichtsvollzieher protokolliert dies und übersendet dem Gläubiger die Abschrift des Protokolls. Der Termin ist abzusetzen und der Gläubiger müsste folgerichtig seinen Antrag zurücknehmen (da ein Vollstreckungshindernis nach § 775 Nr. 4 ZPO vorliegt, was nur zur einstweiligen Einstellung führt).

b) Schuldner bietet innerhalb der 2-Wochenfrist (vor dem Termin) Ratenzahlung an

Kann der Schuldner die Forderung nicht innerhalb der zweiwöchigen Frist vollständig begleichen, bietet aber eine ratenweise oder spätere Tilgung an, ist eine gütliche Erledigung nach § 802b zu prüfen. Liegen die Voraussetzungen vor, so kann der Gerichtsvollzieher auch in dieser Verfahrenslage Vollstreckungsaufschub gewähren. Der Vollstreckungsaufschub ist jedoch für den Ablauf der Frist des § 802f Abs. 1 Satz 1 ZPO nicht hemmend und setzt auch keine neue Frist in Lauf. Widerspricht also der Gläubiger der Zahlungsvereinbarung innerhalb der zweiwöchigen Frist, teilt der Gerichtsvollzieher den Widerspruch dem Schuldner mit und es verbleibt bei dem ursprünglich festgesetzten Termin.

Wird der Vollstreckungsaufschub zunächst wirksam und endet dann nach Ablauf der Frist des § 802f Abs. 1 Satz 1 ZPO (z.B. weil der Schuldner in Zahlungsrückstand geraten ist), besteht kein weiterer Aufschub. Der Schuldner ist sofort zur Vermögensauskunft verpflichtet. Der Gerichtsvollzieher lädt den Schuldner unter Beachtung der dreitägigen Ladungsfrist des § 217 ZPO zum Termin.

Da die Voraussetzungen der Abgabe der Vermögensauskunft bereits vorliegen, kann der Schuldner auch vor Ablauf der Zahlungsfrist die Vermögensauskunft erteilen. Er kann sich also zu jeder Zeit von seiner Vermögensauskunftspflicht befreien (siehe § 802c Abs. 1 ZPO: „Der Schuldner ist verpflichtet, auf Verlangen des Gerichtsvollziehers Auskunft über sein Vermögen zu erteilen"). Sollte der Schuldner innerhalb der dreitägigen Ladungsfrist (§ 217 ZPO) die Vermögensauskunft erklären wollen, müsste der Gerichtsvollzieher einen Verzicht auf die Einhaltung der Ladungsfrist protokollieren. Gleiches könnte auch für den Verzicht auf die Einhaltung der Zahlungsfrist gelten.

7.5.5.2 Terminbestimmung und Terminort

Der Schuldner ist grundsätzlich in das Geschäftszimmer (§ 30 GVO) des Gerichtsvollziehers zu laden (§ 802f Abs. 1 Satz 2 ZPO). Den Zeitpunkt des Termins bestimmt der Gerichtsvollzieher nach freiem Ermessen. Allerdings hat er zu einer angemessenen Zeit zu erfolgen. Der Gläubiger hat dabei kein Weisungsrecht. In der Regel ist der Termin in den üblichen Geschäftsstunden anzuberaumen.

Da es sich um keine Verhandlung des „erkennenden Gerichts" handelt, ist sie nichtöffentlich (§ 138 Abs. 1 S. 1 GVGA). Das Geschäftszimmer muss diesen Anforderungen gerecht werden (§ 138 Abs. 1 S. 2 GVGA). So dürfen Dritte keine Kenntnis von dem Inhalt der Sitzung erhalten. Der Gerichtsvollzieher hat durch die Auswahl geeigneter Räumlichkeiten dafür zu sorgen, dass auch die Persönlichkeitsrechte der Schuldner ausreichend gewahrt werden und er sich nicht in der Öffentlichkeit als Schuldner „outen" muss. Das bedingt, dass der Wartebereich der Parteien von dem Raum abgetrennt ist, in dem die Termine stattfinden oder der Schuldner in einem allgemeinen Bürogebäude auf einer Bank im Flur unter dem Schild „Gerichtsvollzieher" warten muss.

Der Gerichtsvollzieher kann auch einen Termin in der Wohnung/Geschäftslokal des Schuldners bestimmen (§ 802f Abs. 2 ZPO). Eine Abnahme in der Wohnung des Schuldners kann sinnvoll sein, etwa um bei Schuldnern mit ungeordneten Lebensverhältnissen sicherzustellen, dass sie die nötigen Unterlagen zur Hand haben. In bestimmten Fällen, z.B. wenn der Schuldner gehbehindert oder bettlägerig krank ist, kann der Gerichtsvollzieher auch den Termin zur Vermögensauskunft und Abnahme der eidesstattlichen Versicherung in der Wohnung des Schuldners bestimmen. Dieser Termin, als ein originärer Termin, ist von der Mitwirkungsbereitschaft des Schuldners abhängigen sofortigen Abnahme nach § 807 ZPO zu unterscheiden. Verweigert der Schuldner bei diesem Termin dem Gerichtsvollzieher oder dem anwesenden Gläubiger bzw. Gläubigervertreter den Zutritt, so kommt dies einer Verweigerung der Abgabe der Vermögensauskunft gleich.

§ 802f Abs. 2 ZPO ermöglicht daher dem Gerichtsvollzieher, die Wohnung/Geschäftslokal des Schuldners als Abnahmeort zu bestimmen. Im Hinblick auf Artikel 13 GG kann der Schuldner nach § 802f Abs. 2 Satz 2 ZPO der Terminsbestimmung in seiner Wohnung binnen 1 Woche widersprechen. Der Widerspruch ist formfrei möglich. Die Widerspruchsfrist ist keine Ausschlussfrist. Sollte der Schuldner diese versäumen, ist der Gerichtsvollzieher zwar nicht zum Betreten der Wohnung des Schuldners gegen dessen Willen berechtigt. Es könnte also passieren, dass der Gerichtsvollzieher zum Termin in der Wohnung des Schuldners erscheint, dieser jetzt Widerspruch (also außerhalb der Wochenfrist) gegen die Abnahme in der Wohnung einlegt. Dies ist dem Schuldner möglich. Soweit es aber wegen des nicht rechtzeitigen Widerspruchs an dem angesetzten Termin nicht zur Abgabe der Vermögensauskunft kommt, gilt der Termin nach § 802f Abs. 2 Satz 3 ZPO als vom Schuldner pflichtwidrig versäumt (Rechtsfolge: Eintragung in das Schuldnerverzeichnis aufgrund Eintragungsanordnung des Gerichtsvollziehers, siehe § 882c Abs. 1 Nr. 1 ZPO, und bei entsprechendem Antrag des Gläubigers Erzwingungshaftbefehl, siehe § 802g ZPO).

Widerspricht der Schuldner einer Abnahme der Vermögensauskunft in der Wohnung fristgerecht, muss der Gerichtsvollzieher diesen beachten und einen neuen Termin in seinen Geschäftsräumen bestimmen. Die Ladung ist nach § 802f Abs. 4 ZPO erneut zuzustellen. Dem Gläubiger ist der neue Termin ebenfalls mitzuteilen.

Der Widerspruch des Schuldners hat jedoch keine Auswirkungen auf den Lauf der bereits mitgeteilten Zahlungsfrist von 2 Wochen. Sie wird insbesondere mit dem Widerspruch nicht unterbrochen. Der Widerspruch betrifft lediglich das Recht des Gerichtsvollziehers, die Wohnung des Schuldners als Abnahmeort zu bestimmen bzw. die Wohnung zu betreten. Vielmehr läuft die Frist weiter und endet ggf. schon vor Ablauf des neu bestimmten Termins im Büro des Gerichtsvollziehers.

7.5.6 Belehrungen des Schuldners

Zur Vorbereitung des Termins ist der Schuldner mit der Terminladung nach § 802c Abs. 2 ZPO zu belehren, welche Angaben von ihm gefordert sind. Als Orientierungshilfe für die dem Schuldner abverlangten Angaben und die nach § 802f Abs. 1 Satz 3 ZPO von ihm mitzubringenden Unterlagen ist dabei ein durch die Verordnung nach § 802k Abs. 4 ZPO vorgegebenes Formular oder ein Formblatt zu übersenden (§ 136 GVGA).

Der Gerichtsvollzieher hat den Schuldner mit der Terminladung zwingend auch über das Verfahren zu belehren. Dazu gehört insbesondere, dass

- eine unentschuldigte Terminsäumnis oder eine Verletzung seiner Auskunftspflichten zu einer Eintragung in das Schuldnerverzeichnis gemäß § 882c Abs. 1 Nr. 1 ZPO führt, und
- dass außerdem unter den Voraussetzungen des § 802g ZPO Haftbefehl gegen ihn erlassen werden kann.
- Im Fall einer Terminbestimmung in der Wohnung des Schuldners nach § 802f Abs. 2 muss die Belehrung auch das Widerspruchsrecht des Schuldners umfassen.
- Zu belehren ist außerdem über die in § 802l ZPO geregelte Möglichkeit des Gerichtsvollziehers, Auskünfte von Dritten einzuholen,
- sowie über die Möglichkeit der Eintragung in das Schuldnerverzeichnis nach Abgabe der Vermögensauskunft (§ 882c Abs. 1 Nr. 2 und 3 ZPO).

Die Belehrungen können formblattmäßig erfolgen.

Ladung zum Termin, § 802f ZPO

- Terminbestimmung:
  - Zahlungsfrist von 2 Wochen, § 802f Abs. 1 Satz 1 ZPO
  - Verzicht auf Einhaltung der Ladungsfrist nur nach ausdrücklicher und protokollierter Belehrung durch den GV
- Inhalt der Ladung § 802f Abs. 1, 3 ZPO
  - Abschrift des Auftrages und Forderungsaufstellung
  - Amtlicher Vordruck „Vermögensverzeichnis"
  - Angabe der Art der eidesstattlichen Versicherung (§§ § 802c, § 802d, Ergänzung usw.)
  - Belehrungen (§ 802f Abs. 3 ZPO) über
    - Notwendige Angaben
    - Widerspruchsrecht bei Ladung in der Wohnung
    - Folgen des Ausbleibens oder der Verletzung seiner Auskunftspflicht
    - Möglichkeit der Einholung von Drittauskünften im Auftrag des Gläubigers
    - Eintragung in die Schuldnerverzeichnis bei vorliegen eines Eintragungsgrundes
  - Eventuell beigefügter Fragenkatalog des Gläubigers
- Zahlungsaufforderungen, Ladung, Bestimmungen und Belehrungen sind zuzustellen (§ 802f Abs. 4 ZPO).
  - Mitteilung an Gläubigervertreter, § 802f Abs. 4 Satz 2 ZPO § 357 Abs. 2 ZPO,
  - Benachrichtigung des Schuldnervertreters nicht erforderlich,
- Dolmetscher, bei zu erwartenden Sprachproblemen

7.5.7 Erinnerung gegen die Abnahme der Vermögensauskunft

Erhebt der Schuldner Einwendungen gegen die Verpflichtung zur Abgabe der Vermögensauskunft, so ist die Erinnerung nach § 766 ZPO der zulässige Rechtsbehelf. Diese ist ab Beginn der Zwangsvollstreckung oder bei drohender Zwangsvollstreckung zulässig.

Die Zwangsvollstreckung beginnt grundsätzlich mit der ersten gegen den Schuldner gerichteten Vollstreckungshandlung[76]. Gemäß § 59 Abs. 2 GVGA, § 63 Abs. 1 GVGA beginnt grundsätzlich die Zwangsvollstreckung mit der mündlichen Zahlungsaufforderung an den Schuldner. Dies setzt zunächst voraus, dass der Gerichtsvollzieher den Schuldner vor Ort zur Zahlung auffordert.

---

[76] Zöller, ZPO, vor § 704 Rn 33, 30. Auflage

Die schriftliche Zahlungsaufforderung samt Terminbestimmung zur Abnahme der Vermögensauskunft nach § 802f Abs. 1 ZPO stellt im eigentlichen Sinn noch keine Vollstreckungshandlung dar. Die Zwangsvollstreckungsmaßnahme „Abgabe der Vermögensauskunft" wird erst wirksam, wenn die Zahlungsfrist von 2 Wochen abgelaufen ist. Der stattfindende Termin stellt dann die erste gegen den Schuldner gerichtete Vollstreckungshandlung dar. Da jedoch die Vollstreckungsmaßnahme bereits durch den angekündigten Termin droht, kann der Schuldner bereits mit Kenntnis von der Zahlungsfrist und dem Termin Erinnerung gegen die Verpflichtung zur Abgabe der Vermögensauskunft gemäß § 766 ZPO einlegen. Hier kann der Schuldner rügen, dass die Voraussetzungen der Zwangsvollstreckung nicht vorliegen oder auch innerhalb der Sperrfrist von § 802d ZPO vollstreckt werden soll.

Die Erinnerung ist (vor dem Termin zur Abnahme der Vermögensauskunft) schriftlich oder zu Protokoll der Geschäftsstelle des Vollstreckungsgerichts einzulegen. Zuständig für die Entscheidung ist das Amtsgericht als Vollstreckungsgericht (dort: Richter, § 20 Nr. 17 RPflG), in dessen Bezirk die Vollstreckungshandlung stattfinden soll oder stattgefunden hat, also das Wohnsitzgericht des Schuldners (§ 764 Abs. 2 ZPO).

Die Erinnerung hat keine aufschiebende Wirkung (kein Suspensiveffekt). Das heißt, wenn der Schuldner vor dem Termin oder im Termin mitteilt, dass er Erinnerung eingelegt hat bzw. einlegen werde, hindert das den Gerichtsvollzieher nicht, den Termin wahrzunehmen und, im Falle des Nichterscheinens des Schuldners, das Eintragungsanordnungsverfahren gemäß § 882c Abs. 1 Nr. 1 ZPO zu betreiben. Um diese Folge zu verhindern, müsste der Schuldner beim Vollstreckungsgericht einstweiligen Rechtsschutz beantragen (§ 766 Abs. 1 Satz 2 i. V. m. § 732 Abs. 2 ZPO). Das Vollstreckungsgericht könnte demnach die Zwangsvollstreckung einstweilen einstellen, was für den Gerichtsvollzieher dann ein Vollstreckungshindernis nach § 775 Nr. 2 ZPO darstellen würde.

Der Gerichtsvollzieher kann der Erinnerung nicht abhelfen. Eine Abhilfemöglichkeit besteht nur in den Fällen des § 766 Abs. 2 ZPO, also dann, wenn der Gerichtsvollzieher einen Antrag des Gläubigers ablehnt oder bei Kostenberichtigung. In allen anderen Fällen kann nur durch das Vollstreckungsgericht eine Entscheidung herbeigeführt werden, die dann ggf. zu einem Vollstreckungshindernis nach §§ 775, 776 ZPO führt.

Schuldner bestreitet Verpflichtung zur Vermögensauskunft, § 766 I ZPO

Schuldner bestreitet Verpflichtung zur Vermögensauskunft	• wegen Fehlen der Vollstreckungsvoraussetzungen oder • der in § 802d ZPO geregelten Sperrfrist
Vertagung des Termins (ca. 2 Wochen)	• Bis zur einstweiligen Einstellung • Erinnerung hat keine hemmende oder aufschiebenden Wirkung
Mitteilung an Gläubiger	
Verweisung des Schuldners an das zuständige Vollstreckungsgericht	• Generell ist der Rechtsbehelf der Erinnerung nach § 766 ZPO zulässig • Falls erforderlich muss der Schuldner eine einstweilige Einstellung der ZV beim Vollstreckungsgericht erwirken.

7.5.8 Zustellung im Vermögensauskunftsverfahren

Gemäß § 802f Abs. 4 Satz 1 ZPO muss der Gerichtsvollzieher die Zahlungsaufforderung, die Ladung und sämtliche Belehrungen, die sich aus § 802f Abs. 1 bis 3 ZPO ergeben, an den Schuldner zustellen.

In der gesetzlichen Begründung zum § 802f Abs. 4 ZPO heißt es (wieder einmal), dass es sich bei den Zustellungen um solche im Parteibetrieb nach §§ 191 ff. ZPO handelt.

Die Diskussion, ob es sich bei der Zustellung der Ladung tatsächlich um eine Zustellung auf Betreiben der Parteien oder eine Zustellung von Amts gemäß §§ 166 ff. ZPO wegen handelt, ist allerdings müßig.
Grundsätzlich sieht die ZPO vor, dass eine Ladung zu einem Termin von Amts wegen zuzustellen ist (§ 214 ZPO). Da es sich um eine Vorschrift aus dem

Allgemeinen Teil der ZPO handelt, ist diese Norm auch auf das Verfahren im 8. Buch der ZPO anwendbar. Aus § 166 Abs. 2 ZPO ist zu entnehmen, dass Schriftstücke (auch Ladungen gehören dazu), deren Zustellung vorgeschrieben ist (siehe § 214 ZPO), von Amts wegen zuzustellen sind, soweit nichts anderes bestimmt ist. Zum einen ist die Zustellung der Ladung von Amts wegen gesetzlich normiert und zum anderen fehlt es an einer gesetzlichen Bestimmung in § 802f ZPO, dass die Zustellung auf Betreiben der Parteien zulässig ist (anders z.b. in § 750 ZPO etc.). Daher spricht vieles, vor allem der Gesetzeswortlaut, für eine Zustellung von Amts wegen.

Die Vorbemerkung zum 1. Abschnitt des Kostenverzeichnisses enthält die Bestimmung, dass die Gebühr nach Nummer 100 oder 101 auch erhoben wird, wenn der Gerichtsvollzieher die Ladung zum Termin zur Abnahme der Vermögensauskunft (§ 802f ZPO) zustellt. Daher fällt die Gebühr, unabhängig davon, ob eine Amts- oder Parteizustellung vorliegt, an und kann erhoben werden.

Fraglich ist, wie der Gerichtsvollzieher zu verfahren hat, wenn die Zustellung der Ladung an den Schuldner nicht erfolgen konnte (Schuldner ist nicht zu ermitteln oder ist unbekannt verzogen). Sollte der Gläubiger keinen Antrag auf Aufenthaltsermittlung nach § 755 ZPO gestellt haben, ist das Verfahren einzustellen und die Vollstreckungsunterlagen sind an den Gläubiger zurückzusenden.

Der Gläubiger hat nicht das Recht zu bestimmen, ob der Gerichtsvollzieher die Ladung zur Abgabe der Vermögensauskunft persönlich zustellt oder durch die Post zustellen lässt[77].

---

[77] u.a. AG Lichtenberg, DGVZ 2014, S. 205; AG Limburg, DGVZ 2014, S. 204; LG Offenburg, DGVZ 2014, S. 259; a.A.: OLG Koblenz, DGVZ 2015, S. 252

7.5.9 Ablauf des Termins

7.5.9.1 Der Schuldner erscheint nicht

Erscheint der Schuldner zu dem nach § 802f Abs. 1 ZPO anberaumten Termin nicht oder verweigert er dem Gerichtsvollzieher bei einem nach § 802f Abs. 2 ZPO widerspruchslos in der Wohnung des Schuldners anberaumten Termin den Zutritt, so ist das Verfahren auf Abnahme der Vermögensauskunft in den oben genannten Fällen beendet.

Der Gerichtsvollzieher prüft, ob die Voraussetzungen der Zwangsvollstreckung vorlagen und der Schuldner ordnungsgemäß geladen wurde.

Liegt keine Entschuldigung des Schuldners vor, verfährt der Gerichtsvollzieher wie folgt:

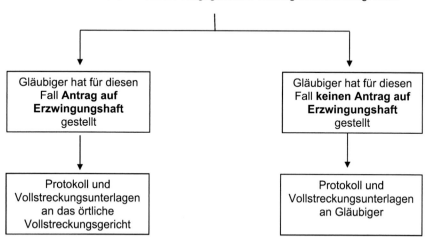

Hat der Gläubiger für den Fall des Nichterscheinens oder der grundlosen Verweigerung die Erteilung eines Haftbefehls beantragt, übersendet der Gerichtsvollzieher die Originalakten an das zuständige Vollstreckungsgericht. Das Verfahren wird dort in das Vollstreckungsregister eingetragen und dem zuständigen Richter zum Erlass des Haftbefehls vorgelegt. Dieser hat nun zu prüfen, ob die Voraussetzungen für die Erzwingungshaft vorliegen. Das bedingt, dass die Voraussetzungen für die Abgabe der Vermögensauskunft vorlagen und die Ladung des Schuldners ordnungsgemäß erfolgte.

War der Schuldner zur Abgabe der Vermögensauskunft verpflichtet und ist der Schuldner unentschuldigt dieser Verpflichtung nicht nachgekommen, ergeht nach § 802g Abs. 1 ZPO der Erzwingungshaftbefehl, der an den Gläubiger übersandt wird.

Hat der Gläubiger den Antrag auf Erteilung des Haftbefehls nicht gestellt, übersendet ihm der Gerichtsvollzieher eine entsprechende Abschrift des Protokolls und die eingereichten Vollstreckungsunterlagen mit folgender Mitteilung zurück:

> *Beispiel:*
>
> *Wie Sie aus dem anliegenden Protokoll entnehmen können, ist der Schuldner trotz ordnungsgemäßer Ladung zu dem anberaumten Termin nicht erschienen. Das Verfahren ist damit beendet und Sie erhalten Ihre Vollstreckungsunterlagen zurück.*
>
> *Um den Schuldner zur Abgabe der Vermögensauskunft zu zwingen, können Sie unter Vorlage der Vollstreckungsunterlagen und der Abschrift des anliegenden Protokolls beim hiesigen Amtsgericht den Erlass eines Haftbefehls beantragen.*

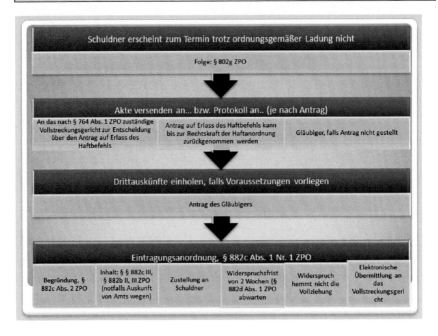

7.5.10 Der Schuldner erscheint im Termin und gibt Vermögensauskunft ab

Bei der Abnahme der Vermögensauskunft handelt es sich um kein Verfahren vor dem erkennenden Gericht i.S.d. § 169 GVG. Der Gerichtsvollzieher hat deshalb durch geeignete Maßnahmen dafür zu sorgen, dass die Nichtöffentlichkeit tatsächlich hergestellt wird und Dritte keine Möglichkeit haben, vom Inhalt der Sitzung Kenntnis zu erhalten (§ 138 Abs. 1 GVGA).

7.5.10.1 Anwesenheit Dritter

Der Gläubiger als Partei des Verfahrens hat natürlich ein Recht auf Anwesenheit (§ 138 Abs. 1 Satz 3 GVGA). Ein bevollmächtigter Beistand des Schuldners kann, dessen Einverständnis vorausgesetzt, am Termin teilnehmen.

Sonstigen Dritten, der Schreibkraft, Gerichtsvollzieherbewerbern usw. kann die Anwesenheit nach § 138 Abs. 1 Satz 3 GVGA (vom Schuldner) ausdrücklich gestattet werden oder der Gerichtsvollzieher kann sie zu seiner Unterstützung hinzuziehen. Geschieht dies, ist dies durch einen entsprechenden Protokollvermerk festzuhalten.

> **Beispiel:**
> Dem Termin wohnte die dem Gerichtsvollzieher zur Ausbildung zugewiesene Justizsekretärin X bei. Der Schuldner wurde angehört und gestattete die Anwesenheit.

Der Prüfungsbeamte oder Angehörige der Dienstaufsicht des Gerichtsvollziehers dürfen nach § 175 Abs. 3 GVG an dem Termin ohne Genehmigung teilnehmen, da dessen Anwesenheit der Nichtöffentlichkeit nicht entgegensteht.

7.5.10.2 Belehrung des Schuldners

Zu Beginn des Verfahrens ist der Schuldner nach § 802c Abs. 3 Satz 2 i.V.m. § 480 ZPO über Bedeutung und Folgen des Verfahrens und die Strafbarkeit einer falschen oder unvollständig abgegebenen eidesstattlichen Versicherung nach § 156 StGB und § 161 StGB zu belehren. Die Belehrung kann etwa so lauten:

> **Beispiel:**
>
> Der Gläubiger .... hat aufgrund des .... (Vollstreckungstitel) wegen einer Forderung in Höhe von .... € beantragt, Sie zur Abgabe der Vermögensauskunft vorzuladen. Die Ladung erfolgte rechtzeitig durch Zustellung am ...
> Sie sind nun verpflichtet, ihr Vermögen zu offenbaren. Ihre Angaben in dem zu errichtenden Vermögensverzeichnis müssen wahr und vollständig sein. Die Richtigkeit und Vollständigkeit des Vermögensverzeichnisses haben sie hier an Eides statt zu versichern. Wenn sie vorsätzlich oder fahrlässig unvollständige oder unrichtige Angaben machen, können sie nach § 156 StGB oder § 161 StGB mit Freiheitsstrafe bis zu drei Jahren bestraft werden. Damit Sie überprüfen können, ob Ihre Angaben richtig und vollständig sind, bespreche ich mit Ihnen die einzelnen Punkte des Vermögensverzeichnisses. Sie erhalten danach Gelegenheit, das Vermögensverzeichnis am PC einzusehen bzw. erfolgt Vorlesen Ihrer Angaben.
>
> Sind sie bereit die Vermögensauskunft abzugeben?

7.5.10.3 Fragerecht des Gläubigers

Der Gläubiger hat als Partei des Verfahrens ein grundsätzliches Anwesenheitsrecht. Das umfasst auch, dass er dem Schuldner zusätzliche Fragen zu seinem Vermögen stellen kann. Ob der Schuldner diese Fragen beantworten muss, hängt davon ab, ob diese Fragen das aktuelle Vermögen des Schuldners betreffen.

Der Gerichtsvollzieher hat den Schuldner im Rahmen seiner Aufklärungspflicht nach § 139 ZPO darauf hinzuweisen, welche Fragen er nicht beantworten muss. Beantwortet der Schuldner die vom Gläubiger eingereichten Fragen freiwillig, so gibt der Gerichtsvollzieher den abgegebenen Fragenkatalog dem Vermögensverzeichnis bei. Entscheidend ist diese Frage aber dann, wenn der Schuldner die vom Gläubiger zusätzlich eingereichten Fragen nicht beantwortet. Der Gerichtsvollzieher muss dann im Einzelfall entscheiden, ob die Frage zulässig war, was dazu führt, dass er dem Schuldner die Vermögensauskunft nicht abnimmt, oder es sich um eine unzulässige Frage handelte und der Schuldner seiner Auskunftspflicht trotz Nichtbeantwortung vollständig nachgekommen ist.

7.6 Errichtung des Vermögensverzeichnisses

7.6.1 Umfang der Auskunftspflicht

Der Umfang der Auskunftspflicht bestimmt sich nach § 802c Abs. 2 ZPO.

Anzugeben sind gemäß § 802c Abs. 2 Satz 1 ZPO alle dem Schuldner gehörenden Vermögensgegenstände. Hierunter fallen die einzelnen beweglichen Vermögenswerte, nämlich körperliche Sachen sowie Forderungen und andere Vermögensrechte, und sämtliches unbewegliches Vermögen. Anzugeben sind auch Gegenstände, die gepfändet, verpfändet oder sicherungsübereignet sind.

In § 802c Abs. 2 Satz 2 ZPO ist bestimmt, dass bei Forderungen der Grund des Anspruchs und die Beweismittel anzugeben sind. Um dem Gläubiger eine Pfändung dieser Forderungen zu ermöglichen, hat der Schuldner zudem den Drittschuldner mit Namen und Anschrift zu bezeichnen. Anzugeben sind demnach beispielsweise Name und Anschrift des Arbeitgebers oder der kontoführenden Bank und andere zur Identifikation der Forderung erforderliche Daten. Anzugeben sind nicht nur aktuell werthaltige Forderungen, sondern auch unsichere. Angesichts der Zulässigkeit einer künftigen Aktivsalden erfassenden Kontenpfändung sind deshalb beispielsweise auch debitorische Bankkonten (Kontostand im Soll, „Minusguthaben") anzugeben.

Es sind auch solche Angaben nach § 802c Abs. 2 Satz 3 ZPO von der Auskunftspflicht umfasst, die es dem Gläubiger ermöglichen sollen, von einem Anfechtungsrecht Gebrauch zu machen. Dabei wird auch der Zeitraum zwischen dem festgesetzten Termin zur Abnahme der Vermögensauskunft und der tatsächlichen Auskunftsabgabe ausdrücklich erfasst.

7.6.2 Besprechung des Vermögensverzeichnisses

Ist der Schuldner bereit, die Vermögensauskunft abzugeben, so hat der Gerichtsvollzieher zusammen mit ihm das Vermögensverzeichnis am PC Punkt für Punkt durchzusprechen und den Schuldner auf mögliche Fehlerquellen hinzuweisen.

Beim Errichten des Vermögensverzeichnisses hat der Gerichtsvollzieher darauf hinzuwirken, dass der Schuldner vollständige und richtige Angaben macht. Ist eine

Angabe erkennbar falsch oder unvollständig, kann der Gerichtsvollzieher den Schuldner auf die Unstimmigkeit aufmerksam machen und ihn nochmals auf die Folgen hinweisen (§ 138 Abs. 3 Sätze 4, 5 GVGA).

Das Erfordernis der Unterschrift des Schuldners unter das Vermögensverzeichnis entfällt. Die Strafbarkeit der falschen Versicherung der Vollständigkeit und Richtigkeit der nach § 802c Abs. 2 ZPO erteilten Auskunft an Eides statt bleibt davon unberührt; auch eine mündlich abgegebene falsche eidesstattliche Versicherung ist strafbar[78].

Um sicherzustellen, dass sich der Schuldner vor Abgabe der eidesstattlichen Versicherung über den Inhalt des vom Gerichtsvollzieher errichteten Vermögensverzeichnisses vergewissert hat, bestimmt § 802f Abs. 5 Satz 2 ZPO entsprechend § 162 Abs. 1 Satz 1 ZPO, dass der Gerichtsvollzieher dem Schuldner das Vermögensverzeichnis vorzulesen oder ihm die Durchsicht durch Wiedergabe am Bildschirm zu ermöglichen hat.

Nach § 802f Abs. 5 Satz 3 ZPO ist dem Schuldner auf Verlangen ein Ausdruck des Vermögensverzeichnisses zu erteilen. Der Ausdruck muss im Fall der Abgabe der Vermögensauskunft in der Wohnung des Schuldners (§ 802f Abs. 2 ZPO) nicht sofort vor Ort erteilt werden, sondern kann dem Schuldner später übersandt werden. Es ist nicht festgelegt, wann der Schuldner dieses Verlangen auf Ausdruckerteilung dem Gerichtsvollzieher gegenüber äußern muss. Diesen Anspruch hat er also auch später nach Abschluss des Termins noch[79]. Dies jedoch zeitlich begrenzt, denn dem nachträglichen Verlangen des Schuldners auf Erteilung einer Abschrift des Vermögensverzeichnisses muss und kann der Gerichtsvollzieher nicht mehr entsprechen, wenn das Vermögensverzeichnis bereits gelöscht ist (vgl. § 5 Abs. 2 Satz 4 VermVV: Löschung nach drei Monaten). Der Gerichtsvollzieher muss das Verzeichnis in diesem Fall auch nicht beim Zentralen Vollstreckungsgericht abrufen[80].

---

[78] vgl. Lenckner in: Schönke/Schröder, Strafgesetzbuch, 26. Auflage, § 156 Rn. 4
[79] LG Mönchengladbach (DGVZ 2014, S. 23): Für die vom Schuldner beantragte Abschrift eines Protokolls und des Vermögensverzeichnisses nach Abnahme der Vermögensauskunft entsteht eine Dokumentenpauschale, die beim Gläubiger angesetzt werden kann
[80] AG Dresden, DGVZ 2015, S. 1509

Der Ausdruck ermöglicht dem Schuldner die Feststellung, welche Daten bei dem zentralen Vollstreckungsgericht nach § 802k Abs. 1 ZPO hinterlegt werden. Ein Auskunftsanspruchs des Schuldners gegen das zentrale Vollstreckungsgericht, an das sich nur Gerichtsvollzieher und Behörden wenden können, besteht deshalb nicht.

7.6.3 Inhalt des Vermögensverzeichnisses

Das Vermögensverzeichnis soll dem Gläubiger offen legen, welche Vollstreckungsmöglichkeiten gegen den Schuldner in Frage kommen. Daher muss es Aufschluss über das gesamte Ist-Vermögen des Schuldners geben, aber auch über eventuelle Schwierigkeiten, mit denen der Gläubiger bei der Vollstreckung rechnen muss (z.B. vorgehende Pfandrechte anderer Gläubiger, Sicherungseigentum, Vorbehaltseigentum usw.), siehe § 802c Abs. 2 ZPO. Die Angaben sind so genau zu fassen, wie es für eine genaue Identifizierung der Sache und deren Pfändung erforderlich ist (z.B. bei Grundvermögen die Angabe der Grundbuchstelle, Flurstück, Größe, Lage und Wirtschaftsart). Im Vermögensverzeichnis ist jeder Vermögensgegenstand anzugeben, auch diejenigen, die der Schuldner nur im Besitz hat. Auf die Pfändbarkeit kommt es grundsätzlich nicht an. Eine Ausnahme lässt lediglich § 802c Abs. 2 Satz 3 ZPO zu, wonach Gegenstände, die nach § 811 Abs. 1 Nrn. 1 und 2 ZPO der Pfändung nicht unterliegen, nur dann angegeben werden müssen, wenn eine Austauschpfändung nach §§ 811a, b ZPO in Betracht käme.

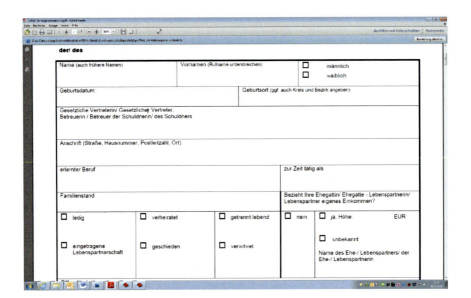

Der Schuldner muss folgende **Personalien** angeben:

- den **vollständigen Namen** (Geburtsnamen), § 802c Abs. 1 ZPO
  - hat sich der Name geändert, etwa durch Heirat oder Namensänderung, sind auch alle früheren Nachnamen anzugeben.
  - alle Vornamen müssen angegeben werden, wobei der Rufname zu unterstreichen ist.
  - Firma, Nummer des Registerblatts im Handelsregister und Sitz (§ 802c Abs. 1 S. 2 ZPO)
- das **Geburtsdatum** (§ 802c Abs. 1 ZPO)

  Die Angabe des Geburtsdatums ist angesichts der auf die Vermögensauskunft folgenden Eintragung in das Schuldnerverzeichnis für die Identifizierung des Schuldners von besonderer Bedeutung, siehe § 882b Abs. 2 Nr. 2 ZPO.
- den **Geburtsort** (§ 802c Abs. 1 ZPO)

  Den Geburtsort muss der Schuldner angeben, weil auch dies dem zentralen Vollstreckungsgericht in der Eintragungsanordnung mitgeteilt werden muss (§ 882b Abs. 2 Nr. 2 ZPO)
- **Gesetzliche Vertreter** wie Betreuer (§§ 1896, 1902 BGB), Eltern (§§ 1626, 1629 BGB)

- die vollständige **Wohnanschrift** (§ 882b Abs. 2 Nr. 3 ZPO)
- den erlernten und den ausgeübten **Beruf**

  Durch die Kenntnis des erlernten Berufs des Schuldners kann der Gläubiger Rückschlüsse ziehen, ob die ausgeübte Tätigkeit nur vorübergehend ist. Ist der Schuldner z.B. studierter Diplom-Ökonom und arbeitet derzeit als Lagerist, so besteht eine gewisse Wahrscheinlichkeit, dass er diese Arbeit nur vorübergehend angenommen hat.

Familienstand:
Der Schuldner hat seinen Familienstand anzugeben. Ist der Schuldner verheiratet, getrennt lebend oder geschieden, kann er seinem Ehegatten Unterhalt schulden. Dies gilt auch für gleichgeschlechtliche Lebenspartnerschaften nach dem Lebenspartnerschaftsgesetz. Diese Unterhaltspflicht beschränkt die Pfändbarkeit des Arbeitseinkommens des Schuldners nach § 850c Abs. 2 ZPO. Noch interessanter ist es für den Gläubiger zu wissen, ob der Ehegatte des Schuldners etwa diesem gegenüber unterhaltspflichtig ist.

Einkommen des Ehegatten:
Schon lange war streitig, ob der verheiratete und nicht getrennt lebende Schuldner die Frage nach dem Einkommen seines Ehegatten/Lebenspartners beantworten muss. Fraglich ist dies deshalb, weil der Schuldner nach § 802c ZPO nur ein Verzeichnis seines eigenen Vermögens erstellen muss. Einkünfte des Ehegatten gehören aber – unabhängig vom Güterstand – nicht zum Vermögen des Schuldners.

Unstreitig muss der Schuldner angeben, ob sein Ehegatte überhaupt Einkünfte bezieht, denn diese Frage richtet sich wegen der damit verbundenen Pfändungsfreigrenzen und der Möglichkeit des Unberücksichtigt Lassens nach § 850c Abs. 4 ZPO nach dem Vermögen des Schuldners.

Die Offenbarungspflicht des gemäß § 802c ZPO zur Abgabe der Vermögensauskunft verpflichteten Schuldners erstreckt sich auf alle Einkunftsmöglichkeiten. Dem nicht berufstätigen Ehegatten/Lebenspartner steht, sofern nicht das Familieneinkommen schon durch den notwendigen Grundbedarf der Familienmitglieder restlos aufgezehrt wird, ein Taschengeldanspruch zu. Die Höhe des Anspruches kann nicht generell beziffert werden. Er richtet sich nach den gegebenen Vermögensverhältnissen, dem Lebensstil und der Zukunftsplanung der Ehegatten und beträgt üblicherweise eine Quote von 5 bis 7 % des zur Verfügung stehenden Nettoeinkommens. Der Taschengeldanspruch ist gemäß § 850b Abs. 2 ZPO bedingt pfändbar.

Der Schuldner hat gemäß § 802c Abs. 2 ZPO für seine Forderungen den Grund und die Beweismittel zu bezeichnen. Soweit es den Taschengeldanspruch gegen seinen Ehegatten betrifft, genügt es hierfür nicht, dass der Schuldner das Bestehen des Anspruchs sowie Namen und Anschrift des Ehegatten angibt. Hierzu bedarf es auch der Angaben zur Höhe des Nettoeinkommens des Ehegatten des Schuldners, weil es Berechnungsgrundlage für den Taschengeldanspruch ist. Nach der Höhe des Nettoeinkommens des Ehegatten bestimmt sich, ob die Pfändungsfreigrenzen des § 850c Abs. 1, 2 ZPO einer Pfändung von 7/10 des Taschengeldanspruchs entgegenstehen. Angaben des Schuldners lediglich zu dem Beruf und dem Arbeitgeber seines Ehegatten, reichen mithin regelmäßig nicht aus.

Somit hat der Schuldner die Frage nach der Höhe des Einkommens des Ehegatten zu beantworten. Kennt er in diesen Fällen die Höhe nicht, muss er dies (die Unkenntnis) an Eides statt versichern.

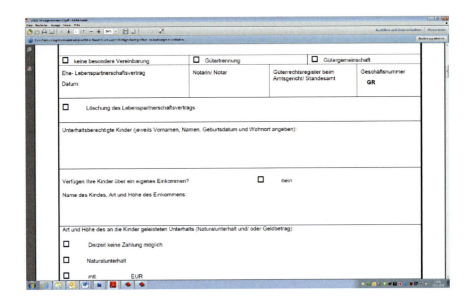

Güterstand:

Der verheiratete Schuldner oder Lebenspartner einer Lebenspartnerschaft nach dem Lebenspartnerschaftsgesetz hat anzugeben, in welchem Güterstand er mit seinem Ehegatten/Lebenspartner lebt.

Güterstände			
Zugewinnge-meinschaft	Gütertrennung	Gütergemeinschaft	Eigentumsge-meinschaft
§§ 1363 ff. BGB	§ 1414 BGB	§§ 1415 ff. BGB	Art 234 § 4 EGBGB
Während bestehendem Güterstand zwei voneinander getrennte Vermögensmassen	Während bestehendem Güterstand zwei voneinander getrennte Vermögensmassen	Während bestehendem Güterstand fünf voneinander getrennte Vermögensmassen: • Das Gesamtgut • Verbehaltsgut Frau/Mann • Sondergut Frau/Mann	Während bestehendem Güterstand eine gemeinsame Vermögensmasse
Gegenseitige Ausgleichspflicht nach Beendigung des Güterstandes	Grundsätzlich keine Ausgleichspflicht nach Beendigung des Güterstandes	Auseinandersetzung des Gesamtgutes möglich	Auseinandersetzungspflicht nach Beendigung des Güterstandes
Offenbarungspflicht hinsichtlich des eigenen Vermögens des Schuldners und Einkommen des Ehegatten	Offenbarungspflicht hinsichtlich des eigenen Vermögens des Schuldners	Offenbarungspflicht bezüglich des Vorbehaltsgutes und des Sondergutes des Schuldners, ggf. hinsichtlich des Gesamtgutes	Offenbarungspflicht hinsichtlich des gemeinsamen Vermögens

Zugewinngemeinschaft:

Der in einer gesetzlich geregelten Gemeinschaft lebende „Normalbürger", egal ob Ehegatte oder Lebenspartner (LPartG), lebt im Güterstand der Zugewinngemeinschaft nach §§ 1363 ff. BGB, § 6 LPartG. Dieser Güterstand tritt kraft Gesetzes mit der Eheschließung ein.

Für die Dauer des Güterstandes sind die Vermögensmassen der Ehegatten/Lebenspartner voneinander getrennt. Der wesentliche Unterschied zwischen dem Güterstand der Zugewinngemeinschaft und dem der Gütertrennung liegt in den Rechtsfolgen, die aus seiner Beendigung - also durch Scheidung der Ehe oder durch den Tod eines der Ehegatten resultieren. Endet der Güterstand durch den Tod eines

Ehegatten, erfolgt der Zugewinnausgleich durch Erhöhung des gesetzlichen Erbteils des überlebenden Ehegatten. Im Falle der Scheidung der Ehe haben die Ehegatten einen Anspruch auf Ausgleich des Zugewinns.

Bei diesem Zugewinnausgleich wird für jeden Ehegatten gesondert festgestellt, ob und um wie viel sich sein Vermögen während der Ehe erhöht hat. Anschließend werden die Zugewinne miteinander verglichen. Der Partner mit dem rechnerisch höheren Zugewinn muss dem anderen einen Ausgleich in Höhe der Hälfte des Wertunterschiedes zwischen beiden Zugewinnen zahlen. Es handelt sich um einen reinen Zahlungsanspruch.

Der Güterstand der Zugewinngemeinschaft endet auch, wenn die Ehegatten oder die gleichgeschlechtlichen Lebenspartner (§ 7 LPartG) einen Güterrechtsvertrag schließen.

Gütertrennung:

Die Gütertrennung ist neben der Zugewinngemeinschaft ein in der Praxis häufig vorkommender Güterstand, der per Vertrag geschlossen wird. Schließen die Eheleute den Güterstand der Zugewinngemeinschaft aus, so tritt "automatisch" Gütertrennung ein.

Sind gemeinsame Kinder vorhanden, ist die Vertragsfreiheit nicht schrankenlos. Eheverträge können nach der Rechtsprechung des BGH in dieser Hinsicht sittenwidrig sein.

Haben die Parteien die Gütertrennung erst nach der Eheschließung vereinbart, so ist zu hinterfragen, ob der Schuldner wegen des Vertrages Vermögensgegenstände an seinen Ehegatten veräußert hat (siehe Abschritt „C" des Vermögensverzeichnisses).

Gütergemeinschaft:

Die Gütergemeinschaft ist ein kompliziertes und nur noch in ländlichen Gegenden gebräuchliches Rechtsinstitut. Die Vereinbarung der Gütergemeinschaft hat die Wirkung, dass wesentliche Teile des Vermögens beider Eheleute Gemeinschaftsvermögen werden.

Während der Zeit der Gütergemeinschaft bestehen fünf voneinander unabhängige Vermögensmassen:

Das Gesamtgut (§ 1416 BGB)

Mit der Eingehung der Gütergemeinschaft werden die bisherigen Vermögen von Mann und Frau zu einem gemeinschaftlichen Vermögen, zum sogenannten Gesamtgut. Es entsteht eine Gemeinschaft zur gesamten Hand. Im Ehevertrag kann außerdem bestimmt werden, ob das Gesamtgut vom Mann, von der Frau oder von beiden gemeinschaftlich verwaltet wird.

Wird keine Bestimmung getroffen, tritt gemeinschaftliche Verwaltung ein (§ 1421 BGB). Bei gemeinschaftlicher Verwaltung ist für die Rechtswirksamkeit einzelner Verfügungen auch die Zustimmung des anderen Ehegatten erforderlich.

Sondergut der Frau, Sondergut des Mannes

Sondergut besteht aus Vermögensgegenständen, die von Gesetzes wegen nicht durch Rechtsgeschäft übertragen werden können (§ 1417 BGB). Das sind z.B. die unpfändbaren Teile des Gehalts. Sie bleiben im alleinigen Verfügungsrecht des jeweiligen Ehegatten/Lebenspartners. Die Einkünfte aus Sondergut fallen dagegen in das Gesamtgut (§ 1417 Abs. 2 BGB).

Vorbehaltsgut der Frau, Vorbehaltsgut des Mannes

Das Vorbehaltsgut besteht aus Vermögensgegenständen, die durch Parteienvereinbarung (Ehevertrag, Testament, Schenkung etc.) ausdrücklich zum Vorbehaltsgut erklärt worden sind (§ 1418 BGB). Einkünfte aus dem Vorbehaltsgut verbleiben im Vermögen des jeweiligen Ehegatten.

Gütergemeinschaft in der Zwangsvollstreckung

Vollstreckung in		
Gesamtgut	Sondergut	Vorbehaltsgut
Titel gegen beide oder bei Alleinverwaltung gegen den alleinverwaltenden Ehegatten/Lebenspartner	In der Regel keine Vollstreckung da das Sondergut aus unpfändbaren Gegenständen besteht	Titel gegen den jeweiligen Ehegatten/Lebenspartner erforderlich
Vermögen muss vollständig angegeben werden	Muss bei Vollstreckung gegen Gesamtgut nicht offenbart werden, bei der Vollstreckung gegen einen Ehegatten ist dieser bezüglich seines Sonderguts offenbarungspflichtig	Muss bei Vollstreckung gegen Gesamtgut nicht offenbart werden, bei der Vollstreckung gegen einen Ehegatten ist dieser bezüglich seines Vorbehaltsguts offenbarungspflichtig.

Ehevertrag/Lebenspartnerschaftsvertrag

Sowohl die Gütergemeinschaft als auch die Gütertrennung müssen durch Ehevertrag/Lebenspartnerschaftsvertrag vereinbart werden.

Im Vermögensverzeichnis ist anzugeben:
- Datum der Vereinbarung,
- der beurkundende Notar und
- die Stelle (Gericht oder Notar), wo die Urkunde hinterlegt ist,
- Geschäftszeichen und Gericht des Güterrechtsregisters (fakultativ)

Bei den Amtsgerichten wird ein Güterrechtsregister geführt, in das Eheleute von dem gesetzlichen Güterstand der Zugewinngemeinschaft abweichende Regelungen eintragen lassen können. Die Eintragung hat aber keinen Einfluss auf die Wirksamkeit des Ehevertrages. Die Angabe des Güterrechtsregisters und der Geschäftsnummer des Güterrechtsregisters ist nicht zwingend.

Eigentumsgemeinschaft

Eine Ausnahme ist im Beitrittsgebiet vorzufinden. Dort konnten Verheiratete durch Erklärung den ehemaligen DDR-Güterstand der Eigentumsgemeinschaft beibehalten.

Für die in der DDR geschlossenen Ehen wurde im Einigungsvertrag (Artikel 234 § 4 Abs. 1 EGBGB) geregelt, dass ab 03.10.1990 an Stelle der vormals geltenden Errungenschaftsgemeinschaft nach dem Familiengesetzbuch der DDR (FGB), automatisch der Güterstand der Zugewinngemeinschaft tritt.

Den Ehegatten stand es, in einem Zeitraum von zwei Jahren nach Beitritt jedoch frei, die Überleitung des DDR-Güterstands in die Zugewinngemeinschaft durch Erklärung gegenüber dem damaligen Kreisgericht auszuschließen. Hiervon machten nur sehr wenige Ehegatten Gebrauch. In den Fällen, in denen einer der Ehegatten die Erklärung abgegeben hat, gilt für die betroffene Ehe der Güterstand der Errungenschaftsgemeinschaft nach § 13 FGB der DDR weiter fort.

In allen anderen Fällen sind die DDR-Ehen kraft Gesetzes in den Güterstand der Zugewinngemeinschaft übergeleitet worden. Der nach dem 03.10.1990 erwirtschaftete Zugewinn wird im Fall der Scheidung einer solchen Ehe auf Antrag nach den Regelungen des BGB über den Zugewinnausgleich ausgeglichen. Die Vermögensauseinandersetzung der DDR-Ehen für die Ehezeit von der Eheschließung bis zum 03.10.1990 erfolgt auch jetzt noch unter Anwendung des § 40 FGB der DDR.

Die Eigentumsvermutung des § 1362 BGB und die Alleingewahrsamsvermutung des § 739 ZPO gelten nur bei dem gesetzlichen Güterstand der Zugewinngemeinschaft und bei Gütertrennung. Bei Gütergemeinschaft gilt dies nur für Sachen, die nicht zum Gesamtgut gehören. § 739 ZPO ist nur für bewegliche körperliche Sachen anwendbar, nicht für Forderungen und Immobilien.

Unterhaltsberechtigte Kinder:
Die Angabe, wie viele Kinder der Schuldner hat, ist für die Pfändung von Arbeitseinkommen interessant, denn diese Unterhaltspflichten schmälern den pfändbaren Betrag nach § 850c ZPO.

Anzugeben sind:
- Anzahl
- Vorname
- Geburtsdatum
- vollständige Anschrift
- Art der Unterhaltsgewährung (Natural- oder Geldunterhalt)

Verwandte in gerader Linie sind nach § 1601 BGB gegenseitig zum Unterhalt verpflichtet. Dieser Unterhalt ist nach § 1612 Abs. 1 BGB grundsätzlich in Geld zu zahlen. Ist der Unterhalt an ein Kind zu zahlen, so können die Eltern, unabhängig vom Alter des Unterhaltsberechtigten, die Art des Unterhalts bestimmen. Leben die Eltern getrennt, so leistet der Elternteil, bei dem sich das Kind aufhält seinen Unterhalt in Naturalien, wozu auch Taschengeld gehört, der andere Elternteil ist barunterhaltspflichtig.

Mit Vollendung des 18. Lebensjahres erlischt das elterliche Sorgerecht, d.h. beide Eltern sind ab sofort barunterhaltspflichtig und zwar bis zum Ende eines ersten berufsqualifizierenden Abschlusses. Mit steigendem Alter wachsen auch die Anforderungen an das Kind, seinen Unterhalt durch eigene Erwerbstätigkeit ganz oder teilweise selbst zu decken. Der Volljährige hat gegen seine Eltern prinzipiell den Anspruch, eine angemessene Ausbildung zu erhalten (§ 1610 Abs. 2 BGB).

Der Schuldner muss nicht angeben, ob er diese Unterhaltsverpflichtungen auch erfüllt, da dies für die Pfändbarkeit seiner Einkünfte nach § 850 ff. ZPO ohne Belang ist. Beruf und Einkommen der Unterhaltsberechtigten muss er offenbaren, wenn in Betracht kommt, dass diese Personen bei der Berechnung der unpfändbaren Teile des Arbeitseinkommens ganz oder teilweise unberücksichtigt bleiben können (§ 850c Abs. 4 ZPO).

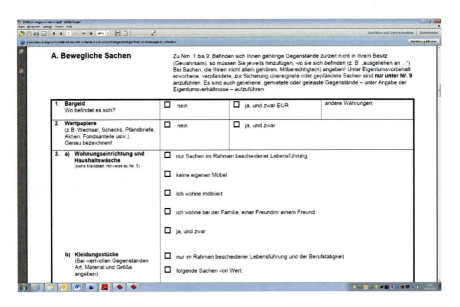

Bewegliche Sachen (lt. Abschnitt A):

Bei den beweglichen Sachen hat der Schuldner nicht nur solche anzugeben, die in seinem Eigentum stehen, sondern auch die, welche er im Eigenbesitz hat. Es sind auch die Gegenstände im Eigentum des Schuldners zu benennen, die sich nicht im Gewahrsam des Schuldners, sondern bei einem Dritten befinden. Der Gläubiger hat dann die Möglichkeit, den Anspruch des Schuldners auf Rückgabe dieser Sachen zu pfänden (§§ 846, 847 ZPO). Es sind *alle Gegenstände* anzugeben, ohne Rücksicht auf eventuelle Unpfändbarkeit nach §§ 811 ff. ZPO oder § 803 Abs. 1 ZPO. Diese Entscheidung bleibt dem Gläubiger überlassen. Eine Ausnahme lässt lediglich § 802c Abs. 2 Satz 3 ZPO zu.

Zu Ziffer A1, Bargeld:

Bargeld wird zwar bei den meisten Schuldnern nicht in pfändbarer Höhe vorhanden sein, doch ist dieses zum Schutz des Schuldners im Vermögensverzeichnis anzugeben. Unter den Begriff des Bargelds fallen dabei alle gültigen Zahlungsmittel, auch ausländisches Geld. Reine Sammlermünzen, die einen über den Nennwert hinausgehenden Wert haben, sind unter der Ziffer 4 anzugeben.

Zu Ziffer A2, Wertpapiere:

Wertpapiere werden in verschiedene Kategorien eingeteilt. Für die Zwangsvollstreckung und damit auch für die Vermögensoffenbarung ist die Unterscheidung nach der Übertragbarkeit und somit auch Pfändbarkeit zweckmäßig. So gibt es Wertpapiere die selbst - das Papier - Träger des Rechts sind, wogegen bei anderen die Forderung im Vordergrund steht.

Inhaberpapiere	Orderpapiere	Namenspapiere
Aussteller des Papiers verspricht Leistung an den jeweiligen Inhaber des Papiers	Berechtigter ist zunächst namentlich benannt, Übertragung durch Übergabe des Papiers und Indossament möglich	Berechtigter ist namentlich benannt
Das Recht aus dem Papier folgt dem Recht am Papier	Das Recht aus dem Papier folgt dem Recht am Papier	Das Recht am Papier folgt dem Recht aus dem Papier
Rechtsgeschäftliche Übertragung nach § 929 BGB durch Einigung und Übergabe des Papiers	Rechtsgeschäftliche Übertragung nach § 929 BGB durch Einigung und Indossament	Rechtsgeschäftliche Übertragung der Forderung durch Abtretung der Forderung nach § 398 BGB
Vollstreckung durch Sachpfändung nach §§ 808 ff. ZPO	Vollstreckung durch Sachpfändung nach §§ 808, 831 ZPO	Vollstreckung durch Forderungspfändung nach §§ 829 ff. ZPO
Verwertung nach §§ 821 – 823 ZPO	Verwertung nach § 835 ZPO Überweisung	Verwertung nach §§ 835, 836 ZPO
Angabe im Vermögensverzeichnis unter Ziffer 2	Angabe im Vermögensverzeichnis unter Ziffer 2	Angabe im Vermögensverzeichnis unter Abschnitt B Ziffer 22

Wertpapiere i.S.d. Ziffer A 2 des Vordrucks zum Vermögensverzeichnis sind nur die inhaber- und blancoindossierbaren Orderpapiere, denn diese werden in der Zwangsvollstreckung wie bewegliche Sachen behandelt.

Beispiele für Inhaberpapiere:

- Inhaberaktien, § 10 Abs. 1 Fall 1 AktG

    Inhaberaktien werden selten zuhause aufbewahrt. Wenn sie überhaupt ausgegeben sind, befinden sie sich meist in Verwahrung bei den Banken oder im Depot. Befinden sie sich bei der Bank im Schließfach, oder in Sonderverwahrung, müssen sie an dieser Stelle angegeben werden. Befinden sich die Aktien in Sammelverwahrung, dann ist das Depot unter Abschnitt B unter der Ziffer 14 anzugeben.

- Inhaberschuldverschreibungen, §§ 793 ff. BGB
- Hypothekenpfandbriefe der Landesbanken als Hypothekenbanken
- Kommunalobligationen (Inhaberschuldverschreibungen der Hypothekenbanken an Städte und Gemeinden)
- Industrieobligationen
- Wandelschuldverschreibungen, § 221 AktG
- Aktiengesellschaft gibt auf Geld lautende Schuldverschreibungen aus, bei denen dem Gläubiger ein Umtausch- oder Bezugsrecht auf Aktien eingeräumt wird
- Nebenpapiere (Kupons) wie Zinsschein (selbständige Urkunde zum Bezug der Zinserträge)
- Rentenscheine
- Bei Rentenscheinen erfolgt die Rückzahlung der Forderung in wiederkehrenden Geldzahlungen, für jede einzelne Geldzahlung wird ein Rentenschein ausgestellt, Haupturkunde gibt keinen Anspruch auf Rückzahlung.
- Gewinnanteilscheine (Dividendenscheine)
- Sie verbriefen den Dividendenanspruch, dessen Höhe aber von den Beschlüssen in der Hauptversammlung abhängt.
- Lotterielose (streitig)
- Investmentzertifikate
- Inhabergrundschuldbrief, § 1195 BGB
- Investmentanteilscheine auf den Inhaber

Beispiele für Orderpapiere:

Unterschieden wird in geborene und gekorene Orderpapiere. Geborene Orderpapiere sind diejenigen Orderpapiere, die immer durch Indossament übertragen werden können.

Geborene Orderpapiere sind insbesondere:
- Wechsel, Art. 11 Abs. 1 WG
- Orderscheck
- Namensaktie, §§ 10 Abs. 1, 68 Abs. 1 AktG
- Es ist sehr selten, dass eine Aktie auf den Namen lautet
- Zwischenscheine, § 10 Abs. 3 AktG und auf den Namen lautende Investmentanteilsscheine.

Gekorene Orderpapiere können nur dann durch Indossament übertragen werden, wenn sie eine positive Orderklausel enthalten: „an Order" o.ä. Fehlt die Orderklausel, so handelt es sich um Rektapapiere.

Gekorene Orderpapiere sind insbesondere:
- Kaufmännische Anweisung, § 363 Abs. 1 Satz 1 HGB
- Kaufmännischer Verpflichtungsschein, § 363 Abs. 1 Satz 2 HGB
- Konnossement, §§ 363 Abs. 2, 643 ff. HGB (Urkunde des Seefrachtgeschäfts)
- Ladeschein, §§ 363 Abs. 2, 444 ff. HGB (Urkunde des Frachtgeschäfts auf Binnengewässer und Straßen), Luftkonnossement (Luftfracht) und Durchkonnossement (verschiedene Frachtarten)
- Lagerschein, § 363 Abs. 2, 475g HGB
- Transportversicherungspolice, §§ 363 Abs. 2 HGB, 129 ff. VVG
- Konnossement beim Seefrachtgeschäft, §§ 362 Abs. 2, 643 ff. HGB: Reeder stellt Güterabsender das Konnossement aus und händigt das Wertpapier dem Güterabsender aus. Dieser kann es dem Empfänger der Ware aushändigen.
- Ladeschein, §§ 363 Abs. 2, 444 ff. HGB für Frachtgeschäft auf Binnengewässer und Straße.
- Luft- und Durchkonnossement für Luftfracht und verschiedene Frachtarten.
- Oderlagerschein, §§ 363 Abs. 2, 475g HGB:
  Vom Lagerhalter ausgestelltes Empfangsbekenntnis an den Einlieferer der Güter mit der Verpflichtung, die Ware an den durch das Papier Legitimierten herauszugeben.

Solche Wertpapiere sind im Vermögensverzeichnis unter Ziffer A 2 aufzuführen. Andere Wertpapiere, Recta- oder Namenspapiere sowie reine Legitimationspapiere sind im Abschnitt B (z.B. Ziffer 22) anzugeben.

Zu Ziffer A3, Wohungseinrichtung, Haushaltswäsche:

Unter der Ziffer 3 werden Gegenstände des täglichen Gebrauchs zusammengefasst. Meist wird nur „gewöhnlicher Bedarf" vorhanden sein. Eine Grenze für die Offenbarungspflicht ergibt sich aber aus § 802c Abs. 2 Satz 3 ZPO. Demnach müssen Gegenstände, die nach den §§ 811 Abs. 1 Nr. 1 und 811 Abs. 1 Nr. 2 ZPO unpfändbar sind, nur dann angegeben werden, wenn eine Austauschpfändung in Betracht käme.

Kleidungsstücke:

Nur Gegenstände, die den normalen Bedarf übersteigen, z.B. Pelzmäntel u.ä. sind aufzuführen.

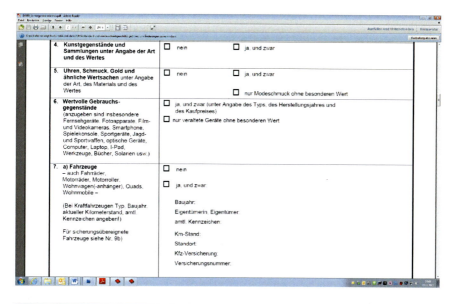

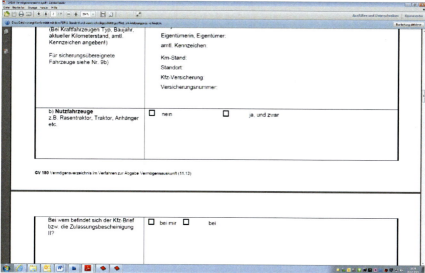

Zu Ziffer A4: Kunstgegenstände, Sammlungen etc:

Die Bedeutung der Ziffer 4 wird häufig unterschätzt. Auch in Haushalten sog. „sozial Schwacher" können Briefmarken-, Spielzeug-, Puppen- oder Münzsammlungen vorhanden sein, die im Vermögensverzeichnis angegeben werden müssen. Die Nennung im Vermögensverzeichnis ist nicht vom Marktwert der Sammlung abhängig.

Zu Ziffer A5, Uhren, Schmuck, Gold und ähnliche Wertsachen:

In dieser Ziffer ist die Grenze für die Pflicht zur Angabe im Vermögensverzeichnis schwer zu ziehen, da das Gesetz als Ausnahme nur den Ehering zulässt. Armbanduhren, die keinen besonderen Wert haben, müssen nicht genauer bezeichnet sein. Ansonsten sind Schmuckstücke, die aus Edelmetall bestehen, genau und unverwechselbar zu bezeichnen.

Zu Ziffer A6, Wertvolle Gebrauchsgegenstände:

Es gibt selten Haushalte, in denen sich keine Gebrauchsgegenstände befinden, denn Fernseher, HiFi-Anlagen, DVD-Player, Spielekonsolen, Handys sind nahezu immer vorhanden. Unter den Begriff fallen auch Computer und Computerzubehör. Alle Geräte sind aufzuführen. Der Begriff „wertvoll" ist nicht definiert, eine Grenze für die Offenbarungspflicht ergibt sich aber aus § 802c Abs. 2 Satz 3 ZPO. Demnach müssen Gegenstände, die nach den §§ 811 Abs. 1 Nr. 1 und 811 Abs. 1 Nr. 2 ZPO unpfändbar sind, nur dann angegeben werden, wenn eine Austauschpfändung in Frage käme.

> Im Vermögensverzeichnis sind anzugeben:
> - Art und Typ des Gegenstandes
> - Neuwert zum Kaufzeitpunkt
> - Herstellungsjahr/Kaufdatum

Zu Ziffer A7, Fahrzeuge:

Unter der Ziffer 7 sind alle Fahrzeuge des Schuldners anzugeben, also auch Fahrräder, Mofas und Motorräder. Von Bedeutung für den Gläubiger sind aber in der Regel nur Kraftfahrzeuge. Folgende Konstellationen sind denkbar:

- Schuldner ist Eigentümer eines Autos:

Eigentümer eines Autos als bewegliche Sache wird man durch Einigung mit dem berechtigten Verkäufer über den Eigentumsübergang und Übergabe des Autos. Die Eintragung in die Zulassungsbescheinigung I (Kfz-Schein) und Zulassungsbescheinigung II (Kfz-Brief) ist kein Nachweis des Eigentums, sondern weist nur den Halter des Kfz aus. Dieser muss nicht zwingend der Eigentümer sein. Der Eigentümer muss das Kfz im Vermögensverzeichnis angeben.

Im Vermögensverzeichnis sind anzugeben:
- Art und Typ des Kraftfahrzeugs
- Neuwert zum Kaufzeitpunkt
- Baujahr
- Kilometerstand
- Amtliches Kennzeichen
- Verwahrort der ZB II (Kfz-Brief)

- Schuldner ist nur Halter eines Kfz:

Ist der Schuldner nur Halter des Kfz empfiehlt sich ebenfalls ein klarstellender Vermerk. Er muss angeben, wer Eigentümer des Autos ist und wer es besitzt. Der Schuldner muss auch seine rechtliche Beziehung zum Besitzer angeben.

Im Vermögensverzeichnis sind anzugeben:
- Art und Typ des Kraftfahrzeugs
- Eigentümer des Kfz
- Standort des Kfz
- Verwahrort der ZB II (Kfz-Brief)

- Schuldner hat das Auto „finanziert"

Bei der Finanzierung eines Kfz schließt der Käufer zwei Verträge ab – zum einen den Kaufvertrag über das Auto mit dem Autohändler – zum anderen einen Darlehensvertrag mit der (oft zum Autokonzern gehörenden) Bank. Mit der Auslieferung des Autos an den Käufer wird dieser für eine juristische Sekunde Eigentümer des Autos. Mit dem Erwerb des Eigentums einhergehend übereignet dieser nun das Auto zur Absicherung des Kredits an die Bank (Sicherungsübereignung). Diese stellt gleichzeitig das Auto dem Käufer zur Benutzung zur Verfügung (§ 930 BGB). In einem Sicherungsvertrag verpflichtet sich die Bank das Auto an den Erwerber zurück zu übereignen, sobald die zu sichernde Forderung erloschen ist.

Bei „finanziertem" Kfz ist der Schuldner erst dann Eigentümer, wenn das finanzierende Darlehen vollständig bezahlt ist. Bis dahin erwirbt er lediglich mit jeder Ratenzahlung einen immer stärker werdenden Anspruch auf Rückübereignung. Dabei handelt es sich um einen pfändbaren Anspruch.

Im Vermögensverzeichnis ist, wie beim Eigentümer, das Fahrzeug anzugeben. Die Zulassungsbescheinigung II (Kfz-Brief) befindet sich meistens - nicht immer - in Händen der Bank (um den gutgläubigen Erwerb durch einen Dritten zu verhindern). Über den Wert des Autos hinaus ist der finanzierte Betrag, die finanzierende Bank und die offene Restsumme anzugeben.

Im Vermögensverzeichnis sind anzugeben:
- Art und Typ des Kraftfahrzeugs
- Neuwert zum Kaufzeitpunkt
- Baujahr
- Kilometerstand
- Amtliches Kennzeichen
- Verwahrort der ZB II (Kfz-Brief)

Die Angaben über die Finanzierung erfolgen dann unter Abschnitt A Ziffer 10b.

- <u>Auto ist geleast</u>

Der Leasingvertrag richtet sich ausschließlich auf Nutzung eines Kfz. Der Leasinggeber ist und bleibt Eigentümer des Fahrzeugs, dem Leasingnehmer wird lediglich ein vom Umfang her begrenztes Nutzungsrecht eingeräumt. Nach Ablauf des Nutzungsrechts hat der Leasingnehmer das Fahrzeug an den Leasinggeber zurückzugeben. Vom Leasingvertrag völlig unabhängig kann der Leasingnehmer in vielen Fällen nach Vertragsablauf das Auto erwerben. Insoweit besteht jedoch in den meisten Fällen kein pfändbarer Anspruch.

Ob ein Leasingauto im Vermögensverzeichnis anzugeben ist, ist streitig. Nach der hier vertretenen Meinung ist allerdings auch der Besitz an einer Sache ein

Vermögenswert, der offenbart werden muss. Schon zur Vermeidung einer Nachbesserung sollte das Leasingfahrzeug im Vermögensverzeichnis angegeben werden.

Im Vermögensverzeichnis sind anzugeben:
- Art und Typ des Kraftfahrzeugs
- Vollständige Anschrift des Leasinggebers
- Vertragsbeginn
- Ablaufzeit des Vertrages
- Amtliches Kennzeichen

- Schuldner benutzt einen Firmenwagen

Ist dem Schuldner ein Firmenwagen zur Benutzung zur Verfügung gestellt worden, ergeben sich daraus direkt keine pfändbaren Ansprüche. Ein klarstellender Vermerk wäre allerdings zur Vermeidung eines Nachbesserungsantrages wünschenswert. Ist der Schuldner Arbeitnehmer, stellt die Gestattung der privaten Nutzung eines Firmenwagens durch den Arbeitnehmer eine Naturalleistung dar, die nach § 850e Abs. 3 ZPO auf Antrag des Gläubigers durch das Vollstreckungsgericht dem Einkommen des Schuldner hinzugerechnet werden kann und damit den pfändbaren Betrag erhöht. Sie ist unter **B 10 „Sachleistungen"** einzutragen.

Sonstige, nur privat- oder von einer Firma gemietete Fahrzeuge müssen nicht angegeben werden, da sich daraus keinerlei pfändbare Ansprüche ergeben.

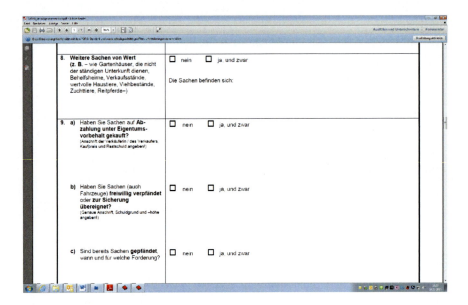

Zu Ziffer A8, Weitere Sachen von Wert:

Hier sind beispielsweise alle Tiere, ohne Rücksicht auf deren Pfändbarkeit, anzugeben. Ebenso Bauten auf fremden Grundstücken (Gartenhaus, Laube). Nicht hier aufzuführen ist das Gebäudeeigentum. Dieses ist unter der Ziffer 25a, Ergänzungsblatt II, aufzuführen.

Zu Ziffer A9, Verpfändete Sachen, Sachen unter Eigentumsvorbehalt und sicherungsübereignete Sachen:

Auch verpfändete oder unter Eigentumsvorbehalt gelieferte Sachen sind für den Gläubiger interessant. Er kann die Gegenstände und die Ansprüche auf Einräumung des Eigentums pfänden, von fremden Rechten befreien und verwerten.

Eigentumsvorbehalt:

Der Eigentumsvorbehalt kommt meistens beim Kauf von Gebrauchsgegenständen „auf Raten" vor. Er wird im deutschen Recht durch die Trennung zwischen dem schuldrechtlichen Verpflichtungsgeschäft (z.B. Kaufvertrag) und dem sachenrechtlichen Verfügungsgeschäft (der Eigentumsverschaffung) möglich. Der Eigentumsvorbehalt ist in § 449 BGB geregelt. Bei Vereinbarung eines

Eigentumsvorbehalts erfolgt die Übereignung einer gekauften Sache unter der Bedingung, dass das Eigentum erst bei Eintritt eines bestimmten Ereignisses (meist bei vollständiger Kaufpreiszahlung) übergehen soll. In der Zeit bis zur vollständigen Bezahlung erhält der Käufer nur ein sogenanntes Anwartschaftsrecht an der Sache, das zum Besitz der Sache berechtigt. Nach Bezahlung erstarkt das Anwartschaftsrecht automatisch zu dem Vollrecht „Eigentum".

Um seine schuld- und sachenrechtlichen Wirkungen entfalten zu können, muss der Eigentumsvorbehalt Bestandteil des Kaufvertrages sein und in der sachenrechtlichen Einigung erklärt werden. Fehlt es an einer schuldrechtlichen Vereinbarung im Kaufvertrag, kann der Käufer unbedingte Übereignung verlangen.

Das Anwartschaftsrecht des Käufers vor vollständiger Bezahlung des Kaufpreises ist ein pfändbares Recht (§§ 829, 857 ZPO). Eine wirksame Beschlagnahme des Gegenstands erfordert aber neben der Rechtspfändung auch die Sachpfändung der Kaufsache durch den Gerichtsvollzieher (Doppelpfändung).

Die Pfändung des Anwartschaftsrechts unter gleichzeitiger Sachpfändung ermöglicht es dem Gläubiger sich aus dem Kaufgegenstand zu befriedigen, aber natürlich erst, sobald der Schuldner den Kaufpreis vollständig bezahlt hat und die Sache in dessen Eigentum übergegangen ist. Der Gläubiger kann auch auf Grund des gepfändeten Rechts selbst die offenen Restraten bezahlen, um schneller den Eigentumswechsel auf den Schuldner herbeizuführen.

Im Vermögensverzeichnis sind anzugeben:
- Art und Typ des Kaufgegenstands unter Verweis auf die Nennung im Abschnitt A des Vermögensverzeichnisses
- Vollständige Anschrift des Verkäufers
- Gesamtfinanzierungssumme
- Offene Restforderung
- Höhe der monatlichen Raten
- Besondere Vertragsbedingungen

Sicherungsübereignung:

Während der Eigentumsvorbehalt meist beim sog. Ratenkauf von Gebrauchsgütern eingesetzt wird, hat die Sicherungsübereignung bei Privatkunden ihren häufigsten Anwendungsbereich beim Autokauf. Sie ist eine Möglichkeit der Kreditsicherung. Der Kreditnehmer überträgt dem Kreditgeber (meist der Bank) zu Sicherungszwecken das Eigentum an einer Sache, während der Kreditnehmer selbst unmittelbarer Besitzer bleibt (§ 930 BGB). Neben dem eigentlichen Kreditvertrag wird ein rechtlich selbständiger Sicherungsübereignungsvertrag abgeschlossen. Die Wirksamkeit der Sicherungsübereignung ist von der tatsächlichen Kreditgewährung abhängig. In diesem Sicherungsübereignungsvertrag verpflichtet sich der Sicherungsnehmer (meist die Bank) zur Rückübereignung im Falle vollständiger Bezahlung des Darlehens.

Bei der Sicherungsübereignung erwächst dem Käufer in der Zeit bis zur vollständigen Bezahlung kein Anwartschaftsrecht. Er erwirbt nur einen schuldrechtlichen (vertraglichen) Anspruch auf Rückübertragung des Eigentums nach Erreichen des Sicherungszwecks (z.B. vollständige Bezahlung des Kaufpreises). Dieser Anspruch richtet sich auf Leistung einer körperlichen Sache und ist daher nach §§ 846, 847 ZPO pfändbar.

Im Vermögensverzeichnis sind anzugeben:
- Art und Typ des Kaufgegenstands unter Verweis auf die Nennung im Abschnitt A des Vermögensverzeichnisses
- Gesamtfinanzierungssumme
- Vollständige Anschrift des Sicherungsnehmers (z.B. Bank)
- Offene Restforderung
- Höhe der monatlichen Raten
- Besondere Vertragsbedingungen

Verpfändung (vertragliches Pfandrecht):

Die Verpfändung – zu unterscheiden von der öffentlich-rechtlichen Pfändung durch Vollstreckungsbeamte – erfolgt zur Sicherung einer Forderung. Sie berechtigt den

Pfandgläubiger den gesicherten Anspruch durch Verwertung der verpfändeten Sache zu befriedigen (§ 1204 BGB). Entstehen und Bestand des Pfandrechts sind untrennbar mit der zu sichernden Forderung verknüpft (akzessorisches Recht); es ermäßigt sich und erlischt gemeinsam mit ihr.

Häufigster Anwendungsbereich ist die Verpfändung zur Sicherung von Krediten. Wegen des Zwangs zur Übergabe des Pfandes beschränkt sich das vertragliche Pfandrecht im Wesentlichen auf den privaten Bereich (Pfand- oder Leihhäuser).

Die Verpfändung erfolgt durch Einigung des Pfandgebers mit dem Sicherungsnehmer über das Entstehen des Pfandrechts und der tatsächlichen Übergabe des verpfändeten Gegenstands an den Sicherungsnehmer. Der Gläubiger wird unmittelbar Besitzer, während das Eigentum beim Schuldner verbleibt.

In der Zeit bis zur Rückzahlung des Kredites steht dem Pfandgeber (Schuldner) ein schuldrechtlicher Anspruch auf Rückübertragung der verpfändeten Sache nach Erreichen des Sicherungszweckes (z.B. vollständige Bezahlung des Kaufpreises) zu. Dieser Anspruch richtet sich auf Leistung einer körperlichen Sache und ist daher nach §§ 846, 847 ZPO pfändbar.

Im Vermögensverzeichnis sind anzugeben:

- Art und Typ des verpfändeten Gegenstandes unter Verweis auf die Nennung im Abschnitt A des Vermögensverzeichnisses

- Gesamtfinanzierungssumme

- Vollständige Anschrift des Sicherungsnehmers (z.B. Leihhaus)

- Offene Restforderung

- Höhe der monatlichen Raten

- Besondere Vertragsbedingungen

Bereits gepfändete Sachen:

Auch bereits durch Vollstreckungsorgane gepfändete, aber noch nicht verwertete bewegliche Sachen stehen noch im Eigentum des Schuldners. Unabhängig von der wirtschaftlichen Zweckmäßigkeit muss der Gläubiger prüfen können, ob er eine Anschlusspfändung ausbringen möchte.

Im Vermögensverzeichnis sind anzugeben:

- Art und Typ des gepfändeten Gegenstandes unter Verweis auf die Nennung im Abschnitt A des Vermögensverzeichnisses

- Vorgehende Forderungen

- Vollständige Anschrift des/der Pfändungsgläubiger

- Geschätzter Verkehrswert

- ev. Höhe der monatlichen Raten bei § 802b ZPO

- Verwertungstermin

Forderungen und Rechte (lt. Abschnitt B):

Der Abschnitt „Forderungen und Rechte" ist von besonderer Bedeutung, da sich hier in der Regel die meisten Zugriffsmöglichkeiten ergeben. Bei allen Forderungen und Rechten, für deren Geltendmachung ein Papier erforderlich ist (Sparkassenbücher, Lohnsteuerkarten usw.) ist gleichzeitig, wegen § 836 Abs. 3 ZPO, nach dieser Urkunde zu forschen. Alle Forderungen sind anzugeben, die Entscheidung über deren Pfändbarkeit muss der Gläubiger bzw. das Vollstreckungsgericht treffen:

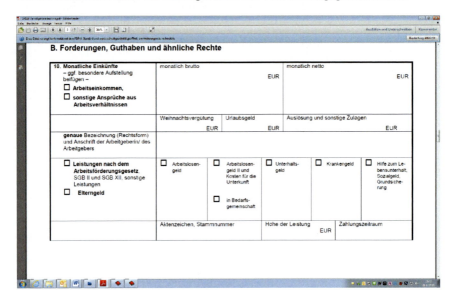

Zu Ziffer B10, Monatliche Einkünfte

Arbeitseinkommen:

Der arbeitende Schuldner hat sein Einkommen zu offenbaren und die zustellfähige Anschrift des Arbeitgebers abzugeben.

Was unter den Begriff Arbeitseinkommen fällt, ist in § 850 Abs. 2 ZPO definiert:
- Arbeits- und Dienstlöhne
- Dienst- und Versorgungsbezüge der Beamten
- Ruhegehälter und sonstige für das einstweilige oder dauernde Ausscheiden gezahlte Beträge
- Hinterbliebenenbezüge
- Sonstige Vergütungen für Dienstleistungen
- In Geld gezahlter Ausgleich für Wettbewerbsbeschränkungen nach Beendigung des Dienstverhältnisses
- Renten aus privaten Rentenversicherungen.

Dabei ist sowohl das Brutto- als auch das Nettoeinkommen anzugeben, denn der Schuldner könnte sein Nettoeinkommen bewusst niedrig halten, indem er z.b. eine hohe Steuerklasse wählt.

Sozialleistungen:

Mit dem 4. Gesetz zur Reform der Arbeitsmarktpolitik und des Sozialrechts bei Arbeitslosigkeit (SGB II) ist seit 01.01.2005 für Arbeitslose und erwerbsfähige Sozialhilfebedürftige die lohnarbeitszentrierte Arbeitslosenhilfe und die Sozialhilfe zum Lebensunterhalt ersatzlos gestrichen worden. Sie wurden durch die fürsorgezentrierte Sozialleistung des Arbeitslosengeldes II (ALG II) ersetzt. Für nicht erwerbsfähige Haushaltsangehörige, die mit einem erwerbsfähigen Hilfebedürftigen in einem gemeinsamen Haushalt leben, ist die neue Sozialleistung des Sozialgeldes eingeführt worden.

- **Arbeitslosengeld I**

Arbeitslosengeld I (ALG I) nach SGB III ist eine Versicherungsleistung, die unabhängig von der Bedürftigkeit bei Eintritt der Arbeitslosigkeit und erfüllten Vorversicherungszeiten zeitlich befristet gewährt wird. Arbeitslosengeld wird aus dem versicherungspflichtigen Arbeitslohn berechnet. Im Zweifel (kein ausreichender

Zeitraum mit Arbeitsentgelt) erfolgt eine fiktive Einstufung nach gesetzlich festgelegten Qualifikationsstufen. Arbeitslosengeld wird für den Kalendertag berechnet.

Im Vermögensverzeichnis sind anzugeben:
- Höhe des Arbeitslosengeldes
- Bezugsdauer
- Vollständige Anschrift der auszahlenden Kasse
- Stammnummer (deren Fehlen rechtfertigt aber keinen Anspruch auf Nachbesserung)

- **Arbeitslosengeld II/Sozialgeld (Grundsicherung für Arbeitssuchende)**

Zur Sicherung des Lebensunterhalts erhalten erwerbsfähige Hilfebedürftige Arbeitslosengeld II. Im Gegensatz zur vormaligen Arbeitslosenhilfe begrenzt sich der Empfängerkreis nicht auf registrierte Arbeitslose, sondern schließt auch Erwerbstätige (Arbeitnehmer wie Selbständige) und solche, die zwar erwerbsfähig sind, aber nur eingeschränkt verfügbar sind oder denen Erwerbstätigkeit nicht zugemutet wird ein. Dies bedeutet, dass auch bedürftige Alleinerziehende, die bislang Sozialhilfe erhalten haben, nunmehr auf das Arbeitslosengeld II verwiesen werden. Nicht erwerbsfähige Hilfebedürftige, die als Partner und/oder Kinder mit dem Erwerbsfähigen in einem Haushalt leben, erhalten Sozialgeld. Die Leistungshöhe von Arbeitslosengeld II und Sozialgeld entspricht der Höhe der Hilfe zum Lebensunterhalt; die Regelleistung liegt für Alleinstehende oder Alleinerziehende bundeseinheitlich bei 404,- € (Stand: 01.01.2016). Die Regelleistungen für Bedarfsgemeinschaften richten sich nach dem Haushaltstyp: Partner erhalten je 364,- €; für Kinder werden bis zur Vollendung des 6. Lebensjahres 237,- €, von 6 bis 14 Jahren 270,- €, im 15. bis 17. Lebensjahr 306,- € und vom 18. bis zum 25. Lebensjahr (die bei den Eltern wohnen) 324,- € gezahlt[81].

---

[81] alle Zahlen: Stand 01.01.2016

- **Sozialhilfe**

Die Sozialhilfe erbringt Leistungen für diejenigen Personen und Haushalte, die ihren Bedarf nicht aus eigener Kraft decken können und auch keine ausreichenden Ansprüche aus anderen Versicherungs- und Versorgungssystemen haben. Dazu zählt auch die Grundsicherung für Arbeitsuchende nach dem SGB II.

Im Falle unzureichenden Einkommens und Vermögens deckt die Sozialhilfe den wirtschaftlichen Mindestbedarf, um eine Lebensführung auf akzeptablem Niveau zu ermöglichen. Andere Belastungen wie Behinderung, Pflegebedürftigkeit oder besondere soziale Schwierigkeiten gleicht die Sozialhilfe im Bedarfsfall aus, indem sie die erforderlichen Unterstützungsleistungen bereitstellt mit dem Ziel, dass die betroffenen Personen möglichst unbeeinträchtigt am gesellschaftlichen Leben teilhaben können. Die Sozialhilfe ist eine nachrangige Leistung und wird daher in der Regel erst dann erbracht, wenn alle anderen Möglichkeiten ausgeschöpft sind, so etwa das Einkommen und Vermögen des Leistungsberechtigten und ggf. der zu seinem Unterhalt verpflichteten Personen, seine eigene Arbeitskraft und seine Ansprüche gegenüber vorrangigen Sicherungssystemen (§ 2 SGB XII).

Die Sozialhilfe muss nicht beantragt werden, sondern setzt unmittelbar ein, sobald dem Träger der Sozialhilfe bekannt wird, dass die Leistungsvoraussetzungen gegeben sind. Eine Ausnahme bilden lediglich die Leistungen der Grundsicherung im Alter und bei Erwerbsminderung nach dem Vierten Kapitel (§ 18 SGB XII).

Die Leistungen werden als Dienstleistung, Geldleistung oder Sachleistung erbracht, wobei Geldleistungen grundsätzlich Vorrang gegenüber Sachleistungen haben (§ 10 SGB XII).

Vollstreckungsrechtlich relevant sind nur die Geldleistungen.

Im Vermögensverzeichnis sind anzugeben:
- Höhe des laufenden Bezugs
- Vollständige Anschrift der auszahlenden Kasse
- Stammnummer

- **Elterngeld**

In Deutschland wird für seit dem 1. Januar 2007 geborene Kinder bis zu 14 Monate lang (inklusive 2 Partnermonate, die auch Vätermonate genannt werden) ein vom Einkommen abhängiges Elterngeld von bis zu 1.800,- € pro Monat gezahlt. Das Elterngeld ist eine Transferzahlung für Familien mit kleinen Kindern zur Unterstützung bei der Sicherung ihrer Lebensgrundlage, die in erster Linie als Entgeltersatzleistung ausgestaltet ist. Das Elterngeld ist nach § 54 Abs. 3 Nr. 1 SGB I bis zur Höhe der nach § 10 des Bundeselterngeld- und Elternzeitgesetzes anrechnungsfreien Beträge unpfändbar.

- **Mutterschaftsgeld**

Mutterschaftsgeld (§ 13 Mutterschutzgesetz) wird an die Mutter sechs Wochen vor und acht Wochen nach der Geburt bezahlt. Es ist ebenfalls unpfändbar, § 54 Abs. 3 Nr. 2 SGB I.

Dennoch ist das Mutterschaftsgeld im Vermögensverzeichnis unter der Ziffer 10 anzugeben.

- **Krankengeld**

Im Vermögensverzeichnis sind anzugeben:
- Höhe des laufenden Bezugs
- Vollständige Anschrift der auszahlenden Kasse
- Voraussichtlicher Zeitraum des Bezuges

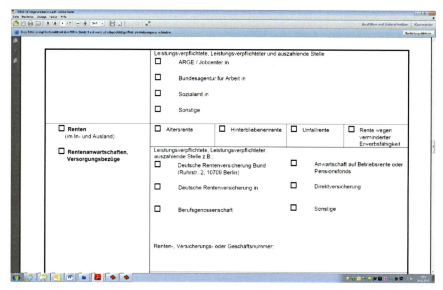

- **Rentenansprüche**

Bei den Renten muss man zwischen der regulären altersbedingten Rente und vielen anderen Renten, die sich an ganz bestimmten Lebenssituationen ausrichten, unterscheiden. Aber auch bei einem vorzeitigen Ausscheiden aus dem Erwerbsleben wegen Krankheit können Leistungen gewährt werden. Folgende Renten kommen in Frage:

Regelaltersrente

Nach § 35 Satz 2 SGB VI wird die Regelaltersgrenze mit Vollendung des 67. Lebensjahres erreicht. Wer vor 1947 geboren ist, kann mit 65 Jahren Rente beziehen (§ 235 Abs. 2 Satz 1 SGB VI). Für die Jahrgänge zwischen 1947 und 1963 wird das Renteneintrittsalter stufenweise angehoben. Für die Jahrgänge ab 1964 ist der Bezug der Altersrente erst mit 67 Jahren möglich.

Altersrente

Langjährig Versicherte können abgestuft vorzeitig Renten beziehen, und zwar

- Grundsätzlich ab dem 67. Lebensjahr; möglich auch ab dem 63. Lebensjahr allerdings unter Abschlägen von 0,3 % für jeden Monat der vorzeitigen Inanspruchnahme

- Wartezeit (Versicherungszeiten) von 35 Jahren
- Altersrente für besonders langjährig Versicherte (ab Vollendung des 65. Lebensjahres und Wartezeit von 45 Jahren)
- schwerbehinderte Menschen ab dem 60. Lebensjahr,
- Arbeitslose oder Arbeitnehmer im Anschluss an die genommene Altersteilzeitarbeit ab dem 60. Lebensjahr,
- Frauen ab dem 60. Lebensjahr und
- langjährig unter Tage beschäftigte Bergleute ab dem 60. Lebensjahr.

Rente wegen Erwerbsminderung

Auch schon vor Vollendung des 65. Lebensjahres können Versicherte mit teilweiser oder voller Erwerbsminderung Rente beziehen.

Rente für Bergleute

Bergleute, die bestimmte Zeiten unter Tage gearbeitet haben, können bis zur Vollendung des 65. Lebensjahres Rente beziehen, wenn sie aus gesundheitlichen Gründen eine knappschaftliche Beschäftigung nicht mehr ausüben können.

Hinterbliebenenrente

Ehegatten und Kinder verstorbener Versicherter haben Anspruch auf eine Hinterbliebenenrente. In Scheidungsfällen ab 01.07.1977 kann eine Erziehungsrente möglich sein.

> Im Vermögensverzeichnis sind anzugeben:
> - Höhe des laufenden Bezugs
> - Vollständige Anschrift des Rentenversicherungsträgers
> - Rentenversicherungsnummer

Dies gilt auch für Betriebsrenten (wegen eventueller Zusammenrechnung).

Rentenanwartschaften

Bezieht der Schuldner noch keine Versorgungsleistungen, so sind auch Rentenanwartschaften, falls diese schon entstanden sind, anzugeben.

Im Vermögensverzeichnis sind anzugeben:
- Dauer der beitragspflichtigen Tätigkeit
- Vollständige Anschrift des Rentenversicherungsträgers
- Rentenversicherungsnummer

„Riester-Renten"

So genannte „Riester-Renten" sind nach ihrem Wesensgehalt Lebensversicherungsverträge und deshalb ist der Vermögensstock, der nach § 851d ZPO bis zu der Höhe des steuerlich geförderten Betrages unpfändbar ist, unter der entsprechenden Ziffer 15 anzugeben (Ergänzungsblatt III). Bezieht der Schuldner aber bereits Leistungen aus einer Rister-Rente, so sind dies laufende monatliche Einkünfte und unter **B 10 „Private oder betriebliche Altersvorsorge" aufzuführen.**

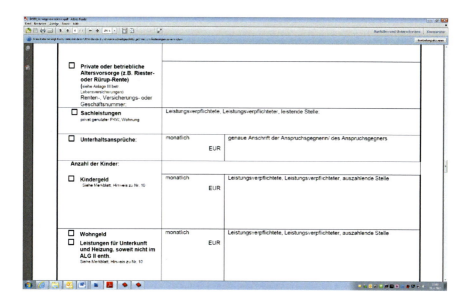

„Rürup-Rente"

Seit Jahresbeginn 2005 gibt es die neue private Altersvorsorge in Form der Rürup-Rente (meist „Basisrente" genannt). Erstmals verlangt der Gesetzgeber von privaten

Anlagen, dass die gleichen Prinzipien erfüllt werden wie in der gesetzlichen Rentenversicherung:

- Keine Beleihbarkeit (z.b. bei finanziellen Engpässen)
- Keine Verpfändbarkeit (z.B. bei Finanzierungen)
- Keine Vererbbarkeit (z.B. im Todesfall)
- Keine Kapitalisierung (d.h. keinerlei Auszahlung in einer Einmalleistung)
- Auszahlung ausschließlich als lebenslange Rente

Leistung im Todesfall erfolgen nur sehr eingeschränkt: Eine Hinterbliebenenrente kann nur und ausschließlich für Ehepartner und eingetragene Lebenspartner eingeschlossen werden. In allen anderen Fällen ist das komplette Guthaben verloren und fällt an das Versichertenkollektiv.

So genannte „Rürup-Renten" sind nach ihrem Wesensgehalt Lebensversicherungsverträge und deshalb ist der „Grundstock, der nach § 851d ZPO bis zu der Höhe des steuerlich geförderten Betrages unpfändbar ist, unter der entsprechenden Ziffer 15 anzugeben (Ergänzungsblatt III). Bezieht der Schuldner aber bereits Leistungen aus einer Rürup-Rente, so sind dies laufende monatliche Einkünfte und unter **B 10 „Private oder betriebliche Altersvorsorge" aufzuführen.**

Private oder Betriebliche Altersvorsorge

Gleiches gilt für die Privaten Altersvorsorgeversicherungen Selbstständiger. Sie sind nach ihrem Wesensgehalt Lebensversicherungsverträge und deshalb ist der Vermögensstock, der nach § 851c ZPO bis zu einem Gesamtbetrag von 238.000,00 € unpfändbar ist, unter der entsprechenden Ziffer 15 anzugeben (Ergänzungsblatt III). Bezieht der Schuldner aber bereits Leistungen aus einer Privaten Rentenversicherung, so sind dies laufende monatliche Einkünfte und unter **B 10 „Private oder betriebliche Altersvorsorge" aufzuführen.**

Versorgungsbezüge

Beamte erhalten keine Rente, sie erhalten Versorgungsbezüge. Versorgungsbezüge sind:

- Das Ruhegehalt

- Witwen- oder Waisengeld

- Der Unterhaltsbeitrag oder ein gleichartiger Bezug auf Grund beamtenrechtlicher oder entsprechender gesetzlicher Vorschriften, oder nach beamtenrechtlichen Grundsätzen von Körperschaften, Anstalten oder Stiftungen des öffentlichen Rechts oder öffentlich-rechtlichen Verbänden von Körperschaften.

Versorgungsbezüge sind wie Arbeitseinkommen pfändbar.

Im Vermögensverzeichnis sind anzugeben:
- Zuständige Bezügestelle
- Höhe der Versorgungsbezüge
- Personal-/Stammnummer

Anwartschaften, wie etwa bei sozialversicherungspflichtigen Arbeitnehmern bestehen vor Erreichen der Altersgrenze nicht.

Unterhaltsansprüche

Der Schuldner muss seine eigenen Unterhaltsansprüche gegen Dritte angeben. Diese müssen nicht tituliert sein.

Diese können sein:
- Unterhaltspflichten zwischen Ehegatten:
    - Familienunterhalt, § 1360 BGB
    - Trennungsunterhalt, § 1361 BGB
    - Nachehelichen Unterhalt, §§ 1569 ff. BGB

- Außerhalb der Ehe kennt das BGB:
    - Den Verwandtenunterhalt, § 1601 BGB
    - Den Anspruch der nichtverheirateten Mutter gegen den Erzeuger des Kindes, § 1615 I BGB.

Im Vermögensverzeichnis sind anzugeben:
- *Art des Unterhaltsanspruchs (s.o.)*
- *Höhe des Unterhaltsanspruchs (falls bekannt)*
- *Besteht bereits ein Titel (Urteil, Beschluss, Urkunde)*

Kindergeld

Alle Deutschen erhalten Kindergeld, wenn sie Kinder haben und in Deutschland ihren Wohnsitz oder gewöhnlichen Aufenthalt haben. In Deutschland wohnende Ausländer können Kindergeld erhalten, wenn sie eine gültige Niederlassungserlaubnis oder Aufenthaltserlaubnis besitzen.

Als Kinder werden berücksichtigt:

- Im ersten Grad mit dem Antragsteller verwandte Kinder, darunter auch angenommene (adoptierte) Kinder.
- Kinder des Ehegatten (Stiefkinder) und Enkelkinder, die der Antragsteller in seinen Haushalt aufgenommen hat.
- Pflegekinder, wenn die gesetzlichen Voraussetzungen erfüllt sind.

Bis zur Vollendung des 18. Lebensjahres wird Kindergeld für alle Kinder gezahlt, darüber hinaus nur unter bestimmten zusätzlichen Voraussetzungen.

Das Kindergeld beträgt ab Januar 2016 monatlich:
- für die ersten zwei Kinder jeweils 190,- €
- für ein drittes Kind 196,- €
- für jedes weitere Kind 221,- €

Welches Kind bei einem Berechtigten erstes, zweites, drittes oder weiteres Kind ist, richtet sich nach der Reihenfolge der Geburten. Das älteste Kind ist stets das erste Kind. In der Reihenfolge der Kinder zählen als „Zählkinder" auch diejenigen Kinder mit, für die der Berechtigte kein Kindergeld erhalten kann, weil es einem anderen Elternteil vorrangig zusteht.

Eltern haben auch Anspruch auf Kinderzuschlag für ein in ihrem Haushalt lebendes unverheiratetes Kind bis zur Vollendung des 25. Lebensjahres, wenn für dieses

Kind Kindergeld bezogen wird und sich das Einkommen bzw. das Vermögen der Eltern in einem gesetzlich umschriebenen Bereich zwischen einer Mindest- und einer Höchsteinkommensgrenze bewegt. Innerhalb dieses Bereiches wird der Kinderzuschlag noch durch eigenes Einkommen und Vermögen des Kindes selbst gemindert. Der Kinderzuschlag ist eine Sozialleistung und wird ausschließlich von den Familienkassen der Bundesagentur für Arbeit festgesetzt. Der Kinderzuschlag ist als Sozialleistung unter der Ziffer 10 im Vermögensverzeichnis anzugeben.

Kindergeld und Kinderzuschlag steht nicht den Kindern, sondern den Eltern zu. Diese Leistungen können nach § 54 Abs. 5 SGB I nur gepfändet werden, wenn wegen eines gesetzlichen Unterhaltsanspruchs vollstreckt wird.

Eigenkindergeld, d.h. Kindergeld, das der Leistungsberechtigte für sich selbst erhält (z.B. Vollwaise) ist unpfändbar (§ 54 Abs. 5 SGB I).

Im Vermögensverzeichnis sind immer anzugeben:
- Anzahl der Zählkinder
- Höhe des Kindergeldes
- Auszahlende Stelle (in der Regel die Bundesagentur für Arbeit)

Wohngeld

Das Wohngeld (§ 26 SGB I, § 1 WoGG) gibt es in der Form des Mietzuschusses und in der Form des Lastenzuschusses. Den **Mietzuschuss** können z.B. beantragen Mieter (auch Untermieter) und Nutzungsberechtigte von Wohnraum, wenn das Mietverhältnis mietähnlich ist, Inhaber einer Genossenschafts- oder Stiftswohnung, Bewohner eines Heimes im Sinne des Heimgesetzes und (Mit-)Eigentümer, die Wohnraum im eigenen Mehrfamilienhaus bewohnen. Den **Lastenzuschuss** für den eigen genutzten Wohnraum können Eigentümer eines Eigenheimes, einer Eigentumswohnung, einer landwirtschaftlichen Nebenerwerbsstelle sowie Inhaber eines eigentumsähnlichen Dauerwohnrechts beantragen.

Die bewilligende und auszahlende Stelle wird nach § 26 Abs. 2 SGB I nach dem Landesrecht bestimmt. In Bayern wird das Wohngeld vom zuständigen Landratsamt oder der kreisfreien Gemeinde bewilligt.

Wohngeld ist nach § 54 Abs. 3 Nr. 2a SGB I unpfändbar. Sie können auch nicht nach § 850e Abs. 2a ZPO mit Arbeitseinkommen zusammengerechnet werden. Eine Ausnahme besteht bei Ansprüchen nach § 5 und § 6 WoGG, wo berechtigten Interessen des Vermieters Rechnung getragen wird.

Dennoch ist das Wohngeld im Vermögensverzeichnis anzugeben.

Forderungen aus früheren Arbeitsverhältnissen
Dieser etwas unscheinbare Punkt im Vermögensverzeichnis gelangt in ohnehin sozial benachteiligten Kreisen zu erheblicher Bedeutung, denn häufig standen die offenbarungspflichtigen Schuldner in Arbeitsverhältnissen, bei denen in Zeiten der Krise keine Löhne mehr bezahlt oder im Falle der Kündigung die Restlohnansprüche nicht mehr ausbezahlt wurden. Diese Ansprüche aus ehemaligen Arbeitsverhältnissen sind im Vermögensverzeichnis auch dann anzugeben wenn sie nicht tituliert sind oder auf sonstige Weise festgestellt.

Im Vermögensverzeichnis sind immer anzugeben:
- *Vollständige Anschrift des Arbeitgebers*
- *Art und Höhe des Anspruchs*
- *Besteht bereits ein Titel (Urteil, Beschluss, Urkunde)*

Schuldner ohne jegliches Einkommen oder mit realitätsfremden Auskünften
Gibt der Schuldner ein extrem niedriges Einkommen an, ist er verpflichtet über die Art und dem Umfang der ausgeübten Tätigkeit nähere Angaben zu machen. Dies ist immer nötig, wenn es unwahrscheinlich erscheint, dass der Schuldner von dem angegebenen Einkommen existieren kann. Einkünfte aus Schwarzarbeit muss der Schuldner nicht angeben, da dies einer Selbstanzeige gleichkommen würde. Überdies wären diese Angaben nicht verwertbar.

Beispiel:

Der Schuldner gibt im Vermögensverzeichnis an, dass er gegen ein geringes Taschengeld, sowie Unterkunft und Verpflegung im Geschäft seiner Ehefrau arbeitet.

Solche Fälle sind häufig und erscheinen zunächst für den Gläubiger als aussichtslos. Der Gesetzgeber hat diesen Fall allerdings berücksichtigt:

> § 850h ZPO Verschleiertes Arbeitseinkommen
> (2) Leistet der Schuldner einem Dritten in einem ständigen Verhältnis Arbeiten oder Dienste, die nach Art und Umfang üblicherweise vergütet werden, unentgeltlich oder gegen eine unverhältnismäßig geringe Vergütung, so gilt im Verhältnis des Gläubigers zu dem Empfänger der Arbeits- und Dienstleistungen eine angemessene Vergütung als geschuldet. Bei der Prüfung, ob diese Voraussetzungen vorliegen, sowie bei der Bemessung der Vergütung ist auf alle Umstände des Einzelfalles, insbesondere die Art der Arbeits- und Dienstleistung, die verwandtschaftlichen oder sonstigen Beziehungen zwischen dem Dienstberechtigten und dem Dienstverpflichteten und die wirtschaftliche Leistungsfähigkeit des Dienstberechtigten Rücksicht zu nehmen.

Demnach ist es gegenüber dem Gläubiger unbedeutend, wenn der Schuldner bei seiner Ehefrau für „Wasser und Brot" arbeitet. Dem Pfändungsgläubiger gegenüber gilt die angemessene Vergütung als geschuldet. Um den Tatbestand des § 850h Abs. 2 ZPO feststellen zu können, benötigt der Gläubiger Angaben über die Art und den Umfang der geleisteten Arbeit. Der Schuldner ist verpflichtet, im Vermögensverzeichnis die erforderlichen Angaben zu machen.

Im Vermögensverzeichnis sind immer anzugeben:
- Vollständige Anschrift des Arbeitgebers
- Art der Tätigkeit
- Zeitlicher Umfang der Tätigkeit
- Vereinbarte Vergütung

Gibt der Schuldner an, er habe kein eigenes Einkommen und werde von seinem Ehegatten unterhalten, so hat er anzugeben, wie hoch das Einkommen des Ehegatten ist (näheres oben unter dem Stichwort „Unterhalt").

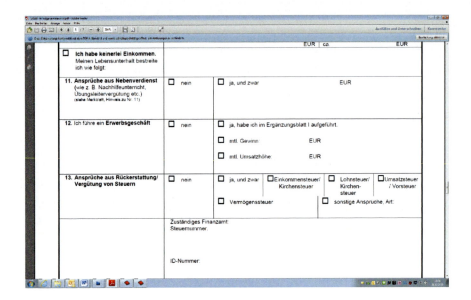

Zu Ziffer B11, 12 Ansprüche aus Nebenverdienst oder selbständiger Tätigkeit:

Gibt der Schuldner an, dass er selbständig sei, ist das Ergänzungsblatt I auszufüllen. Es sind dabei nicht nur die laufenden, sondern sämtliche Geschäftsverbindungen in den letzten 12 Monaten anzugeben.

Häufig sind Nebentätigkeiten wie:
- Organisation von Verkaufsveranstaltungen für Kosmetikartikel, Haushaltsartikel, Unterwäsche, Sammelbesteller usw.
- Versicherungs- und Vermögensanlagenvermittlung
- Nebenamtliche Lehr- und Referatstätigkeit; Nachhilfetätigkeit
- Übungsleitertätigkeit
- Reinigungsdienstleistungen

Im Vermögensverzeichnis sind anzugeben:
- Art der Tätigkeit
- Durchschnittliche Entlohnung
- Häufigkeit der Veranstaltungen
- Durchschnittlicher Gewinn
- Vollständige Anschrift sämtlicher Auftragsgeber in den letzten 12 Monaten
- Konto, auf das die Entlohnung geflossen ist

Zu Ziffer B13, Steuererstattungsansprüche:

Die Frage richtet sich nach Steuererstattungsansprüchen für das vergangene und frühere Jahre. Gibt der Schuldner an, er wisse nicht, ob er solche Ansprüche habe, so hilft oft die Frage, ob er im vergangen Jahr angemeldet gearbeitet habe. Bejaht er dies und hat er selbst seinen Lohn- bzw. Einkommenssteuererstattungsantrag nicht gestellt, steht ihm dieser Anspruch noch zu. Allerdings ist umstritten, ob der Gläubiger für den Schuldner den Antrag auf Einkommens- oder Lohnsteuerrückerstattung stellen kann.

Lohnsteuerkarten, wie im Vordruck abgegeben, werden heute nicht mehr ausgestellt.

Oft stellt sich bei dieser Gelegenheit heraus, dass die Ansprüche auf Lohnsteuererstattung bereits an Banken abgetreten sind, da die Schuldner ihre Steuererklärungen bei einer Lohnsteuerhilfeeinrichtung anfertigen ließen. Diese Unternehmen arbeiten meistens mit Banken zusammen die dem Schuldner die Möglichkeit anbieten, sich den Lohnsteuererstattungsbetrag sofort, gegen Abtretung der Ansprüche gegen das Finanzamt, auszahlen zu lassen. Der Gerichtsvollzieher hat deshalb genau zu hinterfragen, ob die Ansprüche noch bestehen, ob sie abgetreten oder aber bereits gepfändet sind.

Im Vermögensverzeichnis sind immer anzugeben:

- Art der Steuererstattung
- Zuständiges Finanzamt
- Steuernummer
- Wurde der Antrag auf Lohnsteuererstattung bzw. die Einkommenssteuererklärung bereits abgegeben?
- Verbleib der Lohnsteuerkarte
- Besteht bereits ein Festsetzungsbescheid
- Wurde der Erstattungsbetrag bereits ausbezahlt

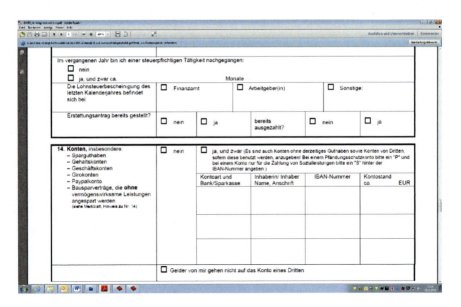

Zu Ziffer B14, Konten:

Bei den Girokonten treten folgende Varianten auf:

		Schuldner erklärt er habe:		
Eigenes Konto	Gemeinsames Konto	Vollmacht für das Konto eines Dritten	Zahlung erfolgen auf das Konto eines Dritten	Anderer Zahlungsverkehr
Anzugeben ist vor allem die vollständige Anschrift der Bank, bei der das Konto eingerichtet ist. Zweckmäßig ist auch die Angabe der Kontonummer. Außerdem muss der Schuldner die Höhe des Guthabens angeben. Da nur das positive Vermögen zu offenbaren ist, genügt bei negativen Salden die Angabe „kein Guthaben".	Anzugeben ist vor allem die vollständige Anschrift der Bank, bei der das Konto eingerichtet ist. Darüber hinaus ist die vollständige Anschrift des Kontomitinhabers wegen eventueller Ausgleichsansprüche aus dem Gesamtgläubigerverhältnis erforderlich.	Aus der Kontovollmacht für das Konto eines Dritten lassen sich direkt keine pfändbaren Ansprüche ableiten. Erfolgen auf dieses Konto auch Zahlungen zugunsten des Schuldners ist die vollständige Anschrift des Kontoinhabers erforderlich und die Bezeichnung der Zahlungen die auf dem Konto eingehen.	Erfolgen Zahlungen zugunsten des Schuldners auf das Konto eines Dritten, so ist die vollständige Anschrift des Kontoinhabers erforderlich und die Bezeichnung der Zahlungen die auf dem Konto eingehen.	Gibt der Schuldner an kein eigenes Konto zu haben und kein anderes Konto zu benutzen, so hat er zu offenbaren, wie er seinen Zahlungsverkehr abwickelt.

Es sind alle Konten des Schuldners aufzuführen.

Hierzu zählen das Girokonto, Sparverträge, Konten bei Spezialbanken (z.B. BMW-Bank zum Ansparen eines neuen Kfz), Kreditkartenkonten mit Überschussführung. In der Regel genügt die Angabe der Bankverbindung im Vermögensverzeichnis.

Ab dem 01.07.2010 ist nach § 850k ZPO die Einrichtung eines Pfändungsschutzkontos möglich. Führt der Schuldner ein Pfändungsschutzkonto gemäß § 850k ZPO ist dies im Vermögensverzeichnis anzugeben. Die bisherige Regelung der Freigabe durch den Rechtspfleger bleibt aber erhalten und ist nun in § 850l ZPO geregelt.

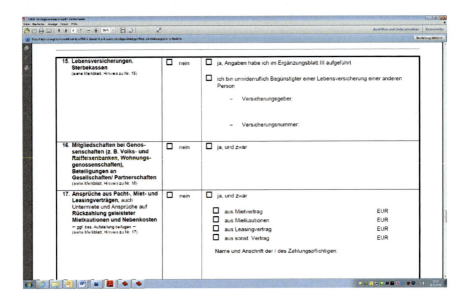

Zu Ziffer B15 (Ergänzungsblatt III), Lebensversicherungen, Sterbekassen

Hat der Schuldner eine Lebensversicherung abgeschlossen oder einen Vertrag mit einer Sterbekasse abgeschlossen, so ist das Ergänzungsblatt III auszufüllen.

Schuldner als Begünstigter einer Lebensversicherung

Ist der Schuldner nicht Versicherungsnehmer sondern nur Begünstigter einer Lebensversicherung, d.h. er wurde von einem Dritten als Bezugsberechtigter für den Todesfall eingesetzt ist, dann kann dies ein pfändbarer Anspruch sein, wenn die Bezugsberechtigung unwiderruflich ist. Dies ist meist dann der Fall, wenn sogenannte „Lebensversicherungen auf Gegenseitigkeit" abgeschlossen worden sind. Solche Lebensversicherungen auf Gegenseitigkeit haben ihren Anwendungsbereich vor allem wenn nicht verheiratete Paare zusammen Kredite aufnehmen oder wenn Gesellschafter einer Personen- oder Kapitalgesellschaft persönlich Sicherheit für Unternehmenskredite leisten müssen. Ist die Bezugsberechtigung noch widerruflich, so ist der Anspruch zu Lebzeiten des Versicherungsnehmers nicht pfändbar.

Ansprüche des unwiderruflich Begünstigten aus einer Lebensversicherung sind entweder in einer Anlage zum Vermögensverzeichnis oder unter der Ziffer 19 aufzuführen.

Schuldner als Versicherungsnehmer:
Lebensversicherungsverträgen und Rentenversicherungen treten in den verschiedensten Formen und Ausprägungen auf und nur wenige werden dazu in der Lage sein, den Tarif- und Leistungsdschungel zu durchschauen. Es ist sehr sinnvoll, dem Schuldner bereits in der Ladung zum Termin darauf hinzuweisen, die Versicherungspolice oder den Vertrag mitzubringen.

Hier ein kurzer Überblick über Lebensversicherungen und private Rentenversicherungen.

- Private Rentenversicherung

Eine Rentenversicherung dient in erster Linie der Altersvorsorge. Sie wendet sich insbesondere an Alleinstehende (Singles), die etwas für die Aufrechterhaltung ihres Lebensstandards im Rentenalter tun möchten. Es sind daher folgende Vertragsvarianten denkbar:

Es gibt verschiedene Formen der privaten Rentenversicherung. Die klassische Form ist die Rentenversicherung mit aufgeschobener Rentenzahlung. Hier wird Kapital mit laufenden Beitragszahlungen angespart und anschließend ab einem vertraglich vereinbarten Zeitpunkt in monatlichen Renten ausgezahlt. Zusätzlich hat der Versicherungsnehmer ein so genanntes Kapitalwahlrecht. Zum Ablauf des Versicherungsvertrages kann er wählen, ob er lieber eine lebenslange Rente beziehen oder einmalig einen hohen Geldbetrag ausgezahlt bekommen möchte.

- Basisrentenversicherung

Bei der Basisrentenversicherung handelt es sich um eine freiwillige private Rentenversicherung, die staatlich gefördert wird und bei einem Lebensversicherungsunternehmen abgeschlossen werden kann. Ihr Konzept ähnelt dem der gesetzlichen Rentenversicherung.

Die Ansprüche aus einer Basisrente sind grundsätzlich nicht vererbbar. Sie dürfen auch nicht übertragen, beliehen, veräußert oder kapitalisiert werden und können deshalb auch nicht gepfändet werden.

- Riester-Rente

Bei der Riester-Rente handelt es sich um einen privaten Altersvorsorgevertrag, der staatlich gefördert wird. Wer einen Riester-Vertrag abschließt, erhält eine staatliche Zulage und in vielen Fällen eine zusätzliche Steuererleichterung.

Die Riester-Förderung gibt es nur für zertifizierte Altersvorsorgeverträge. Mit diesem Zertifikat bestätigt die Bundesanstalt für Finanzdienstleistungsaufsicht (BaFin), dass der jeweilige Vertrag die Bedingungen für die staatliche Förderung erfüllt. Zertifizierte Riester-Verträge werden von Lebensversicherungsunternehmen, Banken und Fondsgesellschaften angeboten. Es gibt drei unterschiedliche Varianten: Private Rentenversicherungen, Banksparpläne und Fondssparpläne.

- Berufsunfähigkeitsversicherung

Eine private Berufsunfähigkeitsversicherung soll die gesetzlichen Lücken im Falle der Berufsunfähigkeit ausgleichen, egal, ob sie Folge eines Unfalls oder einer Krankheit sind.

- Risikolebensversicherung

Mit einer Risikolebensversicherung kann das Todesfallrisiko finanziell abgesichert werden. Sollte dem Versicherungsnehmer etwas zustoßen, wird die bei Vertragsabschluss vereinbarte Summe an die Hinterbliebenen ausgezahlt. Kapital für die Altersvorsorge, wie bei der Kapitallebensversicherung, wird nicht gebildet. Risikolebensversicherungen sind in der Zwangsvollstreckung kaum von Bedeutung, zumindest wenn der Schuldner Versicherungsnehmer ist, denn dann wird im Versicherungsfall die Versicherungssumme an einen Dritten ausbezahlt. Einbezahlte Beträge können in der Grundform der Risikolebensversicherung nicht zurückverlangt werden, da es keine Rückkaufsmöglichkeit gibt.

In Abwandlungen kann aber auch vertraglich vereinbart sein, dass im Falle der Kündigung zumindest die einbezahlten Beiträge zurückerstattet werden.

- Kapitallebensversicherung

Die Kapitallebensversicherung verbindet die Vorteile der Risikolebensversicherung mit zusätzlicher Kapitalansparung. Der Versicherte kann mit dieser Vertragsvariante also seine Angehörigen absichern und gleichzeitig Vermögen ansammeln. Sie sind daher für den Gläubiger ein lukratives Vollstreckungsobjekt. Sind bislang alle Prämien bezahlt worden, kann der Gläubiger nach Pfändung den Vertrag kündigen und sich den Rückkaufswert ausbezahlen lassen, oder im Erlebensfall sich die Versicherungssumme auszahlen lassen. Der Gläubiger kann auch diverse Vertragsmodalitäten ändern, wie zum Beispiel die Bezugsberechtigung.

- Fondsgebundene Lebensversicherung

Die fondsgebundene Lebensversicherung verbindet die Risikolebensversicherung mit zusätzlicher Altersvorsorge. Sie wendet sich damit an diejenigen, die etwas für den eigenen, finanziell abgesicherten Ruhestand tun möchten und zugleich Bedarf für eine Hinterbliebenenabsicherung sehen.

Im Vermögensverzeichnis sind im Ergänzungsblatt III anzugeben:

1. Bezeichnung z.B.:
- Private Rentenversicherung
- Riester-Rente
- Risikolebensversicherung
- Sterbeversicherung
- Kapitallebensversicherung

2. Anschrift der Versicherungsgesellschaft:
An dieser Stelle ist der (Haupt-) Sitz der Versicherungsgesellschaft anzugeben da dort die eventuelle Zustellung des Pfändungs- und Überweisungsbeschlusses erfolgen muss. Dieser ergibt sich meist aus der Versicherungspolice.

3. Versicherungsscheinnummer:
Anstelle der Versicherungsscheinnummer kann auch die Vertragsnummer angegeben werden, wenn es keinen Versicherungsschein gibt.

4. Höhe der Versicherungssumme:

Unter dieser Ziffer ist der Gesamtbetrag der Versicherungsleistung nach dem Versicherungsvertrag anzugeben - bei Rentenversicherungen der Betrag der zu erwartenden Rente im Zahlungszeitraum (monatliche, vierteljährlich usw.).

Kennt der Schuldner den aktuellen Rückkaufswert der Versicherung, dann ist dieser Betrag ebenfalls mit dem Datum des Stichtages anzugeben. Als Rückkaufswert wird bei Kapitalversicherungen oder Unfallversicherungen mit Prämienrückgewähr derjenige Kapitalbetrag bezeichnet, der bei einer außerordentlichen Kündigung an den Versicherungsnehmer ausgezahlt wird. Voraussetzung ist allerdings, dass in den Vertrag drei Jahre lang Beiträge einbezahlt wurden (§ 165 VVG).

Der Rückkaufswert entspricht nicht den eingezahlten Versicherungsprämien, sondern nach Abzug von Stornogebühren, Verwaltungsgebühren usw. meistens einem Bruchteil der Versicherungssumme. Der Rückkaufswert ist von Versicherungsgesellschaft zu Versicherungsgesellschaft unterschiedlich festgelegt. Voraussetzung zum Rückkauf dieser "Altverträge" ist eine Beitragszahlungsdauer von wenigstens drei Jahren oder einem 1/10 der gesamten Laufzeit des Versicherungsvertrages.

Die Rückkaufswerte sind im Anhang zum Versicherungsschein ausgewiesen.

5. Datum des Vertragsabschlusses:

Aus dem Datum des Vertragsabschlusses, der Höhe der monatlichen Prämien und der Laufzeit (Ziffer 9a) kann der Gläubiger errechnen, welche Art der Verwertung der Versicherung für ihn günstig ist. Es steht ihm, im Falle der Pfändung des Anspruchs aus der Versicherung zur Wahl, diese zu kündigen und sich den Rückkaufswert gutschreiben zu lassen, oder aber die Prämien bis zum Ende der Laufzeit weiter zu zahlen um dann die gesamte Versicherungssumme zu erhalten.

6. Monatliche Prämie:

Hier ist die tatsächlich zu zahlende monatliche Prämie anzugeben. Diese kann sich von dem in der Versicherungspolice ausgewiesenen Betrag unterscheiden und kann meist aus dem zugrundeliegenden Vertrag entnommen werden.

7. Bezahlt bis:

Der Schuldner hat anzugeben, bis wann er die monatlichen Prämien bezahlt hat. Dies ist für den Gläubiger wichtig, da hierdurch ersichtlich wird, ob überhaupt ein Rückkaufswert bestehen kann.

8. Fälligkeit:

Die Frage richtet sich nach der Laufzeit der Versicherung im Erlebensfall und eventuellen Bedingungen für die Auszahlung der Versicherungssumme im Todesfall. Beides kann aus der Versicherungspolice entnommen werden.

9. Empfänger:

Unter der Ziffer ist der Empfänger der Versicherungssumme im Erlebensfall oder im Sterbefall anzugeben. Dieser bestimmt sich nach dem Vertrag. Ist noch kein Begünstigter eingesetzt, so werden die Erben im Rahmen der Erbfolge Empfänger der Versicherungssumme. Im Erlebensfall wird der Begünstigte in der Regel der Schuldner selbst sein. Abweichungen sind aber möglich.

10. Widerruflichkeit:

Begünstigte für den Todesfall werden meist dann unwiderruflich eingesetzt, wenn sogenannte „Lebensversicherungen auf Gegenseitigkeit" abgeschlossen worden sind. Solche Lebensversicherungen auf Gegenseitigkeit haben ihren Anwendungsbereich vor allem da, wo Partner sich gegenseitig als Begünstigte für den Todesfall jeweils ihrer eigenen Lebensversicherung einsetzen, aber sichergehen wollen, dass der andere an seine Einsetzung gebunden ist.

Ansprüche des unwiderruflich Begünstigten aus einer Lebensversicherung sind entweder in einer Anlage zum Vermögensverzeichnis oder unter der Ziffer 19 aufzuführen.

In der Regel ist die Einsetzung des Begünstigten für den Todesfall aber widerruflich, d.h. der Versicherungsnehmer kann den Bezugsberechtigten seiner Versicherung bis zum Eintritt des Versicherungsfalles jederzeit ändern.

11. Gewinnanteile oder Dividenden:

Ist eine kapitalbildende Lebensversicherung abgeschlossen, kommt der Zuweisung von Gewinnanteilen, die entweder in der Form der Beitragsermäßigung, meist aber durch Erhöhung der Versicherungsleistung bei Fälligkeit erfolgt, besondere Bedeutung zu.

Die von den Versicherungsgesellschaften erwirtschafteten Überschüsse werden in Form der Gewinnbeteiligung an die Versicherungsnehmer weitergegeben. Zumeist geschieht dies auf dem Wege der Erhöhung der Versicherungsleistung.

Bei den Kapitallebensversicherungen erhöht sich die Versicherungssumme jedes Jahr um einen so genannten Bonus, für den der Versicherungsnehmer keine Prämien zu entrichten hat. Dieser Bonus wird erstmalig zu Beginn des Zweiten und letztmalig zu Beginn des letzten Versicherungsjahres ausgeschüttet. Er errechnet sich aus dem jährlichen Gewinnanteil. Dieser setzt sich wiederum zusammen aus dem Grundgewinnanteil, einem Zinsgewinnanteil und einem Zusatzgewinnanteil.

12. Versicherungsschein:

Pfändet der Gläubiger die Lebensversicherung, so kann die Versicherung die Auszahlung der Versicherungssumme von der Vorlage des Versicherungsscheins abhängig machen (§ 808 BGB). Der Gläubiger hat aufgrund des Überweisungsbeschlusses nach § 836 Abs. 3 ZPO das Recht vom Schuldner die Herausgabe der Police zu verlangen. Dazu ist es für ihn wichtig zu wissen, wo sich das Papier befindet. In der Regel wird der Schuldner die Urkunde selbst verwahren. Sie kann sich aber auch bei einer Bank oder einem sonstigen Gläubiger befinden, wenn die Forderung aus der Versicherung z.B. als Sicherheit angetreten oder verpfändet worden ist.

13. Abtretungen oder Verpfändungen:

Grundsätzlich ist es möglich, Rechte und Ansprüche aus einem Kapitalvertrag an Dritte abzutreten oder zum Teil auf eine dritte Person zu übertragen.

Tritt der Versicherungsnehmer die Versicherungsansprüche an einen Dritten ab, tritt gem. § 398 BGB mit der Abtretung des Vertrages der neue Gläubiger an die Stelle des bisherigen. Mit der abgetretenen Forderung gehen nach § 401 BGB Neben-, Sicherungs- und Vorzugsrechte automatisch auf den neuen Gläubiger über. Der bisherige Gläubiger muss Urkunden, z.B. den Versicherungsschein, welche zur Geltendmachung oder zum Beweis seiner Forderung notwendig sind, an den neuen Gläubiger herausgeben (§ 403 BGB).

Bei der Abtretung ist eine Zustimmung des Versicherers nicht erforderlich, allerdings muss die Abtretung schriftlich angezeigt werden.

Die Versicherungsleistung aus z.B. einer Kapitallebensversicherung kann der Versicherungsnehmer zur Sicherung von Forderungen einem Gläubiger verpfänden. Die Pfändung ist in § 1280 BGB geregelt. Sie kommt im Gegensatz zur Abtretung nur bei einer konkret vorhandenen Forderung eines Gläubigers zu Stande und muss der Lebensversicherungsgesellschaft ausdrücklich angezeigt werden. Die Pfändung kommt dann zum Tragen, wenn der Schuldner seinen Verpflichtungen nicht nachkommt und der Gläubiger das Pfandrecht geltend macht. Versicherungsverträge, die nach dem Altersvermögensgesetz gefördert werden, können nicht verpfändet werden.

Im Vermögensverzeichnis sind immer anzugeben:
- Vollständige Anschrift des Zessionars bei der Abtretung bzw. Pfandrechtsinhabers
- Höhe der gesicherten Forderung (wegen der die Abtretung oder Verpfändung erfolgt ist)

Zu Ziffer B16, Mitgliedschaft in Genossenschaften/ Beteiligungen an Gesellschaften/Partnerschaften

Mitgliedschaften in Genossenschaften sind Vermögenswerte des Schuldners. Folgende Genossenschaftsanteile kommen häufig vor:

- Wohnbaugenossenschaft

Bewohnt der Schuldner eine Genossenschaftswohnung, dann ist er Genossenschafter dieser Wohnbaugenossenschaft. Der Mieter erwirbt einen Anspruch auf Rückerstattung der Genossenschaftsanteile im Falle des Auszuges und der damit meist verbundenen Beendigung der Genossenschaftsmitgliedschaft. Diese Genossenschaftsanteile sind pfändbar.

Die Genossenschaftsanteile für die Anmietung einer Wohnung können unter Umständen auf der Grundlage des § 22 Abs. 3 SGB II durch die Sozialhilfe erbracht werden. In der Regel lässt sich die gewährende Behörde schon mit der Auszahlung (diese soll in der Regel direkt an das Wohnungsunternehmen erfolgen) die Ansprüche des Mieters auf Rückerstattung im Falle des Auszuges und der damit meist verbundenen Beendigung der Genossenschaftsmitgliedschaft abtreten. So sind die Ansprüche auf Rückerstattung des Genossenschaftsanteils durch Gläubiger des Schuldners zwar pfändbar, im Falle der Leistung durch die Sozialbehörde in der Regel erst im Rang nach dieser Abtretung.

- Raiffeisenbanken

- Sparda-Bank

- Agrargenossenschaften

Pfändbar und somit offenbarungspflichtig sind bei allen Genossenschaftsanteilen sowohl der Anteil selbst, als auch der fortlaufende Anspruch auf Gewinn (§ 19 GenG).

Im Vermögensverzeichnis sind immer anzugeben:
- Drittschuldnerfähige Anschrift der Genossenschaft samt vertretungsberechtigten Genossenschafter
- Höhe und Anzahl der Genossenschaftsanteile

Muss der Schuldner, der Gesellschafter einer Personen- oder Kapitalgesellschaft ist, die Vermögensoffenbarung über sein Privatvermögen leisten, so gehört zu seinem offenbarungspflichtigen Vermögen nur der ideelle Gesellschaftsanteil an sich, nicht einzelne Vermögenswerte aus der Gesellschaft. Solche Gesellschaftsanteile können bestehen an:

BGB-Gesellschaft

Das Gesellschaftsvermögen der BGB-Gesellschaft ist Sondervermögen der Gesellschafter zur gesamten Hand und steht nicht einem Gesellschafter zu. An einzelnen Gegenständen des Gesellschaftsvermögens bestehen für den Gesellschafter keine Anteile. Zu seinem offenbarungspflichtigen Vermögen gehört nur der Gesellschaftsanteil an sich. Dieser Anteil am Gesellschaftsvermögen ist pfändbar.

Im Vermögensverzeichnis sind immer anzugeben:
- Vollständige Anschrift BGB-Gesellschaft oder
- Vollständige Anschrift aller Mitgesellschafter

Offene Handelsgesellschaft

Für die OHG gilt dasselbe wie für die BGB-Gesellschaft. Ist der Schuldner Gesellschafter einer OHG muss er im Vermögensverzeichnis angeben:

- Vollständige Anschrift der OHG und der/des
- vertretungsberechtigten Gesellschafters

Partnerschaftsgesellschaft

Hier ist nicht die Lebenspartnerschaft nach dem Lebenspartnerschaftsgesetz gemeint, sondern die Partnerschaft nach dem Partnerschaftsgesellschaftsgesetz. Es handelt sich um eine der OHG ähnliche Gesellschaft, die kein Handelsgewerbe ausübt. Das können z.B. Rechtsanwälte oder Ärzte sein.

Für die Partnerschaftsgesellschaft gilt dasselbe wie für die OHG.

Im Vermögensverzeichnis ist anzugeben:
- Vollständige Anschrift der Partnerschaftsgesellschaft und der/des
- vertretungsberechtigten Gesellschafters

Kommanditgesellschaft

Die KG kennt zwei Arten von Gesellschaftern: die Kommanditisten und die Komplementäre. Die Unterscheid besteht darin, dass die Kommanditisten nur mit ihrer Geschäftseinlage haften, die Komplementäre dagegen auch mit ihrem

Privatvermögen. Sie sind dafür auch zur Vertretung der Gesellschaft berechtigt. Der ideelle Anteil am Gesellschaftsvermögen ist pfändbar. An einzelnen Gegenständen des Gesellschaftsvermögens bestehen auch für den Komplementär keine Anteile. Zu seinem offenbarungspflichtigen Vermögen gehört nur der Gesellschaftsanteil an sich. Beide Anteile, sowohl der des Kommanditisten als auch des Komplementärs sind pfändbar.

Im Vermögensverzeichnis ist anzugeben:
- Vollständige Anschrift der Kommanditgesellschaft und der/des
- vertretungsberechtigten Gesellschafters

- Stille Gesellschaft

Bei der stillen Gesellschaft gem. § 230 HGB beteiligt sich ein „stiller Gesellschafter" mit einer Vermögenseinlage am Handelsgewerbe eines Anderen. Der stille Gesellschafter hat keinen pfändbaren Anteil am Gesellschaftsvermögen. Seine Gläubiger können nur in die ihm zustehenden Gewinnanteile und ein etwaiges Auseinandersetzungsvermögen vollstrecken.

Im Vermögensverzeichnis ist anzugeben:
- Vollständige Anschrift des Inhabers des Handelsgeschäfts, an dem die stille Gesellschaft besteht.

- Europäische wirtschaftliche Interessenvereinigung (EWIV)

Die EWIV entspricht in ihrem Rechtsgebilde der OHG. Ist der Schuldner Gesellschafter einer EWIG muss er im Vermögensverzeichnis angeben:

- Drittschuldnerfähige Anschrift der EWIG und der/des
- vertretungsberechtigten Gesellschafters

- GmbH & Co KG

Die GmbH & Co KG ist eine Kommanditgesellschaft bei der der persönlich haftende Komplementär keine natürliche sondern eine juristische Person ist. Sowohl die

Komplementär-GmbH als auch der/die Kommanditisten können offenbarungspflichtig sein. In beiden Fällen ist im Vermögensverzeichnis anzugeben:

- Vollständige Anschrift der KG und der/des
- vertretungsberechtigten Gesellschafters (Geschäftsführer der Komplementär-GmbH

- GmbH/Unternehmergesellschaft UG (haftungsbeschränkt)

Die GmbH/UG ist eine juristische Person. Die Gesellschafter haften im Regelfall nur mit ihrer Geschäftseinlage.

Ist der Schuldner Gesellschafter einer GmbH ist im Vermögensverzeichnis anzugeben:
- Vollständige Anschrift der GmbH und der/des
- Geschäftsführer der GmbH
- Höhe der Geschäftseinlage
- Wurden Gesellschafterdarlehen gegeben

- Limited (siehe GmbH)
- Kommanditgesellschaft auf Aktien (Kg a.A.)

Bei der Kg a.A. die Kommanditistenanteile als Aktien ausgegeben. Die Komplementäre haften dagegen auch mit ihrem Privatvermögen.

- Für die Kommanditistenanteile gilt daher dasselbe wie für Aktien, für die Komplementäre das bei der KG Besprochene.
- Aktiengesellschaft

Anteile an Aktiengesellschaften gehören nicht in diesen Abschnitt des Vermögensverzeichnisses. Aktien sind grundsätzlich Inhaberpapiere und sind unter der lfd. Nr. 2 im Vermögensverzeichnis aufzuführen. Aber das ist die absolute Ausnahme. In der Regel befinden sich die Aktien im Depot oder in Sammelverwahrung bei der Bank. In diesen Fällen besteht für den Schuldner ein Zahlungs- oder Herausgabeanspruch gegen die Bank.

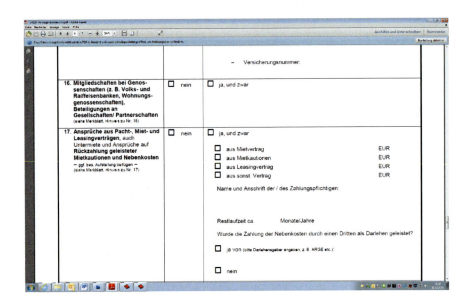

Zu Ziffer B17, Ansprüche aus Pacht-, Miete- und Leasingverträgen:

Die Frage richtet sich zwar grundsätzlich darauf, ob der Schuldner etwas vermietet (z.B. untervermietet) hat.

Im Vermögensverzeichnis sind anzugeben:
- Bezeichnung des vermieteten Objekts
- Vollständige Anschrift des Mieters
- Höhe der monatlichen Miete

Häufiger ist aber der Fall, dass der Schuldner als Mieter Ansprüche gegen den Vermieter hat, z.B. eine Kaution bei seinem Vermieter hinterlegt hat. Diese ist im Wege der Forderungspfändung pfändbar.

Es empfiehlt sich aber den Schuldner zu befragen, ob die Kaution tatsächlich er oder ein Dritter, z.B. das Sozialamt erbracht hat. Der Schuldner hat die Höhe der hinterlegten Kaution und den Vermieter anzugeben. Hat das Sozialamt die Kaution erbracht, gilt dasselbe wie bei den Genossenschaftsanteilen. In der Regel lässt sich die das Darlehen gewährende Behörde schon mit der Auszahlung die Ansprüche des Mieters auf Rückerstattung der Kaution im Falle des Auszuges abtreten. So sind die Ansprüche auf Rückerstattung der Mietkaution durch Gläubiger des Schuldners zwar pfändbar, im Falle der Leistung durch die Sozialbehörde in der Regel erst im Rang nach der Abtretung.

Im Vermögensverzeichnis sind immer anzugeben:
- Höhe der hinterlegten Kaution
- Wer hat die Kaution erbracht
- Vollständige Anschrift des Vermieters

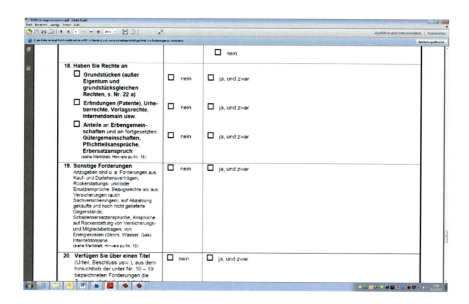

Zu Ziffer B18, Rechte an Grundstücken:

Unter der Ziffer 18 muss der Schuldner Rechte, die er an Grundstücken hat offenbaren, soweit sie nicht unter die Ziffer 25a, Ergänzungsblatt II fallen.

Nicht unter Ziffer 18 fallen:

- Das Eigentum an einem Grundstück,
- sog. grundstücksgleiche Rechte wie z.B. das Erbbaurecht oder Wohnungseigentum (u.a.). Das Anwartschaftsrecht des Auflassungsempfängers im Rahmen des Erwerbs eines Grundstücks (zu unterscheiden von der Auflassungsvormerkung!)

```
┌─────────────────────────────────────────────────────────────────┐
│  Unter die Ziffer 18 fallen Rechte an Grundstücken, die dem Schuldner... │
└─────────────────────────────────────────────────────────────────┘
                    │
        ┌───────────┴───────────┐
        ▼                       ▼
┌──────────────────┐   ┌──────────────────┐
│ ...an seinem eigenen │   │ ...an einem fremden │
│ Grundstück zustehen  │   │ Grundstück zustehen │
└──────────────────┘   └──────────────────┘
```

Rechte, die dem Schuldner am Grundstück eines Dritten zustehen können:
- **Vormerkung, §§ 883 ff. BGB**

Mittels einer Vormerkung, die im Grundbuch eingetragen wird, kann sich der Erwerber eines Rechts seinen Anspruch bis zur endgültigen Eintragung dinglich sichern. Die wichtigste Form der Vormerkung im Grundstücksrecht ist die Auflassungsvormerkung. Sie dient der Sicherung des Anspruches auf Eintragung des Eigentumsübergangs an einem Grundstück in das Grundbuch. Sie wird als Recht in Abteilung II des erworbenen Grundstücks eingetragen.

Mit Abschluss des Kaufvertrages über ein Grundstück erwirbt der Käufer vom Verkäufer einen Anspruch auf Übertragung des Eigentums an dem Grundstück. Zur Übertragung des Eigentums ist dann ein weiterer Schritt erforderlich, nämlich die Auflassungserklärung vor dem Notar und die Eintragung des Eigentumsübergangs in das Grundbuch (§§ 873 Abs. 1, 925 BGB). Erst wenn Letzteres erfolgt ist, ist der Käufer auch Eigentümer des Grundstücks geworden.

Wann diese Eintragung erfolgt, liegt nicht in der Macht der Vertragsparteien, sondern ist vom Ablauf des Eintragungsverfahrens im Grundbuchamt abhängig. Der Kaufpreis für das Grundstück wird aber in der Regel schon vorher fällig. In der Zeit zwischen dem Abschluss des Kaufvertrages und der Eintragung in das Grundbuch, kann jedoch viel geschehen: Z.B. kann über das Vermögen des Verkäufers das Insolvenzverfahren eröffnet werden, ein Gläubiger des Verkäufers beantragt die Zwangsversteigerung des Grundstücks oder der Verkäufer verkauft und übereignet das Grundstück an einen anderen Käufer.

Durch die Eintragung einer Auflassungsvormerkung kann der Erwerber eines Grundstücks seinen Anspruch auf Eigentumsübertragung dinglich sichern, unabhängig davon, was nach der Eintragung geschieht.

Die Vormerkung ist ein unselbständiges Nebenrecht und daher nur zusammen mit dem Auflassungsanspruch pfändbar (streng akzessorisch).

Im Vermögensverzeichnis sind anzugeben:
- Genaue Bezeichnung des Grundstücks (lt. Bestandsverzeichnis des belasteten Grundbuchs)
- Eigentümer des belasteten Grundstücks (lt. Abteilung I des Grundbuchs)
- Zuständiges Grundbuchamt
- Gemarkung
- Band, Blatt des Grundbuchs

- **Nießbrauch, §§ 1030 ff. BGB**

Der Nießbrauch an einem Grundstück ist ein dingliches Nutzungsrecht. Der Berechtigte kann das Grundstück nutzen wie ein Eigentümer. Lediglich über die Substanz des Grundstücks kann er nicht verfügen. Er kann sowohl die Sach- als auch die Rechtsfrüchte aus dem Grundstück ziehen (z.B. Bodenschätze abbauen, Getreide oder Gemüse ernten bzw. Mieten oder Pacht einziehen) doch kann er das Grundstück nicht belasten oder veräußern. Nießbrauch selbst ist nicht vererblich und nicht übertragbar (§ 1059 S.1 BGB) und somit das Recht selbst auch nicht pfändbar (§ 851 Abs. 1 ZPO).

Allerdings kann der Nießbraucher die Ausübung des Nießbrauchs auf einen Dritten übertragen (§ 1059 S. 1 BGB). Und damit ist auch der Anspruch auf Ausübung des Nießbrauchs pfändbar.

Im Vermögensverzeichnis sind anzugeben:
- Genaue Bezeichnung des Grundstücks (lt. Bestandsverzeichnis des belasteten Grundbuchs)
- Eigentümer des belasteten Grundstücks (lt. Abteilung I des Grundbuchs)
- Zuständiges Grundbuchamt
- Gemarkung
- Band, Blatt des Grundbuchs

- **Sonstige Dienstbarkeiten**

Sonstige Dienstbarkeiten	
Grunddienstbarkeiten, §§ 1018 – 1029 BGB	**Beschränkt persönliche Dienstbarkeiten, §§ 1090 -1092 BGB**
Eine Grunddienstbarkeit ist ein Recht, das dem jeweiligen Eigentümer eines Grundstücks am Grundstück eines andern zusteht.	Eine Grunddienstbarkeit ist ein Recht, das einer bestimmten Person am Grundstück eines anderen zusteht.
Die Grunddienstbarkeit ist Bestandteil eines (herrschenden) Grundstücks und kann von diesem nicht getrennt werden. Somit kann ihre Ausübung auch nicht auf einen anderen übertragen werden und somit auch nicht gepfändet werden.	Die beschränkt persönliche Dienstbarkeit ist ebenfalls unveräußerlich und unvererblich. Die Befugnis zu ihrer Ausübung kann aber auch einen anderen übertragen werden, wenn die Überlassung gestattet ist.
Grunddienstbarkeiten sind Bestandteil des Grundstücks und sind im Vermögensverzeichnis nicht anzugeben.	Beschränkt persönliche Dienstbarkeiten sind Vermögenswerte des Schuldners aus denen ein Gläubiger des Berechtigten kaum Vorteile ziehen kann. Dennoch sind sie im Vermögensverzeichnis anzugeben.
Beispiele: • Wegerecht • Wasserleitungsrecht • Überfahrtsrecht • Stromleitungsrecht • U.a.	Beispiele. • Grunddienstbarkeit • Wohnrecht • Kiesausbeutungsrecht • Wasserentnahmerecht • U.a.

- **Wohnungsrecht**

Mit dem Wohnungsrecht kann einer bestimmten Person das Recht eingeräumt werden, das Grundstück oder bestimmte abgrenzbare Teile davon unter Ausschluss des Eigentümers des Grundstücks zu nutzen. Für das Wohnungsrecht nach § 1093 BGB sind die Vorschriften über den Nießbrauch entsprechend anzuwenden.

Im Vermögensverzeichnis sind anzugeben:
- Genaue Bezeichnung des Grundstücks (lt. Bestandsverzeichnis des belasteten Grundbuchs)
- Eigentümer des belasteten Grundstücks (lt. Abteilung I des Grundbuchs)
- Zuständiges Grundbuchamt
- Gemarkung
- Band, Blatt des Grundbuchs

- **Reallast, § 1105 BGB**

Für die Reallast ist kennzeichnend, dass an den Berechtigten wiederkehrende Leistungen aus dem Grundstück zu entrichten sind. Sie ist kein Nutzungs-, sondern ein Verwertungsrecht an dem Grundstück.

Die Leistungen, die „aus dem Grundstück" zu erbringen sind, können sowohl Geld- als auch Sachleistungen sein. Reallasten können subjektiv-dingliche (dem jeweiligen Eigentümer eines Grundstücks zustehend) oder subjektiv-persönliche (einer bestimmten Person zustehend) Rechte sein.

Sie stellen einen pfändbaren Vermögenswert dar.

Im Vermögensverzeichnis sind anzugeben:
- Genaue Bezeichnung des Grundstücks (lt. Bestandsverzeichnis des belasteten Grundbuchs)
- Eigentümer des belasteten Grundstücks (lt. Abteilung I des Grundbuchs)
- Zuständiges Grundbuchamt
- Gemarkung
- Band, Blatt des Grundbuchs

- **Leibgeding, Altenteil, Auszug oder Leibzucht, § 49 GBO**

Dies sind Begriffe die meistens im Zusammenhang mit der Übergabe von landwirtschaftlichen Anwesen vorkommen. Sie beinhalten in der Regel das Gleiche, lediglich die Begriffe werden in verschiedenen Landstrichen unterschiedlich verwendet. Diese Rechte sind im Gesetz nicht konkret definiert, werden aber in den

Art. 96 EGBGB, Art. 7 ff. BayAGBGB u.a. genannt. Ihr Zweck besteht darin, dem ehemaligen Eigentümer, der in der Regel seine Einkünfte aus dem Grundstück bestritten hat, bei der Übergabe an seine Nachfolger sein Auskommen dinglich (am Grundstück) zu sichern. Übergibt z.B. ein Landwirt seinen Hof an seinen Sohn muss er für sein weiteres Auskommen sorgen. So kann im Übergabevertrag vereinbart werden, dass im Gegenzug zur Übertragung des Grundstücks sich der Übernehmende verpflichtet, dem Übergebenden regelmäßig Naturalien wie Lebensmittel, Heizmaterial oder Dienstleistungen wie Arztfahrten zu erbringen und einen bestimmten Geldbetrag als Taschengeld oder Rente zu leisten. Diese Verpflichtung kann durch Eintragung in das Grundbuch dinglich gesichert werden.

Bestandteile eines Leibgedings können sein:

- Beschränkt persönliche Dienstbarkeit, (z.B. Wohnungsrecht)

- Reallasten (Leistung bestimmter Lebensmittel, Taschengeld, Dienstleistungen wie Krankenfahrten u.a.)

- Nießbrauch (in bestimmtem Umfang)

Im Vermögensverzeichnis sind anzugeben:
- Genaue Bezeichnung des Grundstücks (lt. Bestandsverzeichnis des belasteten Grundbuchs)
- Eigentümer des belasteten Grundstücks (lt. Abteilung I des Grundbuchs)
- Zuständiges Grundbuchamt
- Gemarkung

- **Grundpfandrechte**

Grundpfandrechte ist ein Sammelbegriff für die Rechtsinstitute der Hypothek, der Grundschuld und der Rentenschuld.

Diesen Rechten ist gemeinsam, dass für eine Geldforderung nicht nur der Schuldner in seiner Person, sondern das Grundstück direkt haftet. Das hat verschiedene Vorteile.

- Gläubiger, die aus ihrem Grundpfandrecht in das Grundstück vollstrecken wollen, haben Vorrang vor anderen Gläubigern, § 10 Abs. 1 Nr. 4 ZVG
- Das Grundstück haftet unabhängig vom jeweiligen Eigentümer, §§ 1113, 1191, 1199 BGB.
- Sie räumen dem Gläubiger ein Absonderungsrecht in der Insolvenz ein Aus dieser Vorzugsstellung der Grundpfandrechte ergibt sich auch deren wirtschaftliche Bedeutung.

Grundpfandrechte spielen in der Baufinanzierung eine zentrale Rolle. Mit Hilfe von Grundpfandrechten sichern die Darlehensgeber, also meist Banken und Versicherungen, ihre Darlehen. In seltenen Fällen kann aber auch eine Privatperson Gläubiger eines Grundpfandrechts sein, z.B. die Eltern, die den Kindern zum Erwerb eines Grundstücks Geld gegeben haben, der geschiedene Ehegatte zur Sicherung seiner Forderung aus dem Zugewinnausgleich nach erfolgter Aufteilung.

Grundpfandrechte stehen in der dritten Abteilung des Grundbuchs. Entscheidend für die Gläubiger ist die Rangfolge der einzelnen Grundpfandrechte, bestimmt durch die laufende Nummer der Eintragung - gemäß dem Prinzip "Wer zuerst kommt, mahlt zuerst" (§ 879 BGB). Denn aus dem Rang bestimmt sich, ob das Grundpfandrecht etwa nach einer Zwangsversteigerung weiter am Grundstück haftet oder, falls der Erlös der Versteigerung nicht zur Befriedigung aller Forderungen ausreicht, die Reihenfolge in der er verteilt wird.

Der wesentliche Unterschied zwischen der Hypothek und der Grundschuld ist:

Die Hypothek ist akzessorisch. Man spricht von Akzessorietät oder dass etwas akzessorisch ist, wenn das Schicksal einer Sache vom Schicksal einer anderen Sache abhängt.

Bei Hypotheken (§ 1113 BGB) besteht z.B. eine Akzessorietät zur Forderung. D.h. das Schicksal der Hypothek richtet sich nach dem Schicksal der zugrundeliegenden Forderung. So geht z.B. gemäß § 1153 BGB die Hypothek bei Übertragung der Forderung immer mit auf den neuen Gläubiger über. Die Forderung kann nicht ohne die Hypothek, und die Hypothek nicht ohne die Forderung übertragen werden (§ 1153 Abs. 2 BGB).

Die Grundschuld ist dagegen unabhängig vom Bestehen der Forderung (§ 1191 BGB). Sie bleibt auch bestehen, wenn die zu sichernde Forderung vollständig bezahlt ist.

Gläubiger können ihre Darlehen entweder durch Grundschulden oder Hypotheken absichern. Mit der Grundschuld sichert z.B. die Bank in der Regel nicht nur ein bestimmtes Darlehen ab, sondern sämtliche Forderungen, welche der Darlehensnehmer bei der Bank hat. Bei einer Hypothek ist das anders. Der Hypothek steht eine ganz bestimmte Forderung gegenüber. Besteht die Forderung nicht mehr, wird aus der Hypothek eine Eigentümergrundschuld (§§ 1163 Abs. 1 S. 2, 1177 Abs. 1 BGB). Weil die Hypothek so unflexibel ist, gelangt diese in der Praxis auch kaum noch zur Anwendung.

Die Hypothek, § 1113 BGB
Die Hypothek ist ein beschränkt dingliches Recht an einem Grundstück, das wie oben erwähnt, immer an die Existenz einer Forderung gebunden ist. Sie dient dazu, Sicherheit für einen gewährten Kredit zu leisten. Sicherungsobjekt ist das Grundstück, nicht die Person. Das Grundstück haftet unabhängig vom jeweiligen Eigentümer.

Die Hypothek tritt in verschiedenen Erscheinungsformen auf. Sie kann als sog. Briefrecht oder als Buchrecht bestellt werden.

Für die Begründung einer Briefhypothek ist erforderlich:
- Einigung zwischen Grundstückeigentümer und Sicherungsberechtigten
- Eintragung in das Grundbuch
- Übergabe des Hypothekenbriefes (Sonderfall: § 1117 Abs. 2 BGB)

Für die Begründung einer Buchhypothek ist erforderlich:
- Einigung zwischen Grundstückeigentümer und Sicherungsberechtigten
- Einigung der Parteien über den Ausschluss des Briefes
- Eintragung in das Grundbuch

Die rechtsgeschäftlich bestellte Hypothek kann als Verkehrs-, Sicherungs- und Höchstbetragshypothek bezeichnet sein. Die Erklärung der Unterschiede sprengt den Rahmen dieser Abhandlung und ist für die Angabe im Vermögensverzeichnis ohne Bedeutung.

Das Gesetz hat aber auch eine Sicherungshypothek zur zwangsweisen Sicherung einer Forderung vorgesehen – die Zwangssicherungshypothek nach §§ 866 ff. ZPO

Die Pfändung einer Briefhypothek erfolgt nach § 830 Abs. 1 Satz 1 ZPO durch Pfändung der Forderung per Beschluss, der Zustellung des Beschlusses an den Drittschuldner und Übergabe des Briefes. Letzteres kann auch durch die Wegnahme des Briefes durch einen Gerichtsvollzieher aufgrund des Pfändungsbeschlusses ersetzt werden (§ 830 Abs. 1 Satz 2 ZPO).

Nach Pfändung und Wegnahme des Briefes kann dem Gläubiger nun der Anspruch nach § 835 ZPO zur Einziehung überwiesen werden. Mit Übergabe des Überweisungsbeschlusses und des Hypothekenbriefes an den Gläubiger kann dieser nun die Rechte des Hypothekengläubigers geltend machen.

Die Pfändung eines Buchrechtes erfolgt durch Pfändungsbeschluss nach § 829 ZPO und Eintragung der Pfändung in das Grundbuch (§ 830 Abs. 1 Satz 3 ZPO). Anschließend erfolgt die Überweisung wie oben geschildert.

Welche Vorteile kann nun der Gläubiger aus dem gepfändeten Recht ziehen?

<u>Beispiel:</u>
S hat seiner Tochter T zu deren Hochzeit zum Erwerb eines Grundstücks ein Darlehen in Höhe von 15.000,- € gewährt. Zur Sicherung dieses Anspruches (z.B. im Falle der Scheidung der T) wurde eine Hypothek in das Grundbuch der T eingetragen.

Gläubiger G hat eine titulierte Forderung gegen S. D pfändet durch Pfändungs- und Überweisungsbeschluss die im Grundbuch der T eingetragene Hypothek des S. Er kann nun aufgrund der Überweisung die Rechte geltend machen, die S gegen das Grundstück der T hat. G kann nun die T als persönliche Schuldnerin auf Zahlung oder als dingliche Schuldnerin auf Duldung der Zwangsvollstreckung in Anspruch nehmen (§ 1147 BGB).

Die Grundschuld, § 1192 BGB

Für die Grundschuld gilt, so auch die Aussage des § 1192 BGB, grundsätzlich das Gleiche wie für die Hypothek mit dem Unterschied, dass das Bestehen der Grundschuld nicht von der Existenz einer Forderung abhängig ist. Für die Ausformungen und das Entstehen der Grundschuld gilt aber dasselbe wie für die Hypothek.

Das bedeutet, dass die Grundschuld im Falle der Bezahlung der zu sichernden Forderung weiter an dem Grundstück bestehen bleibt. Die Grundschuld ist ein selbstständiges und damit eigenständig pfändbares Recht.

In der Regel wird die Grundschuld als Sicherungsgrundschuld bestellt. In diesen Fällen verpflichtet sich der Sicherungsnehmer per schuldrechtlichen Vertrag zur Rückübertragung der Grundschuld im Falle des Erlöschens der Forderung.

Die Pfändung einer Briefgrundschuld erfolgt nach § 830 Abs. 1 Satz 1 ZPO durch Pfändung der Grundschuld per Beschluss und Übergabe des Briefes. Letzteres kann auch durch die Wegnahme des Briefes durch einen Gerichtsvollzieher aufgrund des Pfändungsbeschlusses ersetzt werden.

Nach Pfändung und Wegnahme des Briefes kann dem Gläubiger nun der Anspruch nach § 835 ZPO zur Einziehung überwiesen werden. Mit Übergabe des Überweisungsbeschlusses und des Grundschuldbriefes an den Gläubiger kann dieser nun die Rechte des Grundschuldgläubigers geltend machen.

Die Pfändung eines Buchrechtes erfolgt durch Pfändungsbeschluss nach § 829 ZPO und Eintragung der Pfändung in das Grundbuch (§ 830 Abs. 1 Satz 3 ZPO). Anschließend erfolgt die Überweisung wie oben geschildert.

Überblick:

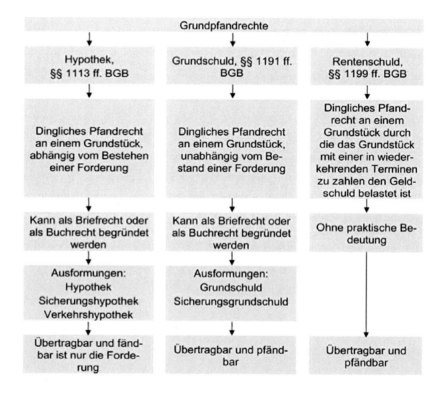

Grundpfandrechte, die dem offenbarungspflichtigen Schuldner am Grundstück eines Dritten zustehen, stellen einen Vermögenswert dar und sind im Vermögensverzeichnis anzugeben.

Im Vermögensverzeichnis sind anzugeben:
- Genaue Bezeichnung des Grundstücks (lt. Bestandsverzeichnis des belasteten Grundbuchs), bzw. der Grundstücke bei Gesamtrechten.
- Eigentümer des belasteten Grundstücks (lt. Abteilung I des Grundbuchs)
- Zuständiges Grundbuchamt
- Gemarkung
- Band, Blatt des Grundbuchs
- Bei Briefrechten ist anzugeben, wo sich der Hypotheken- oder Grundschuldbrief befindet
- Bei Hypotheken ist zudem anzugeben, in welcher Höhe diese noch valutiert sind.

Rechte, die dem Schuldner an seinem eigenen Grundstück zustehen:
Eigentümergrundschuld

Wie oben besprochen, ist die Hypothek abhängig vom Bestand der Forderung. Was geschieht aber, wenn die Forderung vollständig bezahlt und damit erloschen ist?

Da es eine Hypothek ohne Forderung (grundsätzlich) nicht geben kann, wird aus der Hypothek eine Grundschuld, die nun dem Eigentümer selbst an seinem eigenen Grundstück zusteht (§§ 1163 Abs. 1 Satz 2, 1177 Abs. 1 BGB). Dies geschieht automatisch, d.h. ohne Grundbucheintrag und deshalb ist die Eigentümergrundschuld u.U. im Grundbuch als solche nicht zu erkennen. Man spricht von einer „verdeckten Eigentümergrundschuld". Der offenbarungspflichtige Schuldner, in dessen Grundbuch Grundschulden oder Hypotheken eingetragen sind, ist zu befragen, ob die entsprechenden Forderungen noch bestehen.

Im Vermögensverzeichnis sind anzugeben:

- Genaue Bezeichnung des Grundstücks (lt. Bestandsverzeichnis des belasteten Grundbuchs), bzw. der Grundstücke bei Gesamtrechten.
- Zuständiges Grundbuchamt
- Gemarkung
- Band, Blatt des Grundbuchs

Weiter zu Ziffer B18, Erfindungen, Patente, Urheberrechte

Unter der Nummer 18 hat der Schuldner auch seine geistigen Eigentumsrechte zu offenbaren. Dies können sein:

- **Urheberrecht nach dem Urheberrechtsgesetz**

Hat der Schuldner ein Buch geschrieben oder eine CD produziert? Solche künstlerischen Leistungen stehen unter dem Schutz des Urheberrechtsgesetzes (UrhG). Es schützt die schöpferisch tätigen, kreativen Schaffenden, z.B. den freien Künstler. Dieser Schutz erstreckt sich auf alle künstlerischen Erzeugnisse, gleichgültig ob in Schriftform oder digitalisierter Weise. Maßgeblich ist, dass ein auf einer eigenen Schöpfung beruhendes Werk entstanden ist. Der Schutz währt 70 Jahre nach dem Tod des Urhebers. CD´s und DVD sowie Rundfunksendungen sind 50 Jahre nach dem Erscheinen des Tonträgers bzw. nach der ersten Funksendung geschützt. Das Urhebergesetz umfasst aber auch den Schutz von Computersoftware und von Datenbanken.

Das Urheberpersönlichkeitsrecht an sich ist unpfändbar, weil es nicht übertragbar ist. Nur die Nutzungsrechte (auch Verwertungsbefugnisse) können nach § 113 Satz 1 UrhG mit Einwilligung des Urhebers gepfändet werden.

Im Vermögensverzeichnis sind anzugeben:
- Titel des Werkes
- Verlag
- ggf. ISBN-Nr.

- **Patentrecht**

Hat der Schuldner etwas erfunden? Erfindungen sind nach dem Patentgesetz aufgrund der Anmeldung und der Erteilung eines Patents durch das Deutsche Patentamt geschützt. Der Schutz dauert 20 Jahre. Vorausgesetzt wird, dass eine Erfindung neu ist und nicht dem Stand der Technik entspricht, des Weiteren auf einer erfinderischen Tätigkeit beruht und gewerblich anwendbar ist.

Das Patent, auch schon die Patentanmeldung ist nach § 15 PatG übertragbar und unterliegt nach §§ 857, 829 ZPO der Zwangsvollstreckung. Das Patentrecht ist ein sog. drittschuldnerloses Recht mit der Folge, dass die Pfändung mit Zustellung des Pfändungsbeschlusses an den Schuldner wirksam wird (§ 857 Abs. 2 ZPO). Die Verwertung erfolgt nach §§ 844, 857 Abs. 5 ZPO.

Im Vermögensverzeichnis sind anzugeben:
- Beschreibung des Gegenstandes
- Patentnummer beim Deutschen Patentamt
- Bzw. Aktenzeichen falls noch nicht eingetragen

- **Geschmacksmusterrecht**

Entworfene Gerätedesigns können als Geschmacksmuster nach dem Geschmacksmustergesetz (GeschmMG) geschützt sein. Der Schutz erstreckt sich auf das äußere Erscheinungsbild wie z.B. Kaffeekannen, Stoffmuster, Autos, Computer oder Möbel.

Der Schutz entsteht schon mit der Schaffung eines Geschmacksmusters durch den Entwerfer. Für die Wahrnehmung des Schutzes ist es jedoch unbedingt erforderlich, innerhalb von sechs Monaten nach der Entstehung des Werkes dieses bei dem Deutschen Patentamt anzumelden. Geschmacksmuster stellen einen wirtschaftlichen Wert dar. Extreme Beispiele für Rechtsverletzungen werden zu Recht öffentlich gemacht und mit dem Plagiarius bedacht. Das Geschmacksmuster ist ein sog. drittschuldnerloses Recht mit der Folge, dass die Pfändung mit Zustellung des Pfändungsbeschlusses an den Schuldner wirksam wird (§ 857 Abs. 2 ZPO). Die Verwertung erfolgt nach §§ 844, 857 Abs. 5 ZPO.

Das Recht aus dem Geschmacksmuster ist nach § 29 Abs. 2 GeschmMG übertragbar und pfändbar (§ 30 Abs. 1 Nr. 2 GeschmMG).

Im Vermögensverzeichnis sind anzugeben:
- Beschreibung des Gegenstandes
- Geschmacksregisternummer beim Deutschen Patentamt
- Bzw. Aktenzeichen falls noch nicht eingetragen

- **Gebrauchsmusterrecht (GebrMG)**

Ein Gebrauchsmuster ist ein - im Gegensatz zum Patentrecht - ungeprüftes Schutzrecht und kann daher erworben werden durch die Eintragung und die Anmeldung. Zur Eintragung in die Gebrauchsmusterrolle kann eine Erfindung angemeldet werden die neu ist, auf einem erfinderischen Schritt beruht und gewerblich anwendbar ist, z.B. elektronische Schaltungen, Maschinen oder Chemieprodukte. Es stellt eine Ergänzung zum Schutz durch das Patentgesetz dar.

Das Recht aus dem Gebrauchsmuster ist nach § 29 Abs. 2 GebrMG übertragbar und pfändbar (§ 30 Abs. 1 Nr. 2 GebrMG).

Im Vermögensverzeichnis sind anzugeben:
- Beschreibung des Gegenstandes
- Gebrauchsregisternummer beim Deutschen Patentamt
- Bzw. Aktenzeichen falls noch nicht eingetragen

Markenrecht (MarkenG)

Nach dem Markengesetz können geschützt werden:

- ein Name eines Unternehmens
- ein Logo
- eine Farbe
- Gerüche
- Töne
- markante Bezeichnung oder Abbildung

Es werden Marken aufgrund ihrer bloßen Benutzung als Unternehmenskennzeichen oder wenn sie als Marke beim Deutschen Patentamt oder dem Europäischen Harmonisierungsamt eingetragen worden sind und benutzt werden geschützt. Die Eintragung ist aber nicht zwingend.

Nach § 12 BGB, wird auch der Gebrauch des persönlichen Namens und auch den aller namensartigen Bezeichnungen wie Firmennamen, Firmenabkürzungen oder Firmenschlagworte geschützt.

Auch die Nutzung eines Namens als Internet-Adresse, d.h. als Domain kann geschützt werden.

Marken können rechtsgeschäftlich übertragen und nach § 29 MarkenG Gegenstand der Zwangsvollstreckung sein.

Im Vermögensverzeichnis sind anzugeben:
- Beschreibung der Marke die geschützt ist, bzw. Internetdomain
- Registernummer beim Deutschen Patentamt

Internetdomain

Internetdomains kann man bei der DENIC registrieren lassen, wenn niemand anders ein Recht auf diese Domain geltend machen kann. Internetdomains sind als sonstige Vermögensrechte übertragbar und damit pfändbar. Die Pfändung erfolgt durch Pfändungs- und Überweisungsbeschluss. Drittschuldner ist die Firma DENIC Verwaltungs- und Betriebsgesellschaft eG, in Frankfurt am Main. Die Verwertung erfolgt nach §§ 844, 857 Abs. 4 ZPO.

Im Vermögensverzeichnis sind anzugeben:
- Name der Internetdomain
- Anschrift der Drittschuldnerin.

Anteile an Erbengemeinschaften, fortgesetzten Gütergemeinschaften, Pflichtteilsansprüche

Die Erbengemeinschaft

Unter der Ziffer 18 des Vermögensverzeichnisses wird nach Anteilen an Erbengemeinschaften gefragt. Viele Offenbarungspflichtige können allerdings mit diesem Begriff nichts anfangen.

Was ist eine Erbengemeinschaft bzw. was sind die Kennzeichen einer Erbengemeinschaft?

Die Erbengemeinschaft ist eine sog. Gesamthandgemeinschaft. Sind z.B. drei Erben vorhanden, werden sie an dem Nachlass nicht zu je einem Drittel Eigentümer, sondern sie erwerben ihn gemeinsam zur gesamten Hand. Vereinfacht ausgedrückt könnte man sagen, jedem gehört alles. Dies hat zur Folge, dass Miterben nur gemeinsam über den Nachlass verfügen können.

Es ist z.B. nicht möglich, dass einer der Miterben seinen Miteigentumsanteil an einem bestimmten Gegenstand an einen anderen verkauft und überträgt. Jedem gehört alles und es kann nach § 2040 Abs. 1 BGB nur gemeinsam verfügt werden.

Jeder der Miterben kann jederzeit nach § 2042 Abs. 1 BGB die Auseinandersetzung der Erbengemeinschaft verlangen - solange die Auseinandersetzung jedoch nicht erfolgt ist, besteht die Miterbengemeinschaft.

Der Miterbenanteil insgesamt ist nach § 2033 Abs. 1 BGB übertragbar und damit auch im Wege der Forderungspfändung nach § 859 Abs. 2 ZPO pfändbar.

Im Vermögensverzeichnis sind anzugeben:
- Name des Erblassers, Todestag und letzter Wohnsitz
- Name und Anschrift aller Miterben
- Hat eine Nachlassverhandlung vor dem Nachlassgericht stattgefunden bzw.
- Wurde ein Erbschein beantragt oder ausgestellt (welches Nachlassgericht?)

Falls der Schuldner keine Angaben zu den Miterben machen kann, ist der Sterbeort anzugeben, da der Gläubiger dort beim Nachlassgericht nach § 792 ZPO einen Erbschein beantragen kann.

Pflichtteilsansprüche

Hat der Erblasser durch ein Testament seine nächsten Angehörigen (Kind, Ehegatte oder Eltern) enterbt steht diesen nach § 2303 BGB ein Pflichtteil zu. Der Pflichtteil besteht in Höhe der Hälfte des gesetzlichen Erbteils. Dieser Pflichtteil ist nach Maßgabe des § 852 ZPO pfändbar. Drittschuldner sind die Erben.

Im Vermögensverzeichnis sind anzugeben:
- Name der Erben
- Name des Erblassers

  Falls der Schuldner keine Angaben zu den Erben machen kann:
- Sterbeort

Fortgesetzte Gütergemeinschaft

Ist in einer Ehe der Güterstand der Gütergemeinschaft vereinbart, können die Ehegatten nach § 1483 BGB vereinbaren, dass dieser auch nach dem Tod eines Ehegatten fortgesetzt werden soll. Fälle der Gütergemeinschaft sind heute schon selten, Fälle der fortgesetzten Gütergemeinschaft noch seltener.

Tritt der Todesfall dann ein, wird die Gütergemeinschaft mit den gemeinschaftlichen Abkömmlingen fortgesetzt, die nach der gesetzlichen Erbfolge als Erben berufen wären.

Das Gesamtgut der fortgesetzten Gütergemeinschaft verwaltet der überlebende Ehegatte nach § 1487 Abs. 1 BGB allein.

Zur Pfändung des Anteils eines in fortgesetzter Gütergemeinschaft stehenden Schuldners ist der alleinverwaltende Ehegatte alleiniger Drittschuldner.

Im Vermögensverzeichnis sind anzugeben:
- Bezeichnung der fortgesetzten Gütergemeinschaft
- Name und Anschrift des alleinverwaltenden Ehegatten

Vermächtnis

Ein Vermächtnis ist ein schuldrechtlicher Anspruch des Vermächtnisnehmers gegen die Erben (§§ 1939, 2147 ff. BGB). Dieser Anspruch kann sich entweder auf Zahlung von Geld oder auf Herausgabe des vermachten Gegenstandes richten.

Die Pfändung des Anspruches auf Zahlung von Geld richtet sich nach § 819 ZPO, die des Anspruches auf Herausgabe des Vermachten nach §§ 846 ff. ZPO.

Im Vermögensverzeichnis sind anzugeben:
- Name des Erblassers
- Name und Anschrift der/des (aller) Erben
- Gegenstand des Vermächtnisses

Nacherbschaft

Grundsätzlich will der (zukünftige) Erblasser beim Errichten eines Testaments einen Erben einsetzen.

Der Erblasser kann aber auch per Testament oder Erbvertrag bestimmen, dass das Erbe zunächst an einen Erben, den Vorerben, fällt und mit dessen Tod oder einem anderen Ereignis (z.B. Heirat) an einen anderen Erben, den Nacherben.

Der Vor- und Nacherbe werden hintereinander, nicht gleichzeitig Erben. Zwischen ihnen besteht deshalb keine Erbengemeinschaft.

Hat der Erblasser einen Nacherben eingesetzt, ohne einen Zeitpunkt oder ein Ereignis zu bestimmen, mit dem die Nacherbfolge eintreten soll (Nacherbfall), so fällt die Erbschaft (mit dem Tode des Vorerben) an den Nacherben.

Mit dem Erbfall erhält der Nacherbe ein Anwartschaftsrecht an dem Erbe. Das Anwartschaftsrecht kann er an einen Dritten abtreten (§§ 413, 398 BGB) und es kann gepfändet werden (§§ 857 Absatz 1, 851 BGB). Stirbt der Nacherbe, gehen seine Rechte auf seine Erben über.

Das Nacherbenrecht ist vor dem Tod des Erblassers unpfändbar. Nach dem Tod des Erblassers steht dem Nacherben ein Anwartschaftsrecht auf die Erbschaft. Dieses Anwartschaftsrecht ist übertragbar und pfändbar.

Im Vermögensverzeichnis sind anzugeben:
- *Name des Erblassers, Todestag und letzter Wohnsitz*
- *Name und Anschrift aller Erben*
- *Hat eine Nachlassverhandlung vor dem Nachlassgericht stattgefunden bzw.*
- *Wurde ein Erbschein beantragt oder ausgestellt (welches Nachlassgericht?)*

Zu Ziffer B19, Sonstige Forderungen

Der Aufzählungspunkt stellt einen Auffangtatbestand dar für alle persönlichen Forderungen, die im bisherigen Vermögensverzeichnis noch keinen Platz gefunden haben. Dies können sein:

- Gegebene Darlehen (z.B. an erwachsene Kinder, Gesellschafterdarlehen)
- Offene Forderungen aus Verträgen
- Anwartschaften auf die Übereignung eins Grundstücks (soweit nicht durch Vormerkung gesichert)

Im Vermögensverzeichnis sind anzugeben:

- Der/die Schuldnerin der Forderung mit Name und Anschrift
- Die Art der Forderung (Kaufpreiszahlung, Darlehen, Herausgabeanspruch usw.)
- Die Höhe des Wertes
- Vorhandene Unterlagen oder Sicherungsmittel (Urteile, Wechsel, Schuldscheine, Pfand)
- Ob die Forderung bereits tituliert ist (Gericht, Geschäftszeichen, Datum der Entscheidung)

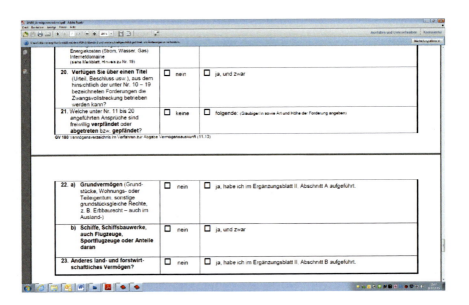

Zu Ziffer B21, Pfändungen oder Abtretungen

Liegen bereits Pfändungen oder Abtretungen hinsichtlich der Versicherung vor, so ist dies hier anzugeben. Es ist der entsprechende Gläubiger, die Art und Höhe der zugrunde liegenden Forderung aufzuführen.

Forderungspfändungen

Häufig liegen bei Schuldnern, die die Vermögensoffenbarung leisten müssen, vorrangige Forderungspfändungen vor. Bei der Forderungspfändung werden Forderungen, die der Schuldner gegen einen Dritten, den sogenannten Drittschuldner hat, gepfändet. Gegenstand einer Forderungspfändung können nahezu alle Forderungen sein. Sie erfolgt durch Erlass des Pfändungs- und Überweisungsbeschlusses, dessen Zustellung an den Drittschuldner und anschließende Überweisung der Forderung an den Gläubiger.

Im Vermögensverzeichnis sind anzugeben:
- *Der/die Drittschuldner der Forderung mit Name und Anschrift*
- *Die gepfändete Forderung unter Angabe der Ziffer im Vermögensverzeichnis*
- *Pfändungsgläubiger*
- *Die Höhe der Forderung des Pfändungsgläubigers*

Abtretung

Während das Eigentum an beweglichen Sachen durch Einigung und Übergabe übertragen wird, werden Forderungen durch Abtretung, auch Zession genannt, gemäß § 398 BGB auf eine andere Person übertragen. Dabei kann es sich auch um künftige Forderungen handeln. Eine wirksame Abtretung erfolgt durch mündlichen oder schriftlichen Vertrag zwischen dem Abtretenden (Zedent) und demjenigen, der die Abtretung annimmt (Zessionar). Letzterer kann alle aus der Forderung resultierenden Rechte geltend machen und tritt somit an die Stelle des bisherigen Gläubigers.

Offenbarungspflichtige Schuldner haben häufig den pfändbaren Teil ihres Arbeitseinkommens bereits an einen Dritten abgetreten da diese häufig vorsorglicher Bestandteil eines jeden Kredit-, Leasing- oder Ratenkaufvertrages ist. Die Abtretung dient in diesen Fällen nur zur Sicherung der Zahlungsansprüche und wird meist von den Berechtigten erst offengelegt, wenn die Zahlungen aus diesen zugrundeliegenden Verträgen zu stocken beginnen.

Findige Schuldner könnten aber auch den pfändbaren Teil ihres Arbeitseinkommens bereits an einen Dritten abgetreten haben. In der Regel handelt es sich dann um ein Scheingeschäft, das einzig und allein dem Zweck dient, sich dem Pfändungszugriff zu entziehen.

Im Vermögensverzeichnis sind anzugeben:
- Der/die Abtretungsempfänger mit Name und Anschrift
- Die gepfändete Forderung unter Angabe der Ziffer im Vermögensverzeichnis
- Die Art der Forderung (Kaufpreiszahlung, Darlehen, Herausgabeanspruch usw.) wegen der die Abtretung erfolgt ist
- Die Höhe der abgetretenen Forderung
- Höhe der zu sichernden Forderung
- Vorhandene Unterlagen oder Sicherungsmittel (Urteile, Wechsel, Schuldscheine, Pfand)

Zu Ziffer B22a, 22b, Ergänzungsblatt II, Grundvermögen, Schiffe, B23, anderes Land- und forstwirtschaftliches Vermögen

Hat der Schuldner ein Grundstück oder ein grundstücksgleiches Recht muss er das Ergänzungsblatt II Abschnitt A ausfüllen, oder hat er anderes land- oder forstwirtschaftliches Vermögen, ist das Ergänzungsblatt II Abschnitt B auszufüllen.

Das Ergänzungsblatt ist auszufüllen, wenn der Schuldner
- (Mit-)Eigentümer eines unbebauten oder bebauten Grundstücks
- (Mit-)Eigentümer einer Eigentumswohnung
- Gebäudeeigentum nach Art. 233 § 3b EGBGB
- Berechtigter eines grundstücksgleichen Rechts ist.

Grundstücksgleiche Rechte sind:
- Erbbaurecht, § 1017 BGB; § 11 Abs. 1 ErbbauRVO
- Bergwerkseigentum, § 9 Abs. 1 BbergG
- Fischereirecht, Art. 9 BayFischereiG
- Gewerberecht, Art. 40 Abs. 2 BayAGGVG

Für diese Rechte ist jeweils auch ein eigenes Grundbuch angelegt. Andere Rechte an Grundstücken wurden bereits unter der Ziffer 18 behandelt.

Der offenbarungspflichtige Schuldner wird nur selten alle erforderlichen Angaben quasi „aus dem Kopf" machen können. Es empfiehlt sich einen Grundbuchauszug zu beantragen. Allerdings kann die Abnahme der eidesstattlichen Versicherung nicht von der Vorlage eines Grundbuchauszuges abhängig gemacht werden, wenn der Schuldner die im Vordruck erforderlichen Angaben auf andere Weise beibringt.

Grundbuch/Grundbuchauszug

Jeder, der ein berechtigtes Interesse darlegt, kann Einsicht in das Grundbuch und in die Urkunden nehmen, auf die sich die Grundbucheintragungen beziehen und kann eine beglaubigte Abschrift verlangen. Der Grundbuchauszug ist somit eine beglaubigte Abschrift (Kopie) aller zu einem einzelnen Grundstück bestehenden Grundbucheintragungen.

Durch das Registerverfahrenbeschleunigungsgesetz (RegVBG) wurden die rechtlichen Voraussetzungen dafür geschaffen, das Grundbuch und die Hilfsverzeichnisse auf elektronischen Datenträgern zu führen. Gleichzeitig wurde ein automatisiertes Abrufverfahren zugelassen, das es den Teilnehmern ermöglicht, bei Vorliegen der rechtlichen und technischen Voraussetzungen online in das Grundbuch und in die Hilfsverzeichnisse Einsicht nehmen zu können. Teilnehmer sind bisher Notare, Banken u.a. Einrichtungen. Im Zuge Novellierung des Zwangsvollstreckungsrechts hinsichtlich der erweiterten Auskunftspflichten der Schuldner ist davon auszugehen, dass auch ein Anschluss der Gerichtsvollzieher erfolgen wird.

Das Grundbuch

Ein Grundstück ist ein abgegrenzter Teil der Erdoberfläche (§ 905 BGB) der im Grundbuch unter einer eigenen Nummer im Bestandsverzeichnis eingetragen ist. Das Grundbuch wird vom Grundbuchamt, bei dem Amtsgericht geführt, in dessen Bezirk das Grundstück gelegen ist.

Es besteht aus folgenden Teilen:

Deckblatt

Das Deckblatt des Grundbuchs enthält die Angabe des Amtsgerichts, des Grundbuchbezirks und der Nummer des Blattes.

Bei Erbbaurechten wird unter dem Vermerk über das Blatt in Klammern das Wort "Erbbaugrundbuch" und bei Wohnungseigentum das Wort "Wohnungsgrundbuch" oder "Teileigentumsgrundbuch" oder "Wohnungserbbaugrundbuch" gesetzt.

Beispiel:

Amtsgericht Musterstadt

Grundbuch

(alternativ: Erbbaugrundbuch, Wohnungsgrundbuch)

von

Musterstadt

Band 1 Blatt 17

Bestandsverzeichnis

Im Bestandsverzeichnis wird das Grundstück (die Grundstücke) gem. den vom Kataster vorgeschriebenen Angaben und die mit dem Grundstück verbundenen Rechte (z.B. Wegerechte oder Kanalleitungsrechte) beschrieben. Weiterhin enthält das Bestandsverzeichnis die Spalten "Bestand", "Zuschreibungen" und "Abschreibungen".

In der Spalte "Bestand" ist eingetragen, von welchem Grundbuch das Grundstück übernommen wurde, ob es durch Teilung oder Verbindung - Bestandteilszuschreibung oder Vereinigung entstanden ist, und in der Spalte "Abschreibungen" wird die Übertragung des Grundstücks oder eines Teiles des Grundstückes in ein anderes Grundbuchblatt eingetragen.

Beispiel:

Amtsgericht Musterstadt
Grundbuch von Bärenberg Blatt 4711   Bestandsverzeichnis 1

| Lfd. Nr. der Grundstücke | Bisherige lfd.Nr.d. Grundstücke | Bezeichnung der Grundstücke und der mit dem Eigentum verbundenen Rechte | | Größe | | |
		Gemarkung Flurstück a/b	Wirtschaftsart und Lage c	ha	a	qm
1	2	3		4		
1	-	190/1 197/7	Am Bärenberg 17, Wohnhaus, Hofraum	-	4	57

Abteilung I: Eigentümer

Die Abteilung I enthält die Angaben über den Eigentümer und die Grundlage seiner Eintragung wird vermerkt. Grundlage der Eintragung können z.B. Auflassung, Erbfolge, oder Zuschlagsbeschluss im Versteigerungsverfahren sein.

(Auflassung ist die Einigung zwischen Verkäufer und Käufer über den Übergang des Eigentums. Aufgrund der Eintragung der Auflassung kann nachvollzogen werden, wenn ein Eigentumswechsel stattgefunden hat.)

Beispiel:

Amtsgericht Musterstadt
Grundbuch von Bärenberg Blatt 4711   Erste Abteilung

Lfd.Nr. der Eintra- gungen	Eigentümer	Lfd. Nr. der Grundstücke im Bestands- verzeichnis	Grundlage der Eintragung
1	2	3	4
1	Alfons Krümmling, Land- wirt, geb. 01.01.1950, Bären- berg	1	Auflassung vom 10.02.1969, ~~eingetragen am 10.08.1969~~ Huber

Abteilung II, Lasten und Beschränkungen

In Abteilung II werden Lasten und Beschränkungen des Grundstücks vermerkt, mit Ausnahme der Grundpfandrechte, die in Abt. III eingetragen werden.

Dieses können zum Beispiel sein:

- Grunddienstbarkeiten §§ 1018 ff. BGB (beschränkt persönliche Dienstbarkeiten, Grunddienstbarkeiten)
- Dauerwohn- und Dauernutzungsrecht
- Reallasten
- Nießbrauch
- Vorkaufsrechte
- Auflassungsvormerkung
- Erbbaurecht
- Beschränkungen
- Nacherbenvermerk
- Testamentsvollstrecker-Vermerk
- Zwangsversteigerungs- und Zwangsverwaltungsvermerk
- Insolvenzvermerk
- Sanierungs- und Umlegungsvermerk
- Verwaltungs- und Benutzungsregelungen bei Miteigentum

Beispiel:

Amtsgericht Musterstadt
Grundbuch von Bärenberg Blatt 4711   Zweite Abteilung 1

Lfd.Nr. der Eintragungen	Lfd. Nr. der betroffenen Grundstücke im Bestandsverzeichnis	Lasten und Beschränkungen
1	2	3
1	1	Auflassungsvormerkung für Alfons Krümmling, geb. 01.01.1950; gemäß Bewilligung vom 10.02.1969 (Notar Babbadeggl, Bärenberg, URNr. A 1111) eingetragen am 14.02.1969 Huber
2	1	Geh- und Fahrtrecht für Patrick Milchraum, geb. 26. Mai 1984; gemäß Bewilligung vom 31.05.2003 (Notar Klecks, Wolfstadt, URNr. A 1860) eingetragen am 10.06.2003 Huber

Abteilung III, Grundpfandrechte

Diese Abteilung dient der Aufnahme von Hypotheken, Grundschulden und Rentenschulden einschließlich der sich auf diese Rechte beziehenden Vormerkungen, Widersprüche und Veränderungen.

Beispiel:

Amtsgericht Musterstadt
Grundbuch von Bärenberg   Blatt 4711   Dritte Abteilı

Lfd.Nr. der Eintragungen	Lfd. Nr. der belasteten Grundstücke im Bestandsverzeichnis	Betrag	Hypotheken, Grundschulden, Rentenschulden
1	2	3	4
1	1	300.000 DM	Hypothek ohne Brief zu 300.000 DM für die Kreissparkasse im Landkreis Wolfstädt mit 16% Jahreszinsen, vollstreckbar nach § 800 ZPO; gemäß Bewilligung vom 10.02.1969 (Notar Babbadeggl, Bärenberg, URNr. A 1111) eingetragen am 14.02.1969 Huber

Im Vermögensverzeichnis sind einzutragen:

Flur- und Flurstücksnummer:

Die Flur- und Flurstücksnummer ist die katastermäßige Bezeichnung eines bestimmten vermessenen Teils der Erdoberfläche. Ein Grundstück kann auch aus mehreren Flurnummern bestehen. Das Rechtsobjekt ist aber das Grundstück, nicht das Flurstück. Die Flurnummern sind im Bestandsverzeichnis des Grundbuchs aufgeführt (Bsp. siehe oben 190/1, 197/7)

Gemarkung:

Die Gemarkung ist die größte vermessungstechnische Einheit der Katasterführung. Die zusammenhängenden Fluren eines Gebietes werden als Gemarkung bezeichnet. Eine Gemarkung ist das Gebiet einer Gemeinde. Das Katasteramt führt für jede Gemarkung eine Gemarkungskarte.

Wirtschafts-/Nutzungsart:

Die Wirtschafts- und Nutzungsart des Grundstücks ist im Bestandsverzeichnis des Grundbuchs in Spalte 3 eingetragen. Dies können sein:

- Acker, Wiese
- Wohnhaus, Hofraum, Garten
- Garage, Hofraum

Lage:

Straße und Hausnummer oder sonstige ortsübliche Bezeichnung gem. Bestandsverzeichnis des Grundbuchs in Spalte 3 des Grundbuchs.

Größe:

Die Angaben zur Größe des Grundstücks sind in Spalte 4 des Bestandsverzeichnisses des Grundbuchs zu finden.

Grundbuchführendes Amtsgericht:

Es ist das Amtsgericht anzugeben, bei dem der Vermögenswert im Grundbuch eingetragen ist.

Grundbuchbezirk:

Grundbuchbezirke sind die Gemeindebezirke oder, soweit mehrere Gemeinden in einem Verwaltungsbezirk zusammengefasst sind, bilden sie den Grundbuchbezirk.

Band- und Blattnummer:

Es ist die Band- und Blattnummer anzugeben, unter dem der Vermögenswert im Grundbuch eingetragen ist.

Abteilung I des Grundbuchs:

In der Abteilung I des Grundbuches werden die Eigentümer oder Berechtigten eingetragen. Ebenfalls ist dort angegeben, in welcher Form des Eigentums der Schuldner eingetragen ist:

Eigentumsverhältnisse am Grundstück		
Alleineigentum	Miteigentum	Zur gesamten Hand
Ist der Schuldner als Alleineigentümer im Grundbuch eingetragen, steht ihm das unbegrenzte Nutzungsrecht an dem Grundstück zu	Ist der Schuldner nicht alleiniger Eigentümer liegt in der Regel Miteigentum i.S.d. § 741 BGB vor. Miteigentum bedeutet, dass das Grundstück mehreren Personen in der Art und Weise gehört, dass jedem ein bestimmter ideeller (nicht realer) Bruchteil des Grundstücks zusteht	Gesamthandseigentum liegt vor, wenn das Grundstück mehreren als Gemeinschaft gehört. Folge ist, dass keinem Gemeinschafter einen ideellen Anteil an dem Grundstück hat. Es können nur alle gemeinschaftlich verfügen.
Eintragungsbeispiel: Zitterbacke Alfons geb. am 12.12.1912	Eintragungsbeispiel: Zitterbacke Alfons, geb. am 12.12.12 zu ½ Kreuzbein Jana, geb. Zitterbacke, geb. am 24.06.71 zu ¼ Zitterbacke Holger, geb. am 05.06.82 zu ¼	Eintragungsbeispiel: Zitterbacke Alfons, geb. am 12.12.12 Kreuzbein Jana, geb. Zitterbacke, geb. am 24.06.71 in Erbengemeinschaft

Zwangsversteigerung und/oder Zwangsverwaltung:

Ist Zwangsversteigerung und/oder Zwangsverwaltung angeordnet, so ist das aus dem Zwangsversteigerungsvermerk/Zwangsverwaltungsvermerk in Abteilung II des Grundbuchs ersichtlich.

In diesen Fällen ist zusätzlich anzugeben:
- Amtsgericht welches die Anordnung erlassen hat und das
- Geschäftszeichen des Verfahrens.

Belastung:

Belastungen des Grundstücks sind aus der Abteilung II und Abteilung III des Grundbuchs ersichtlich.

Bei Grundpfandrechten ist anzugeben:

- Art des Grundpfandrechts also Hypothek oder Grundschuld
- Berechtigte mit vollständiger Anschrift
- Höhe der Belastung lt. Grundbuch
- In welcher Höhe die Forderung (noch) besteht

Zu B23 (anderes land- und forstwirtschaftliches Vermögen)

land- und forstwirtschaftliche Maschinen, andere Geräte und Fahrzeuge

Im Vermögensverzeichnis sind anzugeben:

- Bezeichnung der Gegenstände (Kleinwerkzeuge brauchen nicht einzeln aufgelistet werden)
- Neuwert
- Gesamtzeitwert
- Eventueller Dritteigentümer (z.B. Leasing, Miete)
- Ist der Gegenstand bereits sicherungsübereignet, ver- oder gepfändet?

Viehbestände:

Hier sind alle vorhandenen Viehbestände einzutragen.

Vorräte:

Anzugeben sind alle vorhandenen Vorräte, wie Futtervorräte usw.

Geschlagenes Holz:

Unter dieser Ziffer ist Holz aufzuführen, das bereits geschlagen ist und zum Verkauf bereitsteht bzw. bereits verkauft aber noch nicht abgeholt ist.

Im Vermögensverzeichnis sind anzugeben:

- Art des Holzes (Buche, Fichte usw.)
- Menge
- Gesamtwert
- Eventueller Dritteigentümer (evtl. Sicherungsübereignung)
- Ist das Holz bereits, ver- oder gepfändet?

Einrichtungen von Nebenbetrieben:

Wird auf dem land- und forstwirtschaftlichen Grundstück ein Nebenbetrieb geführt, so sind folgende Angaben notwendig:

- Art des Nebenbetriebes z.B.
  - Imkerei
  - Käserei
  - Baumschule
  - Weihnachtsbaumplantage usw.
- Umfang der Tätigkeit
- Jährlicher Umsatz

Erwirtschaftet der Schuldner aus diesem Nebenbetrieb Erträge, die den Eigenbedarf übersteigen, so ist das Ergänzungsblatt I auszufüllen.

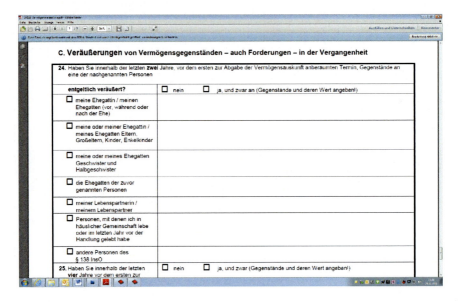

Veräußerungen (lt. Abschnitt C):

Der Abschnitt C des Vermögensverzeichnisses betrifft die Anfechtung von Rechtshandlungen. Häufig werden bei drohender Zwangsvollstreckung oder Insolvenz schon in Zeiten der Krise Vermögenswerte auf Dritte übertragen, um diese dem Gläubigerzugriff zu entziehen. Durch Anfechtung einer solchen Handlung kann der Gläubiger entzogene Gegenstände wieder in die Vollstreckungsmasse zurückführen.

Anfechtungsberechtigt ist nach § 2 Satz 1 AnfG (Anfechtungsgesetz) jeder Gläubiger, der einen vollstreckbaren Schuldtitel erlangt und eine fällige Forderung hat. Weitere Voraussetzung ist nach § 2 Satz 2 AnfG, dass ein Zwangsvollstreckungsversuch des Gläubigers in das Vermögen des Schuldners ohne Erfolg war bzw. dargelegt wird, dass er durch die Zwangsvollstreckung nicht zu einer vollständigen Befriedigung gelangen kann. Das ist immer der Fall, wenn der Schuldner eine Vermögensauskunft über sein Vermögen abgegeben hat.

Angefochten werden kann jede Handlung des Schuldners, die rechtliche Wirkung ausgelöst hat, soweit sie ursächlich für die Benachteiligung des anfechtenden Gläubigers war. Sie muss also die Zwangsvollstreckung unmöglich gemacht oder erschwert haben.

Anfechtungsgrund kann sein:
- eine vorsätzliche Benachteiligung (§ 3 AnfG)
- eine Schenkung (§ 4 AnfG)
- eine Rechtshandlung des Erben zur Benachteiligung eines Nachlassgläubigers (§ 5 AnfG)
- eine Rechtshandlung, die zu einer Befriedigung oder Sicherung von kapitalersetzenden Darlehen eines Gesellschafters geführt hat (§ 6 AnfG).

Für die Anfechtung gelten bestimmte Ausschlussfristen zwischen ein und zehn Jahren. Das Recht zur Anfechtung kann mittels Anfechtungsklage (§ 13 AnfG) geltend gemacht werden.

Aus dem Katalog der Anfechtungsgründe aus §§ 3 und 4 AnfG werden im Vermögensverzeichnis nur zwei Tatbestände abgefragt.

Zu Ziffer C24, Veräußerungen an Nahestehende:

Verfügungen über Gegenstände oder Forderungen, die in den letzten zwei Jahren vor dem ersten anberaumten Termin zur Abgabe der Vermögensauskunft an Verwandte oder Verschwägerte oder eine sonst nahe stehende Person erfolgten, sind u.U. anfechtbar, wenn die Absicht zu unterstellen ist, dass sie dadurch dem Zugriff der Gläubiger entzogen werden sollten. Dazu gehören alle Verkäufe und Übereignungen. Zu beachten ist, dass die Auskunftspflicht zwei Jahre vor dem ersten Vermögensauskunftstermin beginnt.

Veräußerungen in diesem Sinne sind alle Übertragungen von Sachen und Rechten, auch wenn diese im Rahmen der Zwangsvollstreckung erfolgt sind.

Verfügungen sind darüber hinaus auch bloße Belastungen, Inhaltsänderungen oder Verpflichtungen wie z.B. Erlass von Forderungen, Stundung usw.).

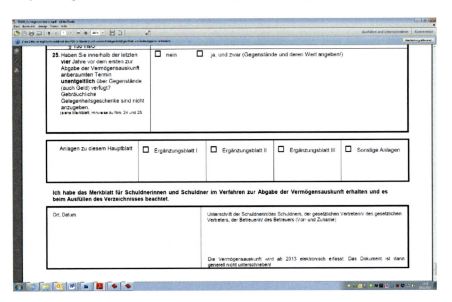

Zu Ziffer 25, Unentgeltliche Verfügungen:

An dieser Stelle sind alle Verfügungen und deren Gegenwert die in den vier Jahren vor dem ersten anberaumten Termin zur Abgabe der eidesstattlichen Offenbarungsversicherung vorgenommen wurden aufzuführen, da auch „gemischte Schenkungen" vorliegen können. Ausgenommen sind so genannte Anstandsschenkungen im angemessenen Rahmen.

Verfügungen an Ehegatten: Sämtliche Verfügungen, Schenkungen, Verkäufe usw., die seit Beginn des vorletzten Jahres vor Abgabe der Vermögensauskunft an den Ehegatten erfolgten, sind u.U. anfechtbar. Dieser Punkt ist von besonderer Relevanz, wenn der Schuldner einen Ehevertrag geschlossen hat und im Güterstand der Gütertrennung lebt. In diesen Fällen wird in der Regel über das Eigentum verfügt.

Erwerbsgeschäft, Gesellschaften

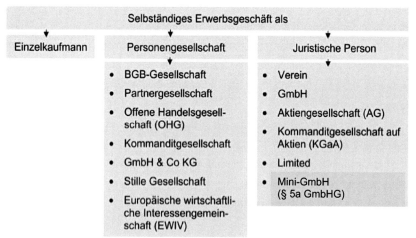

Bei der Vermögensoffenbarung von juristischen Personen und Personengesellschaften ist das Hauptblatt des Vermögensverzeichnisses nur bedingt geeignet. Der Gerichtsvollzieher muss bei dem gemeinsamen Durchsprechen des Vermögensverzeichnisses streng darauf achten, wessen Vermögen offenbart werden soll. Hat eine Personen- oder Kapitalgesellschaft das Vermögen zu offenbaren, so beziehen sich die Angaben zur Person natürlich auf das Unternehmen und nicht auf die Person des Gesellschafters, Geschäftsführers oder Vorstands.

Anbieter der gängigen Gerichtsvollzieher-Software bieten eigene Vordrucke für das Vermögensverzeichnis für alle Kaufleute, Personen- und Kapitalgesellschaften an, die eine sinnvolle Vermögensoffenbarung erleichtern. Allerdings handelt es sich - jedenfalls was Bayern betrifft - nicht um von der Justizverwaltung festgestellte

Vordrucke. Da jedoch für das Vermögensverzeichnis kein Vordruckzwang besteht, bestehen für die Verwendung dieser Vordrucke keine Bedenken.

- Personalien:

Zunächst ist der Name des Schuldners anzugeben und der Sitz bei juristischen Personen mit vollständiger Anschrift. Nachfolgend ist die Rechtsform des Schuldners aufzuführen. Weiter ist von Bedeutung, ob eine Eintragung im Register erfolgte. Falls ja, sind das entsprechende Registergericht und das Geschäftszeichen anzugeben. Falls vorhanden, sind die Geschäfts- und Lagerräume mit vollständiger Anschrift zu bezeichnen. Bei einer GmbH ist noch zu erfragen, ob die Stammeinlage vollständig erbracht wurde oder eine Nachschusspflicht beschlossen wurde. Falls eine Nachschusspflicht besteht, oder ein Gesellschafter seine Stammeinlage noch nicht vollständig erbracht hat, dann ist der entsprechende Gesellschafter mit Anschrift anzugeben.

- Büroeinrichtung:

Es ist die komplette Büroeinrichtung aufzuführen, auch wenn diese oder einzelne Geräte geleast sind. In diesem Fall sind die Vertragsmodalitäten anzugeben. Auf die Pfändbarkeit der Büroausstattung kommt es für die Angabe im Vermögensverzeichnis nicht an.

Im Vermögensverzeichnis sind anzugeben:
- Bezeichnung des Gegenstands
- Anschaffungszeitpunkt
- Neuwert
- Zeitwert
- Eventueller Dritteigentümer (z.B. Leasing, Miete, Brauereieigentum)
- Ist der Gegenstand bereits sicherungsübereignet, ver- oder gepfändet?

- Laden- und Lagereinrichtung:

Es gilt das unter dem Stichwort „Büroeinrichtung" Gesagte. Steht die Einrichtung im Eigentum eines Dritten ist sie trotzdem unter Angabe des Eigentümers anzugeben.

Im Vermögensverzeichnis sind anzugeben:
- Bezeichnung des Gegenstands
- Anschaffungszeitpunkt
- Neuwert
- Zeitwert
- Eventueller Dritteigentümer (z.B. Leasing, Miete, Brauereieigentum)
- Ist der Gegenstand bereits sicherungsübereignet, ver- oder gepfändet?

- Werkstatten-, Wirtschafts- oder Fabrikeinrichtungen:

Hier sind alle vorhandenen Maschinen des Schuldners aufzulisten

Im Vermögensverzeichnis sind anzugeben:
- Bezeichnung des Gegenstands
- Anschaffungszeitpunkt
- Neuwert
- Zeitwert
- Eventueller Dritteigentümer (z.B. Leasing, Miete, Brauereieigentum)
- Ist der Gegenstand bereits sicherungsübereignet, ver- oder gepfändet?

- Warenvorräte:

Unter Warenvorräten sind alle verkaufsfertigen Waren, die das schuldnerische Unternehmen auf Lager hat, zu verstehen. Häufig stehen diese Waren im direkten oder verlängerten Eigentumsvorbehalt. Letzteres ist dann der Fall, wenn vereinbart ist, dass der Käufer die Sache weiterverkaufen oder verarbeiten darf ohne dass der Verkäufer seinen Schutz verliert. Um dies zu erreichen wird im Vertrag vereinbart, dass bei Verkauf oder anderweitigem Untergang die Ansprüche des Käufers auf die Gegenleistung und bei Verarbeitung das Eigentumsrecht an der neuen Sache auf den Verkäufer übergehen.

Im Vermögensverzeichnis sind anzugeben:
- Bezeichnung des Gegenstands
- Neuwert
- Eventuelle Rechte Dritter (z.B. verlängerter Eigentumsvorbehalt)
- Ist der Gegenstand bereits sicherungsübereignet, ver- oder gepfändet?

- Vorräte an Rohstoffen, Halbfertigerzeugnissen, Verpackungsstoffen, Kisten usw.:
Der Schuldner muss alle Vorräte angeben, die er auf Lager hat. Ferner sind die Halbfertigprodukte anzugeben soweit sie noch nicht verkaufsfertig sind. Auch die Verpackungsstoffe sind aufzulisten.

Im Vermögensverzeichnis sind anzugeben:
- Bezeichnung des Gegenstands
- Neuwert/Zeitwert und Fertigungsstufe bei Halbfertigprodukten
- Eventuelle Rechte Dritter (z.B. verlängerter Eigentumsvorbehalt)

- Fahrzeuge: Siehe Abschnitt B, Ziffer 7 des Hauptblattes

- Anderes Inventar und Arbeitsgerät:

Im Vermögensverzeichnis sind anzugeben:
- Bezeichnung der Gegenstände (Kleinwerkzeuge brauchen nicht einzeln aufgelistet werden)
- Gesamtzeitwert
- Eventueller Dritteigentümer (z.B. Leasing, Miete, Brauereieigentum)
- Ist der Gegenstand bereits sicherungsübereignet, ver- oder gepfändet?

- Aufträge:
Sollte der Schuldner gegenwärtig Aufträge vorliegen haben, so sind diese auf der nachfolgenden Seite anzugeben.

Im Vermögensverzeichnis sind anzugeben:
- Bezeichnung des Auftrags
- Der/die Auftraggeber mit Name und Anschrift
- Auftragsvolumen
- Fertigungsgrund
- Rechte Dritter (z.B. verlängerter Eigentumsvorbehalt)
- Sind die Ansprüche aus dem Auftrag bereits abgetreten, ver- oder gepfändet?

Sollte der Schuldner gegenwärtig keine Aufträge haben, so sind alle Aufträge der letzten 12 Monate anzuführen.

- Außenstände:

Außenstände sind noch nicht vollständig beglichene Rechnungen, die der Schuldner ausgestellt hat.

Im Vermögensverzeichnis sind anzugeben:
- Bezeichnung der Arbeitsleistung/Kaufsache
- Der/die Schuldner mit Name und Anschrift
- Höhe der Rechnung
- Fälligkeit der Rechnung
- Verzinsung/Skonto
- Sind die Ansprüche aus der Rechnung bereits abgetreten, ver- oder gepfändet?
- Ist die Forderung bereits tituliert(Gericht, Geschäftszeichen, Datum der Entscheidung)

- Veräußerungen, unentgeltliche Verfügungen:

Entsprechend Abschnitt C Ziffer 25 des Hauptblattes des Vermögensverzeichnisses.

7.7 Eidesstattliche Versicherung

Um zu gewährleisten, dass die vom Schuldner abgegebene Vermögensauskunft vollständig und richtig ist, sieht § 802c Abs. 3 ZPO die Bekräftigung der Vermögensauskunft an Eides statt vor. Über die Bedeutung der eidesstattlichen Versicherung hat der Gerichtsvollzieher den Schuldner vorher in angemessener Weise zu belehren (§ 802c Abs. 3 Satz 2 ZPO i. V. m. § 480 ZPO). Der Schuldner muss die eidesstattliche Versicherung tatsächlich wörtlich leisten (§§ 481, 484 ZPO entsprechend). Der Gerichtsvollzieher hat die Abnahme des Eides zu protokollieren. Die Niederschrift ist vom Schuldner zu unterschreiben (§ 762 Abs. 2 Nr. 4 ZPO). Sollte der Schuldner die Unterschrift verweigern, macht dies die Niederschrift nicht unwirksam, soweit die eidesstattliche Versicherung tatsächlich geleistet wurde.

Der Gerichtsvollzieher errichtet das Vermögensverzeichnis (§ 802f Abs. 5 Satz 1 ZPO) in der für die zentrale Verwaltung nach § 802k ZPO gebotenen elektronischen Form.

Vermögensverzeichnisse müssen als PDF-Datei an das zentrale Vollstreckungsgericht eingeliefert werden. Es darf auch nur eine **einzige PDF-Datei** sein, was bedeutet, dass auch eventuelle Anlagen (auch der Fragenkatalog des Gläubigers) mit dem Vermögensverzeichnis als ein PDF verbunden werden müssen. Mehrere Dateien müssen also zu einer PDF-Datei zusammengefügt werden.

7.8 Hinterlegung des Vermögensverzeichnisses

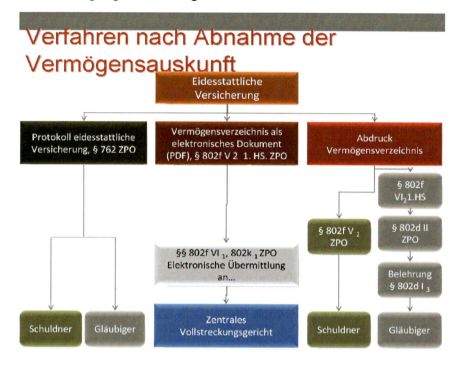

Das Vermögensverzeichnis ist vom Gerichtsvollzieher als elektronisches Dokument zu errichten (§ 802f Abs. 5 Satz 1 ZPO, § 3 Abs. 1 Satz 1 VermVV[82]). Der Begriff des „Errichtens" beinhaltet, dass das Vermögensverzeichnis am Computer erstellt wird. Die Erstellung eines papiergebundenen Verzeichnisses – gleich, ob in handschriftlicher oder maschinenschriftlicher Weise – und dessen nachträgliche Digitalisierung/Einscannen genügen nicht (siehe § 802f Abs. 5 S. 1 ZPO: „errichtet in einem elektronischen Dokument..."). Nach § 802f Abs. 5 Satz 2 ZPO sind dem Schuldner vor Abgabe der Versicherung die Angaben vorzulesen oder zur Durchsicht auf dem Bildschirm wiederzugeben, um sicherzustellen, dass sich der Schuldner vor Abgabe der eidesstattlichen Versicherung über den Inhalt des errichteten Vermögensverzeichnisses vergewissert hat.

Gemäß § 802f Abs. 6 ZPO hinterlegt der Gerichtsvollzieher das Vermögensverzeichnis bei dem nach § 802k Abs. 1 ZPO zuständigen zentralen

---

[82] Verordnung über das Vermögensverzeichnis (Vermögensverzeichnisverordnung -VermVV) vom 26.07.2012, BGBl. I, S. 1663

Vollstreckungsgericht (§ 140 Abs. 1 Satz 1 GVGA, § 4 Abs. 1 Satz 1 VermVV). Sollten Anlagen zur Vermögensauskunft beigefügt werden (auch ggf. Zusatzfragen des Gläubigers), müssen diese dem Vermögensverzeichnis elektronisch angehängt werden (§ 3 Abs. 1 Satz 2 VermVV), denn das Zentrale Vollstreckungsgericht verarbeitet nur eine Datei in Form eines PDF-Dokuments, so dass das Vermögensverzeichnis und beizufügende Anlagen zu einem Dokument zusammengeführt werden müssen.

Das Vermögensverzeichnis ist **von Amts wegen und immer zu hinterlegen.**

> **Beachte:** Selbst wenn der Schuldner nach Vermögensauskunft und eidesstattlicher Versicherung, aber vor der Eintragung in das Schuldnerverzeichnis die geschuldete Forderung zahlt, ändert dies nichts an dieser Verpflichtung. Die Hinterlegung des Vermögensverzeichnisses ist wegen der innerhalb von zwei Jahren nach Abgabe der Vermögensauskunft möglichen Abrufmöglichkeit für Folgegläubiger notwendig (siehe § 802d ZPO). Da dem Gläubiger unverzüglich ein Abdruck zuzuleiten ist, muss die elektronische Hinterlegung ebenfalls unverzüglich erfolgen (§ 4 Abs. 1 Satz 1 VermVV).

Das nach § 762 ZPO aufzunehmende Protokoll über die Abnahme der Vermögensauskunft ist nicht zu hinterlegen.

Mit Eintragung des Vermögensverzeichnisses im Vermögensverzeichnisregister beim Zentralen Vollstreckungsgericht ist die Hinterlegung i.S.d. § 802f Abs. 6 ZPO erfolgt (§ 5 Abs. 2 Satz 2 VermVV). Über die Eintragung erhält der Gerichtsvollzieher dann unverzüglich eine Eintragungsbestätigung (§ 5 Abs. 2 Satz 3 VermVV), die er in elektronischer Form abzuspeichern hat (§ 140 Abs. 2 Satz 1 GVGA).
Der Gerichtsvollzieher übersendet dem Gläubiger **unverzüglich** nach Eingang der Eintragungsbestätigung des zentralen Vollstreckungsgerichts einen Ausdruck des Vermögensverzeichnisses (§ 802f Abs. 6 Satz 1 ZPO, § 140 Abs. 2 Satz 2, Abs. 3 Satz 1 GVGA, § 5 Abs. 4 Satz 1 VermVV). Der Ausdruck muss den Vermerk enthalten, dass er mit dem Inhalt des Vermögensverzeichnisses übereinstimmt. Zudem ist der Gläubiger darauf hinzuweisen, dass er die erlangten Daten nur zu Vollstreckungszwecken verwenden darf und nach Zweckerreichung (z.B. bei

Vollzahlung des Schuldners) die Daten zu löschen sind (§ 802d Abs. 1 Satz 3 ZPO, § 5 Abs. 4 Satz 2 VermVV).

Der Gerichtsvollzieher muss das elektronische Vermögensverzeichnis spätestens nach drei Monaten nach Eingang der Eintragungsbestätigung des Zentralen Vollstreckungsgerichts auf seinem PC löschen (§ 5 Abs. 2 Satz 4 VermVV).

7.9 Sofortige Abnahme der Vermögensauskunft

> § 807 ZPO Abnahme der Vermögensauskunft nach Pfändungsversuch
>
> (1) Hat der Gläubiger die Vornahme der Pfändung beim Schuldner beantragt und
> 1. hat der Schuldner die Durchsuchung (§ 758) verweigert oder
> 2. ergibt der Pfändungsversuch, dass eine Pfändung voraussichtlich nicht zu einer vollständigen Befriedigung des Gläubigers führen wird,
> so kann der Gerichtsvollzieher dem Schuldner die Vermögensauskunft auf Antrag des Gläubigers abweichend von § 802f sofort abnehmen. § 802f Abs. 5 und 6 findet Anwendung.
> (2) Der Schuldner kann einer sofortigen Abnahme widersprechen. In diesem Fall verfährt der Gerichtsvollzieher nach § 802f; der Setzung einer Zahlungsfristbedarf es nicht.

7.9.1 Voraussetzungen

Der Gläubiger hat durch entsprechende Antragstellung (vgl. § 802a Abs. 2 ZPO) die Möglichkeit, die Pfändung sofort zu betreiben. Es besteht daher die Möglichkeit, die Vermögensauskunft unmittelbar in Verbindung mit einem Vollstreckungsversuch an Ort und Stelle abzunehmen. Dies ist auch ganz selbstverständlich, denn zeitlich vor dem durch den Gerichtsvollzieher anberaumten Termin kann der Schuldner die geschuldete Leistung, in diesem Fall die Vermögensauskunft, immer freiwillig erbringen. Und um nichts anderes handelt es sich bei der Sofortabnahme. Die Norm des § 807 ZPO will unnötigen Formalismus in den Fällen vermeiden, in denen der Gerichtsvollzieher ohnehin vor Ort und der Schuldner abgabebereit ist.

Allerdings soll der Gerichtsvollzieher den Schuldner nicht allein zum Zwecke einer Sofortabnahme aufsuchen, sondern nur dann, wenn er wegen eines Pfändungsauftrages ohnehin schon an Ort und Stelle ist. Daher setzt § 807 ZPO voraus, dass der Gerichtsvollzieher an Ort und Stelle einen Pfändungsversuch gerade durchgeführt hat, der nicht von Erfolg beschieden war (siehe § 807 Abs. 1 Nr. 1 ZPO) bzw. der Schuldner vor Ort unmittelbar die Durchsuchung verweigert hat (siehe § 807 Abs. 1 Nr. 2 ZPO).

Voraussetzungen für die sofortige Abnahme der Vermögensauskunft sind gegeben wenn,

- ein Antrag des Gläubigers (Pfändungs- und Vermögensauskunftsauftrag) vorliegt
- erfolgloser Pfändungsversuch erfolgt ist, der nicht zur vollständigen Befriedigung des Gläubigers geführt hat **oder**
- der Schuldner die Durchsuchung der Wohnung verweigert
- die zweijährige Sperrfrist des § 802d ZPO nicht entgegensteht
- der Schuldner mit der Sofortabnahme einverstanden ist.

Eine zweiwöchige Zahlungsfrist und eine Terminladung sind bei einer sofortigen Abnahme der Vermögensauskunft nicht erforderlich, da es sich um keinen Termin in dem Sinne handelt, an dessen Nichtbeachtung Rechtsfolgen geknüpft wären.

Für die sofortige Abnahme ist gemäß § 807 Abs. 1 Satz 2 ZPO die Norm § 802f Abs. 5 und 6 ZPO entsprechend anwendbar. Das heißt, dass der Gerichtsvollzieher das Vermögensverzeichnis vor Ort beim Schuldner in elektronischer Form erstellt, dieses dem nach § 802k ZPO zuständigen Gericht übermittelt und dem Gläubiger einen Ausdruck zuleiten muss.

7.9.2 Widerspruch des Schuldners gegen die sofortige Abnahme

Der Schuldner hat jederzeit das Recht, der Sofortabnahme zu widersprechen (§ 807 Abs. 2 Satz 1 ZPO). Macht der Schuldner davon Gebrauch, leitet der Gerichtsvollzieher das Verfahren nach § 802f ZPO ein und lädt den Schuldner zum Termin. Der Setzung einer 2-wöchigen Zahlungsfrist zum Begleichen der Forderung bedarf es dann nicht (§ 807 Abs. 2 Satz 2 Halbsatz 2 ZPO).

> **TIPP:** Für den Fall, dass ein kombinierter Auftrag nach § 807 ZPO vorliegt, wäre zu empfehlen, eine Ladung zum Termin auf Abnahme der Vermögensauskunft (Terminsort: Gerichtsvollzieherbüro) mitzunehmen, für den Fall, dass der Schuldner der sofortigen Abnahme widerspricht. Die Ladung könnte dann dem Schuldner sofort zugestellt werden (§ 807 Abs. 2 Satz 2 Halbsatz 1 i.V.m. § 802f Abs. 1, 4 ZPO, unter Beachtung der Ladungsfrist von 3 Tagen, § 217 ZPO). Eine Zahlungsfrist ist entbehrlich.

Dem Gläubiger selbst steht kein Widerspruchsrecht gegen die sofortige Abnahme der Vermögensauskunft zu. Der Gläubiger, der einen kombinierten Auftrag erteilt, muss mit einer Sofortabnahme der Vermögensauskunft rechnen.

8. Zentrale Verwaltung der Vermögensverzeichnisse

> **§ 802k Zentrale Verwaltung der Vermögensverzeichnisse**
>
> (1) Nach § 802f Abs. 6 dieses Gesetzes oder nach § 284 Abs. 7 Satz 4 der Abgabenordnung zu hinterlegende Vermögensverzeichnisse werden landesweit von einem zentralen Vollstreckungsgericht in elektronischer Form verwaltet. Die Vermögensverzeichnisse können über eine zentrale und länderübergreifende Abfrage im Internet eingesehen und abgerufen werden. Gleiches gilt für Vermögensverzeichnisse, die auf Grund einer § 284 Abs. 1 bis 7 der Abgabenordnung gleichwertigen bundesgesetzlichen oder landesgesetzlichen Regelung errichtet wurden, soweit diese Regelung die Hinterlegung anordnet. Ein Vermögensverzeichnis nach Satz 1 oder Satz 2 ist nach Ablauf von zwei Jahren seit Abgabe der Auskunft oder bei Eingang eines neuen Vermögensverzeichnisses zu löschen.
>
> (2) Die Gerichtsvollzieher können die bei dem zentralen Vollstreckungsgericht nach Absatz 1 verwalteten Vermögensverzeichnisse zu Vollstreckungszwecken abrufen. Den Gerichtsvollziehern stehen Vollstreckungsbehörden gleich, die
> 1. Vermögensauskünfte nach § 284 der Abgabenordnung verlangen können,
> 2. durch Bundesgesetz oder durch Landesgesetz dazu befugt sind, vom Schuldner Auskunft über sein Vermögen zu verlangen, wenn diese Auskunftsbefugnis durch die Errichtung eines nach Absatz 1 zu hinterlegenden Vermögensverzeichnisses ausgeschlossen wird, oder
> 3. durch Bundesgesetz oder durch Landesgesetz dazu befugt sind, vom Schuldner die Abgabe einer Vermögensauskunft nach § 802c gegenüber dem Gerichtsvollzieher zu verlangen.
>
> Zur Einsicht befugt sind ferner Vollstreckungsgerichte, Insolvenzgerichte und Registergerichte sowie Strafverfolgungsbehörden, soweit dies zur Erfüllung der ihnen obliegenden Aufgaben erforderlich ist.
>
> (3) Die Landesregierungen bestimmen durch Rechtsverordnung, welches Gericht die Aufgaben des zentralen Vollstreckungsgerichts nach Absatz 1 wahrzunehmen hat. Sie können diese Befugnis auf die Landesjustizverwaltungen übertragen. Das zentrale Vollstreckungsgericht nach Absatz 1 kann andere Stellen mit der Datenverarbeitung beauftragen; die jeweiligen datenschutzrechtlichen Bestimmungen über die Verarbeitung personenbezogener Daten im Auftrag sind anzuwenden.

(4) Das Bundesministerium der Justiz und für Verbraucherschutz wird ermächtigt, durch Rechtsverordnung mit Zustimmung des Bundesrates die Einzelheiten der Form, Aufnahme, Übermittlung, Verwaltung und Löschung der Vermögensverzeichnisse nach § 802f Abs. 5 dieses Gesetzes und nach § 284 Abs. 7 der Abgabenordnung oder gleichwertigen Regelungen im Sinne von Absatz 1 Satz 2 sowie der Einsichtnahme, insbesondere durch ein automatisiertes Abrufverfahren, zu regeln. Die Rechtsverordnung hat geeignete Regelungen zur Sicherung des Datenschutzes und der Datensicherheit vorzusehen. Insbesondere ist sicherzustellen, dass die Vermögensverzeichnisse

1. bei der Übermittlung an das zentrale Vollstreckungsgericht nach Absatz 1 sowie bei der Weitergabe an die anderen Stellen nach Absatz 3 Satz 3 gegen unbefugte Kenntnisnahme geschützt sind,
2. unversehrt und vollständig wiedergegeben werden,
3. jederzeit ihrem Ursprung nach zugeordnet werden können und
4. nur von registrierten Nutzern abgerufen werden können und jeder Abrufvorgang protokolliert wird.

8.1 Verwaltung beim Zentralen Vollstreckungsgericht

Gemäß § 802k Abs. 1 Satz 1 ZPO werden Vermögensverzeichnisse landesweit in elektronischer Form bei einem Zentralen Vollstreckungsgericht in einem Vermögensverzeichnisregister verwaltet (§ 2 VermVV).

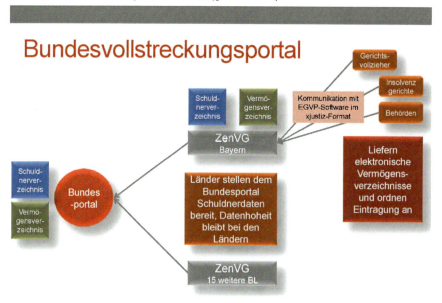

Nach § 802k Abs. 3 Satz 1 und § 882h Abs. 2 Satz 1 ZPO haben die Landesjustizverwaltungen durch entsprechende Rechtsverordnung Gerichte bestimmt, die die Aufgaben des Zentralen Vollstreckungsgerichts ab 01.01.2013 wahrnehmen.

8.2 Zentrale Vollstreckungsgerichte in Deutschland

Baden-Württemberg	Amtsgericht Karlsruhe Zentrales Vollstreckungsgericht des Landes Baden-Württemberg Schlossplatz 23 76131 Karlsruhe
Bayern	Amtsgericht Hof Zentrales Vollstreckungsgericht des Freistaats Bayern Berliner Platz 1 95030 Hof
Berlin	Amtsgericht Berlin-Mitte Zentrales Vollstreckungsgericht des Landes Berlin Littenstraße 12 - 17 10179 Berlin
Brandenburg	Amtsgericht Nauen Zentrales Vollstreckungsgericht des Landes Brandenburg Paul-Jerchel-Straße 9 14641 Nauen
Bremen	Amtsgericht Bremerhaven Zentrales Vollstreckungsgericht des Landes Bremen Nordstraße 10 27580 Bremerhaven
Hamburg	Amtsgericht Hamburg Mitte Zentrales Vollstreckungsgericht des Stadtstaats Hamburg Sievekingplatz 1 (Ziviljustizgebäude) 20355 Hamburg
Hessen	Amtsgericht Hünfeld Zentrales Vollstreckungsgericht des Landes Hessen Hauptstraße 24 36088 Hünfeld
Mecklenburg- Vorpommern	Amtsgericht Neubrandenburg Zentrales Vollstreckungsgericht des Landes Mecklenburg Vorpommern Friedrich-Engels-Ring 16-18 17033 Neubrandenburg

Niedersachsen	Amtsgericht Goslar
Zentrales Vollstreckungsgericht
des Landes Niedersachsen
Hoher Weg 9
38640 Goslar
Nordrhein-Westfalen	Amtsgericht Hagen
Zentrales Vollstreckungsgericht
des Landes Nordrhein-Westfalen
Heinitzstraße 42
58097 Hagen
Rheinland-Pfalz	Amtsgericht Kaiserslautern
Zentrales Vollstreckungsgericht
des Landes Nordrhein-Westfalen
Bahnhofstr. 24,
67655 Kaiserslautern
Saarland	Amtsgericht Saarbrücken
Zentrales Vollstreckungsgericht
für das Saarland
Franz-Josef-Röder-Str. 13
66119 Saarbrücken
Sachsen	Amtsgericht Zwickau
Zentrales Vollstreckungsgericht
des Landes Sachsen
Platz der Deutschen Einheit 1
08056 Zwickau
Sachsen-Anhalt	Amtsgericht Dessau-Roßlau
Zentrales Vollstreckungsgericht
des Landes Sachsen-Anhalt
Willy-Lohmann-Str. 29
06844 Dessau-Roßlau
Schleswig-Holstein	Amtsgericht Schleswig
Zentrales Vollstreckungsgericht
des Landes Schleswig-Holstein
Lollfuß 78
24837 Schleswig
Thüringen	Amtsgericht Meiningen
Zentrales Vollstreckungsgericht
des Freistaats Thüringen
Lindenallee 15
98617 Meiningen

Bei diesen Gerichten werden auch die zentralen Schuldnerverzeichnisse geführt (§ 882h ZPO).

Alle Gerichtsvollzieher übermitteln gemäß § 802f Abs. 6 ZPO dem Zentralen Vollstreckungsgericht die von ihnen abgenommenen Vermögensverzeichnisse in elektronischer Form (§ 4 Abs. 1 Satz 1 VermVV). Dazu sind die Gerichtsvollzieher beim jeweiligen Zentralen Vollstreckungsgericht registriert (§ 4 Abs. 1 Satz 2, § 8 Abs. 1 VermVV).

Bei der Übermittlung hat der Gerichtsvollzieher darauf zu achten, dass das Vermögensverzeichnis eine Erklärung/Dokumentation beinhaltet, ob

- dem Schuldner seine Vermögensangaben vor Abgabe der eidesstattlichen Versicherung vorgelesen bzw. zur Durchsicht am Bildschirm wiedergegeben wurden (§ 802f Abs. 5 Satz 2 ZPO, § 3 Abs. 2 Nr. 1 VermVV)
- dem Schuldner auf sein Verlangen hin ein Abdruck des Vermögensverzeichnisses erteilt wurde (§ 802f Abs. 5 Satz 3 ZPO, § 3 Abs. 2 Nr. 1 VermVV)
- und wann der Schuldner die eidesstattliche Versicherung nach § 802c Abs. 3 ZPO geleistet hat (Datumsangabe), § 3 Abs. 2 Nr. 2 VermVV (wichtig wegen der Löschungsfrist von 2 Jahren, siehe § 6 Abs. 1 VermVV!)
- um welche Art der Vermögensauskunft es sich handelt (§ 802c, § 802d ZPO, Nachbesserung)

Entsprechendes gilt gemäß § 284 Abs. 7 Satz 3 AO für die Vermögensverzeichnisse, die im Rahmen der Verwaltungsvollstreckung von den Vollstreckungsbehörden errichtet wurden.

Sofern bei der Prüfung beim Zentralen Vollstreckungsgericht keine Hindernisse ersichtlich sind, trägt dieses das Vermögensverzeichnis in das Vermögensverzeichnisregister ein (§ 5 Abs. 2 Satz 1 VermVV). Mit der Eintragung in das Register gilt das Vermögensverzeichnis i.S.d. § 802f Abs. 6 Satz 1 ZPO als hinterlegt (§ 5 Abs. 2 Satz 2 VermVV). Über die Eintragung erhält der Gerichtsvollzieher eine Eintragungsbestätigung übersandt (§ 5 Abs. 2 Satz 3 VermVV).

Das jeweilige Vermögensverzeichnis wird bei dem zentralen Vollstreckungsgericht für die Dauer von zwei Jahren nach seiner Abgabe (entsprechend der zweijährigen

Sperrwirkung des § 802d Abs. 1 Satz 1 ZPO bzw. des § 284 Abs. 4 Satz 1 AO) oder bis zum Eingang eines neuen Verzeichnisses gespeichert (im Fall der erneuten Vermögensauskunft, § 802d Abs. 1 Satz 1 ZPO).

Nach Ablauf der 2-Jahresfrist erfolgt die Löschung von Amts wegen (§ 802k Abs. 1 Satz 3 ZPO, § 6 Abs. 1 VermVV). Die Frist von zwei Jahren beginnt mit Abgabe der Vermögensauskunft zu laufen bzw. mit Eingang eines neu zu hinterlegenden Vermögensverzeichnisses (§ 6 Abs. 1 VermVV). Es handelt sich dabei um eine „unechte Frist" mit der Folge, dass § 222 Abs. 2 ZPO keine Anwendung findet, m.a.W. kann die Frist auch an einem Wochenende/Feiertag enden. Im Verfahren zur erneuten Vermögensauskunft nach § 802d Abs. 1 Satz 1 ZPO muss der Gerichtsvollzieher dem Zentralen Vollstreckungsgericht zusätzlich mitteilen, dass es sich um eine erneute Vermögensauskunft handelt (§ 6 Abs. 2 VermVV).

Sind verschiedene Zentrale Vollstreckungsgerichte involviert (z.B. weil der Schuldner umgezogen ist), muss das Gericht, das ein neues Vermögensverzeichnis im Vermögensverzeichnisregister erfasst, das Zentrale Vollstreckungsgericht benachrichtigen, das ein älteres Vermögensverzeichnis verwaltet (§ 6 Abs. 3 VermVV).

Beachte:

Die Befriedigung des Gläubigers vor Ablauf der 2-Jahresfrist führt zu keiner vorzeitigen Löschung des Vermögensverzeichnisses. Zum Schutz des Schuldners vor erneuter Abgabe einer Vermögensauskunft und aus Gründen der Entlastung der Justiz stehen die Daten aus dem Vermögensverzeichnis zwei Jahre lang für weitere Vollstreckungsverfahren zur Verfügung.

8.3 Abruf des Vermögensverzeichnisses durch den Gerichtsvollzieher

Nach § 802k Abs. 2 Satz 1 ZPO kann der Gerichtsvollzieher hinterlegte Vermögensverzeichnisse für Vollstreckungszwecke zur Einsichtnahme abrufen (§ 7 Abs. 1, 2 VermVV).

Dies ist vor allem deshalb notwendig, weil

- der Gerichtsvollzieher wegen § 802d Abs. 1 Satz 1 ZPO bei Eingang eines Auftrags auf Abgabe der Vermögensauskunft überprüfen muss, ob der Schuldner bereits innerhalb der letzten zwei Jahre eine Vermögensauskunft abgegeben hat.

- nun nicht mehr das Vollstreckungsgericht für die Erteilung von Abschriften des hinterlegten Vermögensverzeichnisses zuständig ist, sondern der Gerichtsvollzieher in den Fällen, in denen der Gläubiger innerhalb der 2-Jahressperrfrist einen Antrag auf Vermögensauskunft stellt (§ 802d Abs. 1 Satz 2 ZPO).

Die Abfrage setzt eine Registrierung des Gerichtsvollziehers voraus (§ 7 Abs. 1, § 8 Abs. 2 VermVV).

Die ab 01.01.2013 nach § 802f Abs. 5 ZPO errichteten und beim Zentralen Vollstreckungsgericht hinterlegten Vermögensverzeichnisse können **nur noch vom Gerichtsvollzieher abgerufen** werden. Hierfür wird eine Gebühr nach KV Nr. 261 GvKostG[83] erhoben.

Privatpersonen – vor allem Gläubiger/Gläubigervertreter – können auf hinterlegte Vermögensverzeichnisse nicht unmittelbar zugreifen, haben also **kein direktes Einsichtsrecht**. Drittgläubiger mit einer titulierten Forderung gegen den Schuldner erhalten auf Antrag eine Abschrift des Vermögensverzeichnisses nach Maßgabe von § 802f Abs. 6 oder § 802d Abs. 1 Satz 2 ZPO durch den Gerichtsvollzieher. Da es einen reinen Antrag auf Erteilung eines beim Zentralen Vollstreckungsgericht hinterlegten Vermögensverzeichnisses nicht gibt, muss der Gläubiger zwingend einen Antrag auf Vermögensauskunft beim Gerichtsvollzieher stellen.

Auch der Schuldner kann nach § 802f Abs. 5 Satz 3 ZPO im Rahmen einer Selbstauskunft einen Ausdruck des Vermögensverzeichnisses verlangen.

Gemäß § 802k Abs. 2 Satz 2 ZPO wird bestimmten Vollstreckungsbehörden in gleicher Weise wie dem Gerichtsvollzieher ein unmittelbares Einsichtsrecht gewährt.

---

[83] 33,- € für die Übermittlung eines Vermögensverzeichnisses an einen Drittgläubiger, § 802d Abs. 1 Satz 2 ZPO

Dies betrifft nach § 802k Abs. 2 Satz 2 Nr. 1 ZPO zunächst die Fälle, in denen die Vollstreckungsbehörde gemäß § 284 AO selbst zur Abnahme der Vermögensauskunft befugt ist, weil die Abgabenordnung unmittelbar anwendbar ist oder ein Bundes- bzw. Landesgesetz auf § 284 AO verweist.
Für Vollstreckungsbehörden nach der Justizbeitreibungsordnung ist im Hinblick auf die Verweisung auf die Vorschriften der Zivilprozessordnung in § 6 JBeitrO ein Einsichtsrecht vorgesehen. Nichts anderes kann gelten, wenn § 284 AO zwar weder unmittelbar noch durch Verweisung anwendbar ist, aber das einschlägige Verwaltungsvollstreckungsrecht eine eigenständige Regelung zur Abnahme der Selbstauskunft des Schuldners über sein Vermögen trifft und dabei die Befugnis zur Abnahme der Selbstauskunft entsprechend § 284 Abs. 4 S. 1 AO für den Fall ausschließt, dass innerhalb einer Sperrfrist bereits ein nach § 802k Abs. 1 Satz 1 ZPO oder § 802k Abs. 1 Satz 3 ZPO zu hinterlegendes Vermögensverzeichnis errichtet wurde.

In § 802k Abs. 2 Satz 2 Nr. 3 ZPO ist schließlich auch denjenigen Vollstreckungsbehörden ein unmittelbares Einsichtsrecht in die hinterlegten Vermögensverzeichnisse gewährt, die dem Schuldner zwar nicht selbst eine Vermögensauskunft abnehmen, aber den Gerichtsvollzieher mit der Abnahme beauftragen können (vgl. Art 26 Abs. 2 VwZVG Bay, § 6 Abs. 1 Nr. 1 JBeitrO).

Eine solche könnte etwa durch die Übermittlung hinterlegter Vermögensverzeichnisse nach § 802d Abs. 1 Satz 2 ZPO oder durch die wegen § 802d Abs. 1 Satz 1 ZPO erforderliche Klärung entstehen, ob bereits eine Vermögensauskunft abgegeben wurde.
Gemäß § 802k Abs. 2 Satz 3 ZPO sind folgende weitere staatliche Stellen befugt, in die Vermögensverzeichnisse einsehen zu können, soweit dies zur Erfüllung ihrer Aufgaben erforderlich ist.

- Vollstreckungsgerichte
- Insolvenzgerichte
- Registergerichte
- Strafverfolgungsbehörden (Staatsanwaltschaften)

Die Kenntnis vom Vermögensverzeichnis muss für die staatliche Stelle zur Erfüllung ihrer Aufgaben erforderlich, nicht nur nützlich sein. Bei den einzelnen Vollstreckungsgerichten ist die Erforderlichkeit der Datenkenntnis zu bejahen, soweit sie in Rechtsbehelfsverfahren das Verfahren zur Abnahme der Vermögensauskunft (§§ 802c, 802d, 802f ZPO) oder die Eintragungsanordnung gemäß § 882c ZPO zu überprüfen haben. Gleiches gilt für die Entscheidung über den Erlass eines Haftbefehls gemäß § 802g ZPO, bei der die Voraussetzungen der Pflicht zur Abgabe der Vermögensauskunft (insbesondere § 802d ZPO) zu prüfen sind.

In den oben genannten Fällen dient ein direktes Einsichtsrecht in die bei dem Zentralen Vollstreckungsgericht verwalteten Vermögensverzeichnisse der Verfahrensbeschleunigung, ohne dass eine Einschaltung des Gerichtsvollziehers zur Sicherung der datenschutzrechtlichen Interessen des Betroffenen geboten wäre.

Ein Einsichtsrecht des Vollstreckungsgerichts ist jedoch nicht erforderlich, soweit dieses als **Vollstreckungsorgan im Rahmen der Forderungspfändung** tätig wird. Denn der Gläubiger hat hier die zu pfändende Forderung des Schuldners genau zu bezeichnen; Einsicht in ein vorhandenes Vermögensverzeichnis seines Schuldners erhält er gegebenenfalls über den zuständigen Gerichtsvollzieher.

Bei den Staatsanwaltschaften kann die Kenntnis vom Inhalt der Vermögensauskunft zur Verfolgung von Straftaten erforderlich sein. Dies kommt insbesondere in Betracht bei der Verfolgung von Betrugs- und Insolvenzstraftaten, Geldwäschedelikten, falscher Versicherung an Eides statt und Verletzung der Unterhaltspflicht. Aus dem Inhalt der Vermögensauskunft ergeben sich meist Erkenntnisse zur Beurteilung der wirtschaftlichen Leistungsfähigkeit des Beschuldigten. Solche Rückschlüsse lassen sich allein aus der Tatsache, dass der Beschuldigte in das Schuldnerverzeichnis gemäß § 882b ZPO eingetragen ist, nicht ziehen.

Die Insolvenzgerichte haben im Rahmen des Eröffnungsverfahrens die Vermögenssituation des Schuldners zu prüfen. Kommt der Schuldner seiner Pflicht zur Vorlage eines Verzeichnisses seines Vermögens gemäß § 20 InsO nicht nach, so greifen die Insolvenzgerichte im Rahmen der Amtsermittlungen gemäß § 5 InsO auf die beim Vollstreckungsgericht hinterlegten Vermögensverzeichnisse zurück.

Sicherungsmaßnahmen wie ein allgemeines Verfügungsverbot können so den im Vermögensverzeichnis genannten Drittschuldnern schneller mitgeteilt werden.

Den Registergerichten obliegt gemäß § 394 FamFG die Löschung vermögensloser Gesellschaften. Zur Feststellung der Vermögenslosigkeit der Gesellschaft erhalten die Registergerichte Abschriften der Vermögensverzeichnisse von Aktiengesellschaften, Kommanditgesellschaften auf Aktien, Gesellschaften mit beschränkter Haftung oder Genossenschaften übersandt (Unterabschnitt X/3 MiZi, § 15 Nr. 1 EGGVG).

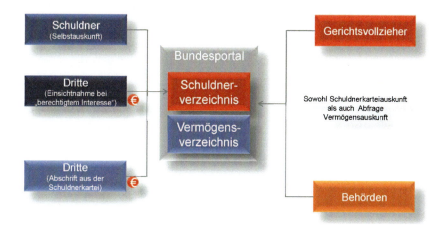

9. Eintragung in das Schuldnerverzeichnis -Anordnungsverfahren-

§ 882c ZPO Eintragungsanordnung

(1) Der zuständige Gerichtsvollzieher ordnet von Amts wegen die Eintragung des Schuldners in das Schuldnerverzeichnis an, wenn
1. der Schuldner seiner Pflicht zur Abgabe der Vermögensauskunft nicht nachgekommen ist;
2. eine Vollstreckung nach dem Inhalt des Vermögensverzeichnisses offensichtlich nicht geeignet wäre, zu einer vollständigen Befriedigung des Gläubigers zu führen, auf dessen Antrag die Vermögensauskunft erteilt oder dem die erteilte Auskunft zugeleitet wurde, oder
3. der Schuldner dem Gerichtsvollzieher nicht innerhalb eines Monats nach Abgabe der Vermögensauskunft oder Bekanntgabe der Zuleitung nach § 802d Abs. 1 Satz 2 die vollständige Befriedigung des Gläubigers nachweist, auf dessen Antrag die Vermögensauskunft erteilt oder dem die erteilte Auskunft zugeleitet wurde. Dies gilt nicht, solange ein Zahlungsplan nach § 802b festgesetzt und nicht hinfällig ist.

Die Anordnung der Eintragung des Schuldners in das Schuldnerverzeichnis ist Teil des Vollstreckungsverfahrens.

(2) Die Eintragungsanordnung soll kurz begründet werden. Der Gerichtsvollzieher stellt sie dem Schuldner von Amts wegen zu, soweit sie ihm nicht mündlich bekannt gegeben und in das Protokoll aufgenommen wird (§ 763 Absatz 1). Über die Bewilligung der öffentlichen Zustellung entscheidet abweichend von § 186 Absatz 1 Satz 1 der Gerichtsvollzieher.

(3) Die Eintragungsanordnung hat die in § 882b Abs. 2 und 3 genannten Daten zu enthalten. Sind dem Gerichtsvollzieher die nach § 882b Abs. 2 Nr. 1 bis 3 im Schuldnerverzeichnis anzugebenden Daten nicht bekannt, holt er Auskünfte bei den in § 755 Abs. 1 und 2 Satz 1 Nr. 1 genannten Stellen ein, um die erforderlichen Daten zu beschaffen. Hat der Gerichtsvollzieher Anhaltspunkte dafür, dass zugunsten des Schuldners eine Auskunftssperre gemäß § 51 des Bundesmeldegesetzes eingetragen oder ein bedingter Sperrvermerk gemäß § 52 des Bundesmeldegesetzes eingerichtet wurde, hat der Gerichtsvollzieher den Schuldner auf die Möglichkeit eines Vorgehens nach § 882f Absatz 2 hinzuweisen.

9.1 Das amtliche Eintragungsanordnungsverfahren

Die Anordnung zur Eintragung des Schuldners in das Schuldnerverzeichnis obliegt dem Gerichtsvollzieher (§ 882c Abs. 1 ZPO). Ob das Verfahren zur Eintragung eine Maßnahme der Zwangsvollstreckung darstellt oder lediglich einen Akt der gerichtlichen Verwaltung, ist in Rechtsprechung und Literatur strittig[84]. Dies ist vom Gesetzgeber insofern klargestellt, dass die Anordnung der Eintragung in das Schuldnerverzeichnis Teil des Vollstreckungsverfahrens ist (§ 882c Abs. 1 Satz 2 ZPO). Die Eintragung in das Schuldnerverzeichnis erfolgt jedenfalls nicht auf Antrag des Gläubigers, sondern immer von Amts wegen. Bei der Eintragung handelt es nicht um eine Vollstreckungsmaßnahme, sondern es liegt ein amtliches Folgeverfahren aufgrund einer begonnenen oder durchgeführten Zwangsvollstreckungsmaßnahme vor[85]. In § 882h Abs. 2 Satz 2 ZPO ist lediglich klargestellt, dass die Führung des Schuldnerverzeichnisses kein Akt der Gerichtsbarkeit, sondern eine Angelegenheit der Justizverwaltung ist. Dagegen ist das Eintragungsanordnungsverfahren des Gerichtsvollziehers (§ 882c ZPO) Teil des gerichtlichen Zwangsvollstreckungsverfahrens. Dies ist relevant bei der Frage, ob in diesem Stadium des Verfahrens eine gütliche Erledigung nach § 802b ZPO möglich ist, was bei einer Vollzahlung des Schuldners mit der Eintragungsanordnung geschieht usw. (siehe hierzu 9.1.2.3).

---

[84] vgl. OLG Hamm, NJW 1961, 737; OLG Oldenburg, RPfl 1978, 267; Schuschke/ Walker, 3. Auflage, § 915 Rn. 2 m. w. N.; ausführlich: AG Leipzig, DGVZ 2013, S. 138
[85] Wasserl, DGVZ 2013, S. 85; zustimmend BGH I ZB 107/14, Beschluss vom 21.12.2015

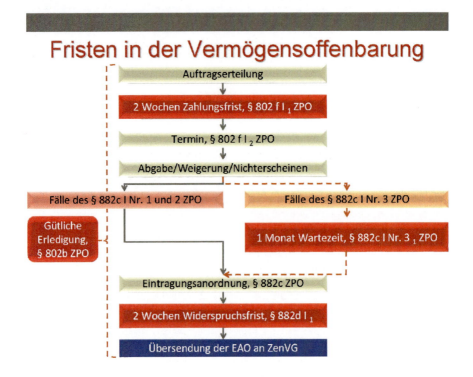

9.1.1 Zuständigkeit

Der nach §§ 882c Abs. 1, 802e Abs. 1 ZPO zuständige Gerichtsvollzieher ordnet von Amts wegen die Eintragung des Schuldners in das Schuldnerverzeichnis an, wenn die Voraussetzungen nach § 882c Abs. 1 Nr. 1 bis 3 ZPO vorliegen.

9.1.2 Eintragungsgründe

Die Eintragungsgründe sind entsprechend der neuen Funktion des Schuldnerverzeichnisses als Auskunftsregister über die Kreditunwürdigkeit einer Person neu zu bestimmen (siehe § 882f ZPO) und nicht mehr zwingende Folge der Vermögensauskunft.

Die Abgabe der Vermögensauskunft selbst ist reine Sachaufklärungsmaßnahme und sagt allein nichts über die Kreditwürdigkeit des Schuldners aus. Das heißt, dass nicht jeder Schuldner, der eine Vermögensauskunft erteilt hat, zwingend in das Schuldnerverzeichnis eingetragen wird.

Voraussetzung für die Anordnung der Eintragung in das Schuldnerverzeichnis ist das Vorliegen eines Eintragungsgrundes nach § 882c Abs. 1 Nr. 1 bis 3 ZPO.

In § 882c Abs. 1 ZPO werden die **drei Eintragungsgründe** aufgeführt.

Dabei kommt § 882c Abs.1 Nr. 1 ZPO nur bei bestehender Vermögensauskunftspflicht des Schuldners in Betracht, während die in § 882c Abs. 1 Nr. 2 und 3 ZPO aufgeführten Tatbestände auch für Vollstreckungsverfahren von Folgegläubigern gelten, die während laufender Sperrfrist (§ 802d ZPO) auf Grund des Vermögensverzeichnisses die Vollstreckung betreiben (§ 802d Abs. 1 Satz 4 ZPO). In diesen Fällen kann es zur mehrfachen Eintragung desselben Schuldners kommen. Die einzelnen Eintragungen sind dabei nach § 882b Abs. 2 Nr. 4 ZPO an den unterschiedlichen Aktenzeichen zu erkennen, aber jeweils rechtlich selbständig zu behandeln.

9.1.2.1 Eintragungsgrund nach § 882c Abs. 1 Nr. 1 ZPO

Eine Eintragung ist anzuordnen, wenn der Schuldner im Verfahren zur Abgabe der Vermögensauskunft nicht mitwirkt. Das Druckmittel einer Eintragung in das Schuldnerverzeichnis soll in allen Fällen greifen, in denen es wegen **pflichtwidrigen Verhaltens des Schuldners** nicht zur Abgabe der Vermögensauskunft kommt.

Demnach ordnet der Gerichtsvollzieher die Eintragung in das Schuldnerverzeichnis an, wenn:

- der Schuldner unentschuldigt dem anberaumten Termin zur Abgabe der Vermögensauskunft ferngeblieben ist.
- der Schuldner die Abgabe der Vermögensauskunft verweigert
- der Schuldner die Abgabe der eidesstattliche Versicherung verweigert
- der Schuldner die erforderlichen Dokumente nicht vorlegt, wodurch die Abgabe vereitelt wird (vgl. § 802f Abs. 1 Satz 3, Abs. 2 Satz 3 ZPO)

- der Schuldner nicht binnen der Wochenfrist des § 802f Abs. 2 ZPO der Ansetzung eines Termins zur Vermögensauskunft[86] in seiner Wohnung/seinem Geschäftslokal widerspricht und dann zum Termin nicht anwesend ist oder den Zutritt verweigert

9.1.2.2 Eintragungsgrund nach § 882c Abs. 1 Nr. 2 ZPO

Eine Eintragung des Schuldners soll auch erfolgen, wenn nach dem **Inhalt des Vermögensverzeichnisses** von vornherein zweifelsfrei ist, dass eine Vollstreckung in die dort aufgeführten Gegenstände jedenfalls keine vollständige Befriedigung des Gläubigers bewirken könnte (Aussichtslosigkeit).

Hat der Schuldner in seinem Vermögensverzeichnis pfändbare Vermögensgegenstände angegeben, so muss der Gläubiger grundsätzlich eine Vollstreckung versuchen. Für eine Eintragung des Schuldners in das Schuldnerverzeichnis besteht zu diesem Zeitpunkt grundsätzlich kein Anlass. Ergibt sich allerdings aus dem Inhalt des Vermögensverzeichnisses, dass auch mit den Mitteln des Vollstreckungsrechts eine vollständige Befriedigung des Gläubigers nicht erzielt werden kann, dann steht das (mindestens teilweise negative) Ergebnis des Vollstreckungsverfahrens bereits fest. Der Tatbestand des § 882c Abs. 1 Nr. 2 ZPO umfasst dementsprechend nicht nur die Fälle, in denen das Vermögensverzeichnis überhaupt keine pfändbaren Gegenstände ausweist, sondern auch die praktisch sehr häufigen Vermögensauskünfte, in denen angesichts des Wertes der angegebenen Gegenstände eine vollständige Befriedigung des Gläubigers im Vollstreckungswege voraussichtlich nicht zu erzielen sein wird.

Der Tatbestand verlangt daher vom **Gerichtsvollzieher eine Prognose**. Diese Prognosekompetenz des Gerichtsvollziehers soll jedoch auf **eindeutige Fälle** der offensichtlichen Zulänglichkeit oder Unzulänglichkeit der Vollstreckungsmasse beschränkt bleiben, um komplexe (und entsprechend aufwändige und fehleranfällige) Bewertungsfragen und infolgedessen zu erwartenden erheblichen gerichtlichen Überprüfungsaufwand zu vermeiden.

---

[86] nicht zu verwechseln mit der sofortigen Abnahme nach § 807 ZPO. Hier ist ein in der Wohnung des Schuldners anberaumter Termin gemeint.

Im Zweifelsfall hat eine Eintragungsanordnung auf der Grundlage von § 882c Abs. 1 Nr. 2 ZPO zu unterbleiben. Eine Prognose der Aussichtslosigkeit kann der Gerichtsvollzieher regelmäßig schon im Termin der Abnahme der Vermögensauskunft treffen. Die Entscheidung über die Anordnung nach § 882c Abs. 1 Nr. ZPO ist in das Vollstreckungsprotokoll aufzunehmen (§ 882c Abs. 2 ZPO).

Der Eintragungsgrund nach § 882c Abs. 1 Nr. 2 ZPO kommt auch für Folgegläubiger (Drittgläubiger) zur Anwendung, die während der 2-jährigen Sperrfrist des § 802d ZPO eine Abschrift des hinterlegten Vermögensverzeichnisses erhalten, wenn sich die Vollstreckungsmasse als offensichtlich unzulänglich erweist.

Der Gerichtsvollzieher muss auch in diesen Fällen die erteilte Abschrift dahingehend überprüfen, ob die im Vermögensverzeichnis angegebenen Vermögenswerte des Schuldners ausreichen, den betreibenden Gläubiger zu befriedigen.

Der Antrag von Folgegläubigern auf Vermögensauskunft innerhalb der Sperrfrist von zwei Jahren wird in vielen Fällen demnach dazu führen, dass der Schuldner mehrfach im Schuldnerverzeichnis eingetragen wird. Gläubiger können damit aus dem Schuldnerverzeichnis erkennen, wie viele Gläubiger gegen den Schuldner die Zwangsvollstreckung eingeleitet haben.

9.1.2.3 Eintragungsgrund nach § 882c Abs. 1 Nr. 3 ZPO

In den verbleibenden Fällen, in denen die vollständige Befriedigung des Gläubigers **nicht von vornherein aussichtslos erscheint**, soll gemäß § 882c Abs. 1 Nr. 3 ZPO eine Eintragung des Schuldners nur dann erfolgen, wenn die Befriedigung des Gläubigers nicht zeitnah erfolgt. Nur in diesem Fall besteht Anlass, den Wirtschaftsverkehr vor einem illiquiden Schuldner zu warnen.

Dies sind Fälle, in denen nach dem Inhalt der Vermögensauskunft eine **vollständige Befriedigung des Gläubigers zunächst möglich erscheint**, weil bestimmte werthaltige und verwertbare Vermögensgegenstände angegeben wurden. Eine Eintragung in das Schuldnerverzeichnis soll in diesen Fällen grundsätzlich erst dann erfolgen, wenn das Verfahrensergebnis der vollständigen Befriedigung des Gläubigers nicht erreicht wird.

Das soll allerdings nur nach folgenden Maßgaben gelten:

Durch die Vorgabe einer überschaubaren Zeitgrenze (1 Monat) wird gewährleistet, dass nur derjenige Schuldner der Eintragung ins Schuldnerverzeichnis entgeht, der tatsächlich über **sofort liquides Vermögen** verfügt. Ist dagegen der Bestand bestimmter Vermögensgegenstände bereits zweifelhaft (etwa bei angeblichen Forderungen) oder nicht in einem überschaubaren Zeitrahmen zu klären (z. B. bei ausländischen Drittschuldnern) oder erfordert ihre Liquidierung – sofern sie überhaupt erfolgversprechend erscheint – einen nicht abschätzbaren Zeit- und Kostenaufwand, so muss ein solcher Schuldner als zumindest **derzeit zahlungsunfähig** gelten, weshalb der Wirtschafts- und Rechtsverkehr zu warnen ist.

Die Monatsfrist geht in Anlehnung an die Frist des § 845 ZPO (Vorpfändung) von dem Zeitraum aus, innerhalb dessen sich die Realisierbarkeit einer Forderung typischerweise klären lässt. Folgerichtig wählt § 882c Abs. 1 Nr. 3 ZPO nicht den Anknüpfungspunkt des Vollstreckungserfolges (der im Risikobereich des Gläubigers liegt), sondern den der **materiell rechtlichen Anspruchsbefriedigung**. Für diese ist der rechtskräftig verurteilte Schuldner verantwortlich. Würde man an dieser Stelle auf den Vollstreckungserfolg abstellen, so müsste entweder in jedem Fall das Ende des Vollstreckungsverfahrens abgewartet oder aber dem Gerichtsvollzieher für die Frage der Eintragung ins Schuldnerverzeichnis eine Prognoseentscheidung über den voraussichtlichen Ausgang des Vollstreckungsverfahrens abverlangt werden, die oft mit beträchtlichen Schwierigkeiten verbunden wäre.

Der Schuldner trägt auch die Darlegungs- und Beweislast für die vollständige Befriedigung des Gläubigers innerhalb der Monatsfrist. Dieser muss dem Gerichtsvollzieher **geeignete Beweismittel** an die Hand geben. Dies sind z.B. eindeutige auf die genau bestimmte Forderung bezogene Quittungen oder Bestätigungsschreiben des Gläubigers sowie eindeutig zuzuordnende Überweisungsbelege mit den die Abbuchung bestätigenden Kontoauszügen (siehe auch § 775 Nr. 4, 5 ZPO). Der Gerichtsvollzieher hat insoweit keine Ermittlungsaufgabe.

Der Nachweis muss in der Monatsfrist vorliegen. Eine Fristverlängerung durch den Gerichtsvollzieher ist nicht möglich. Nach ergebnislosem Ablauf des Monats (ohne Vorlage eines Zahlungsnachweises des Schuldners) erlässt der Gerichtsvollzieher die Eintragungsanordnung aufgrund § 882c Abs. 1 Nr. 3 ZPO i.V.m § 882c Abs. 2 ZPO.

Das Gesetz geht grundsätzlich davon aus, dass der Schuldner binnen der Monatsfrist an den Gläubiger vollständig leistet und der Schuldner die Befriedigung dem Gerichtsvollzieher nachweist (der Gerichtsvollzieher also nicht beteiligt ist). Leistet der Schuldner an den Gerichtsvollzieher, gilt § 815 Abs. 3 ZPO analog. Mit Annahme des Geldes durch den Gerichtsvollzieher hat der Schuldner demnach befreiend geleistet und der Verzug endet.

Auch bei Drittgläubigern, denen der Gerichtsvollzieher eine Abschrift des hinterlegten Vermögensverzeichnisses erteilt hat, muss der Gerichtsvollzieher prüfen, ob eine erneute Eintragung des Schuldners im Schuldnerverzeichnis nach § 882c Abs. 1 Nr. 2 oder Nr. 3 ZPO anzuordnen ist. Sollte der Gerichtsvollzieher die Vermögensangaben im abgerufenen Vermögensverzeichnis für nicht geeignet halten, die Gläubigerforderung vollständig zu befriedigen, wird er eine Eintragungsanordnung nach § 882c Abs. 1 Nr. 2 ZPO veranlassen. Sind verwertbare Vermögensgegenstände angegeben, so teilt der Gerichtsvollzieher dem Schuldner bei der Belehrung gemäß § 802d Abs. 1 Satz 4 ZPO formlos mit, dass er einen Monat Zeit habe, die Forderung des Gläubigers zu befriedigen und dies dem Gerichtsvollzieher nachzuweisen hat. Nach fruchtlosem Ablauf veranlasst der Gerichtsvollzieher die Eintragungsanordnung gemäß § 882c Abs. 1 Nr. 3 ZPO durch Zustellung an den Schuldner.

Eine Zustellung an den Schuldner im Hinblick auf die Monatsfrist ist nicht notwendig, da es sich nicht um eine Ausschlussfrist handelt. Das heißt, dass der Schuldner auch nach Ablauf der Frist die Möglichkeit hat, die Forderung zu tilgen bzw. sogar eine gütliche Erledigung nach § 802b ZPO über den Gerichtsvollzieher zu versuchen (solange eine Eintragung im Schuldnerverzeichnis nicht erfolgt ist).

Zudem ist der Schuldner insofern geschützt, dass er gegen die später folgende Eintragungsanordnung, die ihm mit Begründung zuzustellen ist, gemäß § 882d Abs. 1 ZPO den Rechtsbehelf Widerspruch einlegen kann.

Weist der Schuldner die vollständige Zahlung **nach Ablauf der Monatsfrist, z.B. in der 2-wöchigen Widerspruchsfrist des § 882d Abs. 1 S. 1 ZPO** nach, stellt sich die Frage, ob der Schuldner die Eintragung nur noch im Wege des Widerspruchs verhindern kann oder ob dem Gerichtsvollzieher eine Möglichkeit der Abhilfe gegeben ist. Selbst wenn der Schuldner keinen Widerspruch einlegt, aber dem Gerichtsvollzieher Vollzahlung nachweist, muss überlegt werden, ob der Gerichtsvollzieher den Vollzug der Eintragungsanordnung unterlässt. Der BGH hat in seiner Entscheidung vom 21.12.2015[87] klargestellt, dass ein Eintragungshindernis vorliegt, so dass der Gerichtsvollzieher die Eintragung im Schuldnerverzeichnis unterlassen muss.

Probleme in der Praxis ergeben sich dann, wenn der Schuldner nach Erlass und Bekanntgabe der Eintragungsanordnung (noch vor Eintragung):

- die Forderung des Gläubigers nachweislich voll begleicht
- eine Ratenzahlung mit dem Gerichtsvollzieher vereinbart
- die Vermögensauskunft abgibt

Die Frage, die sich stellt, ist, ob der Gerichtsvollzieher das Eintragungsanordungs-Verfahren einstellen darf (oder auch die Eintragungsanordnung aufheben kann) bzw. einem eingelegten Widerspruch des Schuldners abhelfen kann. Eine Erinnerung nach § 766 ZPO gegen die Eintragungsanordnung ist nicht möglich.[88] / [89]

Dem folgend wurde in § 882d Abs. 1 Satz 5 ZPO nunmehr neu geregelt:

„Wird dem Gerichtsvollzieher vor der Übermittlung der Anordnung nach Satz 3 bekannt, dass die Voraussetzungen für die Eintragung nicht oder nicht mehr vorliegen, hebt er die Anordnung auf und unterrichtet den Schuldner hierüber."

---

[87] BGH, Beschluss vom 21.12.2015, I ZB 107/14
[88] siehe AG Augsburg, Beschluss vom 28.10.2013 – 1M 9101/13;
[89] ausführlich Büttner, DGVZ 2013, S. 232 ff.; Zöller, ZPO, 30. Auflage, § 882d Rdn. 3: zum Abhilferecht des Gerichtsvollziehers

Der Gesetzgeber folgt damit der in der Rechtsprechung und Literatur geprägten Meinung, so dass der Gerichtsvollzieher einem begründeten Widerspruch gegen die Anordnung zur Eintragung ins Schuldnerverzeichnis abhelfen kann[90]. Selbst wenn kein Widerspruch vorliegt, kann der Gerichtsvollzieher eine existente Eintragungsanordnung aufheben oder erst gar keine erlassen. Dies setzt voraus, dass Voraussetzungen zur Eintragung nicht oder nicht mehr vorliegen.

Erfolgt während der Widerspruchsfrist zur Eintragungsanordnung dem Gerichtsvollzieher gegenüber der Nachweis der vollständigen Zahlung, so hat die Eintragung in das Schuldnerverzeichnis zu unterbleiben. Der Gerichtsvollzieher hebt die Eintragungsanordnung auf und unterlässt die Übersendung an das Zentrale Vollstreckungsgericht.

Ratenzahlungsvereinbarung zwischen Gläubiger und Schuldner

Erscheint der Schuldner nicht zum Termin zur Abgabe der Vermögensauskunft und ordnet der Gerichtsvollzieher dementsprechend die Eintragung des Schuldners in das Schuldnerverzeichnis an, hindert eine anschließend zwischen den Parteien (Gläubiger und Schuldner) vereinbarte Zahlungsvereinbarung die Eintragung in das Schuldnerverzeichnis[91]. Es liegt ein Eintragungshindernis i.S.d. § 775 Nr. 4 ZPO vor.

Gütliche Erledigung im Eintragungsanordnungsverfahren

Klargestellt wird in § 882c Abs. 1 Nr. 3 Satz 2 ZPO, dass auch in diesem Vollstreckungsstadium der Vorrang gütlicher Erledigung (§ 802b ZPO) gilt. Kommt es zu einer Zahlungsvereinbarung nach dieser Vorschrift, hindert der Vollstreckungsaufschub innerhalb der Monatsfrist die Anordnung der Eintragung ins Schuldnerverzeichnis, allerdings nur bezogen auf die jeweilige Verbindlichkeit. Die gütliche Erledigung innerhalb der Monatsfrist hat allerdings keine fristhemmende Wirkung. Endet der Vollstreckungsaufschub z.B. wegen eines Widerspruchs des Gläubigers innerhalb der Frist, bleibt es bei dem ursprünglichen Fristablauf. Endet der Vollstreckungsaufschub nach Ablauf der Monatsfrist, z.B. wegen ausbleibender

---

[90] AG Bonn, Beschluss vom 16. April 2014– 24 M 579/14, DGVZ 2014, S. 151
[91] LG Berlin, DGVZ 2013, S. 213; BGH, Beschluss vom 21.12.2015, I ZB 107/14

Raten, erfolgt die Eintragungsanordnung unmittelbar nach der Benachrichtigung des Schuldners vom Ende des Vollstreckungsaufschubs. Die 2-wöchige Widerspruchsfrist nach § 882d Abs. 1 ZPO ist allerdings zu beachten. Die Benachrichtigung des Schuldners vom Ende des Vollstreckungsaufschubs sowie die Bekanntgabe der Eintragungsanordnung könnten in einem Schreiben zugestellt werden.

Gleiches gilt, wenn ein Eintragungsgrund nach § 882c Abs. 1 Nr. 1 oder Nr. 2 vorliegt und ein Zahlungsplan nach § 802 b ZPO festgesetzt wird[92].

Ratenzahlungsvereinbarung im Verhaftungsverfahren

Ein Schuldner ist im Schuldnerverzeichnis nicht zu löschen (§ 882e Abs. 3 Nr. 2 ZPO), wenn er wegen Säumnis im Termin zur Abgabe der Vermögensauskunft (§ 882c Abs. 1 Nr. 1 ZPO) eingetragen wurde und anschließend im Verhaftungsverfahren ein Zahlungsplan zustande kommt.[93]

Rücknahme des Vollstreckungsauftrages

Die Eintragung in das Schuldnerverzeichnis erfolgt nicht im Interesse des die Zwangsvollstreckung betreibenden Gläubigers, sondern im Interesse der Allgemeinheit. Sie ist deswegen unabhängig von der Rücknahme des Vollstreckungsauftrages zu veranlassen[94].

Der Gerichtsvollzieher veranlasst, solange eine einstweilige oder endgültige Einstellung des Eintragungsverfahrens durch das Vollstreckungsgericht nicht nachgewiesen wird, nach Ablauf der zweiwöchigen Widerspruchsfrist die Eintragung in das Schuldnerverzeichnis. Nach Eintragung hätte der Schuldner die Möglichkeit, mit einer entsprechenden Entscheidung des örtlichen Vollstreckungsgerichts die vorzeitige Löschung bei dem Zentralen Vollstreckungsgericht zu erreichen (§ 882e Abs. 3 Nr. 3 ZPO).

---

[92] BGH, Beschluss vom 21.12.2015, I ZB 107/14
[93] LG Karlsruhe, DGVZ 2013, S. 211
[94] LG Bückeburg, Beschluss vom 29.08.2013, Az. 4 T 58/13

Abgabe der Vermögensauskunft nach Erlass der Eintragungsanordnung

Sofern der Schuldner wegen § 882c Abs. 1 Nr. 1 ZPO zur Eintragung in das Schuldnerverzeichnis gebracht werden soll (Eintragungsanordnung erlassen), stellt sich die Frage, was passiert, wenn der Schuldner vor Eintragung die Vermögensauskunft freiwillig leistet. Damit wäre der Eintragungsgrund § 882c Abs. 1 Nr. 1 ZPO im Nachhinein entfallen und die Eintragungsanordnung ist aufzuheben (§ 882d Abs. 1 Satz 5 ZPO). In diesem Fall müsste der Gerichtsvollzieher über eine neue Eintragungsanordnung nach § 882c Abs. 1 Nr. 2 oder Nr. 3 ZPO entscheiden.

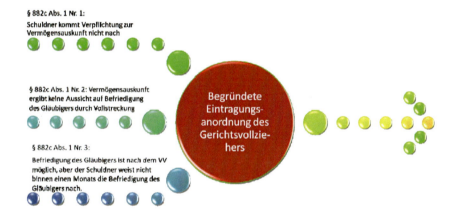

Bemerkungen zu den Eintragungsgründen

Zu Nr. 1:
- Die Eintragung in das Schuldnerverzeichnis als Druckmittel der Verpflichtung zur Vermögensauskunft nachzukommen. Beispiele:
- Schuldner erscheint trotz Verpflichtung nicht zum Termin
- Schuldner verweigert Vermögensauskunft
- Schuldner verweigert eidesstattliche Versicherung
- Schuldner legt erforderliche Dokumente nicht vor, § 802f Abs. 1 Satz 3 ZPO

Nr. 2:
- Prognose des Gerichtsvollziehers
- Eintragung erfolgt, wenn von vorneherein klar ist, dass die Vollstreckung aussichtslos ist oder nicht zur vollständigen Befriedigung des Gläubigers führen kann.
- Gilt auch für Folgegläubiger, die während der Sperrfrist des § 802d ZPO einen Vollstreckungsantrag stellen

Nr. 3:
- Gerichtsvollzieher prognostiziert, dass Vollstreckung nach dem Inhalt des Vermögensverzeichnisses möglich
- durch die Zeitgrenze soll sichergestellt werden, dass nur der Schuldner der Eintragung entgeht, der über flüssiges Vermögen verfügt
- Monatsfrist in Anlehnung an § 845 ZPO (Rahmen, in dem sich die Durchsetzbarkeit einer Forderung klären lässt
- Anknüpfungspunkt ist nicht der Vollstreckungserfolg sondern die materiell-rechtliche Anspruchsbefriedigung (Verantwortlichkeit des Schuldners, nicht des Gläubigers
- Schuldner muss Nachweis erbringen
- Gilt auch für Folgegläubiger, die während der Sperrfrist des § 802d ZPO einen Vollstreckungsantrag stellen
- Vollstreckungsaufschub nach § 802b ZPO hindert Eintragung ebenfalls

9.2 Eintragungsanordnung

9.2.1 Inhalt der Eintragungsanordnung

Der Gerichtsvollzieher muss die Eintragungsanordnung begründen (§ 882c Abs. 2 Satz 1 ZPO).

Das heißt zunächst, dass aus der Begründung der Eintragungsgrund nach § 882c Abs. 1 ZPO hervorgehen muss. Dies ist im Hinblick auf eine leichtere Überprüfbarkeit der Entscheidung, insbesondere im gerichtlichen Widerspruchsverfahren gemäß § 882d ZPO, notwendig. Die Eintragungsanordnung muss auch zwingend eine Belehrung des Schuldners über den Rechtsbehelf des Widerspruchs gegen die Eintragungsanordnung (§ 882d Abs. 1 ZPO) und über die Möglichkeit, eine einstweilige Anordnung zur Aussetzung der Eintragung beim örtlichen

Vollstreckungsgericht (§ 764 Abs. 2, § 882d Abs. 2 ZPO) zu erwirken, enthalten[95] (§ 882d Abs. 3 Satz 1 ZPO).

9.2.2 Bekanntgabe der Eintragungsanordnung an den Schuldner

Die Eintragungsanordnung samt Begründung ist dem Schuldner bekannt zu geben. Dies kann gemäß § 882c Abs. 2 Satz 2 ZPO durch:

- Zustellung der Eintragungsanordnung an den Schuldner
- mündliche Bekanntgabe und Protokollierung im Termin zur Vermögensauskunft

geschehen.

Eine **mündliche Bekanntgabe** des Eintragungsgrundes kann nur dann erfolgen, wenn der Schuldner zum Termin der Vermögensauskunft erscheint (im Fall der Abgabeverweigerung gemäß § 882c Abs. 1 Nr. 1 ZPO oder nach Abgabe der Vermögensauskunft gemäß § 882c Abs. 1 Nr. 2 ZPO). Der Eintragungsgrund ist nach § 763 Abs. 1 ZPO ins Vollstreckungsprotokoll aufzunehmen.

Eine **Zustellung** der Eintragungsanordnung kommt in den Fällen zur Anwendung, in denen der Schuldner nicht im Termin erschienen ist (§ 882c Abs. 1 Nr. 1 ZPO) bzw. erschienen ist, die Eintragungsanordnung aber noch nicht erfolgen konnte, weil noch nicht feststeht, ob der Eintragungsgrund tatsächlich entsteht (siehe Fall des § 882c Abs. 1 Nr. 3 ZPO; der Ablauf der 1-Monatsfrist ist abzuwarten).

Ist eine Zustellung der Eintragungsanordnung nicht möglich, weil der Schuldner mit unbekannter Anschrift verzogen ist, ermittelt der Gerichtsvollzieher (von Amts wegen) gemäß § 882c Abs. 3 Satz 2 ZPO die Anschrift des Schuldners. Die Ermittlung der Wohnanschrift hat der Gerichtsvollzieher gemäß § 882c Abs. 3 Satz 2 ZPO, § 755 Abs. 1 ZPO durch Anfrage bei der Meldebehörde vorzunehmen und wenn dies erfolglos ist, ggf. durch Anfrage beim Ausländerzentralregister

---

[95] zum Inhalt der Rechtsbehelfsbelehrung: siehe LG Karlsruhe, Beschluss vom 27. August 2014 – 5 T 66/14 –, DGVZ 2014, S. 260: Die Belehrung über das Rechtsmittel gegen die Anordnung der Eintragung des Schuldners in das Schuldnerverzeichnis hat neben der Angabe des Gerichts auch dessen Adresse zu enthalten.

(Bundesverwaltungsamt Köln), § 882c Abs. 3 Satz 2 ZPO, § 755 Abs. 2 Satz 1 Nr. 1 ZPO. Eine Anfrage an die anderen Daten führenden Stellen des § 755 ZPO wie die gesetzlichen Rentenversicherungsträger und das Kraftfahrt-Bundesamt ist hier nicht möglich. Sollte eine Ermittlung der erforderlichen Daten scheitern, hindert das die Eintragung in das Schuldnerverzeichnis nicht. Der Schuldner soll sich nicht bei Verweigerung der Abgabe der Vermögensauskunft der Eintragung im Schuldnerverzeichnis entziehen können.

Ob eine Bekanntgabe im Wege der öffentlichen Zustellung nach § 185 ZPO möglich ist, ist in der Rechtsprechung umstritten[96]. Ebenso strittig ist, wer funktionell für die Entscheidung über die Bewilligung der öffentlichen Zustellung zuständig ist[97]. Der Gesetzgeber hat dies nunmehr klargestellt, indem § 882c Abs. 2 Satz 3 ZPO zum einen die öffentliche Zustellung der Eintragungsanordnung zulässt und zum anderen den Gerichtsvollzieher für funktionell zuständig erklärt.

Ebenso strittig ist, ob es sich bei der Zustellung der Eintragungsanordnung um eine Zustellung von Amts wegen oder um eine Zustellung im Parteibetrieb handelt und welche Kostenfolgen sich daran anschließen. Auch hier ist jetzt in § 882c Abs. 2 Satz 2 ZPO klargestellt, dass es sich um eine Zustellung von Amts wegen handelt. Im Hinblick auf die kostenrechtlichen Folgen ist hierzu auszuführen, dass die Gerichtsvollzieher überwiegend gemäß § 13 Abs. 1 Satz 1 Nr. 1 GvKostG Zustellungsauslagen nach Nr. 701 KV-GvKostG für die Eintragung des

---

[96] Gegen die öffentliche Zustellung:
LG Kempten (Beschluss v. 25.04.2013,43 T 620/13): eine öffentliche Zustellung einer Eintragungsanordnung ist nicht möglich. Dies folge aus dem Hinweis auf § 763 ZPO in § 882c Abs. 2 ZPO, wonach gemäß § 763 Abs. 2 S. 3 ZPO eine öffentliche Zustellung nicht stattfindet; eine Eintragung in das Schuldnerverzeichnis ist dann wegen fehlender Bekanntgabe nicht möglich; LG Paderborn (Beschluss v. 18.07.2013 – 5 T 242/13 – Keine öffentliche Zustellung der Eintragungsanordnung); LG Rottweil (Beschluss vom 03.12.2013, 1 T 109/13, DGVZ 2014, S. 44): eine öffentliche Zustellung in das Schuldnerverzeichnis findet nicht statt.

[97] Für die öffentliche Zustellung und die Frage der Zuständigkeit:
AG Leipzig (DGVZ 2013, S. 138): der Gerichtsvollzieher ist funktionell für die Bewilligung der öffentlichen Zustellung zuständig; LG Berlin (DGVZ 2014, S. 19): Der Gerichtsvollzieher ist für die Zustellung der Eintragungsanordnung zum Schuldnerverzeichnis durch öffentliche Zustellung funktionell zuständig; LG Bremen (Beschluss v. 15.10.2013 - 2 T 515/13): das Vollstreckungsgericht ist für die öffentliche Zustellung zuständig; LG Landshut (Beschluss v. 17.04.2014 – 34 T 772/14): der Gerichtsvollzieher ist für die Bewilligung der öffentlichen Zustellung der Anordnung zur Eintragung in das Schuldnerverzeichnis zuständig

Vollstreckungsschuldners in das Schuldnerverzeichnis (§ 882c Abs. 2 Satz 2 ZPO) vom Vollstreckungsgläubiger erheben. Es wird die zutreffende Auffassung vertreten, dass die Kostenschuldnerschaft von Vollstreckungsgläubiger und Vollstreckungsschuldner nach § 13 GvKostG auch die Kosten der Zustellung der Eintragungsanordnung umfasst (Nr. 701 KV-GvKostG).

Der Gerichtsvollzieher kann die Zustellung einer Eintragungsanordnung entweder persönlich oder durch ein Postunternehmen bewirken. Stellt der Gerichtsvollzieher die Eintragungsanordnung persönlich zu, ist der Ansatz eines Wegegeldes nicht zu beanstanden[98].

Die Eintragungsanordnung muss zwingend vom anordnenden Gerichtsvollzieher unterschrieben sein.[99]

Hinweispflicht des Gerichtsvollziehers bei bestehender Auskunftssperre

Grundsätzlich ist gemäß § 882c ZPO i.V.m. § 882b Abs. 2 Nr. 3 ZPO ein Schuldner bei Vorliegen der Eintragungsvoraussetzungen auch dann in das Schuldnerverzeichnis einzutragen, wenn für ihn eine Auskunftssperre gemäß § 51 Bundesmeldegesetz (BMG) eingetragen oder ein bedingter Sperrvermerk nach § 52 BMG eingerichtet wurde. Liegen dem Gerichtsvollzieher Hinweise vor, wonach für den Schuldner eine Auskunftssperre nach § 51 BMG besteht oder ein bedingter Sperrvermerk gemäß § 52 BMG eingerichtet ist, muss er den Schuldner darauf hinweisen, dass die Einsichtnahme Dritter in das Schuldnerverzeichnis bezüglich des Wohnsitzes des Schuldners beschränkt werden kann (siehe § 882f Abs. 2 ZPO). Der Schuldner hat glaubhaft zu machen, dass eine Auskunftssperre oder ein Sperrvermerk vorliegt. Die Glaubhaftmachung hat gegenüber dem Gerichtsvollzieher zu erfolgen (§ 882f Abs. 2 ZPO), solange dieser noch nicht nach § 882d Abs. 1 Satz 3 ZPO dem Zentralen Vollstreckungsgericht die Eintragungsanordnung übermittelt hat. In diesen Fällen hat der Gerichtsvollzieher dem Zentralen Vollstreckungsgericht die Eintragungsanordnung mit einem entsprechenden Hinweis auf die Sperre zu übermitteln.

---

98 AG Solingen, Beschluss vom 13.05. 2014– 7 M 1132/14
99 LG Stuttgart, Beschluss vom 26. Juni 2014 – 10 T 82/14, DGVZ 2014, S. 260:
Die Anordnung der Eintragung des Schuldners im Schuldnerverzeichnis im Protokoll oder gesondert zuzustellendem Schreiben hat die urschriftliche Unterschrift des Gerichtsvollziehers zu tragen. Eine eingescannte Unterschrift ist nicht zulässig.

Die Eintragungsanordnung, § 882c ZPO

- Inhalt
  - Die in § 882b Abs. 2 und 3 genannten Daten
    - Falls nicht bekannt Ermittlung von Amts wegen durch den Gerichtsvollzieher
      - Ggf. Auskunft erholen bei (§ 882b Abs. 3 2. Halbsatz ZPO):
        - Einwohnermeldeamt (§ 882c Abs. 3 Satz 2, § 755 Abs. 1 ZPO)
        - Ausländerzentralregister (§ 882c Abs. 3 Satz 2, § 755 Abs. 2 Nr. 1 ZPO)
        - Handelsregister (§ 882c Abs. 3 Satz 2 letzter Halbsatz, § 9 Abs. 1 Satz 1 HGB)
  - Darstellung des Eintragungsgrundes
    - Erfüllung der in § 882c Abs. 1 ZPO genannten Tatbestandsmerkmale
    - Rechtsbehelfsbelehrung, § 882d Abs. 3 ZPO
- Mitteilung an den Schuldner, § 882c Abs. 2 ZPO
  - Förmliche Zustellung oder
    - Ggf. öffentliche Zustellung, § 185 ff. ZPO)
  - Mündliche Bekanntgabe zu Protokoll

9.3 Vollziehung der Eintragungsanordnung

§ 882d Vollziehung der Eintragungsanordnung

(1) Gegen die Eintragungsanordnung nach § 882c kann der Schuldner binnen zwei Wochen seit Bekanntgabe Widerspruch beim zuständigen Vollstreckungsgericht einlegen. Der Widerspruch hemmt nicht die Vollziehung. Nach Ablauf der Frist des Satzes 1 übermittelt der Gerichtsvollzieher die Anordnung unverzüglich elektronisch dem zentralen Vollstreckungsgericht nach § 882h Abs. 1. Dieses veranlasst die Eintragung des Schuldners. Wird dem Gerichtsvollzieher vor der Übermittlung der Anordnung nach Satz 3 bekannt, dass die Voraussetzungen für die Eintragung nicht oder nicht mehr vorliegen, hebt er die Anordnung auf und unterrichtet den Schuldner hierüber.

(2) Auf Antrag des Schuldners kann das Vollstreckungsgericht anordnen, dass die Eintragung einstweilen ausgesetzt wird. Das zentrale Vollstreckungsgericht nach § 882h Abs. 1 hat von einer Eintragung abzusehen, wenn ihm die Ausfertigung einer vollstreckbaren Entscheidung vorgelegt wird, aus der sich ergibt, dass die Eintragungsanordnung einstweilen ausgesetzt ist.

(3) Über die Rechtsbehelfe nach den Absätzen 1 und 2 ist der Schuldner mit der Bekanntgabe der Eintragungsanordnung zu belehren. Das Gericht, das über die Rechtsbehelfe entschieden hat, übermittelt seine Entscheidung dem zentralen Vollstreckungsgericht nach § 882h Abs. 1 elektronisch.

Mit dem Übersenden der Eintragungsanordnung an das zentrale Vollstreckungsgericht endet das Verfahren nach der ZPO (Ende der Vollstreckung) und es beginnt das Eintragungsverfahren, das ein Justizverwaltungsverfahren ist (§ 882 h Abs. 2 Satz 3 ZPO).

9.4 Widerspruch gegen die Eintragungsanordnung

Gemäß § 882d Abs. 1 ZPO wird dem Schuldner ein Widerspruchsrecht gegen die Eintragungsanordnung des Gerichtsvollziehers nach § 882c ZPO eingeräumt, um ihn vor unberechtigter Eintragung in das Schuldnerverzeichnis zu schützen.
Unberechtigt ist eine Eintragung sowohl dann, wenn kein Eintragungsgrund vorliegt, der Eintragungsgrund weggefallen ist oder auch wenn der Inhalt der Eintragung falsch ist, etwa in Bezug auf die Identifikationsmerkmale des Schuldners.

Der Widerspruch als befristeter Rechtsbehelf ist als Spezialregelung zu §§ 23 ff. EGGVG (Justizverwaltungsrecht) anzusehen.

Gemäß § 882d Abs. 1 Satz 1 ZPO kann der Schuldner binnen **zwei Wochen** Widerspruch beim örtlichen Vollstreckungsgericht (§ 764 Abs. 2 ZPO) einlegen.

Die 2-Wochenfrist beginnt mit **der Bekanntgabe der Eintragungsanordnung an den Schuldner** (§§ 882d Abs. 1 S. 1, 882c Abs. 2 ZPO). Die Bekanntgabe kann auf zwei Arten an den Schuldner erfolgen:

1. durch mündliche Bekanntgabe der Eintragungsanordnung im Termin samt Aufnahme im Protokoll, § 882c Abs. 2 Satz 2 Alt. 2 ZPO (gilt für die Fälle, wo der Schuldner zum Termin erscheint)
2. durch Zustellung der Eintragungsanordnung an den Schuldner, § 882c Abs. 2 S. 2 Alt. 1 ZPO (gilt für die Fälle, wo der Schuldner nicht zum Termin erschienen ist bzw. für die Anträge von Folgegläubigern, § 802d Abs. 1 S. 4 ZPO).

Die Fristberechnung erfolgt nach § 222 ZPO i.V.m. §§ 187 ff. BGB.

Die Frist ist von ihrem Charakter her eine Wochenfrist und beginnt alternativ mit der Zustellung oder der mündlichen Bekanntgabe.

Bei der öffentlichen Zustellung nach § 185 ZPO gilt als Zeitpunkt der Zustellung der Tag, einen Monat nach dem Aushang der Benachrichtigung (zugleich regelmäßige Aushangfrist). Das gilt auch, wenn der „Aushang" durch ein elektronisches System erfolgt. Die Berechnung der Frist erfolgt ebenfalls nach § 222 Abs. 1 ZPO i.V.m. §§ 187 Abs. 1, 188 Abs. 2 BGB. Wurde also die Benachrichtigung am 30.09. an der Gerichtstafel veröffentlicht, so gilt das Schriftstück mit dem Ablauf des 30.10 als zugestellt. Da es sich hier um eine „unechte Frist" handelt, ändert sich nichts, wenn dieser Tag ein Samstag, Sonntag oder Feiertag wäre.

Alle Fälle, mündliche Bekanntmachung, Zustellung oder Ablauf der Aushangfrist sind Ereignisse, die in den Lauf eines Tages fallen (§ 222 Abs. 1 ZPO, § 187 Abs. 1 BGB) und die Frist berechnet sich somit nach § 222 Abs. 1 ZPO, § 188 Abs. 2 Alternative 1 BGB. Fristende ist daher mit Ablauf desjenigen Tages, der seiner Benennung nach dem Tag des Fristbeginns entspricht.

Erfolgt z.B. die mündliche Bekanntmachung an einem Montag, so endet die Widerspruchsfrist mit <u>Ablauf</u> des Montag, zwei Wochen später. Der Gerichtsvollzieher wird daher am Dienstag die Eintragungsanordnung absenden.

Erfolgt die Zustellung der Benachrichtigung an einem Sonnabend (Samstag), so würde die Frist nach § 222 Abs. 1 ZPO, § 187 Abs. 1, § 188 Abs. 2 Alt. 2 BGB mit Ablauf des Sonnabend (Samstag), 2 Wochen später enden. Da es sich aber um eine „echte Frist" handelt, endet sie nach § 222 Abs. 2 ZPO mit Ablauf des darauf folgenden Werktages, also mit Ablauf des Montag. Der Gerichtsvollzieher wird daher am Dienstag die Eintragungsanordnung absenden.

Für den Fall des § 882c Abs. 1 Nr. 3 ZPO stellt sich die Frage, wann die Frist von zwei Wochen zu laufen beginnt. Hat der Schuldner die Vermögensauskunft abgegeben und der Gerichtsvollzieher festgestellt, dass verwertbares Vermögen zur Gläubigerbefriedigung vorhanden ist (also kein Eintragungsgrund nach § 882c Abs. 1 Nr. 2 ZPO vorliegt), soll dem Schuldner Gelegenheit gegeben werden, binnen eines Monats die Forderung des Gläubigers zu befriedigen, und dies dem Gerichtsvollzieher nachweisen. Dem steht es gleich, wenn der Gläubiger innerhalb der Monatsfrist durch Zwangsvollstreckung zur vollständigen Befriedigung gelangt ist und der Schuldner dies gegenüber dem Gerichtsvollzieher durch Vorlage der Quittung nachweist. Ob der Eintragungsgrund nach § 882c Abs. 1 Nr. 3 ZPO vorliegt, ist demnach erst festzustellen nach Ablauf des Monats nach Abgabe der Vermögensauskunft (erst dann weiß der Gerichtsvollzieher, ob der Schuldner den Gläubiger vollständig befriedigt hat oder nicht). Man könnte wohl auch sagen, dass der Eintragungsgrund nach § 882c Abs. 1 Nr. 3 aufschiebend bedingt ist. Das heißt, dass der Eintragungsgrund und damit die Bedingung als Voraussetzung zur Eintragung in das Schuldnerverzeichnis erst nach Ablauf des Monats feststehen.

Beispiel:

Der Schuldner A erscheint am 15.02. beim Gerichtsvollzieher zum Termin zur Abgabe der Vermögensauskunft. Der Schuldner gibt die Vermögensauskunft samt eidesstattlicher Versicherung ab. Aus dem Vermögensverzeichnis ergibt sich für den Gerichtsvollzieher, dass der Schuldner durchaus in der Lage ist, die Gläubigerforderung zu befriedigen. Der Schuldner hat nun 1 Monat Zeit, um die Vollzahlung nachzuweisen, andernfalls erfolgt die Eintragung in das Schuldnerverzeichnis.

Mit Ablauf der Monatsfrist steht fest, dass der Eintragungsgrund vorliegt (weil der Schuldner nicht die vollständige Zahlung an den Gläubiger nachweist); erst jetzt kann der Gerichtsvollzieher die Eintragungsanordnung fertigen (und auch begründen) und stellt diese dem Schuldner zu; die 2-wöchige Widerspruchsfrist beginnt mit Zustellung der Eintragungsanordnung zu laufen.

Wenn man dem Gesetzeswortlaut nach § 882c Abs. 1 ZPO folgt *("Der zuständige Gerichtsvollzieher ordnet von Amts wegen die Eintragung des Schuldners in das Schuldnerverzeichnis an, wenn...")*, dann dürfte der Gerichtsvollzieher die Eintragungsanordnung erst vornehmen, wenn die Monatsfrist abgelaufen ist. Dies hätte zur Folge, dass in den Fällen des § 882c Abs. 1 Nr. 3 ZPO eine mündliche Bekanntgabe der Eintragungsanordnung im Termin nicht möglich ist. Es müsste zwingend der Ablauf der Monatsfrist abgewartet werden. Erst dann kann der Gerichtsvollzieher die Eintragung von Amts wegen anordnen und die Anordnung mittels Zustellung dem Schuldner bekanntgeben.

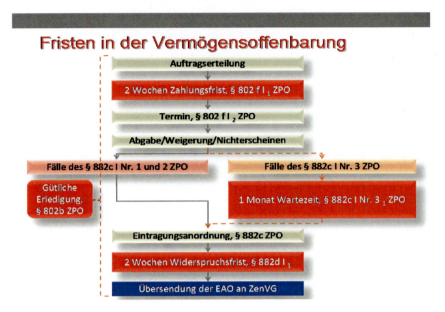

Gemäß § 882d Abs. 1 Satz 2 ZPO entfaltet der Widerspruch des Schuldners **keine aufschiebende Wirkung**. Das heißt, dass der Gerichtsvollzieher nach Ablauf der 2-Wochenfrist die Eintragungsanordnung an das Zentrale Vollstreckungsgericht unverzüglich weiterleitet, solange ihm keine Entscheidung des Vollstreckungsgerichts vorliegt (§ 882d Abs. 1 Satz 3 ZPO, § 2 Abs. 1 Satz 2 SchuFV[100]).

Der Schuldner hat jedoch die Möglichkeit, um einstweiligen Rechtsschutz nach Maßgabe des § 882d Abs. 2 ZPO beim örtlichen Vollstreckungsgericht nachzusuchen.

Während dieser Frist hat der Schuldner auch letzte Gelegenheit, die Eintragung
- durch Befriedigung des Gläubigers oder
- durch Ratenzahlungsvereinbarung gemäß § 802b ZPO abzuwenden.

---

[100] Verordnung über die Führung des Schuldnerverzeichnisses (Schuldnerverzeichnisführungsverordnung-SchuFV), BGBl. I 2012, S. 1654

Der Widerspruch ist schriftlich oder zu Protokoll der Geschäftsstelle bei dem gemäß § 764 Abs. 2 ZPO zuständigen Vollstreckungsgericht einzulegen (§ 882d Abs. 1 Satz 1 ZPO). Der Schuldner kann dabei insbesondere beantragen, dass die Eintragung in das Schuldnerverzeichnis einstweilen ausgesetzt wird (§ 882d Abs. 2 Satz 1 ZPO).

Das Vollstreckungsgericht entscheidet durch Beschluss (§ 764 Abs. 3 ZPO) und hat diesen mittels elektronischer Übertragung an das Zentrale Vollstreckungsgericht weiterzuleiten (§ 882d Abs. 3 Satz 2 ZPO).

Funktionell zuständig für die Entscheidung ist der Rechtspfleger, da es sich bei der Entscheidung über den Widerspruch um ein gerichtliches Verfahren der Zwangsvollstreckung im Sinne von § 20 Nr. 17 RPflG handelt. Die Durchführung einer mündlichen Verhandlung ist nicht erforderlich. Findet sie statt, so ist der Beschluss nach § 329 Abs. 1 S. 1 ZPO zu verkünden; anderenfalls ist er von Amts wegen zuzustellen (§ 329 Abs. 3 ZPO).

Gegen den Beschluss findet nach § 793 ZPO die sofortige Beschwerde zum Landgericht statt. Das Gericht prüft im Rahmen der Begründetheit das Vorliegen eines Eintragungsgrundes gemäß § 882c Abs. 1 ZPO sowie das Vorliegen möglicher Eintragungshindernisse (z.B. Ratenzahlungsvereinbarung). Zur Sachverhaltsaufklärung wird das Vollstreckungsgericht die Vollstreckungsakte des Gerichtsvollziehers beiziehen. Abzustellen ist auf den Zeitpunkt der Widerspruchsentscheidung, sodass beispielsweise der nachträglich vom Schuldner erbrachte Nachweis der vollständigen Befriedigung des Gläubigers den Eintragungsgrund entfallen lässt.

Die zwischen Eintragungsanordnung und Widerspruchsentscheidung erfolgte Abgabe der Vermögensauskunft lässt den Eintragungsgrund nach § 882c Abs. 1 Nr. 1 ZPO entfallen. In diesem Fall hat das Gericht jedoch zu prüfen, ob nicht auf Grund des Inhalts des Vermögensverzeichnisses der Eintragungsgrund des § 882c Abs. 1 Nr. 2 ZPO gegeben ist.

Eine zwischenzeitlich getroffene Ratenzahlungsvereinbarung gemäß § 802b Abs. 2 ZPO (Gerichtsvollzieher/Schuldner) führt zu einem Vollstreckungsaufschub und damit zu einem Eintragungshindernis. Ebenso eine Ratenzahlungsvereinbarung zwischen Gläubiger und Schuldner.

Verwirft das Gericht den Widerspruch als unzulässig oder weist es ihn als unbegründet zurück, so ist der Beschluss für den Schuldner mit der sofortigen Beschwerde anfechtbar (§ 793 ZPO). Ist der Widerspruch zulässig und begründet, so hat das Gericht im Tenor die Eintragungsanordnung aufzuheben.

Durch die Vorlage der Entscheidung kann der Schuldner beim Zentralen Vollstreckungsgericht entweder das einstweilige Aussetzen der Eintragung oder die Löschung seiner Eintragung erreichen (§ 882e Abs. 2 Nr. 3 ZPO).

Widerspruch gegen die Eintragung, § 882d Abs. 1 ZPO, § 764 Abs. 1 ZPO

Rechtsquelle	Spezialregel zu § 23 EGGVG ➔ Justizverwaltungsrecht, § 764 Abs. 1 ZPO
Zuständigkeit	• Sachlich, § 882d Abs. 1 ZPO ➔ Vollstreckungsgericht • Funktionell: § 20 Nr. 17 RPflG ➔ Rechtspfleger • Örtlich: § 764 Abs. 2 ZPO ➔ Ort der Vollstreckungshandlung
Widerspruchsfrist:	• 2 Wochen ab Bekanntgabe, § 882c Abs. 2 Satz 2 ZPO • Berechnung: § 222 ZPO • Kein Suspensiveffekt (Übermittlung der EintrAO nach Ablauf der 2 Wochenfrist,
Gründe (im Zeitpunkt der Widerspruchsentscheidung)	• Fehlender Eintragungsgrund • Möglich Eintragungshindernisse (z.B. Ratenzahlung, inzwischen geleistete Vermögensauskunft) • Falscher Inhalt der Eintragung
Form:	Schriftlich, ggf. zu Protokoll der Geschäftsstelle des Vollstreckungsgerichts
Entscheidung:	Beschluss, § 764 Abs. 3 ZPO • Stattgebend (Gericht hebt im Tenor die Eintragungsanordnung auf)
Wirksamkeit:	Grundsätzlich: • Verkündung, § 329 Abs. 1 Satz 1 ZPO • Zustellung (v.A.w.) § 329 Abs. 3 ZPO
Rechtskraft:	2 Wochen nach Wirksamkeit
Einstw. Rechtsschutz	§ 764 Abs. 2 ZPO
Weiterer Rechtsbehelf:	Sofortige Beschwerde, § 793 ZPO (LG)

9.5 Aufhebung der Eintragungsanordnung durch Gerichtsvollzieher

Mit der Änderung des § 882d Abs. 1 ZPO hat der Gesetzgeber dem Gerichtsvollzieher innerhalb der Widerspruchsfrist ein Abhilferecht eingeräumt (§ 882d Abs. 1 Satz 4 ZPO). Hiernach kann der Gerichtsvollzieher eine erlassene, aber noch nicht an das Zentrale Vollstreckungsgericht übermittelte Eintragungsanordnung wieder aufheben, wenn die Voraussetzungen für eine Eintragung im Schuldnerverzeichnis nicht oder nicht mehr vorliegen. Nach der gesetzlichen Begründung ist dies dann der Fall, wenn dem Gerichtsvollzieher bereits bekannt ist, dass die Voraussetzungen für die vorzeitige Löschung gemäß § 882e Abs. 3 ZPO gegeben sind. Hier sind genannt:

- Nachweis der vollständigen Befriedigung des Gläubigers
- Ratenzahlungsvereinbarung
- Bekanntwerden des Fehlens oder Wegfalls des Eintragungsgrundes
- Vorlage der Ausfertigung einer vollstreckbaren Entscheidung, aus der sich ergibt, dass die Eintragungsanordnung aufgehoben oder einstweilen ausgesetzt ist

Hier dürfte zum einen vorkommen, dass der Schuldner aufgrund des Drucks in das Schuldnerverzeichnis eingetragen zu werden, vollständige Zahlung leistet und dies dem Gerichtsvollzieher nachweist (siehe § 882e Abs. 3 Nr. 1 ZPO). Aber auch ein festgesetzter und nicht hinfälliger Zahlungsplan nach § 802b ZPO steht der Eintragung in das Schuldnerverzeichnis in den Fällen der Eintragungsgründe § 882c Abs. 1 Nr. 1, 2 und 3 ZPO entgegen (Eintragungshindernis). Es liegt auch dann ein Eintragungshindernis vor, wenn eine außergerichtliche Ratenzahlungs- oder Stundungsvereinbarung zwischen Gläubiger und Schuldner vorgetragen wird [101]. Allerdings dürfte in diesen Fällen keine Aufhebung der Eintragungsanordnung nach § 882d Abs. 1 Satz 5 ZPO angezeigt sein, weil das Eintragungsverfahren nur ruht (i.S.d. § 802b Abs. 2 Satz 2 ZPO), solange der Schuldner seiner Ratenzahlungsverpflichtung nachkommt. Vielmehr ist das Eintragungsanordnungsverfahren entsprechend §§ 775 Nr. 4, 776 Satz 2 ZPO einstweilen einzustellen. Wenn der Schuldner in Rückstand gerät (§ 802b Abs. 3

---

[101] BGH, Beschluss vom 21.12.2015, I ZB 107/14; DGVZ 2016, S. 46 ff.

Satz 3 ZPO), lebt die Eintragungsanordnung wieder auf und ist zu vollziehen. Einzig schwierig umzusetzen, wenn eine außergerichtliche Ratenzahlung vorgetragen ist. In der Regel teilt weder der Schuldner noch der Gläubiger das Scheitern der Ratenzahlung mit. Insofern ist die Frage, ob der Gerichtsvollzieher verpflichtet wäre nach einer gewissen Zeit eine Abfrage beim Gläubiger zu starten. Ansonsten würde die erlassene Eintragungsanordnung „für immer" im Zustand der einstweiligen Einstellung verharren.

In allen genannten Fällen übersendet der Gerichtsvollzieher jedenfalls in der Folge die Eintragungsanordnung nicht mehr an das Zentrale Vollstreckungsgericht. Gleichzeitig wird er verpflichtet, den Umstand der Aufhebung der Eintragungsanordnung dem Schuldner mitzuteilen (§ 882d Abs. 1 Satz 4 ZPO). Der Gläubiger erhält keine Mitteilung, da er am genannten Verfahren nicht beteiligt ist. Sicherlich trägt diese Möglichkeit des Gerichtsvollziehers zur Entlastung der örtlichen Vollstreckungsgerichte bei, die dann nicht im Wege des Widerspruchsverfahrens entscheiden müssen.

10. Führung und Inhalt des Schuldnerverzeichnisses

10.1 Zuständigkeit

> § 882h Zuständigkeit; Ausgestaltung des Schuldnerverzeichnisses
>
> (1) Das Schuldnerverzeichnis wird für jedes Land von einem zentralen Vollstreckungsgericht geführt. Der Inhalt des Schuldnerverzeichnisses kann über eine zentrale und länderübergreifende Abfrage im Internet eingesehen werden. Die Länder können Einzug und Verteilung der Gebühren sowie weitere Abwicklungsaufgaben im Zusammenhang mit der Abfrage nach Satz 2 auf die zuständige Stelle eines Landes übertragen.
>
> (2) Die Landesregierungen bestimmen durch Rechtsverordnung, welches Gericht die Aufgaben des zentralen Vollstreckungsgerichts nach Absatz 1 wahrzunehmen hat. § 802k Abs. 3 Satz 2 und 3 gilt entsprechend. Die Führung des Schuldnerverzeichnisses stellt eine Angelegenheit der Justizverwaltung dar.
>
> (3) Das Bundesministerium der Justiz und für Verbraucherschutz wird ermächtigt, durch Rechtsverordnung mit Zustimmung des Bundesrates die Einzelheiten zu Form und Übermittlung der Eintragungsanordnungen nach § 882b Abs. 1 und der Entscheidungen nach § 882d Abs. 3 Satz 2 dieses Gesetzes und § 284 Abs. 10 Satz 2 der Abgabenordnung oder gleichwertigen Regelungen im Sinne von § 882b Abs. 1 Nr. 2 Halbsatz 2 dieses Gesetzes sowie zum Inhalt des Schuldnerverzeichnisses und zur Ausgestaltung der Einsicht insbesondere durch ein automatisiertes Abrufverfahren zu regeln. Die Rechtsverordnung hat geeignete Regelungen zur Sicherung des Datenschutzes und der Datensicherheit vorzusehen. Insbesondere ist sicherzustellen, dass die Daten

1. bei der elektronischen Übermittlung an das zentrale Vollstreckungsgericht nach Absatz 1 sowie bei der Weitergabe an eine andere Stelle nach Absatz 2 Satz 2 gegen unbefugte Kenntnisnahme geschützt sind,
2. unversehrt und vollständig wiedergegeben werden,
3. jederzeit ihrem Ursprung nach zugeordnet werden können und
4. nur von registrierten Nutzern nach Angabe des Verwendungszwecks abgerufen werden können, jeder Abrufvorgang protokolliert wird und Nutzer im Falle des missbräuchlichen Datenabrufs oder einer missbräuchlichen Datenverwendung von der Einsichtnahme ausgeschlossen werden können.

Die Daten der Nutzer dürfen nur für die in Satz 3 Nr. 4 genannten Zwecke verwendet werden.

Gemäß § 882h Abs. 1 Satz 1 ZPO wird das **Schuldnerverzeichnis von dem Zentralen Vollstreckungsgericht** geführt. Jedes Bundesland hat sein eigenes Gericht hierfür bestimmt (§ 882h Abs. 2 Satz 1 ZPO, siehe Ziffer 8.2).

Nach § 882h Abs. 1 Satz 2 ZPO wird das Verzeichnis den Anforderungen des modernen Rechtsverkehrs entsprechend als ein für jedermann unter den Voraussetzungen des § 882f ZPO einsehbares Internetverzeichnis (Onlineabruf) geführt. Auf diese Weise können sämtliche landesweit anfallenden Daten nach § 882b ZPO dem Rechtsverkehr zur Verfügung gestellt werden. Durch die Vernetzung der Schuldnerverzeichnisse der 16 Länder in einem länderübergreifenden zentralen Portal ist eine bundesweite Abfrage möglich[102].

Die Einzelheiten der Führung des Schuldnerverzeichnisses, der Einsichtnahme und der Übermittlung der Eintragungsanordnungen sind in der Verordnung über die Führung des Schuldnerverzeichnisses (Schuldnerverzeichnisführungsverordnung-SchuFV) geregelt, die aufgrund der Verordnungsermächtigung in § 882h Abs. 3 ZPO erlassen wurde. Dies gilt nicht nur für die Eintragungsanordnungen nach § 882c ZPO, sondern auch für diejenigen, die den Eintragungen nach § 882b Abs. 1 Nr. 2 (vgl. § 284 Abs. 9 AO) bzw. Nr. 3 ZPO (vgl. § 26 Abs. 2 InsO) zu Grunde liegen sowie für die Mitteilungen der Gerichte, die über einen Rechtsbehelf des Schuldners oder seinen Antrag auf Gewährung einstweiligen Rechtsschutzes entschieden haben (vgl. § 882d Abs. 3 Satz 2 ZPO, § 284 Abs. 10 Satz 4 AO).

---

[102] unter: www.vollstreckungsportal.de

10.2 Inhalt des Schuldnerverzeichnisses

> **§ 882b Inhalt des Schuldnerverzeichnisses**
>
> (1) Das zentrale Vollstreckungsgericht nach § 882h Abs. 1 führt ein Verzeichnis (Schuldnerverzeichnis) derjenigen Personen,
> 1. deren Eintragung der Gerichtsvollzieher nach Maßgabe des § 882c angeordnet hat;
> 2. deren Eintragung die Vollstreckungsbehörde nach Maßgabe des § 284 Abs. 9 der Abgabenordnung angeordnet hat; einer Eintragungsanordnung nach § 284 Abs. 9 der Abgabenordnung steht die Anordnung der Eintragung in das Schuldnerverzeichnis durch eine Vollstreckungsbehörde gleich, die auf Grund einer gleichwertigen Regelung durch Bundesgesetz oder durch Landesgesetz ergangen ist;
> 3. deren Eintragung das Insolvenzgericht nach Maßgabe des § 26 Abs. 2 der Insolvenzordnung angeordnet hat.
>
> (2) Im Schuldnerverzeichnis werden angegeben:
> 1. Name, Vorname und Geburtsname des Schuldners sowie Firma und Nummer des Registerblatts im Handelsregister,
> 2. Geburtsdatum und Geburtsort des Schuldners,
> 3. Wohnsitze des Schuldners oder Sitz des Schuldners, einschließlich abweichender Personendaten.
>
> (3) Im Schuldnerverzeichnis werden weiter angegeben:
> 1. Aktenzeichen und Gericht oder Vollstreckungsbehörde der Vollstreckungssache oder des Insolvenzverfahrens,
> 2. im Falle des Absatzes 1 Nr. 1 das Datum der Eintragungsanordnung und der gemäß § 882c zur Eintragung führende Grund,
> 3. im Falle des Absatzes 1 Nr. 2 das Datum der Eintragungsanordnung und der gemäß § 284 Abs. 9 der Abgabenordnung oder einer gleichwertigen Regelung im Sinne von Absatz 1 Nr. 2 Halbsatz 2 zur Eintragung führende Grund,
> 4. im Falle des Absatzes 1 Nr. 3 das Datum der Eintragungsanordnung und die Feststellung, dass ein Antrag auf Eröffnung des Insolvenzverfahrens über das Vermögen des Schuldners mangels Masse abgewiesen wurde.

10.2.1 Wer wird im Schuldnerverzeichnis erfasst

Jedes Zentrale Vollstreckungsgericht führt ein Verzeichnis derer, die aufgrund der in § 882b Abs. 1 Nrn. 1 bis 3 ZPO genannten Verfahren zur Eintragung gebracht wurden (= Schuldnerverzeichnis).

Die drei Vollstreckungsverfahren, die zur Eintragung eines Schuldners in das Schuldnerverzeichnis führen können, sind:

- das **Zwangsvollstreckungsverfahren des Gerichtsvollziehers**. Dieser ordnet unter den Voraussetzungen des § 882c Abs. 1 ZPO die Eintragung des Schuldners in das Schuldnerverzeichnis an (§ 882b Abs. 1 Nr. 1 ZPO)

- das **Verfahren der Verwaltungsvollstreckung** (§ 882b Abs. 1 Nr. 2 ZPO). Muss die Vollstreckungsbehörde den Gerichtsvollzieher mit der Abnahme der Vermögensauskunft beauftragen (vgl. § 6 Abs. 1 Nr. 1 JBeitrO), obliegt diesem nach § 882b Abs. 1 Nr. 1 i. V. m. § 882c ZPO auch die Entscheidung über die Anordnung der Eintragung in das Schuldnerverzeichnis. Kann die Vollstreckungsbehörde dem Schuldner dagegen selbst eine Auskunft über sein Vermögen abverlangen, muss sie auf der Grundlage des Inhalts der Auskunft auch selbst über die Anordnung der Eintragung in das Schuldnerverzeichnis entscheiden.

  Soweit sich das Verwaltungsvollstreckungsverfahren unmittelbar nach der Abgabenordnung richtet oder die einschlägigen Verwaltungsvollstreckungsgesetze auf § 284 AO verweisen (vgl. § 5 Abs. 1 BVwVG, § 66 Abs. 1 Satz 1 SGB X, § 16 Abs. 1 LVwVG BW, Artikel 25 BayVwZVG) ist der Schuldner gemäß Satz 1 nach Maßgabe des § 284 Abs. 9 AO in das Schuldnerverzeichnis einzutragen. Verweist das einschlägige Verwaltungsvollstreckungsrecht dagegen nicht auf § 284 AO und trifft es stattdessen eine eigenständige Regelung, kommt nach § 882b Abs. 1 Nr. 2 Halbsatz 2 ZPO ebenfalls eine Eintragung in das Schuldnerverzeichnis in Betracht, wenn die verwaltungsvollstreckungsrechtliche Regelung dem § 284 Abs. 9 AO gleichwertig ist. Entscheidend für die Feststellung der Gleichwertigkeit sind dabei die mit der Eintragung in das Schuldnerverzeichnis verfolgten Zwecke. Demnach kommt es darauf an, dass die Eintragung die Kreditunwürdigkeit des Schuldners anhand vergleichbarer Kriterien feststellt (pflichtwidrige Weigerung der Abgabe einer Selbstauskunft über das Vermögen oder fehlende Befriedigungsmöglichkeit des Gläubigers nach dem Inhalt der abgegebenen Selbstauskunft) und auf vergleichbaren Grundlagen, also auf Grund einer nach Inhalt (vgl. § 284 Abs. 2 AO) und Richtigkeitsgewähr (vgl. § 284 Abs. 3 AO) vergleichbaren Selbstauskunft, über das Vermögen des Schuldners anzuordnen ist.

- **Verfahren**, in denen der Antrag des Schuldners **auf Eröffnung des Insolvenzverfahrens mangels Masse abgelehnt** wurde (§ 26 Abs. 2 InsO, § 882b Abs. 1 Nr. 3 ZPO).

In den Fällen des § 882b Abs. 1 Nr. 2 ZPO wird die Eintragungsanordnung durch die Vollstreckungsbehörde (§ 284 Abs. 10 Satz 2 AO), in den Fällen des § 882b Abs. 1 Nr. 3 ZPO durch das Insolvenzgericht direkt dem nach § 882h ZPO zuständigen Gericht elektronisch mitgeteilt (§ 26 Abs. 2 Satz 1 InsO).

10.2.2 Eintragungsinhalte

Der Eintragungsinhalt ist in § 882b Abs. 2 und 3 ZPO, § 1 SchuFV geregelt. Ergänzt wird die Vorschrift des § 882b ZPO durch die Verordnung über die Führung des Schuldnerverzeichnisses (SchuFV). Der Gerichtsvollzieher übermittelt in seiner Eintragungsanordnung die in § 882b Abs. 2 und 3 ZPO genannten Daten dem Zentralen Vollstreckungsgericht (§ 882c Abs. 3 Satz 1 ZPO). Sind ihm die Daten nicht bekannt (z.B. weder aus dem Gläubigerantrag, noch aus den Angaben des Schuldners oder auch wegen Nichterscheinens des Schuldners zum Termin zur Vermögensauskunft), so ermittelt der Gerichtsvollzieher von Amts wegen die entsprechenden Daten durch Abfrage beim Einwohnmeldeamt/Ausländerzentralregister oder auch durch Einsicht in das Handelsregister (§ 882c Abs. 3 Satz 2 ZPO).

Gemäß § 882b Abs. 2 Nr. 1 ZPO sind folgende Eintragungen vorgeschrieben:

- Namen und Vornamen des Schuldners. Dazu gehören ebenso wie bei anderen Registern und Verzeichnissen auch Namenszusätze (Adelsbezeichnungen, Titel oder akademische Grade). **Nicht eingetragen**, auch nicht zusätzlich neben dem Schuldner, werden dessen Vertreter (z.B. die Eltern bei minderjährigem Schuldner, Geschäftsführer bei einer GmbH etc.).

- Der Geburtsname dient der sicheren Kennzeichnung des Schuldners und ist ebenfalls einzutragen. Einer Verweigerung der Nennung führt allerdings nicht dazu, dass die Eintragung des Schuldners in das Schuldnerverzeichnis nicht erfolgt.

Nach § 882b Abs. 2 Nr. 2 ZPO ist des Weiteren die Angabe des

- Geburtsdatums und
- Geburtsortes des Schuldners verlangt.

Dies deshalb, um Verwechslungen zu vermeiden. Eine Eintragung dieser Daten hat jedoch nur zu erfolgen, soweit sie beispielsweise durch Angabe im Vermögensverzeichnis (vgl. § 802c Abs. 1 ZPO), durch Anführung im Vollstreckungstitel oder Mitteilung der Vollstreckungsbehörde bekannt sind. Kann das Geburtsdatum und/oder der Geburtsort nicht ermittelt werden, hindert das den Gerichtsvollzieher nicht, den Schuldner im Schuldnerverzeichnis einzutragen.

- Sämtliche Wohnsitze (§§ 7 bis 11 BGB) des Schuldners und bei juristischen Personen und Handelsgesellschaften als Schuldner deren Sitz sind im Schuldnerverzeichnis vorzutragen, § 882b Abs. 2 Nr. 3 ZPO.
  Angesichts von § 7 Abs. 2 BGB ist die Angabe mehrerer Wohnsitze möglich. Weichen die Wohnsitzangaben bei mehreren Eintragungen derselben Person auf Grund verschiedener Vollstreckungsvorgänge wegen zwischenzeitlichem Wohnsitzwechsel voneinander ab, sind im Hinblick auf die Warn- und Informationsfunktion des Schuldnerverzeichnisses alle Daten einzutragen. Es besteht allerdings keine Verpflichtung des Gerichts, die Anschrift des Schuldners stets aktuell zu halten, da dies nur durch eine umfassende Überwachung des Schuldners während des Eintragungszeitraums zu gewährleisten wäre. Zur Erleichterung der Identifikation des Schuldners und zur Vermeidung von Verwechslungen ist in Anlehnung an § 5 Abs. 1 Nr. 1 BZRG die Eintragung abweichender Personendaten möglich, sofern diese bekannt sind. Dies gilt beispielsweise für Alias- oder Künstlernamen oder ehemalige Familiennamen Geschiedener.

Gemäß § 882b Abs. 3 ZPO sind im Schuldnerverzeichnis weiter anzugeben:

- das **Aktenzeichen** (des Gerichtsvollziehers: DR) und **das Gericht** bzw. die Vollstreckungsbehörde der Vollstreckungssache oder des Insolvenzverfahrens (§ 882b Abs. 3 Nr. 1 ZPO). Liegen der Eintragungsanordnung mehrere Vollstreckungsvorgänge zu Grunde, so sind alle beteiligten Aktenzeichen einzutragen.

Wichtig: Der Gläubiger und die der Zwangsvollstreckung zugrundeliegende Forderung sind nicht anzugeben.

- in den Fällen der Eintragungsanordnung des Gerichtsvollziehers der **Grund der Eintragung** (§ 882c Abs. 1 Nr. 1 oder Nr. 2 oder Nr. 3 ZPO), § 882b Abs. 3 Nr. 2 ZPO

- die Eintragungsanordnungen der Vollstreckungsbehörde nach § 284 Abs. 9 AO sowie der entsprechende Eintragungsgrund (§ 882b Abs. 3 Nr. 3 ZPO)

- die Eintragungsanordnungen des Insolvenzgerichts nach § 26 Abs. 2 InsO. Zur Information über den Eintragungsgrund ist hier anzugeben, dass ein Antrag auf Eröffnung des Insolvenzverfahrens über das Vermögen des Schuldners mangels Masse abgewiesen wurde (§ 882b Abs. 3 Nr. 4 ZPO)

Ist der Schuldner nach § 882c Abs. 1 ZPO mehrfach einzutragen (vor allem bei den Verfahren nach § 802d ZPO), kann die Eintragung durch die Ergänzung einer schon bestehenden Eintragung um das weitere Aktenzeichen erfolgen.

10.3 Einsicht in das Schuldnerverzeichnis

§ 882f Einsicht in das Schuldnerverzeichnis

(1) Die Einsicht in das Schuldnerverzeichnis ist jedem gestattet, der darlegt, Angaben nach § 882b zu benötigen:
1. für Zwecke der Zwangsvollstreckung;
2. um gesetzliche Pflichten zur Prüfung der wirtschaftlichen Zuverlässigkeit zu erfüllen;
3. um Voraussetzungen für die Gewährung von öffentlichen Leistungen zu prüfen;
4. um wirtschaftliche Nachteile abzuwenden, die daraus entstehen können, dass Schuldner ihren Zahlungsverpflichtungen nicht nachkommen;
5. für Zwecke der Strafverfolgung und der Strafvollstreckung
6. zur Auskunft über ihn selbst betreffende Eintragungen;
7. für Zwecke der Dienstaufsicht über Justizbedienstete, die mit dem Schuldnerverzeichnis befasst sind.
Die Informationen dürfen nur für den Zweck verwendet werden, für den sie übermittelt worden sind; sie sind nach Zweckerreichung zu löschen. Nichtöffentliche Stellen sind darauf bei der Übermittlung hinzuweisen.
(2) Das Recht auf Einsichtnahme durch Dritte erstreckt sich nicht auf Angaben nach § 882b Absatz 2 Nummer 3, wenn glaubhaft gemacht wird, dass zugunsten des Schuldners eine Auskunftssperre gemäß § 51 des Bundesmeldegesetzes eingetragen oder ein bedingter Sperrvermerk gemäß § 52 des Bundesmeldegesetzes eingerichtet wurde. Der Schuldner hat das Bestehen einer solchen Auskunftssperre oder eines solchen Sperrvermerks gegenüber dem Gerichtsvollzieher glaubhaft zu

> machen. Satz 2 gilt entsprechend gegenüber dem zentralen Vollstreckungsgericht, wenn die Eintragungsanordnung an dieses gemäß § 882d Absatz 1 Satz 3 übermittelt worden ist. Satz 1 ist nicht anzuwenden auf die Einsichtnahme in das Schuldnerverzeichnis durch Gerichte und Behörden für die in Absatz 1 Satz 1 Nummer 2 und 5 bezeichneten Zwecke."

Das Schuldnerverzeichnis soll für jedermann zugänglich sein („die Einsicht ist jedem gestattet", § 882f ZPO, § 5 SchuFV). Einsichtsberechtigt sind daher alle natürlichen und juristischen Personen sowie alle öffentlichen Behörden.

Das Schuldnerverzeichnis wird als länderübergreifendes Internetportal angeboten werden, so dass jeder Einsichtsberechtigte in jedem Bundesland unter einer Internetadresse (www.vollstreckungsportal.de) sich anmelden kann (§ 6 Abs. 1 SchuFV). Für Personen, die mit einem elektronischen Abruf nicht vertraut sind oder mangels technischer Ausstattung (z.B. kein Computer, kein Internet zu Hause) einen Abruf im Internet nicht vornehmen können, muss sichergestellt werden, dass auch denjenigen, eine Einsichtsmöglichkeit haben (barrierefreier Zugang). Daher ist gemäß § 7 Abs. 5 i.V.m. § 11 SchuFV geregelt, dass der Zugang/Registrierung und die Einsicht zum Schuldnerverzeichnis bei jedem Amtsgericht ermöglicht werden und ggf. ein Ausdruck der Abfrage ausgehändigt werden kann.

Ein Einsichtsrecht (als Einzelauskunft wie auch für Bezieher von Abdrucken und Listen) besteht nur dann, wenn der Nutzer ein wie in § 882f ZPO, § 5 SchuFV genanntes Bedürfnis zur Einsicht darlegt. Dies sind:

- für Zwecke der Zwangsvollstreckung (§ 882f Nr. 1 ZPO); hierunter fallen auch Vollstreckungen im Verwaltungsverfahren. Die Einsicht kann dem Gläubiger einen wertvollen Hinweis zum Schuldner geben, ob z.B. ein Vollstreckungsversuch sinnvoll ist.
- gesetzliche Prüfungspflicht der wirtschaftlichen Zuverlässigkeit (§ 882f Nr. 2 ZPO).
- Prüfung von Voraussetzungen für die Gewährung öffentlicher Leistungen (§ 882f Nr. 3 ZPO, z.B. Anfragen von Sozialleistungsträgern bei Gewährung von Wohngeld, wie Arbeitsagentur bei Gewährung von Insolvenzgeld etc.).
- wirtschaftliche Nachteile für den Rechtsverkehr abzuwenden, die daraus entstehen können, dass der Schuldner seiner Zahlungsverpflichtung nicht nachkommt (§ 882f Nr. 4 ZPO); es geht also darum, dass sich der mögliche

Vertragspartner über die Kreditwürdigkeit seines Geschäftspartners informieren kann, z.B. ein Vermieter möchte sich über die Kreditwürdigkeit des möglichen Mieters informieren.
- für Zwecke der Strafverfolgung und Strafvollstreckung (§ 882f Nr. 5 ZPO); ermöglicht den zuständigen Behörden die Einsicht zur Verfolgung von Straftaten.
- die Einsichtnahme für Eintragungen, die den Schuldner selbst betreffen. Auf diese Weise ist sichergestellt, dass sich der Schuldner über ihn betreffende Eintragungen informieren und gegebenenfalls eine Löschung im Schuldnerverzeichnis erwirken kann (siehe § 882e ZPO)
- für Zwecke der Dienstaufsicht; hier soll sichergestellt sein, dass z.B. die Gerichtsvollzieherprüfungsbeamten ein Einsichtsrecht erhalten, um die Richtigkeit der Eintragungen von Gerichtsvollziehern zu überprüfen

Den Einsichtsberechtigten trifft eine **Darlegungspflicht**, jedoch nicht die Pflicht, einen Nachweis zu führen oder gar glaubhaft zu machen. Eine Entscheidung (z.B. durch den Urkundsbeamten der Geschäftsstelle am Zentralen Vollstreckungsgericht) über die Gewährung der Einsicht findet nicht (mehr) statt.

Da der Inhalt des Schuldnerverzeichnisses in einem elektronischen Informations- und Kommunikationssystem im Internet zur Verfügung gestellt wird (§ 6 Abs. 1, § 7 Abs. 4 SchuFV), sind die verschiedenen Einsichtszwecke durch vorgegebene elektronische Textfelder oder Schlüsselzahlen dem Nutzer zur Auswahl gegeben. Vor jedem Abruf hat der Einsichtsberechtigte durch Auswahl eines Textfeldes oder einer Schlüsselzahl das Vorliegen eines bestimmten Einsichtszwecks nach § 802f ZPO, § 5 SchuFV der Datenverarbeitungsanlage anzuzeigen (§ 6 Abs. 2 Satz 2 SchuFV).
Der angegebene Einsichtsgrund, das Datum und die Uhrzeit der Einsichtnahme, die Identität der abfragenden Person und die nach § 882b Abs. 2 und 3 ZPO abgefragten Daten (z.B. Name des Schuldners, Wohnsitz etc.) werden dabei immer protokolliert (§ 6 Abs. 3 SchuFV), um ggf. eine gerichtliche oder strafrechtliche Überprüfung möglich zu machen. Sämtliche Abrufprotokolle werden nach sechs Monaten gelöscht, es sei denn ein gerichtliches Verfahren wurde eingeleitet (§ 6 Abs. 4 SchuFV).

Jeder Einsichtsberechtigte muss sich jedoch vor Einsicht in das Schuldnerverzeichnis registrieren lassen, um seine Identifikation feststellen zu können (§ 882h Abs. 3 Nr. 4 ZPO i.V.m. § 6 Abs. 2 Satz 1, § 7 Abs. 1 SchuFV). Wie eine Identifikation des Nutzungsberechtigten erfolgen soll, ist in § 7 Abs. 2 SchuFV beispielhaft erläutert. Die Feststellung der Identifikation soll unter anderem mittels der Daten aus dem elektronischen Personalausweis (E-Pass) erfolgen, den es seit 01. November 2010 gibt (siehe § 18 Personalausweisgesetz). Die auf dem elektronischen Personalausweis personenbezogenen Daten (Familienname und Vornamen, Geburtsdatum und -ort, Anschrift und Postleitzahl) sind in einem Ausweis-Chip gespeichert, wodurch eine Online-Ausweisfunktion für den Einsatz im Internet möglich ist (z.B. gegenüber dem Zentralen Vollstreckungsgericht).

Ausdrücklich erlaubt sind jedoch auch andere geeignete Registrierungsverfahren, da sich noch nicht jeder im Besitz eines elektronischen Ausweises befindet (was auch eine Kostenfrage ist).

Zuständig für die Registrierung ist das für den Wohnsitz/Sitz des Nutzungsberechtigten zuständige Zentrale Vollstreckungsgericht (§ 7 Abs. 1 Satz 2 SchuFV). Sollte der Einsichtsberechtigte keinen Wohnsitz bzw. keinen Sitz (bei juristischen Personen) in der Bundesrepublik haben, hat dieser ein Wahlrecht, bei welchem Zentralen Vollstreckungsgericht eine Registrierung erfolgen soll (§ 7 Abs. 1 Satz 3 SchuFV).

Bei juristischen Personen erfolgt die Registrierung der gesetzlichen/organschaftlichen Vertreter, die für diese Personen handeln. Auch Behörden und Gerichte können registriert werden (§ 7 Abs. 1 Satz 6 SchuFV). Mit der Registrierung wird jeder Nutzungsberechtigte (Ausnahme: Gerichte und Behörden) verpflichtet, mit der Speicherung und Verwendung seiner personenbezogenen Daten einverstanden zu sein (§ 7 Abs. 3 Satz 1 i.V.m. § 6 Abs. 3 SchuFV). Mit der erfolgreichen Registrierung erhält der Nutzungsberechtigte vom Zentralen Vollstreckungsgericht die entsprechenden Zugangsdaten zum zentralen Schuldnerverzeichnis (§ 7 Abs. 3 Satz 3 SchuFV).
Gemäß § 882c in Verbindung mit § 882b Abs. 2 Nr. 3 ZPO ist ein Schuldner, wenn die Eintragungsvoraussetzungen vorliegen, auch dann in das Schuldnerverzeichnis

einzutragen, wenn für ihn eine Auskunftssperre gemäß § 51 des Bundesmeldegesetzes eingetragen oder ein bedingter Sperrvermerk gemäß § 52 des Bundesmeldegesetzes eingerichtet wurde. Andernfalls könnte der Warn- und Informationsfunktion des Schuldnerverzeichnisses in diesen Fällen nicht entsprochen werden. Die Interessen des Schuldners werden zum einen dadurch geschützt, dass er die Eintragung dadurch verhindern kann, dass er seinen vollstreckungsrechtlichen Obliegenheiten nachkommt. Zum anderen wird der Zweck der Sperre dadurch gewahrt, dass nach § 882f Abs. 2 ZPO der nach § 882b Abs. 2 Nr. 3 ZPO einzutragende Wohnsitz des Schuldners nicht im Rahmen des § 882f ZPO bekanntgegeben wird. Der Schuldner hat glaubhaft zu machen, dass eine Auskunftssperre oder ein Sperrvermerk vorliegt. Die Glaubhaftmachung hat gegenüber dem Gerichtsvollzieher zu erfolgen, solange dieser noch nicht nach § 882d Abs. 1 Satz 3 ZPO dem Zentralen Vollstreckungsgericht die Eintragungsanordnung übermittelt hat. In diesen Fällen hat der Gerichtsvollzieher dem Zentralen Vollstreckungsgericht die Eintragungsanordnung mit einem entsprechenden Hinweis auf die Sperre zu übermitteln. Zudem kann der Schuldner die Sperre nach Übermittlung der Eintragungsanordnung (§ 882d Abs. 1 Satz 3 ZPO) gegenüber dem Zentralen Vollstreckungsgericht glaubhaft machen. Da generell keine Verpflichtung des Zentralen Vollstreckungsgerichts besteht, den Inhalt der Eintragungen von eingetragenen Schuldnern stets aktuell zu halten, hat dieses auch nicht zu überwachen, ob die Auskunftssperre oder der Sperrvermerk fortbesteht. Die Einschränkungen nach § 882f Abs. 2 Satz 1 ZPO gelten nicht für die Einsichtnahme in das Schuldnerverzeichnis durch Gerichte und Behörden für die in § 882f Abs. 1 Absatz 1 Nrn. 2 und 5 ZPO bezeichneten Zwecke, da insoweit eine Gefährdung des Schuldner ausgeschlossen werden kann und der Zweck des Schuldnerverzeichnisses vorrangig ist. Die Auskunft zum Zwecke der Prüfung der wirtschaftlichen Zuverlässigkeit nach Abs. 1 Nr. 2 ZPO betrifft den Kernbereich des Schuldnerverzeichnisses. Die Auskunft zum Zwecke der Strafverfolgung und Strafvollstreckung setzt den Verdacht einer Straftat oder eine strafrechtliche Verurteilung voraus. Vorrangig ist die Auskunftssperre bzw. der Sperrvermerk dagegen im Rahmen der Jedermann-Auskunft nach § 882f Abs. 1 Satz 1 Nrn. 1 und 4 ZPO sowie im Rahmen der Auskunft nach § 882f Abs. 1 Satz 1 Nr. 3 ZPO, die lediglich fiskalische Interessen des Staates berührt. Ebenso sind die Auskunftssperre bzw. der Sperrvermerk vorrangig gegenüber der Einsichtnahme zu Zwecken der Dienstaufsicht (§ 882f Abs. 1 Satz 1 Nr. 7 ZPO).

10.4 Erteilung von Abdrucken aus dem Schuldnerverzeichnis

> **§ 882g Erteilung von Abdrucken**
>
> (1) Aus dem Schuldnerverzeichnis können auf Antrag Abdrucke zum laufenden Bezug erteilt werden, auch durch Übermittlung in einer nur maschinell lesbaren Form. Bei der Übermittlung in einer nur maschinell lesbaren Form gelten die von der Landesjustizverwaltung festgelegten Datenübertragungsregeln. Liegen die Voraussetzungen des § 882f Absatz 2 vor, dürfen Abdrucke insoweit nicht erteilt werden.
>
> (2) Abdrucke erhalten:
> 1. Industrie- und Handelskammern sowie Körperschaften des öffentlichen Rechts, in denen Angehörige eines Berufes kraft Gesetzes zusammengeschlossen sind (Kammern),
> 2. Antragsteller, die Abdrucke zur Errichtung und Führung nichtöffentlicher zentraler Schuldnerverzeichnisse verwenden, oder
> 3. Antragsteller, deren berechtigtem Interesse durch Einzeleinsicht in die Länderschuldnerverzeichnisse oder durch den Bezug von Listen nach Absatz 5 nicht hinreichend Rechnung getragen werden kann.
>
> (3) Die Abdrucke sind vertraulich zu behandeln und dürfen Dritten nicht zugänglich gemacht werden. Nach der Beendigung des laufenden Bezugs sind die Abdrucke unverzüglich zu vernichten; Auskünfte dürfen nicht mehr erteilt werden.
>
> (4) Die Kammern dürfen ihren Mitgliedern oder den Mitgliedern einer anderen Kammer Auskünfte erteilen. Andere Bezieher von Abdrucken dürfen Auskünfte erteilen, soweit dies zu ihrer ordnungsgemäßen Tätigkeit gehört. Absatz 3 gilt entsprechend. Die Auskünfte dürfen auch im automatisierten Abrufverfahren erteilt werden, soweit dieses Verfahren unter Berücksichtigung der schutzwürdigen Interessen der Betroffenen und der Geschäftszwecke der zum Abruf berechtigten Stellen angemessen ist.
>
> (5) Die Kammern dürfen den Abdruck in Listen zusammenfassen oder hiermit Dritte beauftragen; sie haben diese bei der Durchführung des Auftrags zu beaufsichtigen. Die Listen dürfen den Mitgliedern von Kammern auf Antrag zum laufenden Bezug überlassen werden. Für den Bezug der Listen gelten Absatz 2 Nr. 3 und Absatz 3 entsprechend. Die Bezieher der Listen dürfen Auskünfte nur jemandem erteilen, dessen Belange sie kraft Gesetzes oder Vertrages wahrzunehmen haben.
>
> (6) Für Abdrucke, Listen und Aufzeichnungen über eine Eintragung im Schuldnerverzeichnis, die auf der Verarbeitung von Abdrucken oder Listen oder auf Auskünften über Eintragungen im Schuldnerverzeichnis beruhen, gilt § 882e Abs. 1 entsprechend. Über vorzeitige Löschungen (§ 882e Abs. 3 sind die Bezieher von Abdrucken innerhalb eines Monats zu unterrichten. Sie unterrichten unverzüglich die Bezieher von Listen (Absatz 5 Satz 2). In den auf Grund der Abdrucke und Listen erstellten Aufzeichnungen sind die Eintragungen unverzüglich zu löschen. Listen sind auch unverzüglich zu vernichten, soweit sie durch neue ersetzt werden.
>
> (7) In den Fällen des Absatzes 2 Nr. 2 und 3 sowie des Absatzes 5 gilt für nichtöffentliche Stellen § 38 des Bundesdatenschutzgesetzes mit der Maßgabe, dass die Aufsichtsbehörde auch die Verarbeitung und Nutzung dieser personenbezogenen Daten in oder aus Akten überwacht. Entsprechendes gilt für nichtöffentliche Stellen, die von den in Absatz 2 genannten Stellen Auskünfte erhalten haben.

> (8) Das Bundesministerium der Justiz und für Verbraucherschutz wird ermächtigt, durch Rechtsverordnung mit Zustimmung des Bundesrates
> 1. Vorschriften über den Bezug von Abdrucken nach den Absätzen 1 und 2 und das Bewilligungsverfahren sowie den Bezug von Listen nach Absatz 5 zu erlassen;
> 2. Einzelheiten der Einrichtung und Ausgestaltung automatisierter Abrufverfahren nach Absatz 4 Satz 4, insbesondere der Protokollierung der Abrufe für Zwecke der Datenschutzkontrolle, zu regeln;
> 3. die Erteilung und Aufbewahrung von Abdrucken aus dem Schuldnerverzeichnis, die Anfertigung, Verwendung und Weitergabe von Listen, die Mitteilung und den Vollzug von Löschungen und den Ausschluss vom Bezug von Abdrucken und Listen näher zu regeln, um die ordnungsgemäße Behandlung der Mitteilungen, den Schutz vor unbefugter Verwendung und die rechtzeitige Löschung von Eintragungen sicherzustellen;
> 4. zur Durchsetzung der Vernichtungs- und Löschungspflichten im Falle des Widerrufs der Bewilligung die Verhängung von Zwangsgeldern vorzusehen; das einzelne Zwangsgeld darf den Betrag von 25 000 Euro nicht übersteigen.

Nach § 882g erhalten Berechtigte Abdrucke aus dem Schuldnerverzeichnis, sofern nicht ein Fall des § 882f Abs. 2 ZPO vorliegt (§ 882g Abs. 1 Satz 3 ZPO).

Aufgrund der Verordnungsermächtigung nach § 882g Abs. 8 ZPO hat der Bundesgesetzgeber die Schuldnerverzeichnisabdruckverordnung -SchuVAbdrV[103]- erlassen, in der weitere Einzelheiten zum Bezug von Abdrucken aus dem Schuldnerverzeichnis geregelt wurden.

Über Anträge gemäß § 882g Abs. 1 ZPO zum laufenden Bezug von Abdrucken entscheidet das Zentrale Vollstreckungsgericht (§ 2 SchuVAbdrV).

10.5 Löschung der Eintragung im Schuldnerverzeichnis

> § 882e Löschung
>
> (1) Eine Eintragung im Schuldnerverzeichnis wird nach Ablauf von drei Jahren seit dem Tag der Eintragungsanordnung von dem zentralen Vollstreckungsgericht nach § 882h Abs. 1 gelöscht.
>
> (2) Über Einwendungen gegen die Löschung nach Absatz 1 oder ihre Versagung entscheidet der Urkundsbeamte der Geschäftsstelle. Gegen seine Entscheidung findet die Erinnerung nach § 573 statt.
>
> (3) Abweichend von Absatz 1 wird eine Eintragung auf Anordnung des zentralen Vollstreckungsgerichts nach § 882h Abs. 1 gelöscht, wenn diesem
>
> 1. die vollständige Befriedigung des Gläubigers nachgewiesen worden ist;
>
> 2. das Fehlen oder der Wegfall des Eintragungsgrundes bekannt geworden ist oder
>
> 3. die Ausfertigung einer vollstreckbaren Entscheidung vorgelegt wird, aus der sich ergibt, dass die Eintragungsanordnung aufgehoben oder einstweilen ausgesetzt ist.

---

[103] Schuldnerverzeichnisabdruckverordnung-SchuVAbdrV, vom 26.07.2012, BGBl. I, S. 1658

(4) Wird dem zentralen Vollstreckungsgericht nach § 882h Abs. 1 bekannt, dass der Inhalt einer Eintragung von Beginn an fehlerhaft war, wird die Eintragung durch den Urkundsbeamten der Geschäftsstelle geändert. Wird der Schuldner oder ein Dritter durch die Änderung der Eintragung beschwert, findet die Erinnerung nach § 573 statt.

10.5.1 Regelmäßige Löschungsfrist

In § 882e Abs. 1 ZPO ist die **Löschung** einer Eintragung im Schuldnerverzeichnis **wegen Fristablaufs** geregelt. Die *Löschung erfolgt von Amts wegen* durch das zuständige Zentrale Vollstreckungsgericht (§ 882h Abs. 1 ZPO).

Achtung:
Ist der Schuldner mehrfach eingetragen, sind die Löschungsvoraussetzungen für **jede Eintragung gesondert** zu prüfen.

Die regelmäßige **Löschungsfrist beträgt drei Jahre** (§ 882e Abs. 1 Satz 1 ZPO, § 4 Abs. 1 Satz 1 SchuFV).

Anmerkung: Dies entspricht nicht der Sperrfrist des § 802d Abs. 1 Satz 1 ZPO und der Frist zur Speicherung der Vermögensverzeichnisse (nur 2 Jahre).

Für die Löschungsfrist im Insolvenzverfahren gilt eine **5-Jahresfrist** (§ 882e Abs. 1 Satz 2 ZPO, § 4 Abs. 1 Satz 2 SchuFV).

Die Frist beginnt mit dem Tag (Datum) der Eintragungsanordnung des Gerichtsvollziehers bzw. seit dem **Erlass des Abweisungsbeschlusses mangels Masse des Insolvenzgerichts.**

Über Einwendungen gegen die Löschung nach Ablauf der regelmäßigen Löschungsfrist oder deren Versagung entscheidet der Urkundsbeamte der Geschäftsstelle des Zentralen Vollstreckungsgerichts (§ 882e Abs. 2 Satz 1 ZPO). Gegen seine Entscheidung findet die Erinnerung nach § 573 ZPO statt (§ 882e Abs. 2 Satz 2 ZPO).

Über die Erinnerung entscheidet dann der Rechtspfleger am Zentralen Vollstreckungsgericht. Diese Entscheidung ist dann wieder mit der sofortigen Beschwerde zum Landgericht anfechtbar (§§ 573 Abs. 2, 793 ZPO).

10.5.2 Vorzeitige Löschung

§ 882e Abs. 3 ZPO führt die Gründe auf, die zu einer **vorzeitigen Löschung** der Eintragung im Schuldnerverzeichnis führen, nämlich:

- **Nachweis der vollständigen Befriedigung des Gläubigers**
  Gemäß § 882e Abs. 3 Nr. 1 ZPO, § 4 Abs. 2 Nr. 1 SchuFV ist die vorzeitige Löschung bei Nachweis der vollständigen Befriedigung des Gläubigers vorgesehen. Die Befriedigung des Gläubigers bezieht sich nur auf das der Eintragungsanordnung zu Grunde liegende Vollstreckungsverfahren. Der Schuldner kann den Nachweis insbesondere durch Vorlage einer Zahlungsquittung des Gläubigers, auf die er einen Anspruch hat, führen (§ 757 Abs. 2 ZPO). Bei Zweifeln hat das Gericht zuvor den Gläubiger anzuhören. Eine nach Eintragung im Schuldnerverzeichnis geschlossene Zahlungsvereinbarung nach § 802b ZPO oder des Einverständnisses des Gläubigers führen nicht zur Löschung der Eintragung. Der Gläubiger selbst ist zur Mitteilung der Befriedigung nicht verpflichtet. Befriedigt der Schuldner im Fall einer Eintragung nach § 882b Abs. 1 Nr. 3 ZPO den insolvenzantragstellenden Gläubiger, führt dies nicht zur Löschung, da dieser Umstand den in § 882b Abs. 1 Nr. 3 ZPO genannten Beschluss unberührt lässt.

- **Bekanntwerden des Fehlens oder des Wegfalls des Eintragungsgrundes**
  § 882e Abs. 3 Nr. 2 ZPO, § 4 Abs. 2 Nr. 2 SchuFV bestimmt die vorzeitige Löschung bei Kenntnis des Zentralen Vollstreckungsgerichts vom Fehlen oder Wegfall des Eintragungsgrundes. Hierunter fällt insbesondere die Feststellung des Fehlens eines Eintragungsgrundes (z.B. im Erinnerungsverfahren nach § 766 ZPO) oder des Bestehens eines Eintragungshindernisses im gerichtlichen Widerspruchsverfahren gemäß § 882d Abs. 1 Satz 1 ZPO. In Betracht kommen auch die Aufhebung des zu vollstreckenden Titels, die Aufhebung der vorläufigen Vollstreckbarkeit des Vollstreckungstitels oder die Unzulässig Erklärung der Vollstreckung aus diesem Titel (§ 775 Nr. 1 ZPO). Die Vorschrift ermöglicht auch

die Berichtigung inhaltlicher Fehler einer Eintragung, die vom Gericht erkannt werden, da ein Eintragungsgrund für die fehlerhafte Eintragung regelmäßig fehlen wird.

- **Vorlage einer vollstreckbaren Entscheidung, aus der sich die Aufhebung oder einstweilige Aussetzung der Eintragungsanordnung ergibt**
  In § 882e Abs. 3 Nr. 3 ZPO, § 4 Abs. 2 Nr. 3 SchuFV ist die vorzeitige Löschung nach erfolgreichem Widerspruchsverfahren (§ 882d ZPO) gegen die Eintragungsanordnung durch den Schuldner geregelt. Eine Löschung ist auch dann erforderlich, wenn der Schuldner zwar eine einstweilige Aussetzung der Eintragung erreicht hat, die Eintragung aber erfolgt ist, bevor das Gericht hiervon Kenntnis erlangt hat.

Auch die *vorzeitige Löschung hat von Amts wegen* zu erfolgen. Sollte sich also z.B. der Schuldner an das Zentrale Vollstreckungsgericht wenden und die vollständige Befriedigung mittels Zahlungsquittung nachweisen und deshalb die Löschung aus dem Schuldnerverzeichnis beantragen, ist dies als Anregung auf vorzeitige Löschung zu sehen.

Die vorzeitige Löschung wird vom Rechtspfleger am Zentralen Vollstreckungsgericht durch Beschluss angeordnet (§ 20 Nr. 17 RPflG). Gegen seine Entscheidung findet die sofortige Beschwerde statt (§ 793 ZPO, § 11 RPflG).

Neben dem Schuldner haben allerdings auch Dritte ein berechtigtes Interesse an der Richtigkeit der Eintragung. Dies gilt zum einen für den Geschäftsverkehr, zu dessen Information die Eintragungen dienen, und zum anderen für Personen, die wegen fehlerhafter Angabe von Identifikationsmerkmalen mit dem Schuldner verwechselt werden. Aus diesem Grund ist es dem Zentralen Vollstreckungsgericht möglich, Eintragungen von Amts wegen zu korrigieren, soweit ihm deren Fehlerhaftigkeit bekannt wird (§ 882e Abs. 4 ZPO). Es geht also um die bloße Abänderung eines Eintragungsinhalts im Schuldnerverzeichnis. Diese Möglichkeit bietet sich dem Zentralen Vollstreckungsgericht nur bei von Anfang an vorhandenen Fehlern. Ist die Eintragung ursprünglich fehlerfrei erfolgt, wird sie aber nachträglich unrichtig, weil z.B. der Schuldner seinen Wohnsitz gewechselt hat, scheidet eine Änderung der Eintragung aus. Das Gericht ist auch nicht verpflichtet, die Eintragungen im Schuldnerverzeichnis in Bezug auf die Schuldnerdaten stets zu aktualisieren.

Die Berichtigung erfolgt durch den Urkundsbeamten der Geschäftsstelle am Zentralen Vollstreckungsgericht. Sollte die Änderung der Eintragung den Schuldner oder einen Dritten beschweren, so kann sich dieser mit der Erinnerung nach § 573 ZPO wehren.

Löschung aus dem Schuldnerverzeichnis, § 882 e ZPO

3 Jahre nach dem Tag der Eintragungsanordnung automatisch

Oder Nachweis der vollständigen Befriedigung des betreibenden Gläubigers	Oder das Fehlen oder der Wegfall des Eintragungsgrundes wird bekannt	Oder es wird die Ausfertigung einer vollstreckbaren Entscheidung vorgelegt, aus der sich ergibt, dass die Eintragungsanordnung aufgehoben oder einstweilen ausgesetzt ist

11. Auskunftsrechte des Gerichtsvollziehers -Drittstellenauskünfte-

> § 802l Auskunftsrechte des Gerichtsvollziehers
>
> (1) Kommt der Schuldner seiner Pflicht zur Abgabe der Vermögensauskunft nicht nach oder ist bei einer Vollstreckung in die dort aufgeführten Vermögensgegenstände eine vollständige Befriedigung des Gläubigers voraussichtlich nicht zu erwarten, so darf der Gerichtsvollzieher
> 1. bei den Trägern der gesetzlichen Rentenversicherung den Namen, die Vornamen oder die Firma sowie die Anschriften der derzeitigen Arbeitgeber eines versicherungspflichtigen Beschäftigungsverhältnisses des Schuldners erheben;
>
> 2. das Bundeszentralamt für Steuern ersuchen, bei den Kreditinstituten die in § 93b Abs. 1 der Abgabenordnung bezeichneten Daten abzurufen (§ 93 Abs. 8 Abgabenordnung);
>
> 3. beim Kraftfahrt-Bundesamt die Fahrzeug- und Halterdaten nach § 33 Abs. 1 des Straßenverkehrsgesetzes zu einem Fahrzeug, als dessen Halter der Schuldner eingetragen ist, erheben.
>
> Die Erhebung oder das Ersuchen ist nur zulässig, soweit dies zur Vollstreckung erforderlich ist.
>
> (2) Daten, die für die Zwecke der Vollstreckung nicht erforderlich sind, hat der Gerichtsvollzieher unverzüglich zu löschen oder zu sperren. Die Löschung ist zu protokollieren.
>
> (3) Über das Ergebnis einer Erhebung oder eines Ersuchens nach Absatz 1 setzt der Gerichtsvollzieher den Gläubiger unter Beachtung des Absatzes 2 unverzüglich und den Schuldner innerhalb von vier Wochen nach Erhalt in Kenntnis. § 802d Abs. 1 Satz 3 und Abs. 2 gilt entsprechend.
>
> (4) Nach Absatz 1 Satz 1 erhobene Daten, die innerhalb der letzten drei Monate bei dem Gerichtsvollzieher eingegangen sind, darf dieser auch einem weiteren Gläubiger übermitteln, wenn die Voraussetzungen für die Datenerhebung auch bei diesem Gläubiger vorliegen. Der Gerichtsvollzieher hat dem weiteren Gläubiger die Tatsache, dass die Daten in einem anderen Verfahren erhoben wurden, und den Zeitpunkt ihres Eingangs bei ihm mitzuteilen. Eine erneute Auskunft ist auf Antrag des weiteren Gläubigers einzuholen, wenn Anhaltspunkte dafür vorliegen, dass seit dem Eingang der Auskunft eine Änderung der Vermögensverhältnisse, über die nach Absatz 1 Satz 1 Auskunft eingeholt wurde, eingetreten ist.
>
> (5) Übermittelt der Gerichtsvollzieher Daten nach Absatz 4 Satz 1 an einen weiteren Gläubiger, so hat er den Schuldner davon innerhalb von vier Wochen nach der Übermittlung in Kenntnis zu setzen; § 802d Absatz 1 Satz 3 und Absatz 2 gilt entsprechend.

11.1 Auskunftsstellen

Der Gerichtsvollzieher kann im Rahmen der Sachaufklärung bei bestimmten Stellen auf Antrag des Gläubigers Daten des Schuldners erheben (§ 802l Abs. 1 ZPO). Diese Stellen sind:

- Träger der gesetzlichen Rentenversicherung (§ 802l Abs. 1 Nr. 1 ZPO)
- Bundeszentralamt für Steuern (§ 802l Abs. 1 Nr. 2 ZPO)
- Kraftfahrt-Bundesamt (§ 802l Abs. 1 Nr. 3 ZPO)

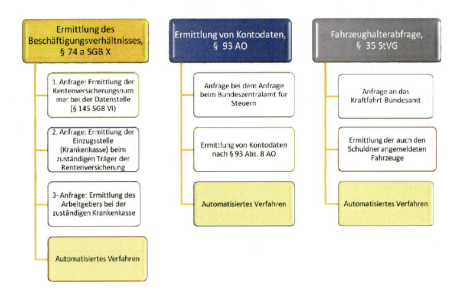

11.2 Voraussetzungen

Die Einholung von Fremdauskünften bei den Trägern der gesetzlichen Rentenversicherung, dem Bundeszentralamt für Steuern und dem Kraftfahrt-Bundesamt ist grundsätzlich **subsidiär (nachrangig)** gegenüber der Einholung einer Selbstauskunft (= Vermögensauskunft nach § 802c ZPO) des Schuldners.

Merke:

Die Einholung einer Fremdauskunft bei den genannten Drittstellen ist demzufolge nur zulässig, wenn

1. ein Antrag des Gläubigers vorliegt (§ 802a Abs. 2 Nr. 3 ZPO)
2. die allgemeinen und besonderen Voraussetzungen der Zwangsvollstreckung erfüllt sind
3. der Schuldner eine Vermögensauskunft nicht abgibt (Alternative 1)

oder

wenn eine Vollstreckung in die in dem Vermögensverzeichnis aufgeführten Gegenstände voraussichtlich nicht zu einer vollständigen Befriedigung des Gläubigers führt (Alternative 2)

4. die Erhebung der Fremddaten für die Zwangsvollstreckung erforderlich ist
5. die 2-Jahresfrist nach § 802d ZPO nicht abgelaufen ist

Zu Nr. 1

Grundsätzlich kann der Gerichtsvollzieher nur dann eine Fremdauskunft einholen, wenn ihn der Gläubiger hierzu **beauftragt** hat. Die Maßnahme muss konkret vom Gläubiger im Auftrag bezeichnet werden, § 802a Abs. 2 Satz 2 ZPO. Es steht also nicht im Ermessen des Gerichtsvollziehers eigene Ermittlungen ohne Auftrag des Gläubigers anzustellen. Dies auch schon deshalb, weil für die Erholung von Auskünften Gebührentatbestände ausgelöst werden (siehe Nr. 440, 708 KV GvKostG).

Der Antrag des (betreibenden) Gläubigers kann auch innerhalb der 2-jährigen Sperrfrist des § 802d Abs. 1 Satz 1 ZPO gestellt werden. Die Drittstellenauskünfte knüpfen nicht an die Tatsache an, wann der Schuldner die Vermögensauskunft bereits geleistet hat. Das heißt, dass der Gläubiger entweder gleichzeitig mit der Beauftragung zur Abgabe der Vermögensauskunft den Antrag nach § 802l ZPO stellen kann oder aber auch erst (später-ohne enge zeitliche Beschränkung[104]), wenn die Voraussetzungen des § 802l ZPO geschaffen sind. Theoretisch kann also der Gläubiger auch erst nach mehreren Monaten einen Antrag auf Erteilung von Drittstellenauskünften beim Gerichtsvollzieher stellen. Ausgeschlossen ist der Antrag dann, wenn die Sperrfrist von 2 Jahren (§ 802d ZPO) abgelaufen ist (Vorrang der Selbstauskunft des Schuldners).

Da es sich bei der Erholung von Fremdauskünften um eine Vollstreckungsmaßnahme handelt (arg. § 802a Abs. 2 Nr. 3 ZPO), kann der Gläubiger in dem Verfahren einen Antrag nach § 802l ZPO wiederholt stellen, wenn er konkrete Anhaltspunkte für eine wesentliche Veränderung der Vermögensverhältnisse des Schuldners glaubhaft macht oder wenn er eine erneute Vermögensauskunft (§ 802d ZPO) abgegeben hat[105]. Das „routinemäßige Abfragen" von Vermögensdaten des Schuldners durch wiederholt gestellte Anträge nach § 802l ZPO ist jedoch nicht möglich.

Erteilt der Gläubiger einen Antrag auf Abnahme der Vermögensauskunft und einen Antrag nach § 802l ZPO, handelt es sich um einen (aufschiebend) bedingten Antrag. Denn erst, wenn die Voraussetzungen des § 802l ZPO geschaffen sind (Schuldner erscheint nicht zum Termin oder Schuldner erscheint, aber die angegebenen Vermögenswerte reichen nicht zur vollständigen Befriedigung des Gläubigers aus), tritt die Bedingung zur Einholung von Fremdauskünften ein.

Zu Nr. 3

Voraussetzung zur Erholung von Fremdauskünften ist weiterhin, dass der Schuldner seiner Verpflichtung zur Abgabe der Vermögensauskunft nicht nachkommt. Dies ist dann der Fall, wenn er zum Termin nicht erscheint oder die Abgabe der Vermögensauskunft grundlos verweigert. Darin haben die Drittauskünfte ihre hauptsächliche Bedeutung, denn selbst wenn der Schuldner bei der Vermögensauskunft nicht mitwirkt, weil er zum Termin nicht erscheint bzw. Auskünfte

---

[104] AG Schöneberg, Beschluss vom 20.08.2014 – 32 M 8069/14-
[105] BGH, Beschluss vom 22. Januar 2015 – I ZB 77/14 –

verweigert, kann der Gläubiger auf diesem Wege noch die für eine Forderungspfändung erfolgversprechendsten Vermögensquellen ermitteln.

Weiterhin könnte auch dann eine Fremdauskunft eingeholt werden, wenn der Schuldner zwar die Vermögensauskunft abgegeben hat, sich aber aus dem Vermögensverzeichnis und den dort angegebenen Vermögenswerten ergibt, dass die Forderung des Gläubigers wohl nicht befriedigt werden kann. Diese Voraussetzung knüpft an die Formulierung in § 882c Abs. 1 Nr. 2 ZPO an. Ist sie erfüllt, muss es dem Gläubiger möglich sein, die Vermögenssituation des Schuldners anhand objektiver Informationsquellen zu überprüfen, um geeignete Vollstreckungsobjekte aufzufinden. Dadurch soll zugleich die Bereitschaft des Schuldners zu wahrheitsgemäßen Angaben bei der Vermögensauskunft nach § 802c ZPO gefördert und der Strafandrohung der §§ 156, 161 StGB Nachdruck verliehen werden.

Allerdings verspricht diese Variante wenig Erfolg, da der Schuldner seine offiziellen Konten und den Arbeitgeber, bei dem er angemeldet arbeitet, selten verschweigen wird. Auch die Anfrage beim Kraftfahrt-Bundesamt ist von geringem Informationswert, da dort lediglich die Halterschaft, nicht aber der für die Zwangsvollstreckung bedeutsamere Besitz (Gewahrsam) an einem Kraftfahrzeug ermittelt werden kann. Fraglich ist in diesem Zusammenhang auch die Kostentragungspflicht in den Fällen, in denen der Schuldner die Angaben in seiner Vermögensauskunft geleistet und deren Richtigkeit und Vollständigkeit durch die eidesstattliche Versicherung bewiesen hat (§ 294 ZPO) und sich dann bei den vom Gläubiger beantragten Drittauskünften deren Richtigkeit und Vollständigkeit bestätigt. Sicher sind dies dann keine notwendigen Kosten der Zwangsvollstreckung, die nach § 788 ZPO vom Schuldner zu tragen wären.

Dies gilt auch für Folgegläubiger, die zwar die Abnahme der Vermögensauskunft nicht mehr verlangen können (wegen Sperrfrist von zwei Jahren), aber jederzeit einen Antrag auf Drittstellenauskunft nach § 802l Abs. 4 Satz 3 ZPO stellen können. Sie werden dann als Voraussetzung anführen müssen, dass sich die Vermögensverhältnisse des Schuldners seit Abgabe der Vermögensauskunft verändert haben.

Zu Nr. 4

Der Gerichtsvollzieher darf die Daten bei den Drittstellen nur dann erheben, wenn dies zur **Vollstreckung erforderlich** ist. Da die Fremdauskünfte als Ausnahme zur Selbstauskunft des Schuldners anzusehen sind, muss eine Abwägung zwischen dem Recht des Schuldners auf informationelle Selbstbestimmung (Art. 1 Abs. 1 i.V.m Art. 2 Abs. 1 GG) und dem Recht des Gläubigers auf Verschaffung von Informationen zum Schuldnervermögen vorgenommen werden. Das heißt, dass eine Erhebung nur dann zulässig ist, wenn durch zusätzliche Informationen von den Drittstellen verwertbare Erkenntnisse für die Zwangsvollstreckung zu erwarten sind. Dieser Tatbestand hat in der Rechtsprechung zu unterschiedlichen Ansichten geführt, vor allem dann, wenn der Schuldner die Vermögensauskunft vollständig abgegeben und der Gläubiger zusätzlich die Einholung von Drittauskünften beantragt hat.

In den Entscheidungen wird unter anderem ausgeführt, dass der Antrag nach § 802l ZPO nur zulässig ist, wenn Anhaltspunkte bestehen, die auf weitere Vermögenswerte des Schuldners hindeuten bzw. Zweifel an der Richtigkeit oder Vollständigkeit der Selbstauskunft aufkommen lassen[106]. Andererseits wird vertreten, dass der Gerichtsvollzieher auch dann Drittauskünfte einzuholen hat, wenn es keine Anhaltspunkte gibt, die Zweifel an der Richtigkeit und Vollständigkeit der vorab gegebenen Selbstauskunft des Schuldners ergeben bzw. auch dann Drittauskünfte durch den Gerichtsvollzieher einzuholen sind, wenn keine Anhaltspunkte dafür vorliegen, dass die vom Schuldner abgegebene Vermögensauskunft unrichtig oder unvollständig ist[107]. Der BGH hat in seiner Entscheidung[108] wie folgt ausgeführt: „Drittauskünfte gemäß § 802l ZPO sind nach Abgabe einer Vermögensauskunft nicht nur einzuholen, wenn Anhaltspunkte dafür bestehen, dass der Schuldner unvollständige oder unzutreffende Angaben gemacht hat und durch die Drittauskünfte neue Erkenntnisse zu erwarten sind. Sie sind erst dann nicht erforderlich, wenn aus den Angaben des Schuldners oder anderen offensichtlichen Umständen deutlich wird, dass die Drittauskünfte zu keiner auch nur teilweisen Befriedigung des Gläubigers führen können. Wurden die Drittauskünfte nach einer Vermögensauskunft eingeholt, so ist es erst erforderlich, sie ein weiteres Mal zu erheben, wenn der Gläubiger konkrete Anhaltspunkte für eine wesentliche

---
[106] LG Nürnberg-Fürth, DGVZ 2013, S. 243; AG Kenzingen, DGVZ 2014, S. 133; AG Altötting, DGVZ 2014, S. 268;
[107] LG Magdeburg, DGVZ 2014, S. 224; LG Aachen, Beschluss vom 11. März 2015 – 5 T 154/14 –
[108] BGH, Beschluss vom 22. Januar 2015 – I ZB 77/14 –

Veränderung der Vermögensverhältnisse des Schuldners glaubhaft macht oder wenn er eine erneute Vermögensauskunft (§ 802d ZPO) abgegeben hat.

Liegen die gesetzlichen Voraussetzungen vor, ist der Gerichtsvollzieher nach § 802l Abs. 1 ZPO dazu verpflichtet, die vom Gläubiger begehrten Drittauskünfte einzuholen.

11.2.1 Auskunftsersuchen an gesetzliche Rentenversicherung

Gemäß § 802l Abs. 1 Nr. 1 ZPO kann der Gerichtsvollzieher bei den Trägern der gesetzlichen Rentenversicherung (= Deutsche Rentenversicherung, DRV) eine Abfrage starten, mit dem Ziel der **Ermittlung des Arbeitgebers** des Schuldners, um gegebenenfalls eine Lohnpfändung ausbringen zu können.

Neben den Voraussetzungen wie in Ziffer 11.2 dargestellt, müssen speziell bei den Rentenversicherungsträgern weitere Voraussetzungen erfüllt sein. Diese ergeben sich aus § 74a Abs. 2 SGB X:

- Vollstreckungsersuchen nicht älter als 6 Monate (§ 74a Abs. 2 S. 1 SGB X)
- Bestätigung des Gerichtsvollziehers, dass Voraussetzung(en) für das Ersuchen vorliegen (§ 74a Abs. 2 S. 4 SGB X)

Problem:

Mit dem EukoPfVODG wurde in § 802l Abs. 1 ZPO die Wertgrenze von 500,- € gestrichen. Ziel soll es sein, dass Gläubiger mit kleineren titulierten Forderungen (unter der Wertgrenze von 500,- €) die Möglichkeit erhalten, eine Drittstellenauskunft beim Rentenversicherungsträger durchführen lassen zu können. Offensichtlich wurde jedoch übersehen auch den § 74a Abs. 2 SGB X zu ändern. Hier heißt es nämlich noch:

<u>§ 74a SGB X</u>

*(2) Zur Durchführung eines Vollstreckungsverfahrens, dem zu **vollstreckende Ansprüche von mindestens 500 Euro zugrunde liegen**, dürfen die Träger der gesetzlichen Rentenversicherung im Einzelfall auf Ersuchen des Gerichtsvollziehers die derzeitige Anschrift des Betroffenen, seinen derzeitigen oder zukünftigen Aufenthaltsort sowie Namen, Vornamen oder Firma und Anschriften seiner derzeitigen Arbeitgeber übermitteln, soweit kein Grund zu der Annahme besteht, dass dadurch schutzwürdige Interessen des Betroffenen beeinträchtigt werden und das Ersuchen nicht länger als sechs Monate zurückliegt. Die Träger der gesetzlichen Rentenversicherung sind über § 4 Abs. 3 hinaus zur Übermittlung auch dann nicht verpflichtet, wenn sich die ersuchende Stelle die Angaben auf andere Weise beschaffen kann. Die Übermittlung ist nur zulässig, wenn*

1. *der Schuldner seiner Pflicht zur Abgabe der Vermögensauskunft nach § 802c der Zivilprozessordnung nicht nachkommt,*
2. *bei einer Vollstreckung in die in der Vermögensauskunft aufgeführten Vermögensgegenstände eine vollständige Befriedigung des Gläubigers voraussichtlich nicht zu erwarten wäre oder*
3. *die Anschrift oder der derzeitige oder zukünftige Aufenthaltsort des Schuldners trotz Anfrage bei der Meldebehörde nicht bekannt ist.*

*Der Gerichtsvollzieher hat in **seinem Ersuchen zu bestätigen, dass diese Voraussetzungen vorliegen**.*

Im Ergebnis bedeutet dies, dass „Kleingläubiger" zwar die Möglichkeit haben einen Antrag auf Drittstellenauskunft beim Rentenversicherungsträger zu stellen, dieser aber nicht durchführbar ist, da der Gerichtsvollzieher nach § 74a Abs. 2 Satz 4 SGB X bestätigen muss, dass die Voraussetzungen des § 74a Abs. 2 SGB X (unter anderem: „zu vollstreckende Ansprüche von mindestens 500 Euro zugrunde liegen") für das Ersuchen vorliegen müssen. Wenn demnach ein Gläubiger mit einer Forderung von unter 500,- € diesen Antrag stellt, ist dieser mangels Bestätigung der vorliegenden Voraussetzungen an den Rentenversicherungsträger nicht durchführbar und daher wieder abzulehnen. Ohne eine entsprechende Anpassung des § 74a SGB X an die in § 802l ZPO beschriebene Gesetzeslage kann der Gerichtsvollzieher solche Aufträge solange dann nicht durchführen. Es bleibt vorerst dabei, dass der Gerichtsvollzieher nur bei Forderungen von mindestens 500,- € eine Abfrage nach § 802l ZPO beim Rentenversicherungsträger durchführen kann.

Das Ersuchen des Gerichtsvollziehers kann in elektronischer Form an den Rentenversicherungsträger gestellt werden. Neben dem Einsatz eines elektronischen Verfahrens sind die Auskünfte und die Rechnungen auch im papiergebundenen Verfahren beim Rentenversicherungsträger möglich, allerdings ist dort mit längeren Bearbeitungszeiten zu rechnen. Die Übermittlungsersuchen im papiergebundenen Verfahren sind direkt an den zuständigen Rentenversicherungsträger zu richten.

Es wird ein elektronisches Verfahren bei der DSRV (Datenstelle der Träger der Rentenversicherung) eingesetzt, welches auf der Übermittlung der Anfragen, Auskünfte und Gebührenbelege mittels des elektronischen Gerichts- und Verwaltungspostfaches (EGVP) und xml-Nachrichten gemäß dem XJustiz-Schema beruht. In der Regel werden die Übermittlungsersuchen am Tag der Anfrage oder am folgenden Werktag beantwortet.

Anfragen in Papierform
Anfragen in Papierform sind grundsätzlich zulässig. Da die DRV ein elektronisches Verfahren zur Verfügung stellt, ist damit zu rechnen, dass die Beantwortung in Papierform sehr lange dauern wird. Zur Legitimation ist das zuständige Amtsgericht zu benennen und das Dienstsiegel anzubringen.

Die Auskunftsersuchen zu Arbeitgebern (und Anschriften nach § 755 ZPO) sind gemäß § 74a SGB schriftlich an den jeweils zuständigen Rentenversicherungsträger (RV-Träger) zur richten. Der zuständige RV-Träger[109] richtet sich dabei nach dem Wohnort des Schuldners (regionale Zuständigkeit).

Sofern die Anfragen, d. h. schriftliche Auskunftsersuchen bei einem unzuständigen Rentenversicherungsträger eingehen, werden diese an den zuständigen RV-Träger weitergeleitet.

Für Versicherte, die einen einzigen Beitrag zur Bahnversicherungsanstalt, Bundesknappschaft oder Seekasse entrichtet haben, ist immer die Deutsche Rentenversicherung Knappschaft-Bahn-See, kurz DRV KBS, (www.kbs.de) zuständig. Die Knappschaft-Bahn-See führt über 5 Millionen Versichertenkonten. Die DRV KBS betreut 5 % aller Versicherten. Alle Arbeitnehmer, die in den Berufszweigen der Hochseeschifffahrt, der Deutschen Bahn und des Bergbaus rentenversicherungspflichtig tätig sind bzw. waren werden von ihr betreut.

Gebühren

Die Auskünfte der DRV im Rahmen der Sachaufklärung zur Zwangsvollstreckung sind gebührenpflichtig (§ 64 Abs. 1 SGB X). Für jede gestellte Anfrage wird eine Gebühr in Höhe von 10,20 € berechnet und mit der Auskunft an den Gerichtsvollzieher übermittelt. Jedes durch einen Gerichtsvollzieher gestellte Übermittlungsersuchen ist bei einer erfolgreichen Auskunft kostenpflichtig. Gerichtsvollzieher können sich nicht auf die Kostenbefreiung von Gläubigern bei öffentlich-rechtlichen Ansprüchen berufen. Fehlermeldungen bzw. Zurückweisungen sind nicht kostenpflichtig.

11.2.2 Auskunftsersuchen an Bundeszentralamt für Steuern

Der Hauptsitz des Bundeszentralamts für Steuern (BZSt) befindet sich in Bonn (An der Küppe 1, 53225 Bonn).

---

[109] Anschriften der RV-Träger siehe www.deutsche-rentenversicherung.de/Allgemein/de/Navigation

Der Gerichtsvollzieher ist aufgrund § 802l Abs. 1 Nr. 2 ZPO i.V.m. § 93 Abs. 8 AO berechtigt, beim Bundeszentralamt für Steuern Kontenstammdaten des Schuldners abzufragen, sofern ein Antrag des Gläubigers vorliegt.

Anfragen können schriftlich (in Ausnahmefällen per Fax) an das BZSt gestellt werden (keine E-Mailübermittlung). Die Anfragen werden auch nur schriftlich beantwortet. Auch die Nutzung eines Online-Portals ist möglich.

Die Beauskunftung beinhaltet den Namen des Kontoinhabers sowie ggf. eines Verfügungsberechtigten, Datum der Errichtung und Auflösung, Konten bzw. Depotkonten (Bank samt Kontonummer, § 24c Abs. 1 KWG). Ein **Kontostand oder Kontobewegungen werden nicht mitgeteilt**. Die Abfragen erfolgen ohne Wissen der Banken.

---

§ 93b AO

Automatisierter Abruf von Kontoinformationen

(1) Kreditinstitute haben die nach § 24c Abs. 1 des Kreditwesengesetzes zu führende Datei auch für Abrufe nach § 93 Abs. 7 und 8 zu führen.

---

§ 24c KWG

Automatisierter Abruf von Kontoinformationen

(1) Ein Kreditinstitut hat eine Datei zu führen, in der unverzüglich folgende Daten zu speichern sind:
1. die Nummer eines Kontos, das der Verpflichtung zur Legitimationsprüfung im Sinne des § 154 Abs. 2 Satz 1 der Abgabenordnung unterliegt, oder eines Depots sowie der Tag der Errichtung und der Tag der Auflösung,

2. der Name, sowie bei natürlichen Personen der Tag der Geburt, des Inhabers und eines Verfügungsberechtigten sowie in den Fällen des § 3 Abs. 1 Nr. 3 des Geldwäschegesetzes der Name und, soweit erhoben, die Anschrift eines abweichend wirtschaftlich Berechtigten im Sinne des § 1 Abs. 6 des Geldwäschegesetzes.

> Bei jeder Änderung einer Angabe nach Satz 1 ist unverzüglich ein neuer Datensatz anzulegen. Die Daten sind nach Ablauf von drei Jahren nach der Auflösung des Kontos oder Depots zu löschen. Im Falle des Satzes 2 ist der alte Datensatz nach Ablauf von drei Jahren nach Anlegung des neuen Datensatzes zu löschen. Das Kreditinstitut hat zu gewährleisten, dass die Bundesanstalt jederzeit Daten aus der Datei nach Satz 1 in einem von ihr bestimmten Verfahren automatisiert abrufen kann. Es hat durch technische und organisatorische Maßnahmen sicherzustellen, dass ihm Abrufe nicht zur Kenntnis gelangen.

> **§ 93 AO**
> **Auskunftspflicht der Beteiligten und anderer Personen**
>
> (8) Die für die Verwaltung
> 1. der Grundsicherung für Arbeitsuchende nach dem Zweiten Buch Sozialgesetzbuch,
> 2. der Sozialhilfe nach dem Zwölften Buch Sozialgesetzbuch,
> 3. der Ausbildungsförderung nach dem Bundesausbildungsförderungsgesetz,
> 4. der Aufstiegsfortbildungsförderung nach dem Aufstiegsfortbildungsförderungsgesetz und
> 5. des Wohngeldes nach dem Wohngeldgesetz
>
> zuständigen Behörden dürfen das Bundeszentralamt für Steuern ersuchen, bei den Kreditinstituten die in § 93b Abs. 1 bezeichneten Daten abzurufen, soweit dies zur Überprüfung des Vorliegens der Anspruchsvoraussetzungen erforderlich ist und ein vorheriges Auskunftsersuchen an den Betroffenen nicht zum Ziel geführt hat oder keinen Erfolg verspricht. Für andere Zwecke ist ein Abrufersuchen an das Bundeszentralamt für Steuern hinsichtlich der in § 93b Abs. 1 bezeichneten Daten nur zulässig, soweit dies durch ein Bundesgesetz ausdrücklich zugelassen ist.

11.2.3 Auskunftsersuchen an Kraftfahrt-Bundesamt

Die rechtliche Grundlage für den Gerichtsvollzieher beim Kraftfahrt-Bundesamt (KBA) in Flensburg Daten zu ermitteln, ergibt sich zunächst aus § 802l Abs. 1 Nr. 3 ZPO. Da auf § 33 Abs. 1 des Straßenverkehrsgesetzes (StVG) verwiesen wird, ist diese Norm nach den abzufragenden Halterdaten anzusehen.

> **§ 33 StVG Inhalt der Fahrzeugregister**
>
> (1) Im örtlichen und im Zentralen Fahrzeugregister werden, soweit dies zur Erfüllung der in § 32 genannten Aufgaben jeweils erforderlich ist, gespeichert
>
> 1. .....
>
> 2. Daten über denjenigen, dem ein Kennzeichen für das Fahrzeug zugeteilt oder ausgegeben wird (Halterdaten), und zwar
>
> a) bei natürlichen Personen:
> Familienname, Geburtsname, Vornamen, vom Halter für die Zuteilung oder die Ausgabe des Kennzeichens angegebener Ordens- oder Künstlername, Tag und Ort der Geburt, Geschlecht, Anschrift; bei Fahrzeugen mit Versicherungskennzeichen entfällt die Speicherung von Geburtsnamen, Ort der Geburt und Geschlecht des Halters,
>
> b) bei juristischen Personen und Behörden:
> Name oder Bezeichnung und Anschrift und
>
> c) bei Vereinigungen:
> benannter Vertreter mit den Angaben nach Buchstabe a und gegebenenfalls Name der Vereinigung.

Beachte:

Rechtsgrundlage für das Kraftfahrt-Bundesamt, Halterdaten nach § 33 Abs. 1 Satz 1 Nr. 2 StVG an den Gerichtsvollzieher auf sein Ersuchen weiterzuleiten, ist § 35 Abs. 1 Nr. 14 StVG.

> **§ 35 StVG Übermittlung von Fahrzeugdaten und Halterdaten**
>
> Abs. 1 Nr. 15.
> für die in § 802l der Zivilprozessordnung genannten Zwecke.

Der Gerichtsvollzieher darf die Halterdaten auch im automatisierten Verfahren abrufen (§ 36 Abs. 2c StVG i.V.m. § 35 Abs. 1 Nr. 14 StVG, § 39 Abs. 5a Fahrzeugzulassungsverordnung (FZV)).

§ 36 StVG Abruf im automatisierten Verfahren

(2e) Die Übermittlung nach § 35 Abs. 1 Nr. 15 aus dem Zentralen Fahrzeugregister darf durch Abruf im automatisierten Verfahren an den **Gerichtsvollzieher** erfolgen.

---

§ 39 FZV Abruf im automatisierten Verfahren

(2) Zur Übermittlung durch Abruf im automatisierten Verfahren aus dem Zentralen Fahrzeugregister nach § 36 Abs. 2 Satz 1 Nr. 1 und 2 und Abs. 3 des Straßenverkehrsgesetzes dürfen folgende Daten bereitgehalten werden:

1.

für Anfragen unter Verwendung des Kennzeichens, der Fahrzeug-Identifizierungsnummer oder des Familiennamens, Vornamens, Ordens- oder Künstlernamens, Geburtsnamens, Datums und Ortes der Geburt oder im Falle einer juristischen Person, Behörde oder Vereinigung des Namens oder der Bezeichnung des Halters oder unter Verwendung der Anschrift des Halters:

a) die in § 30 Abs. 1 Nr. 1, 3, 5 bis 17 und 19 Buchstabe c, Nr. 20 und 21 Buchstabe a bis e sowie Nr. 25 bis 27, Abs. 2 Nr. 1 bis 4, Abs. 3 Nr. 1 bis 4, Abs. 4 Nr. 1 bis 5, Abs. 5 Nr. 1 bis 4 und Abs. 7 bis 9 genannten Fahrzeugdaten und

b) die in § 32 Abs. 1 und 3 genannten Halterdaten,

(5a) Zur Übermittlung durch Abruf im automatisierten Verfahren dürfen aus dem Zentralen Fahrzeugregister nach § 36 Abs. 2d und 2e des Straßenverkehrsgesetzes die in Abs. 2 Nr. 1 Buchstabe a und b genannten Daten für Anfragen unter Verwendung folgender Angaben bereitgehalten werden:
1. im Fall einer natürlichen Person Familienname, Vorname, Ordens- oder Künstlername, Geburtsname, Datum und Ort der Geburt oder
2. im Fall einer juristischen Person, Behörde oder Vereinigung der Name oder die Bezeichnung des Halters, gegebenenfalls in Verbindung mit der Anschrift des Halters.

Die in Satz 1 genannten Daten werden bereitgehalten für die zentrale Behörde (§ 4 des Auslandsunterhaltsgesetzes) sowie für den Gerichtsvollzieher.

11.3 Antrag Folgegläubiger auf aktuelle Drittstellenauskunft

Problematisch in diesem Zusammenhang (und daher strittig) ist/war, ob ein Folgegläubiger auch einen isolierten Antrag auf Drittauskünfte stellen kann (also ohne Antrag auf Abgabe der Vermögensauskunft). Diese Anträge der Gläubiger kommen dann, wenn bereits für einen anderen Gläubiger eine Vermögensauskunft und damit ein Vermögensverzeichnis vorliegen, eine Begründung aus dem Nichterscheinen des Schuldners in einem anderen Verfahren bzw. aus der Eintragung im Schuldnerverzeichnis hergeleitet wird. In diesen Fällen wird grundsätzlich vertreten, dass eine isolierte Antragstellung unzulässig ist[110]. Nach anderer Ansicht wird vertreten, dass ein isolierter Antrag dann zulässig ist, wenn der Gläubiger dem Gerichtsvollzieher den wesentlichen Inhalt des Vermögensverzeichnisses darlegt.[111] Diesen Sachverhalt kann der (Folge-)Gläubiger grundsätzlich nur dann dem Gerichtsvollzieher darlegen, wenn er bereits ein Vermögensverzeichnis vorlegt, das er selbst eingeholt hat. Insofern kommt es dann doch zum Antrag auf Abgabe der Vermögensauskunft und zur Zuleitung eines Vermögensverzeichnisses an den Folgegläubiger. Mit der Änderung des § 802l ZPO stellt der Gesetzgeber nunmehr klar, dass ein weiterer Gläubiger grundsätzlich einen Antrag nach § 802l ZPO stellen kann unter der Voraussetzung, dass sich die Vermögensverhältnisse des Schuldners seit der letzten Erhebung verändert haben, § 802l Abs. 4 Satz 3 ZPO. Der nachvollziehbare Vortrag von Anhaltspunkten ist als hinreichende Grundlage für die Durchführung einer erneuten Erhebung anzusehen; dabei dürfen keine überspannten Anforderungen an den weiteren Gläubiger gestellt werden.

Ein Folgegläubiger soll gemäß § 802l Abs. 4 Satz 3 ZPO einen Antrag auf Einholung von aktuellen Drittstellenauskünften beim Gerichtsvollzieher stellen können, wenn er nachvollziehbar darlegt, dass die vorliegenden erhobenen Daten nicht mehr aktuell sind. Diesem Antragsbegehren des Gläubigers wurde in dem veränderten Antragsformular nach der GVFV Rechnung getragen (jetzt: Modul M5).

---

[110] AG Fürth, DGVZ 2014, S. 225; LG Koblenz, Beschluss vom 11. März 2015 – 2 T 84/15 –; AG Zwickau, Beschluss vom 23.06.2015 – 25310/14;
[111] LG Bonn, Beschluss vom 06.03.2015- 4 T 44/15; AG Heidelberg, DGVZ 2015, S. 226

Zugleich wurde auch die Anlage 2 (Hinweise zum Ausfüllen) zur GVFV ergänzt.

Es soll damit geklärt werden, dass der (Folge-)Gläubiger, für den die allgemeinen Voraussetzungen des § 802l Abs. 1 ZPO vorliegen, beantragen kann, dass Drittstellenauskünfte aktuell zu erheben sind, wenn er die Wiederverwendung von bereits erhoben Daten, die nicht älter als drei Monate sein dürfen, nicht möchte (§ 802l Abs. 4 ZPO).

Sollte der Gläubiger bereits einen Antrag nach § 802l ZPO gestellt haben, kann der Gerichtsvollzieher die erholten Daten auch an diesen weiterleiten. Sofern der weitere Gläubiger Anhaltspunkte für eine Änderung der Vermögensverhältnisse auf Seiten des Schuldners vorträgt, kann der Gerichtsvollzieher eine erneute aktuelle Datenerhebung vornehmen. Dabei soll der Sachvortrag des Gläubigers nachvollziehbar sein, eine Glaubhaftmachung i.S.d. § 294 ZPO ist jedenfalls nicht erforderlich.

11.4 Übermittlung eingeholter Drittauskünfte an weitere Gläubiger

Gleichzeitig besteht auch die Möglichkeit, dass dem weiteren Gläubiger Daten, die für einen anderen Gläubiger im Rahmen des § 802l ZPO erheben wurden, innerhalb einer Frist von drei Monaten zugeleitet werden (§ 802l Abs. 4 Satz 1 ZPO). Die Übermittlung soll nur erfolgen, wenn die Auskunft nicht älter als drei Monate ist, da nur in diesem Zeitraum die Auskunft noch als hinreichend aktuell anzusehen ist. Unter den genannten Voraussetzungen ist die Übermittlung innerhalb der Frist von drei Monaten auch an mehrere weitere Gläubiger zulässig. Hierbei ist auf den Zeitraum zwischen dem Eingang der Daten beim Gerichtsvollzieher in dem Zwangsvollstreckungsverfahren, in dem sie erhoben wurden, und dem Eingang des Antrags im zweiten Verfahren abzustellen. Daneben müssen für den weiteren Gläubiger auch die Voraussetzungen des § 802l Abs. 1 Satz 2 ZPO vorliegen, also die Daten die für die Zwangsvollstreckung erforderlich sind.

Um dem Gläubiger die Entscheidung (Übersendung bereits vorhandener Daten oder Antrag nach § 802l ZPO) hierüber zu ermöglichen, bestimmt § 802l Abs. 4 Satz 1 Halbsatz 2 ZPO, dass der Gerichtsvollzieher dem weiteren Gläubiger den Umstand der Erhebung der weitergeleiteten Daten in einem anderen Verfahren und das

Eingangsdatum mitteilt. Liegen keine Anhaltspunkte (sind vom weiteren Gläubiger vorzutragen) dafür vor, dass sich zwischenzeitlich die zu erhebenden Daten geändert haben, entspricht es dem Grundsatz der Datensparsamkeit, die vorhandenen Daten vor Ablauf von drei Monaten nicht erneut zu erheben, sondern die bereits vorhandenen Daten dem weiteren Gläubiger zu übermitteln.

Sollte eine Datenweiterübermittlung an weitere Gläubiger erfolgen, ist dieser Umstand dem Schuldner binnen vier Wochen wiederum mitzuteilen (§ 802l Abs. 5 ZPO). Des Weiteren hat der Gerichtsvollzieher den Gläubiger darauf hinzuweisen, dass die erlangten Daten nur zu Vollstreckungszwecken verwendet werden dürfen und diese ggf. nach Zweckerreichung zu löschen hat (§ 802l Abs. 5 Halbsatz i.V.m § 802d Abs. 1 Satz 3 ZPO).

11.5 Mitteilung des Auskunftsergebnisses an Gläubiger und Schuldner –Löschungen/Schwärzungen-

Sofern dem Gerichtsvollzieher aufgrund seines Ersuchens an die Drittstellen Daten zugehen, unterrichtet er den Gläubiger über das Ergebnis **unverzüglich** formlos (§ 802l Abs. 3 Satz 1 ZPO). Der Schuldner ist ebenfalls binnen vier Wochen nach Erhalt der Daten in Kenntnis zu setzen. Gleiches gilt, wenn für weitere Gläubiger Daten erhoben bzw. erhobene Daten weitergeleitet werden (§ 802l Abs. 5 ZPO).

Allerdings dürfen nur solche Daten an den Gläubiger übermittelt werden, die für die Zwecke der Zwangsvollstreckung notwendig sind (§ 802l Abs. 1 Satz 2, § 802l Abs. 2 Satz 1 ZPO). Gelöschte Konten dürfen dem Gläubiger nicht mitgeteilt werden und sind daher zu löschen[112] bzw. zu sperren (§ 802l Abs. 2 Satz 1 ZPO).

Der Gerichtsvollzieher darf eingeholte Dritteinkünfte nicht mit der Begründung zurückhalten, dass keine Möglichkeit bei einer Drittauskunft bestehe, das P-Konto-Merkmal anzugeben, weil es dafür keine gesetzliche Grundlage gibt[113].

Werden Gemeinschaftskonten mitgeteilt, sind weder die Konten noch die Namen der Mitkontoinhaber zu löschen, weil die Namen der Berechtigten für die

---

[112] AG Hamburg, DGVZ 2014, S. 20
[113] AG Bayreuth, DGVZ 2013, S. 194

Forderungspfändung von Bedeutung sind. Dagegen sind bei einer Kontoauskunft weitere verfügungsberechtigte Dritte von Konten des Schuldners zu sperren, weil diese Daten für die weitere Vollstreckung ohne Bedeutung sind. Konten von Dritten, an denen der Schuldner verfügungsberechtigt[114] ist, sind dem Gläubiger mitzuteilen, weil sich daraus eine Vollstreckungsmöglichkeit ergeben könnte. Bei der Mitteilung von Drittauskünften des Kraftfahrzeugbundesamtes an den Gläubiger ist ohne Belang, ob der Standort der Fahrzeuge bekannt ist[115].

Schwärzungen von Kontoauskünften sind weder angezeigt bei Namensähnlichkeiten, die auf die Identität schließen lassen, noch wenn sie vor dem Hintergrund einer gewissen Ausforschung erfolgen[116].

12. Das Erzwingungshaftverfahren

> § 802g ZPO Die Erzwingungshaft
>
> (1) Auf Antrag des Gläubigers erlässt das Gericht gegen den Schuldner, der dem Termin zur Abgabe der Vermögensauskunft unentschuldigt fernbleibt oder die Abgabe der Vermögensauskunft gemäß § 802c ohne Grund verweigert, zur Erzwingung der Abgabe einen Haftbefehl. In dem Haftbefehl sind der Gläubiger, der Schuldner und der Grund der Verhaftung zu bezeichnen. Einer Zustellung des Haftbefehls vor seiner Vollziehung bedarf es nicht.
> (2) Die Verhaftung des Schuldners erfolgt durch einen Gerichtsvollzieher. Der Gerichtsvollzieher händigt dem Schuldner von Amts wegen bei der Verhaftung eine beglaubigte Abschrift des Haftbefehls aus.

12.1 Voraussetzungen

Kommt der Schuldner seiner Verpflichtung zur Vermögensauskunft nicht nach, kann das Vollstreckungsgericht auf Antrag des Gläubigers Zwangsmittel anordnen. Nach § 802g ZPO ist dies die Zwangshaft.

---

[114] Gilt auch für Konten, bei denen der Schuldner wirtschaftlich berechtigt ist, also bei Firmenkonten
[115] LG Ravensburg, Beschluss vom 04.07.2013 – 6 T 33/13
[116] AG Heilbronn, DGVZ 2014, S. 198

Zuständig für die Anordnung der Zwangshaft ist das Amtsgericht als Vollstreckungsgericht, dort der Richter.

Der Antrag kann bereits mit Vollstreckungsauftrag auf Einholung der Vermögensauskunft an den Gerichtsvollzieher verbunden werden. Dieser leitet ihn, falls die Voraussetzungen vorliegen, als Bote, zusammen mit seiner Akte an das nach § 764 Abs. 1 ZPO zuständige Vollstreckungsgericht weiter.

Das Vollstreckungsgericht (Vollstreckungsrichter) prüft das Vorliegen der allgemeinen Verfahrens- und Vollstreckungsvoraussetzungen sowie der in § 802g Abs. 1 ZPO aufgeführten Haftvoraussetzungen. Dabei prüft es von Amts wegen, ob die Voraussetzungen für die Abgabeverpflichtung der Vermögensauskunft im Termin vorgelegen haben.

Der Inhalt des Haftbefehls ergibt sich aus § 802g Abs. 1 Satz 2 ZPO. Bei prozessunfähigen Schuldnern sind auch die gesetzlichen Vertreter als die zu verhaftenden Personen zu nennen.

In dem Zwangshaftbefehl ist die geschuldete Leistung anzugeben, durch die der Schuldner sich von der Haft befreien kann (§ 802i Abs. 1 ZPO):

- Vermögensauskunft nach § 802c
- Auskunft über den Verbleib einer Sache nach § 883 Abs. 2 ZPO
- Erforderliche Auskunft zur Geltendmachung einer Forderung nach § 836 Abs. 3 ZPO

Zudem sind der Vollstreckungstitel und das Datum des Erlasses des Haftbefehls anzugeben.

Gegen die Ablehnungsentscheidung ist die sofortige Beschwerde nach § 793 ZPO statthaft.

Gibt der Schuldner die Vermögensauskunft nicht ab und wird daraufhin gegen ihn die Erzwingungshaft angeordnet, kann der Gerichtsvollzieher mit der Verhaftung des Schuldners und Einlieferung in die Erzwingungshaft beauftragt werden (§ 802g Abs. 1 ZPO).

Der Verhaftungsauftrag ist zunächst vom Vermögensauskunftsverfahren zu trennen. Der Gerichtsvollzieher ist beauftragt, den Schuldner zum Verbüßen der angeordneten Erzwingungshaft in die Justizvollzugsanstalt (JVA) zu verbringen.

12.2 Verhaftung durch den Gerichtsvollzieher

§ 802i ZPO Vermögensauskunft des verhafteten Schuldners

(1) Der verhaftete Schuldner kann zu jeder Zeit bei dem Gerichtsvollzieher des Amtsgerichts des Haftortes verlangen, ihm die Vermögensauskunft abzunehmen. Dem Verlangen ist unverzüglich stattzugeben; § 802f Abs. 5 gilt entsprechend. Dem Gläubiger wird die Teilnahme ermöglicht, wenn er dies beantragt hat und seine Teilnahme nicht zu einer Verzögerung der Abnahme führt.

(2) Nach Abgabe der Vermögensauskunft wird der Schuldner aus der Haft entlassen. § 802f Abs. 5 und 6 gilt entsprechend.

(3) Kann der Schuldner vollständige Angaben nicht machen, weil er die erforderlichen Unterlagen nicht bei sich hat, so kann der Gerichtsvollzieher einen neuen Termin bestimmen und die Vollziehung des Haftbefehls bis zu diesem Termin aussetzen. § 802f gilt entsprechend; der Setzung einer Zahlungsfrist bedarf es nicht.

Abgrenzung Verhaftung/eV

Nach § 802g Abs. 2 Satz 1 ZPO ist der Gerichtsvollziehers für die Verhaftung des Schuldners funktionell zuständig. Voraussetzung für das Tätigwerden des Gerichtsvollziehers ist das Vorliegen eines Haftauftrages. Dieser kann auch unter einer aufschiebenden Bedingung erteilt werden. Der Gerichtsvollzieher wird auf Grundlage der vollstreckbaren Ausfertigung des Schuldtitels und des Haftbefehls tätig.

Der Gerichtsvollzieher hat die vorgelegten Urkunden zu prüfen. Die Beurteilung, ob der Haftbefehl zu Recht erlassen wurde, obliegt ihm allerdings nicht.

Der Gerichtsvollzieher hat den Schuldner vor der Verhaftung mit dem Grund der Freiheitsentziehung bekannt zu machen und ihm Gelegenheit zu geben, entweder die geschuldete Forderung zu bezahlen, oder die Vermögensauskunft freiwillig abzugeben.

Bei der Verhaftung handelt es sich um ein Zwangsmittel. Der Schuldner soll dazu veranlasst werden, die geschuldete Leistung, derentwegen der Haftbefehl erlassen wurde, zu erbringen. Die Verhaftung des Schuldners ist kein Selbstzweck, sondern

Druckmittel, um die Abgabe der Vermögensauskunft durchzusetzen. Der Zweck der Haftanordnung entfällt, wenn der Schuldner

- Die titulierte Forderung bezahlt. Bei Teilleistung kommt ein Aufschub der Verhaftung nur mit Einverständnis des Gläubigers gemäß § 802b Abs. 2 und 3 ZPO in Betracht.
- Die geschuldete Auskunft (§ 802c, § 883 Abs. 2, § 836 Abs. 3 ZPO) leistet.

Ist der Schuldner zur Vermögensoffenbarung bereit, ist der Gläubiger, falls dieser nicht auf seine Teilnahme verzichtet hat, zu unterrichten, § 802i Abs. 1 ZPO. Diese Unterrichtung kann entfallen, wenn diese nach den zeitlichen Umständen unangemessen erscheint.

Leistet der Schuldner nicht freiwillig, verhaftet der Gerichtsvollzieher den Schuldner. Bei Verhaftung ist die beglaubigte Abschrift des Haftbefehls an den Schuldner von Amts wegen zu übergeben (§ 802g Abs. 2 Satz 2 ZPO). Eine Zustellung des Haftbefehls an den Schuldner vor der Vollziehung ist nicht erforderlich (§ 802g Abs. 1 Satz 3 ZPO).

Wäre der Schuldner zwar grundsätzlich zur Vermögensoffenbarung bereit, aber nicht dazu in der Lage, weil ihm entsprechende Unterlagen oder Informationen fehlen, kann der Gerichtsvollzieher die Vollziehung des Haftbefehls nach § 802i Abs. 3 ZPO aussetzen.

12.3 Unzulässigkeit der Haftvollstreckung

> § 802h ZPO Unzulässigkeit der Haftvollstreckung
>
> (1) Die Vollziehung des Haftbefehls ist unstatthaft, wenn seit dem Tag, an dem der Haftbefehl erlassen wurde, zwei Jahre vergangen sind.
> (2) Gegen einen Schuldner, dessen Gesundheit durch die Vollstreckung der Haft einer nahen und erheblichen Gefahr ausgesetzt würde, darf, solange dieser Zustand dauert, die Haft nicht vollstreckt werden.

Vor der Erklärung der Verhaftung muss der Gerichtsvollzieher prüfen, ob der Verhaftung Hindernisse oder Hemmnisse entgegenstehen.

12.3.1 Vollziehungsfrist

Die zeitliche Grenze zum Vollzug des Haftbefehls beträgt zwei Jahren nach Erlass des Haftbefehls durch den Vollstreckungsrichter (§ 802h Abs. 1 ZPO). Dies entspricht der ebenfalls zwei Jahre betragenden Sperrwirkung einer bereits abgegebenen Vermögensauskunft in § 802d ZPO.

12.3.2 Haftvollstreckungshindernis

Durch die Gefährdung der Gesundheit des Schuldners wird die Vollziehung der Haft zeitweilig ausgeschlossen. Die Voraussetzungen der Haftfähigkeit prüft der Gerichtsvollzieher von Amts wegen nach eigenem Kenntnisstand. Er hat bei der Beurteilung der Haftfähigkeit strenge Maßstäbe anzulegen. Allerdings sollten im Zweifel schwerwiegende Entscheidungen über ein menschliches Leben und die körperliche Gesundheit nicht „auf der Straße" getroffen werden. Stellt der Gerichtsvollzieher nach den objektiven Umständen Haftunfähigkeit fest, darf die Verhaftung auch nicht zu dem Zweck erfolgen dem Schuldner nur die Vermögensoffenbarung abzunehmen oder in eine Haftanstalt mit Krankenabteilung zu bringen[117]. Im Zweifel sollten solche Entscheidungen dem Gericht im Wege eines geordneten Beweisverfahrens (z.B. Vollstreckungserinnerung) überlassen sein.

Darüber hinaus hat der Gerichtsvollzieher aufgrund seiner Amtspflicht dem Schuldner vor der Verhaftung die Möglichkeit zu geben, seine Verhältnisse zu regeln. Dem Schuldner ist Gelegenheit zu geben, Personen von der Verhaftung zu benachrichtigen und notwendige Maßnahmen zur Versorgung von Kindern oder Tieren zu treffen. Der Gerichtsvollzieher soll die Verhaftung nur durchführen, wenn ausgeschlossen ist, dass eine Gefährdung der Öffentlichen Sicherheit und Ordnung entsteht. Öffentliches Aufsehen und nicht gebotene Härte sind zu vermeiden.

Mitglieder des Deutschen Bundestages und der Länderkammern genießen den verfassungsrechtlichen Schutz der Immunität (Artikel 46 Abs. 3 GG). Die Verhaftung darf gegen diese Personen nur durchgeführt werden, wenn die Kammer auf Antrag des Gläubigers, die Immunität aufgehoben hat.

---

[117] OLG Bamberg, DGVZ 1990, S. 39

12.3.3 Verwirkung des Haftbefehls

Die Haft kann auch dann nicht vollzogen werden, wenn der Haftbefehl verwirkt ist. Diese Verwirkung tritt ein, wenn

- Der Schuldner aufgrund des Haftbefehls bereits einmal verhaftet war und dann ohne sein Zutun wieder freigelassen wurde (§ 802j Abs. 2 ZPO).

„Ohne Zutun" bedeutet, dass es rein von dem Entschluss des Gläubigers abhängig war, dass der Schuldner freigelassen wurde (z.B. um weitere Haftkosten zu sparen). Dagegen wird ein Leistungsversprechen des Schuldners als „eigenes Zutun" des Schuldners betrachtet.

- Der Schuldner sechs Monate Zwangshaft vollständig verbüßt hat (§ 802j Abs. 1 ZPO)

Hat der Schuldner die 6-monatige Erzwingungshaft verbüßt, wird er ähnlich gestellt als habe er die Vermögensoffenbarung geleistet. Der Haftbefehl ist verwirkt und die Schutzfrist des § 802j Abs. 3 ZPO schützt ihn vor weiteren Verhaftungen zum Zwecke der Vermögensauskunft. Er ist zwar nicht vor weiteren Vermögensauskunftsansprüchen geschützt, diese können aber in den folgenden 2 Jahren nur durch Zwangshaft durchgesetzt werden, wenn die Voraussetzungen für eine wiederholte Vermögensoffenbarung nach § 802d ZPO vorliegen.

- Der Schuldner leistet die Vermögensauskunft in einer anderen Sache

Liegen mehrere Verhaftungsaufträge vor und der Schuldner will ausdrücklich nur für einen Gläubiger leisten, ist er dennoch aus der Haft zu entlassen.

12.4 Einlieferung in die Justizvollzugsanstalt

Ist der Verhaftete nicht Willens oder nicht in der Lage die geschuldete Leistung zu erbringen, liefert der Gerichtsvollzieher ihn in die nächste Justizvollzugsanstalt ein. Dabei ist zu beachten, dass nicht jede Justizvollzugsanstalt zur Unterbringung von Zivilgefangenen geeignet ist. Eine Übersicht der Justizvollzugsanstalten nebst deren Zuständigkeit liegt bei den Staatsanwaltschaften aus.

Die Justizvollzugsanstalt muss den Verhafteten ohne weiteren Aufnahmebefehl aufnehmen. Dies gilt auch dann, wenn der Schuldner offensichtlich rauschgiftsüchtig oder alkoholisiert ist. Die anschließende Versorgung des Gefangenen liegt in der Verantwortung der JVA.

Die Justizvollzugsanstalt belehrt den eingelieferten über die dort geltenden Normen, u.a. darüber, zu welchen Zeiten er einem Gerichtsvollzieher zur Leistung der Vermögensauskunft vorgeführt werden kann.

Der Gerichtsvollzieher muss die Vollstreckungsunterlagen in der JVA belassen, denn im Falle der Leistung, sei es durch Zahlung durch den Schuldner oder eines

Dritten, oder durch Leistung der Vermögensauskunft, muss sich der Schuldner jederzeit gegenüber dem Gerichtsvollzieher des Haftortes von der weiteren Haft befreien können.

12.5 Vermögensauskunft des verhafteten Schuldners

Nach § 802i Abs. 1 Satz 1 ZPO kann der verhaftete Schuldner jederzeit bei dem Gerichtsvollzieher des Haftortes verlangen, dass dieser ihm die Vermögensauskunft abnimmt (§ 145 Abs. 5 GVGA).

Zuständigkeit

Allerdings ändert § 802i ZPO nichts an der ursprünglichen Zuständigkeitsregelung des § 802e ZPO. Wenn der verhaftete Schuldner sich von der angeordneten Erzwingungshaft befreien will, muss er genau die Leistung erbringen, derentwegen die Zwangsmaßnahme angeordnet wurde. Und diese geschuldete Leistung ist die Abgabe der Vermögensauskunft in dem Verfahren, zu dessen Termin er nicht erschienen ist bzw. deren Abgabe er ohne Grund verweigert hat. Für das Verfahren auf Entgegennahme dieser Vermögensauskunft ist jedoch der Gerichtsvollzieher nach § 802e ZPO zuständig, in dessen Bezirk der Schuldner zum Zeitpunkt des Eingangs des Auftrages seinen Wohnsitz hatte. An dieser Zuständigkeit hat sich auch nichts mehr geändert.

Die Regelung des § 802i ZPO, die den Gerichtsvollzieher des Haftortes ermächtigt, die Vermögensauskunft des Verhafteten entgegenzunehmen, beinhaltet nichts anderes als eine Form der gesetzlichen Rechtshilfe.

Unter dem Begriff des „Haftortes" ist dabei jeder Ort zu verstehen, an dem der Schuldner in seiner Freiheit beraubt ist. „Gerichtsvollzieher des Haftortes" ist also nicht nur der, in dessen Bezirk die Justizvollzugsanstalt liegt, sondern auch der verhaftende Gerichtsvollzieher an Ort und Stelle.

Unverzügliche Abnahme

Für den Begriff „unverzüglich" (siehe § 802i Abs. 1 Satz 2 Halbsatz 1 ZPO) ist die augenblicklich beim Vollstreckungsgericht herrschende Definition heranzuziehen. Es sind darunter wohl die Dienststunden des Gerichtsvollziehers zu verstehen. Das heißt, dass der Gerichtsvollzieher in diesem Fall auch um 20.00 Uhr die

Vermögensauskunft abnehmen muss, da sich aus dem Umstand, dass er den Schuldner verhaften wollte, ergibt, dass der Gerichtsvollzieher im Dienst ist. Eine, notfalls telefonische, Benachrichtigung des Gläubigers soll erfolgen. Besteht der Gläubiger auf seine Teilnahme, so ist ihm nach § 802i Abs. 1 Satz 3 ZPO dazu Gelegenheit zu geben. Problematisch ist es, wenn der Gläubiger nicht sofort teilnehmen kann, weil er z.B. seinen Sitz nicht am Haftort hat. In diesem Fall ist das Interesse des Gläubigers an der Teilnahme am Termin gegen das des Schuldners auf seine persönliche Freiheit abzuwägen und dem Schuldner, ohne Beisein des Gläubigers, die Vermögensauskunft abzunehmen.

War der verhaftende Gerichtsvollzieher auch nach § 802e Abs. 1 ZPO für das Verfahren auf Abgabe der Vermögensauskunft zuständig, so nimmt der Gerichtsvollzieher dem Schuldner die Vermögensauskunft ab und verfährt gemäß § 802i Abs. 1 Satz 2 Halbsatz 2, Abs. 2 i.V.m. § 802f Abs. 5, 6 ZPO.

Kann der Schuldner bei der Vermögensauskunft bestimmte Angaben nicht machen, setzt der Gerichtsvollzieher die Vollziehung des Haftbefehls nach § 802i Abs. 3 ZPO für eine bestimmte Zeit aus.

Das weitere Verfahren richtet sich nach § 802f ZPO, wobei eine Zahlungsfrist, wie in § 802f Abs. 1 ZPO geregelt, nicht mehr erforderlich ist, § 802i Abs. 3 Satz 2 ZPO.

Der Schuldner ist zu dem neuen Termin förmlich zu laden. Der Gläubiger erhält von dem neuen Termin eine formlose Benachrichtigung.

Erscheint der Schuldner in dem anberaumten Termin und gibt die Vermögensauskunft nun vollständig ab, so hat ihn der Gerichtsvollzieher nach § 802i Abs. 2 ZPO aus der Haft zu entlassen. Erscheint der Schuldner zum erneuten Termin nicht oder kann er die erforderlichen Angaben immer noch nicht machen, kann der Haftbefehl nun ohne weiteres vollzogen werden.

Mehrere Haftbefehle gegen denselben Schuldner

Liegen dem Gerichtsvollzieher gleichzeitig Verhaftungsaufträge mehrerer Gläubiger gegen denselben Schuldner vor, ist ihm grundsätzlich in allen Verfahren die Vermögensauskunft abzunehmen. Der Gerichtsvollzieher nimmt über die gemeinsame Vermögensauskunft nur ein Protokoll auf und der Schuldner muss auch nur ein Vermögensverzeichnis ausfüllen.

Liegen mehrere Verhaftungsaufträge vor und der Schuldner will ausdrücklich nur für einen Gläubiger leisten, ist er dennoch aus der Haft zu entlassen.

Zwar wird dieser eidesstattlichen Versicherung in Relation zu den anderen vorliegenden Verhaftungsaufträgen die Wirkung des § 802d ZPO abgesprochen.

Doch dies hätte zur Folge, dass der Schuldner für die anderen Verfahren, in denen er nicht geleistet hat, die Erzwingungshaft antreten müsste, obwohl er die Vermögensauskunft bereits wirksam abgegeben hat.

Die weiteren Gläubiger erhalten eine Abschrift des Vermögensverzeichnisses durch den Gerichtsvollzieher übersandt.

Verhaftung für eine andere Behörde

War der Schuldner verpflichtet vor dem Finanzamt oder einer anderen berechtigten Behörde die Vermögensauskunft abzugeben und ist er zu diesem Termin nicht erschienen. bzw. hat er die Abgabe der Vermögensauskunft dort ohne Grund verweigert, so ist für den Erlass des Haftbefehls das Amtsgericht zuständig. Die Verhaftung erfolgt durch den Gerichtsvollzieher. Dabei ergeben sich von dem üblichen Verfahren einige Abweichungen:

Vorführung

Hat der Gerichtsvollzieher den Schuldner verhaftet und will dieser nun die drohende Einlieferung in die JVA durch Leistung verhindern, so ist der Schuldner grundsätzlich der für die Abnahme der Vermögensauskunft nach § 284 Abs. 5 AO, § 145 Abs. 3 GVGA zuständigen Stelle (der Vollstreckungsbehörde) vorzuführen. Diese lässt sich aus dem Haftbefehl ermitteln. Erfolgt die Verhaftung allerdings an einem Ort weitab von dieser zuständigen Stelle, oder zu einer Zeit außerhalb der gewöhnlichen Geschäftsstunden, so muss der verhaftende Gerichtsvollzieher die Vermögensauskunft nach § 802i ZPO, § 145 Abs. 3 Satz 4 GVGA entgegennehmen.

Abwendung

Der Schuldner kann den Vollzug des Haftbefehls dadurch abwenden, dass er den geschuldeten Betrag in voller Höhe an den Gerichtsvollzieher bezahlt oder einen Nachweis erbringt, dass ihm eine Zahlungsfrist bewilligt wurde bzw. die Schuld erloschen ist.

13. Kommunikationswege zwischen Gerichtsvollzieher, dem Zentralen Vollstreckungsgericht und dem Bundesportal

Der zentrale, elektronische Datenaustausch zwischen dem Gerichtsvollzieher, dem Zentralen Vollstreckungsgericht und dem bundesweiten Vollstreckungsportal ist eine der wichtigsten Änderungen im Gesetz zur Reform der Sachaufklärung in der Zwangsvollstreckung.

Dabei kommt dem Gerichtsvollzieher die bedeutende Aufgabe zu, das Zentrale Vollstreckungsgericht in seinem jeweiligen Bundesland mit Daten zu „füttern". Das Zentrale Vollstreckungsgericht führt zum einen den Datenbestand der durch die Gerichtsvollzieher in elektronischer Form eingelieferten Vermögensverzeichnisse (siehe § 802k ZPO) und zum anderen die Datenbestände des Schuldnerverzeichnisses (siehe § 882h ZPO). Die bei den 16 Zentralen Vollstreckungsgerichten gespeicherten Daten zum Vermögens- und Schuldnerverzeichnis werden an das Bundesportal weitergeleitet und dort unverändert abgebildet. Damit haben sowohl die einsichtsbefugten Gerichtsvollzieher und Behörden die Möglichkeit, die Vermögensverzeichnisse wie auch den Inhalt des Schuldnerverzeichnisses aufgrund eines bundesweiten Datenbestandes abzurufen (§ 802k Abs. 2 ZPO, § 802f ZPO). Der Abruf der Vermögensverzeichnisse bleibt jedoch dem Gerichtsvollzieher und den in § 802k Abs. 2 ZPO genannten Einrichtungen vorbehalten. Dies bedeutet vor allem für die Gläubiger, dass der reine Abdruck eines Vermögensverzeichnisses nur noch über den Gerichtsvollzieher im Rahmen eines Verfahrens nach § 802d ZPO möglich ist. Ein Abruf über das Zentrale Vollstreckungsgericht in einem Bundesland oder das zentrale Bundesportal ist daher nicht möglich.
Etwas anders gilt für die Jedermann-Einsicht in das Schuldnerverzeichnis nach § 802f ZPO. Hier ist jedem eine Abfrage über das Internet an das Bundesportal

(gegen Gebühr) möglich, der einen der in § 802f ZPO genannten Tatbestände angibt.

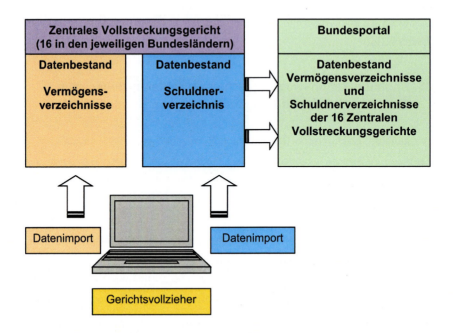

13.1. Datenaustausch zwischen Gerichtsvollzieher und dem Zentralen Vollstreckungsgericht

Der Gerichtsvollzieher ist zum einen verpflichtet, Vermögensverzeichnisse, die er im Rahmen des Vermögensauskunftsverfahrens errichtet hat (siehe §§ 802c, 802f Abs. 5 ZPO) beim Zentralen Vollstreckungsgericht zu hinterlegen (§ 802f Abs. 6 ZPO). Dieses Verzeichnis wird als PDF-Dokument in elektronischer Form übermittelt und vom Zentralen Vollstreckungsgericht gespeichert. Gleichzeitig erhält der Gerichtsvollzieher eine Eingangsbestätigung zurück übermittelt. Zum anderen übermittelt der Gerichtsvollzieher auch die Eintragungsanordnung ebenfalls in elektronischer Form zur Eintragung des Schuldners in das Schuldnerverzeichnis (siehe § 882c, § 882d ZPO, § 882h ZPO).

Der Datenaustausch von Schuldnerdaten zwischen dem Gerichtsvollzieher und dem Zentralen Vollstreckungsgericht erfolgt mit Hilfe der Software „EGVP[118]" (**E**lektronisches **G**erichts- und **V**erwaltungs-**P**ostfach). Die EGVP-Software nutzt das so genannte OSCI-Transportprotokoll (OSCI: Online Services Computer Interface = Computerschnittstelle für Online-Dienste), was für eine sichere Datenübertragung über das Internet sorgt. Man muss sich den Datentransport wie beim „normalen" E-Mailverkehr vorstellen, d.h. der Sender wie auch der Empfänger haben ein Postfach.

Der Gerichtsvollzieher legt z.B. das errichtete Vermögensverzeichnis als PDF-Datei in sein EGVP-Postfach und versendet dieses an das EGVP-Postfach des Zentralen Vollstreckungsgerichts. Die Datei wird aus dem Postfach des Vollstreckungsgerichts abgeholt und verarbeitet. Dem Gerichtsvollzieher wird eine Eingangs- und Verarbeitungsbestätigung in sein Postfach übersandt, das er zu den Akten ausgedruckt nimmt.

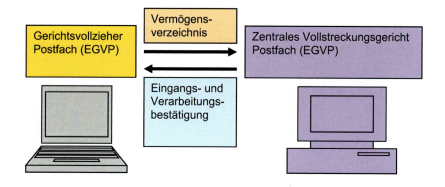

13.2. Zugriff auf die zentral verwalteten Daten beim Bundesportal

Sämtliche Datenbestände (Vermögensverzeichnisse und Einträge im Schuldnerverzeichnis) der 16 Zentralen Vollstreckungsgerichte werden im zentralen Bundesportal gespeichert und stehen zum Abruf zur Verfügung. Die Einsicht ist nur

---

[118] Änderung zum 01.01.2016: Aufkündigung des EGVP-Installer zum 01.01.2016; Softwareanbieter für GV-Programme richten einen gemeinsamen Client ein, den die Gerichtsvollzieher dann nutzen müssen

in Form eines lesenden Zugriffs möglich. Änderungen (Neuanlage, Korrektur, Löschung) im Datenbestand obliegen jedoch nur dem einzelnen Zentralen Vollstreckungsgericht.

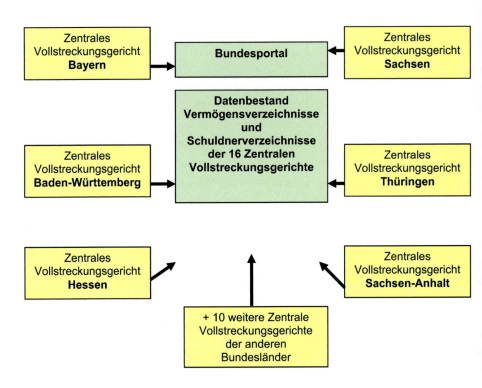

Auf die Vermögensverzeichnisse des Bundesportals haben nur die Gerichtsvollzieher sowie die in § 802k Abs. 2 ZPO genannten Behörden ein Zugriffsrecht. Einsicht in das Schuldnerverzeichnis kann jedermann nehmen, der einen in § 802f ZPO genannten Grund nennt. Zu den Einsichtsberechtigten in das Schuldnerverzeichnis gehört auch der Schuldner selbst.

Schuldner		Gerichtsvollzieher
	Bundesportal	
Einsichtsrecht für jedermann bei berechtigtem Interesse, § 802f ZPO	**Datenbestand Vermögensverzeichnisse und Schuldnerverzeichnisse der 16 zentralen Vollstreckungsgerichte**	Vollstreckungs-Insolvenz-, Registergerichte, Strafverfolgungsbehörden, Finanzämter usw.
Erteilung von Abdrucken nach § 882g ZPO		
⟹		⟸
Abfrage **nur** aus dem Schuldnerverzeichnis		Abfrage der Vermögensverzeichnisse **und** aus dem Schuldnerverzeichnis

14. Das Reparaturgesetz (EuKoPfVODG) zur Reform der Sachaufklärung in der Zwangsvollstreckung -ein Überblick-

Einführung

Der Bundesgesetzgeber hat ein Gesetz zur Klarstellung von Rechtsfragen, die durch die Reform der Sachaufklärung 2013 aufgetreten sind beschlossen. Die Ausführungen beziehen sich auf die Beschlussempfehlung und den Bericht des Ausschusses für Recht und Verbraucherschutz (6. Ausschuss) vom 21. September 2016 zu dem Gesetzentwurf der Bundesregierung (Drucksache 18/7560 Entwurf eines Gesetzes zur Durchführung der Verordnung (EU) Nr. 655/2014 sowie zur Änderung sonstiger zivilprozessualer Vorschriften (EuKoPfVODG)). Das Gesetz wurde nunmehr unter dem Namen „Entwurf eines Gesetzes zur Durchführung einer Verordnung (EU) Nr. 655/2014 sowie zur Änderung sonstiger zivilprozessualer, grundbuchrechtlicher und vermögensrechtlicher Vorschriften und zur Änderung der Justizbeitreibungsordnung (EuKoPfVODG)" [119] beschlossen und im Bundesgesetzblatt verkündet [120].

Dieses „Reparaturgesetz" sieht gesetzliche Klarstellungen sowie Ergänzungen zivilprozessualer Regelungen vor, die im Zusammenhang mit dem zum 01. Januar 2013 in Kraft getretenen Gesetz zur Reform der Sachaufklärung stehen. Daneben sollen unter anderem auch Änderungen im Gerichtsvollzieherkostengesetz (GvKostG) und in der Verordnung über das Formular für den Vollstreckungsauftrag an den Gerichtsvollzieher (GVFV) erfolgen.

Seit dem Inkrafttreten des Gesetzes zur Reform der Sachaufklärung in der Zwangsvollstreckung zum 01. Januar 2013 sind mittlerweile fast vier Jahre vergangen. Unter anderem hat die Anwendung und Umsetzung des neuen Rechts zum Teil erhebliche Probleme in der gerichtsvollzieherlichen Praxis hervorgerufen. Dies liegt aber nicht daran, dass die deutschlandweit gut ausgebildeten Gerichtsvollzieher nicht in der Lage sind, neues Recht anzuwenden und umzusetzen, sondern sicherlich hat auch die in weiten Teilen unterschiedlich herrschende Rechtsprechung ihren Teil dazu beigetragen. Das ist aber auch bei Anwendung von neuen Verfahrensvorschriften „normal", weil immer Interpretationslücken gegeben

---

[119] BT-Drucksache 18/9698
[120] BGBl. I, 2016, S. 2591 ff.

sind, die dann durch die Rechtsprechung zu schließen sind. Die unterschiedlichen Ansichten in Rechtsprechung und Literatur haben nunmehr den Gesetzgeber dazu veranlasst, klarstellend einzugreifen und Änderungen in einigen zivilprozessualen Vorschriften, anderen Gesetzen und Verordnungen vorzunehmen. Diesen, aus meiner Sicht relevanten Änderungen, werde ich mich hier annehmen und hierzu die unterschiedlichen Rechtsauffassungen kurz aufzeigen ohne auf die einzelnen gerichtlichen Entscheidungen konkret einzugehen. Dies soll in einer Art synoptischen Darstellung geschehen und damit einen ersten Überblick vermitteln.

1. Standardisierter Vollstreckungsauftrag

Stand ZPO zum 31.08.2015	ZPO Änderung
§ 753 **Vollstreckung durch Gerichtsvollzieher** (1)….	**§ 753** **Vollstreckung durch Gerichtsvollzieher** (1)…
(2) Der Gläubiger kann wegen Erteilung des Auftrags zur Zwangsvollstreckung die Mitwirkung der Geschäftsstelle in Anspruch nehmen. Der von der Geschäftsstelle beauftragte Gerichtsvollzieher gilt als von dem Gläubiger beauftragt.	(2) Der Gläubiger kann wegen Erteilung des Auftrags zur Zwangsvollstreckung die Mitwirkung der Geschäftsstelle in Anspruch nehmen. Der von der Geschäftsstelle beauftragte Gerichtsvollzieher gilt als von dem Gläubiger beauftragt.
(3) Das Bundesministerium der Justiz und für Verbraucherschutz wird ermächtigt, durch Rechtsverordnung mit Zustimmung des Bundesrates verbindliche Formulare für den Auftrag nach Absatz 2 einzuführen. Für elektronisch eingereichte Aufträge können besondere Formulare vorgesehen werden.	(3) Das Bundesministerium der Justiz und für Verbraucherschutz wird ermächtigt, durch Rechtsverordnung mit Zustimmung des Bundesrates verbindliche Formulare für den Auftrag ~~nach Absatz 2~~ einzuführen. Für elektronisch eingereichte Aufträge können besondere Formulare vorgesehen werden.
	(4) § 130 a Absatz 1 und 2 gilt für die elektronische Einreichung von Aufträgen beim Gerichtsvollzieher entsprechend. **(Absatz 4 wird ab 1. Januar 2018 ersetzt durch Absatz 4 und 5):** (4) Schriftlich einzureichende Anträge und Erklärungen der Parteien sowie schriftlich einzureichende Auskünfte, Aussagen, Gutachten, Übersetzungen und Erklärungen Dritter können nach Maßgabe der folgenden Absätze als elektronisches Dokument bei dem Gerichtsvollzieher eingereicht werden. (5) Das elektronische Dokument muss für die Bearbeitung durch den Gerichtsvollzieher geeignet sein. Zur Festlegung der für die Übermittlung und Bearbeitung geeigneten technischen Rahmenbedingungen gilt § 130a Absatz 2 Satz 2. Im Übrigen gelten § 130a Absatz 3 bis 6 und § 174 Absatz 3 und 4 entsprechend. (6) § 130d gilt entsprechend. **(ab 01. Januar 2022)**

Der Bundesgesetzgeber hat von der Verordnungsermächtigung[121] des § 753 Abs. 3 ZPO Gebrauch gemacht und die Verordnung über das Formular für den Vollstreckungsauftrag an den Gerichtsvollzieher (GVFV)[122] zum 01. Oktober 2015 eingeführt. Das Antragsformular ist ab 01. April 2016 verpflichtend durch die Gläubiger zu verwenden. Um Missverständnissen vorzubeugen, ist der Verweis in § 753 Abs. 3 Satz 1 ZPO „nach Absatz 2" gestrichen worden. Dies dient lediglich der Klarstellung, dass sich die Ermächtigung nicht nur auf die in Absatz 2 ausdrücklich genannte Erteilung des Auftrags unter Vermittlung der Geschäftsstelle beziehen soll. Vielmehr ist das eingeführte Auftragsformular auf alle Aufträge zur Zwangsvollstreckung, die an den Gerichtsvollzieher gerichtet sind, anzuwenden. Ausgenommen von der Verwendung des Auftragsformulars sind reine Zustellungsaufträge sowie Gläubiger, die öffentlich-rechtliche Forderungen beitreiben (§ 1 Abs. 2 GVFV).

Mit den neu eingefügten Absätzen 4 bis 6 in § 753 ZPO soll schon jetzt dem Umstand Rechnung getragen werden, dass der elektronische Rechtsverkehr in dem Umfang, wie er durch das Gesetz zur Förderung des elektronischen Rechtsverkehrs mit den Gerichten[123] eröffnet ist, auch unmittelbar mit den Gerichtsvollziehern stattfinden kann. Die inhaltlichen Vorgaben des genannten Gesetzes, wie sie ab dem 1. Januar 2018 gelten, sind entsprechend auch für die Kommunikation mit den Gerichtsvollziehern anzuwenden. Hierzu sind allerdings noch rechtliche Rahmenbedingungen wie entsprechende Rechtsverordnungen notwendig.

2. Der elektronische Gerichtsvollzieherauftrag

In der Forderungspfändung ist es mit § 829a ZPO schon Alltag: Die elektronische Beantragung des Pfändungs- und Überweisungsbeschlusses ohne Vorlage eines Vollstreckungstitels und der Kostenbelege. Nun wird die dortige Regelung mit § 754a ZPO auf den Gerichtsvollzieherauftrag übertragen. Wenngleich die Regelung noch den Ländereinführungsvorbehalt in § 754a Abs. 3 i.V.m. § 130a Abs. 2 ZPO zeigt, d.h. die Länder bestimmen, ab wann die elektronische Antragstellung tatsächlich möglich ist, ist davon auszugehen, dass dies in einigen Bundesländern vom Start weg möglich ist.

---

[121] Rechtsverordnung zur verbindlichen Einführung von Formularen für den Vollstreckungsauftrag an den Gerichtsvollzieher gemäß § 753 Abs. 3 ZPO
[122] BGBl. I 2015, S. 1586 ff.
[123] BGBl. I 2013, S. 3786 ff.

ZPO NEU
§ 754a
Vereinfachter Vollstreckungsauftrag bei Vollstreckungsbescheiden

(1) Im Fall eines elektronisch eingereichten Auftrags zur Zwangsvollstreckung aus einem Vollstreckungsbescheid, der einer Vollstreckungsklausel nicht bedarf, ist bei der Zwangsvollstreckung wegen Geldforderungen die Übermittlung der Ausfertigung des Vollstreckungsbescheides entbehrlich, wenn
1. die sich aus dem Vollstreckungsbescheid ergebende fällige Geldforderung einschließlich titulierter Nebenforderungen und Kosten nicht mehr als 5.000 EUR beträgt; Kosten der Zwangsvollstreckung sind bei der Berechnung der Forderungshöhe nur zu berücksichtigen, wenn sie allein Gegenstand des Vollstreckungsauftrags sind;

2. die Vorlage anderer Urkunden als der Ausfertigung des Vollstreckungsbescheides nicht vorgeschrieben ist;

3. der Gläubiger dem Auftrag eine Abschrift des Vollstreckungsbescheides nebst Zustellungsbescheinigung als elektronisches Dokument beifügt und
4. der Gläubiger versichert, dass ihm eine Ausfertigung des Vollstreckungsbescheides und eine Zustellungsbescheinigung vorliegen und die Forderung in Höhe des Vollstreckungsauftrags noch besteht.

Sollen Kosten der Zwangsvollstreckung vollstreckt werden, sind dem Auftrag zusätzlich zu den in Satz 1 Nummer 3 genannten Dokumenten eine nachprüfbare Aufstellung der Kosten und entsprechende Belege als elektronisches Dokument beizufügen.

(2) Hat der Gerichtsvollzieher Zweifel an dem Vorliegen einer Ausfertigung des Vollstreckungsbescheides oder der übrigen Vollstreckungsvoraussetzungen, teilt er dies dem Gläubiger mit und führt die Zwangsvollstreckung erst durch, nachdem der Gläubiger die Ausfertigung des Vollstreckungsbescheides übermittelt oder die übrigen Vollstreckungsvoraussetzungen nachgewiesen hat.

(3) § 130a Absatz 2 bleibt unberührt.
(Absatz 3 kann je nach Bundesland ab 01. Januar 2018 entfallen.)

3. Die Aufenthaltsermittlung

Stand ZPO zum 01.01.2013	ZPO Änderung
§ 755 **Ermittlung des Aufenthaltsorts des Schuldners** (1) Ist der Wohnsitz oder gewöhnliche Aufenthaltsort des Schuldners nicht bekannt, darf der Gerichtsvollzieher auf Grund des Vollstreckungsauftrags und der Übergabe der **vollstreckbaren** Ausfertigung zur Ermittlung des Aufenthaltsorts des Schuldners bei der Meldebehörde die gegenwärtigen Anschriften sowie Angaben zur Haupt- und Nebenwohnung des Schuldners erheben. 2) Soweit der Aufenthaltsort des Schuldners nach Absatz 1 nicht zu ermitteln ist, darf der Gerichtsvollzieher 1. zunächst beim Ausländerzentralregister die Angaben zur aktenführenden Ausländerbehörde sowie zum Zuzug oder Fortzug des Schuldners und anschließend bei der gemäß der Auskunft aus dem Ausländerzentralregister aktenführenden Ausländerbehörde den Aufenthaltsort des Schuldners, 2. bei den Trägern der gesetzlichen Rentenversicherung die dort bekannte	**§ 755** **Ermittlung des Aufenthaltsorts des Schuldners** (1) Ist der Wohnsitz oder gewöhnliche Aufenthaltsort des Schuldners nicht bekannt, darf der Gerichtsvollzieher auf Grund des Vollstreckungsauftrags und der Übergabe der vollstreckbaren Ausfertigung zur Ermittlung des Aufenthaltsorts des Schuldners bei der Meldebehörde die gegenwärtigen Anschriften sowie Angaben zur Haupt- und Nebenwohnung des Schuldners erheben. Der Gerichtsvollzieher darf auch beauftragt werden, die gegenwärtigen Anschriften, den Ort der Hauptniederlassung oder den Sitz des Schuldners zu erheben 1. durch Einsicht in das Handels-, Genossenschafts-, Partnerschafts-, Unternehmens- oder Vereinsregister oder 2. durch Einholung einer Auskunft bei den nach Landesrecht für die Durchführung der Aufgaben nach § 14 Absatz 1 der Gewerbeordnung zuständigen Behörden. 2) Soweit der Aufenthaltsort des Schuldners nach Absatz 1 nicht zu ermitteln ist, darf der Gerichtsvollzieher 1. zunächst beim Ausländerzentralregister die Angaben zur aktenführenden

derzeitige Anschrift, den derzeitigen oder zukünftigen Aufenthaltsort des Schuldners sowie 3. bei dem Kraftfahrt-Bundesamt die Halterdaten nach § 33 Abs. 1 Satz 1 Nr. 2 des Straßenverkehrsgesetzes erheben. Ist der Schuldner Unionsbürger, darf der Gerichtsvollzieher die Daten nach Satz 1 Nummer 1 nur erheben, wenn ihm tatsächliche Anhaltspunkte für die Vermutung der Feststellung des Nichtbestehens oder des Verlusts des Freizügigkeitsrechts vorliegen. Eine Übermittlung der Daten nach Satz 1 Nummer 1 an den Gerichtsvollzieher ist ausgeschlossen, wenn der Schuldner Unionsbürger ist, für den eine Feststellung des Nichtbestehens oder des Verlusts des Freizügigkeitsrechts nicht vorliegt. Die Daten nach Satz 1 Nr. 2 und 3 darf der Gerichtsvollzieher nur erheben, wenn die zu vollstreckenden Ansprüche mindestens 500 Euro betragen; Kosten der Zwangsvollstreckung und Nebenforderungen sind bei der Berechnung nur zu berücksichtigen, wenn sie allein Gegenstand des Vollstreckungsauftrags sind.	Ausländerbehörde sowie zum Zuzug oder Fortzug des Schuldners und anschließend bei der gemäß der Auskunft aus dem Ausländerzentralregister aktenführenden Ausländerbehörde den Aufenthaltsort des Schuldners, 2. bei den Trägern der gesetzlichen Rentenversicherung die dort bekannte derzeitige Anschrift, den derzeitigen oder zukünftigen Aufenthaltsort des Schuldners sowie 3. bei dem Kraftfahrt-Bundesamt die Halterdaten nach § 33 Abs. 1 Satz 1 Nr. 2 des Straßenverkehrsgesetzes erheben. Ist der Schuldner Unionsbürger, darf der Gerichtsvollzieher die Daten nach Satz 1 Nummer 1 nur erheben, wenn ihm tatsächliche Anhaltspunkte für die Vermutung der Feststellung des Nichtbestehens oder des Verlusts des Freizügigkeitsrechts vorliegen. Eine Übermittlung der Daten nach Satz 1 Nummer 1 an den Gerichtsvollzieher ist ausgeschlossen, wenn der Schuldner Unionsbürger ist, für den eine Feststellung des Nichtbestehens oder des Verlusts des Freizügigkeitsrechts nicht vorliegt. ~~Die Daten nach Satz 1 Nr. 2 und 3 darf der Gerichtsvollzieher nur erheben, wenn die zu vollstreckenden Ansprüche einschließlich titulierter Nebenforderungen und Kosten mindestens 500 Euro betragen; Kosten der Zwangsvollstreckung und Nebenforderungen sind bei der Berechnung nur zu berücksichtigen, wenn sie allein Gegenstand des Vollstreckungsauftrags sind.~~ (3) Nach Absatz 1 oder Absatz 2 erhobene Daten, die innerhalb der letzten drei Monate bei dem Gerichtsvollzieher eingegangen sind, darf dieser auch in einem Zwangsvollstreckungsverfahren eines weiteren Gläubigers gegen denselben Schuldner nutzen, wenn die Voraussetzungen für die Datenerhebung auch bei diesem Gläubiger vorliegen.

Mit der Änderung des § 755 ZPO will der Gesetzgeber <u>drei zentrale Streitfragen</u>, die mit der Reform der Sachaufklärung aufgetreten sind, beantworten:

1. gilt § 755 ZPO nur für die Aufenthaltsermittlung bei natürlichen Personen
2. sind Nebenforderungen und Kosten bei der Bagatellgrenze von 500,- € des § 755 Abs. 2 ZPO mitzurechnen
3. darf der Gerichtsvollzieher Erkenntnisse zur Aufenthaltsermittlung für andere Gläubiger nutzen bzw. diese an weitere Gläubiger weiterleiten

Gilt § 755 ZPO nur für die Aufenthaltsermittlung bei natürlichen Personen

In der Literatur und Rechtsprechung ist strittig, ob die Ermittlungsbefugnis des Gerichtsvollziehers nach § 755 Abs. 1 ZPO nur für natürliche Personen anwendbar ist (reine Wohnsitzermittlung beim Einwohnermeldeamt) oder ob auch eine

Ermittlung der Anschrift des Geschäftssitzes bei Handelsgesellschaften, Einzelkaufleuten und sonstigen Gewerbetreibenden zulässig ist. Der reine Wortlaut der Vorschrift, auch im Zusammenhang mit § 755 Abs. 2 ZPO, deutete darauf hin, dass die Aufenthaltsermittlung nur für natürliche Personen möglich ist. Daher musste dies nunmehr mit § 755 Abs. 1 Satz 2 ZPO klarstellend ergänzt werden, indem der Gerichtsvollzieher, bei entsprechendem Antrag des Gläubigers, auch Einsicht in entsprechenden handelsrechtlichen Registern (Handelsregister, Vereinsregister, Genossenschaftsregister) nehmen kann (§ 755 Abs. 1 Satz 2 Nr. 1 ZPO) sowie beim Gewerbeamt nach „Wohnsitzdaten" von Gewerbetreibenden anfragen darf (§ 755 Abs. 1 Satz 2 Nr. 2 ZPO).

Mit den weiteren Abfragemöglichkeiten nach § 755 Abs. 1 Satz 2 ZPO hat der Gesetzgeber das Antragsformular nach der GVFV mit den Modulen L7 und L8 und die Anlage 2 (Hinweise zum Ausfüllen) ergänzt[124].

In der Konsequenz dieser weiteren Ermittlungsmöglichkeiten des Gerichtsvollziehers nach § 755 ZPO und dem damit verbundenen Aufwand ist auch das Gerichtsvollzieherkostengesetz (GvKostG) samt Anlage Kostenverzeichnis geändert worden. Entscheidend ist hierbei, dass grundsätzlich zu unterscheiden ist, ob eine Ermittlung nach § 755 Abs. 1 ZPO erfolgt (dann ermäßigte Gebühr: 5,00 €, KVNr. 441) oder nach § 755 Abs. 2 ZPO (dann Gebühr: 13,00 €, KVNr. 440). Es erfolgt also eine Staffelung der Gebührenhöhe je nach Aufwand bei der Datenerhebung. Wenn der Gerichtsvollzieher Daten zur Ermittlung nach § 755 Abs. 1 ZPO online erholt (und diese dann sofort zur Verfügung stehen), ist der Aufwand nicht so hoch einzustufen (daher die ermäßigte Gebühr i.H.v. 5,- € nach KV Nr. 441) als bei der Einholung einer Auskunft bei den in § 755 Abs. 2 ZPO (und § 802l ZPO) genannten Stellen. Dies dürfte bei den handelsrechtlichen Registern (Handels-Genossenschaftsregister etc.) zutreffen. In aller Regel verfügen Gerichtsvollzieher über einen Onlinezugang zu den entsprechenden Registern. Für das Verfahren zur

---

[124] Für Aufträge, die bis zum 28.02.2017 eingegangen sind, kann das bis zum 30.11.2016 bestimmte Formular weitergenutzt werden, § 6 GVFV.

Einholung einer Auskunft bei den Gewerbeämtern (§ 14 Abs. 1 GewO) sieht es jedoch anders aus. Hier besteht keine einheitliche Handhabung (nicht alle Städte und Gemeinden verfügen über ein Onlineportal). Das bedeutet, dass unter Umständen ein Papierrücklauf abzuwarten ist, so dass mit einem größeren Aufwand zu rechnen ist. Nicht nachvollziehbar ist jedoch, dass eine Anfrage bei den in § 755 Abs. 2 ZPO genannten Stellen aufwendiger sein soll. Nach meinem Kenntnisstand sind mittlerweile fast alle Anfragen an diese Stellen ebenso durch ein Onlineportal möglich. Einzig beim Ausländerzentralregister und beim Kraftfahrtbundesamt (KBA) ist nur eine Anfrage in Papierform zulässig. Diese Anfragen sind jedoch in der Praxis zu vernachlässigen. Insoweit wäre eine einheitliche gebührenrechtliche Handhabung wünschenswert gewesen.

Gemäß § 10 Abs. 2 Nr. 3 GvKostG sind die Gebühren KVNr. 440 (Erhebung von Daten nach § 755 Abs. 2 ZPO) und KV Nr. 441 (Erhebung von Daten nach § 755 Abs. 1 ZPO) *gesondert* zu erheben und es fällt für *jede Abfrage* bei der in § 755 Abs. 1 und Abs. 2 ZPO genannten Stellen eine Gebühr an.

Stand GvKostG zum 01.08.2013	GvKostG Änderung
§ 10 Abgeltungsbereich der Gebühren	**§ 10 Abgeltungsbereich der Gebühren**
(1)...	(1)...
(2) Ist der Gerichtsvollzieher beauftragt, die gleiche Vollstreckungshandlung wiederholt vorzunehmen, sind die Gebühren für jede Vollstreckungshandlung gesondert zu erheben. Dasselbe gilt, wenn der Gerichtsvollzieher auch ohne ausdrückliche Weisung des Auftraggebers die weitere Vollstreckung betreibt, weil nach dem Ergebnis der Verwertung der Pfandstücke die Vollstreckung nicht zur vollen Befriedigung des Auftraggebers führt oder Pfandstücke bei dem Schuldner abhandengekommen oder beschädigt worden sind. Gesondert zu erheben sind	(2) Ist der Gerichtsvollzieher beauftragt, die gleiche Vollstreckungshandlung wiederholt vorzunehmen, sind die Gebühren für jede Vollstreckungshandlung gesondert zu erheben. Dasselbe gilt, wenn der Gerichtsvollzieher auch ohne ausdrückliche Weisung des Auftraggebers die weitere Vollstreckung betreibt, weil nach dem Ergebnis der Verwertung der Pfandstücke die Vollstreckung nicht zur vollen Befriedigung des Auftraggebers führt oder Pfandstücke bei dem Schuldner abhandengekommen oder beschädigt worden sind. Gesondert zu erheben sind
1. eine Gebühr nach Abschnitt 1 des Kostenverzeichnisses für jede Zustellung,	1. eine Gebühr nach Abschnitt 1 des Kostenverzeichnisses für jede Zustellung,
2. eine Gebühr nach Nummer 430 des Kostenverzeichnisses für jede Zahlung,	2. eine Gebühr nach Nummer 430 des Kostenverzeichnisses für jede Zahlung,
3. eine Gebühr nach Nummer 440 des Kostenverzeichnisses für die Einholung jeder Auskunft und	3. eine Gebühr nach Nummer 440 oder Nummer 441 des Kostenverzeichnisses für die Erhebung von Daten bei jeder der in den §§ 755 und 802l der Zivilprozessordnung genannten Stellen und
4. eine Gebühr nach Nummer 600 des	

Kostenverzeichnisses für jede nicht erledigte Zustellung. (3)	4. eine Gebühr nach Nummer 600 des Kostenverzeichnisses für jede nicht erledigte Zustellung. (3) ....

Stand Anlage Kostenverzeichnis zum GvKostG zum 01.08.2013	Anlage Kostenverzeichnis zum GvKostG Änderung
440 Einholung einer Auskunft bei einer der in den §§ 755, 802l ZPO genannten Stellen .... 13,00 € Die Gebühr entsteht nicht, wenn die Auskunft nach § 882c Abs. 3 Satz 2 ZPO eingeholt wird.	440 Erhebung von Daten bei einer der in § 755 Abs. 2, § 802l Abs. 1 ZPO genannten Stellen... 13,00 € Die Gebühr entsteht nicht, wenn die Auskunft nach § 882c Abs. 3 Satz 2 ZPO eingeholt wird. 441 Erhebung von Daten bei einer der in § 755 Abs. 1 ZPO genannten Stellen .... 5,00 € Die Gebühr entsteht nicht, wenn die Auskunft nach § 882c Abs. 3 Satz 2 ZPO eingeholt wird. 442 Übermittlung von Daten nach § 802l Abs. 4 ZPO .... 5,00 €

Sind Nebenforderungen und Kosten bei der Bagatellgrenze von 500,- € des § 755 Abs. 2 ZPO mitzurechnen

Die in Literatur und Rechtsprechung umstrittene Frage der Berechnung der 500,- € Wertgrenze in § 755 ZPO (und auch § 802l ZPO) hat der Gesetzgeber nunmehr dadurch abgekürzt, dass in der neuen Fassung des § 755 ZPO die Wertgrenze in § 755 Abs. 2 Satz 4 ZPO einfach gestrichen wurde. Für die Gläubiger kleinerer Forderungen (unter 500,- €) bedeutet dies, dass auch sie in den „Genuss" der Aufenthaltsermittlung kommen werden.

Problem beim gesetzlichen Rentenversicherer ist jedoch § 74a SGB X, da dieser im Zuge des EuKoPFVDOG nicht angepasst wurde. Daher dürfte zunächst eine Aufenthaltsermittlung für den Gerichtsvollzieher nicht durchführbar sein, da er nach § 74a SGB X das Vorliegen der in dieser Norm genannten Voraussetzungen bestätigen muss. Somit wird es vorerst dabei bleiben, dass der Gerichtsvollzieher nur für Gläubiger mit mindestens 500,- € Forderungen die Aufenthaltsermittlung durchführen kann.

§ 74a SGB X
Übermittlung zur Durchsetzung öffentlich-rechtlicher Ansprüche und im Vollstreckungsverfahren

(1) ....

*(2) Zur Durchführung eines Vollstreckungsverfahrens, dem zu **vollstreckende Ansprüche von mindestens 500 Euro** zugrunde liegen, dürfen die Träger der gesetzlichen Rentenversicherung im Einzelfall auf Ersuchen des Gerichtsvollziehers die derzeitige Anschrift des Betroffenen, seinen derzeitigen oder zukünftigen Aufenthaltsort sowie Namen, Vornamen oder Firma und Anschriften seiner derzeitigen Arbeitgeber übermitteln, soweit kein Grund zu der Annahme besteht, dass dadurch schutzwürdige Interessen des Betroffenen beeinträchtigt werden und das Ersuchen nicht länger als sechs Monate zurückliegt. Die Träger der gesetzlichen Rentenversicherung sind über § 4 Abs. 3 hinaus zur Übermittlung auch dann nicht verpflichtet, wenn sich die ersuchende Stelle die Angaben auf andere Weise beschaffen kann. Die Übermittlung ist nur zulässig, wenn*

1. *der Schuldner seiner Pflicht zur Abgabe der Vermögensauskunft nach § 802c der Zivilprozessordnung nicht nachkommt,*
2. *bei einer Vollstreckung in die in der Vermögensauskunft aufgeführten Vermögensgegenstände eine vollständige Befriedigung des Gläubigers voraussichtlich nicht zu erwarten wäre oder*
3. *die Anschrift oder der derzeitige oder zukünftige Aufenthaltsort des Schuldners trotz Anfrage bei der Meldebehörde nicht bekannt ist.*

Der Gerichtsvollzieher hat in seinem Ersuchen zu bestätigen, dass diese Voraussetzungen vorliegen.

Im Hinblick auf den Entfall der 500,- € Grenze musste auch die GVFV geändert werden, dort die Hinweise Anlage 2 zu Modul L.

Modul L	Hinweise zur Ermittlung des Aufenthaltsorts des Schuldners (§ 755 ZPO)
	Der Auftrag ist nur in Verbindung mit einem Vollstreckungsauftrag und nur für den Fall zulässig, dass der Wohnsitz oder der gewöhnliche Aufenthaltsort bzw. die gegenwärtige Anschrift, der Ort der Hauptniederlassung oder der Sitz des Schuldners nicht bekannt ist.
	Die Anfragen beim Ausländerzentralregister und der aktenführenden Ausländerbehörde (Modul L4), bei den Trägern der gesetzlichen Rentenversicherung (Modul L5) sowie beim Kraftfahrt-Bundesamt (Modul L6) sind nur zulässig, falls der Aufenthaltsort des Schuldners durch Nachfrage bei der Meldebehörde (Modul L3) nicht zu ermitteln ist. Der Nachfrage bei der Meldebehörde steht gleich die Einsicht in das Handels-, Genossenschafts-, Partnerschafts-, Unternehmens- oder Vereinsregister (Modul L7) und die Einholung einer Auskunft bei den nach Landesrecht für die Durchführung der Aufgaben nach § 14 Absatz 1 der Gewerbeordnung zuständigen Behörden (Modul L8) bei dem Schuldner, der in die genannten Register eingetragen ist.
	Die Anfrage beim Ausländerzentralregister (Modul L4) ist bei Unionsbürgern nur zulässig, wenn – darzulegende – tatsächliche Anhaltspunkte für die Vermutung der Feststellung des Nichtbestehens oder des Verlusts des Freizügigkeitsrechts vorliegen.

Darf der Gerichtsvollzieher Erkenntnisse zur Aufenthaltsermittlung für andere Gläubiger nutzen bzw. diese an weitere Gläubiger weiterleiten

Die in der Praxis streitige Frage, ob der Gerichtsvollzieher Daten, die er im Rahmen der Aufenthaltsermittlung erhoben hat, auch für andere Gläubiger desselben Schuldners verwenden darf, soll mit dem neuen § 755 Abs. 3 ZPO geklärt sein. Hiernach kann der Gerichtsvollzieher diese Daten für weitere Gläubiger nutzen, sofern die in § 755 Abs. 1 und Abs. 2 ZPO genannten Voraussetzungen auch für diese Gläubiger vorliegen und der Gerichtsvollzieher über diese Daten noch verfügt. Allerdings soll die Nutzung der Daten nur erfolgen, wenn die Ermittlungsergebnisse nicht älter als drei Monate sind, da nur in diesem Zeitraum ihr Inhalt noch als hinreichend aktuell anzusehen ist. Hierbei ist auf den Zeitraum zwischen dem Eingang der Ermittlungsergebnisse bei dem Gerichtsvollzieher in dem vorherigen Zwangsvollstreckungsverfahren und dem Eingang des Antrags in dem zweiten Verfahren abzustellen. Durch die Einfügung der Vorschrift wird keine besondere Pflicht des Gerichtsvollziehers zur dreimonatigen Vorhaltung von eingeholten Ermittlungsergebnissen begründet. Es verbleibt bei den allgemeinen Vorschriften zur Löschung personenbezogener Daten durch den Gerichtsvollzieher. Anders als § 802l Abs. 4 ZPO spricht § 755 Abs. 3 ZPO nur davon, dass der Gerichtsvollzieher die erhobenen Daten für weitere Gläubiger nutzen darf. Ob darin auch die Befugnis liegt, das Ergebnis der Aufenthaltsermittlung an den weiteren Gläubiger zu übermitteln, ist im Gesetz nicht ausdrücklich formuliert (hier heißt es nur „nutzen"). Sollte der Gläubiger einen Antrag nach § 755 ZPO gestellt haben, dann steht ihm auch das Recht zu, das Ergebnis der eingeholten Adressauskunft zu erhalten[125]. Insofern dürfte § 755 Abs. 3 ZPO so auszulegen sein, dass der Gerichtsvollzieher die erholten Daten an den weiteren Gläubiger auch weiterleiten darf.

Für die Übermittlung von Daten an den weiteren Gläubiger im Wege des Drittstellenauskunftsverfahrens (§ 802l Abs. 4 ZPO) wurde ein neuer Gebührentatbestand geschaffen (siehe KV Nr. 442 GvKostG). Für die Übermittlung von Adressauskünften an den weiteren Gläubiger fehlt es an einem Gebührentatbestand im GvKostG, so dass diese Tätigkeit aber auch die Erkenntnis über den Wohnsitz/Sitz des Schuldners für den weiteren Gläubiger gebührenfrei ist. Ein Fall der KV Nr. 440 GvKostG liegt nicht vor, da es gerade nicht um die Erhebung

---

[125] so AG Leipzig, DGVZ 2014, S. 69

von Daten geht, sondern um das Nutzen bzw. Weiterleiten der Daten an den weiteren Gläubiger.

4. Verzicht des Folgegläubigers auf Zuleitung des Vermögensverzeichnisses

Stand ZPO zum 01.01.2013	ZPO Änderung
§ 802d **Erneute Vermögensauskunft**	**§ 802d** **Erneute Vermögensauskunft**
(1) Ein Schuldner, der die Vermögensauskunft nach § 802c dieses Gesetzes oder nach § 284 der Abgabenordnung innerhalb der letzten zwei Jahre abgegeben hat, ist zur erneuten Abgabe nur verpflichtet, wenn ein Gläubiger Tatsachen glaubhaft macht, die auf eine wesentliche Veränderung der Vermögensverhältnisse des Schuldners schließen lassen. Andernfalls leitet der Gerichtsvollzieher dem Gläubiger einen Ausdruck des letzten abgegebenen Vermögensverzeichnisses zu. Der Gläubiger darf die erlangten Daten nur zu Vollstreckungszwecken nutzen und hat die Daten nach Zweckerreichung zu löschen; hierauf ist er vom Gerichtsvollzieher hinzuweisen. Von der Zuleitung eines Ausdrucks nach Satz 2 setzt der Gerichtsvollzieher den Schuldner in Kenntnis und belehrt ihn über die Möglichkeit der Eintragung in das Schuldnerverzeichnis (§ 882c). (2)....	(1) Ein Schuldner, der die Vermögensauskunft nach § 802c dieses Gesetzes oder nach § 284 der Abgabenordnung innerhalb der letzten zwei Jahre abgegeben hat, ist zur erneuten Abgabe nur verpflichtet, wenn ein Gläubiger Tatsachen glaubhaft macht, die auf eine wesentliche Veränderung der Vermögensverhältnisse des Schuldners schließen lassen. Andernfalls leitet der Gerichtsvollzieher dem Gläubiger einen Ausdruck des letzten abgegebenen Vermögensverzeichnisses zu; ein Verzicht des Gläubigers auf die Zuleitung ist unbeachtlich. Der Gläubiger darf die erlangten Daten nur zu Vollstreckungszwecken nutzen und hat die Daten nach Zweckerreichung zu löschen; hierauf ist er vom Gerichtsvollzieher hinzuweisen. Von der Zuleitung eines Ausdrucks nach Satz 2 setzt der Gerichtsvollzieher den Schuldner in Kenntnis und belehrt ihn über die Möglichkeit der Eintragung in das Schuldnerverzeichnis (§ 882c). (2)....

In der Rechtsprechung und Literatur ist strittig, ob der Gläubiger auf die Zuleitung eines bereits hinterlegten Vermögensverzeichnisses dem Gerichtsvollzieher gegenüber verzichten kann. Zum einen wird vertreten, dass ein solcher Verzicht nicht möglich ist, da ansonsten eine Eintragung des Schuldners im Schuldnerverzeichnis verhindert würde. Zum anderen gibt es aber auch Meinungen, die dem Gläubiger ein Verzichtsrecht im Rahmen der Dispositionsmaxime einräumen. Diese streitige Frage soll nunmehr mit der Ergänzung des § 802d Abs. 1 Satz 2 ZPO geklärt werden, wonach ein Verzicht des Gläubigers auf die Zuleitung des Vermögensverzeichnisses unbeachtlich ist.

5. Erneute Setzung einer Zahlungsfrist nach Aufforderung zur Zahlung

Stand ZPO zum 01.01.2013	ZPO Änderung
§ 802f **Verfahren zur Abnahme der Vermögensauskunft** (1) Zur Abnahme der Vermögensauskunft setzt der Gerichtsvollzieher dem Schuldner für die Begleichung der Forderung eine Frist von zwei Wochen. Zugleich bestimmt er für den Fall, dass die Forderung nach Fristablauf nicht vollständig beglichen ist, einen Termin zur Abgabe der Vermögensauskunft alsbald nach Fristablauf und lädt den Schuldner zu diesem Termin in seine Geschäftsräume. Der Schuldner hat die zur Abgabe der Vermögensauskunft erforderlichen Unterlagen im Termin beizubringen.	**§ 802f** **Verfahren zur Abnahme der Vermögensauskunft** (1) Zur Abnahme der Vermögensauskunft setzt der Gerichtsvollzieher dem Schuldner für die Begleichung der Forderung eine Frist von zwei Wochen. Zugleich bestimmt er für den Fall, dass die Forderung nach Fristablauf nicht vollständig beglichen ist, einen Termin zur Abgabe der Vermögensauskunft alsbald nach Fristablauf und lädt den Schuldner zu diesem Termin in seine Geschäftsräume. Der Schuldner hat die zur Abgabe der Vermögensauskunft erforderlichen Unterlagen im Termin beizubringen. Der Fristsetzung nach Satz 1 bedarf es nicht, wenn der Gerichtsvollzieher den Schuldner bereits zuvor zur Zahlung aufgefordert hat und seit dieser Aufforderung zwei Wochen verstrichen sind, ohne dass die Aufforderung Erfolg hatte.

Die aktuelle Formulierung des § 802f Abs. 1 Satz 1 ZPO suggeriert, dass der Gerichtsvollzieher vor Ladung des Schuldners zum Termin zur Abgabe der Vermögensauskunft immer eine Zweiwochenfrist zur Zahlung setzen muss. Unnötig eigentlich, wenn dem Schuldner bereits in demselben Vollstreckungsverfahren (z.B. im Rahmen der gütliche Erledigung, Pfändung, Verfahren zur Abgabe der Vermögensauskunft usw.) bereits Gelegenheit zur Zahlung vom Gerichtsvollzieher gewährt wurde. Nach § 802f Abs. 1 Satz 4 ZPO bedarf es der Setzung einer 2-wöchigen Zahlungsfrist jetzt nicht mehr (nach § 802f Abs. 1 Satz 1 ZPO), wenn der Gerichtsvollzieher den Schuldner in dem Verfahren vorab zur Zahlung aufgefordert hat und seit dieser Aufforderung zwei Wochen verstrichen sind, ohne dass die Aufforderung zu einem Zahlungserfolg geführt hatte. In diesen Fällen kann der Gerichtsvollzieher ohne Frist nach § 802f Abs. 1 Satz 1 ZPO zur Abgabe der Vermögensauskunft laden (unter Einhaltung der Ladungsfrist gemäß § 217 ZPO). Hiermit dürfte auch der in der Praxis häufiger vorkommende Fall geklärt sein, wenn der Schuldner nach Scheitern der gütlichen Erledigung erneut zu laden ist. Eine wiederholte Einhaltung der 2-wöchigen Frist ist damit nicht mehr gegeben[126]. Wichtig erscheint hier, dass der Gerichtsvollzieher den Nachweis der Zahlungsaufforderung aktenkundig macht, damit es im weiteren Verlauf des Verfahrens keine Probleme gibt, z.B. bei dem Erlass eines Erzwingungshaftbefehls.

---

[126] siehe zur Problematik Terminsbestimmung mit oder ohne Fristsetzung Thewes, DGVZ 2016, S. 5

6. Papierloses Vermögensverzeichnis und elektronisches Dokument

Stand ZPO zum 01.01.2013	ZPO Änderung
§ 802f Verfahren zur Abnahme der Vermögensauskunft (5) Der Gerichtsvollzieher errichtet eine Aufstellung mit den nach § 802c Absatz 1 und 2 erforderlichen Angaben als elektronisches Dokument (Vermögensverzeichnis). Diese Angaben sind dem Schuldner vor Abgabe der Versicherung nach § 802c Abs. 3 vorzulesen oder zur Durchsicht auf einem Bildschirm wiederzugeben. Dem Schuldner ist auf Verlangen ein Ausdruck zu erteilen.	§ 802f Verfahren zur Abnahme der Vermögensauskunft (5) Der Gerichtsvollzieher errichtet in einem elektronischen Dokument eine Aufstellung mit den nach § 802c Absatz 1 und 2 erforderlichen Angaben (Vermögensverzeichnis). Diese Angaben sind dem Schuldner vor Abgabe der Versicherung nach § 802c Abs. 3 vorzulesen oder zur Durchsicht auf einem Bildschirm wiederzugeben. Dem Schuldner ist auf Verlangen ein Ausdruck zu erteilen.

Die Änderung in § 802f Abs. 5 Satz 1 ZPO soll nunmehr endgültig klarstellen, dass der Gerichtsvollzieher das Vermögensverzeichnis unmittelbar in einem elektronischen Dokument errichten muss, also durch direkte Eingabe in den Computer/Laptop etc. Die Aufnahme von Angaben des Schuldners durch den Gerichtsvollzieher händisch in ein Vermögensverzeichnis in Papierform und eine anschließende Übertragung in ein „elektronisches Dokument" mittels Scannen etc. ist nicht (mehr) zulässig.

7. Parteizustellung Übergabe des Haftbefehls bei der Verhaftung

Stand ZPO zum 01.01.2013	ZPO Änderung
§ 802g Erzwingungshaft (1).... (2) Die Verhaftung des Schuldners erfolgt durch einen Gerichtsvollzieher. Dem Schuldner ist der Haftbefehl bei der Verhaftung in beglaubigter Abschrift zu übergeben.	§ 802g Erzwingungshaft (1).... (2) Die Verhaftung des Schuldners erfolgt durch einen Gerichtsvollzieher. Der Gerichtsvollzieher händigt dem Schuldner von Amts wegen bei der Verhaftung eine beglaubigte Abschrift des Haftbefehls aus.

Mit der Änderung von § 802g Abs. 2 Satz 2 ZPO will der Gesetzgeber die in der Praxis streitige Frage, ob die Übergabe des Haftbefehls bei der Verhaftung als Parteizustellung zu behandeln ist, klären. Zwar wird die Verhaftung des Schuldners durch den Gerichtsvollzieher im Auftrag des Gläubigers ausgeführt (§ 802g Abs. 2 Satz 1 ZPO), die Aushändigung des Haftbefehls ist jedoch bei einer Verhaftung aus rechtsstaatlichen Gründen notwendig und entzieht sich der Disposition des Gläubigers. Das heißt, dass die Übergabe des Haftbefehls immer von Amts wegen erforderlich ist und daher keine Parteizustellung darstellt. Damit sind auch die kostenrechtlichen Fragen geklärt.

8. Auskünfte bei den Drittstellen des § 802l ZPO

Mit der Änderung des § 802l ZPO möchte der Gesetzgeber <u>drei zentrale Streitfragen</u>, die mit der Reform der Sachaufklärung aufgetreten sind, beantworten:

1. sind Nebenforderungen und Kosten bei der Bagatellgrenze von 500,- € des § 802l Abs. 1 ZPO mitzurechnen
2. darf der Gerichtsvollzieher eingeholte Drittauskünfte an weitere Gläubiger übermitteln
3. kann ein Folgegläubiger einen Antrag auf aktuelle Drittstellenauskunft stellen

Stand ZPO zum 01.01.2013	ZPO Änderung
§ 802l **Auskunftsrechte des Gerichtsvollziehers**	**§ 802l** **Auskunftsrechte des Gerichtsvollziehers**
(1) Kommt der Schuldner seiner Pflicht….	(1) Kommt der Schuldner seiner Pflicht….
Die Erhebung oder das Ersuchen ist nur zulässig, soweit dies zur Vollstreckung erforderlich ist und die zu vollstreckenden Ansprüche mindestens 500 Euro betragen; Kosten der Zwangsvollstreckung und Nebenforderungen sind bei der Berechnung nur zu berücksichtigen, wenn sie allein Gegenstand des Vollstreckungsauftrags sind.	Die Erhebung oder das Ersuchen ist nur zulässig, soweit dies zur Vollstreckung erforderlich ist. ~~und die zu vollstreckenden Ansprüche einschließlich titulierter Nebenforderungen und Kosten mindestens 500 Euro betragen; Kosten der Zwangsvollstreckung und Nebenforderungen sind bei der Berechnung nur zu berücksichtigen, wenn sie allein Gegenstand des Vollstreckungsauftrags sind.~~
(2)….	(2)…
(3)….	(3)…
	(4) Nach Absatz 1 Satz 1 erhobene Daten, die innerhalb der letzten drei Monate bei dem Gerichtsvollzieher eingegangen sind, darf dieser auch einem weiteren Gläubiger übermitteln, wenn die Voraussetzungen für die Datenerhebung auch bei diesem Gläubiger vorliegen. Der Gerichtsvollzieher hat dem weiteren Gläubiger die Tatsache, dass die Daten in einem anderen Verfahren erhoben wurden, und den Zeitpunkt ihres Eingangs bei ihm mitzuteilen. Eine erneute Auskunft ist auf Antrag des weiteren Gläubigers einzuholen, wenn Anhaltspunkte dafür vorliegen, dass seit dem Eingang der Auskunft eine Änderung der Vermögensverhältnisse, über die nach Absatz 1 Satz 1 Auskunft eingeholt wurde, eingetreten ist.
	(5) Übermittelt der Gerichtsvollzieher Daten nach Absatz 4 Satz 1 an einen weiteren Gläubiger, so hat er den Schuldner davon innerhalb von vier Wochen nach der Übermittlung in Kenntnis zu setzen; § 802d Absatz 1 Satz 3 und Absatz 2 gilt entsprechend.

Sind Nebenforderungen und Kosten bei der Bagatellgrenze von 500,- € des § 802l Abs. 1 ZPO mitzurechnen

Die in Literatur und Rechtsprechung umstrittene Frage der Berechnung der 500,- € Wertgrenze in § 802l ZPO (und auch § 755 ZPO) hat der Gesetzgeber nunmehr dadurch abgekürzt, dass in der neuen Fassung des § 802l ZPO die Wertgrenze in § 802l Abs. 1 Abs. 2 Satz 2 Halbsatz 2 ZPO einfach gestrichen wurde. Für die Gläubiger kleinerer Forderungen (unter 500,- €) bedeutet dies, dass auch sie in den „Genuss" der Drittstellenauskünfte kommen werden.

Problem beim gesetzlichen Rentenversicherer ist jedoch § 74a SGB X, da dieser im Zuge des EuKoPFVDOG nicht angepasst wurde. Daher dürfte zunächst eine Drittstellenauskunft für den Gerichtsvollzieher nicht durchführbar sein, da er nach § 74a SGB X das Vorliegen der in dieser Norm genannten Voraussetzungen bestätigen muss. Somit wird es vorerst dabei bleiben, dass der Gerichtsvollzieher nur für Gläubiger mit mindestens 500,- € Forderungen die Drittstellenauskunft erholen kann.

Durch die Streichung der 500,- € Grenze ist auch die GVFV angepasst worden, dort Hinweise Anlage 2 Modul M.

Modul M	Hinweise zur Einholung von Auskünften Dritter (§ 802l ZPO)
	Die Einholung von Drittauskünften ist zulässig, wenn der Schuldner seiner Pflicht zur Abgabe der Vermögensauskunft nicht nachkommt oder bei einer Vollstreckung in die dort aufgeführten Vermögensgegenstände eine vollständige Befriedigung des Gläubigers nicht zu erwarten ist.
	Der Gerichtsvollzieher darf Daten, die er im Auftrag eines anderen Gläubigers eingeholt hat und die innerhalb der letzten drei Monate bei ihm eingegangen sind, an den weiteren Gläubiger weitergeben, wenn die Voraussetzungen für die Datenerhebung auch beim weiteren Gläubiger vorliegen (§ 802l Absatz 4 Satz 1 ZPO). Auf Antrag des weiteren Gläubigers ist eine erneute Auskunft nur dann einzuholen, wenn Anhaltspunkte dargelegt werden, dass nach dem Eingang der Auskunft bei dem Gerichtsvollzieher eine Änderung der Vermögensverhältnisse des Schuldners eingetreten ist. Ein solcher Antrag kann – vorsorglich – bereits mit der Auftragserteilung gestellt werden.

Darf der Gerichtsvollzieher eingeholte Drittauskünfte an weitere Gläubiger übermitteln

Zur Klärung der in der Praxis streitigen Frage, ob und unter welchen Voraussetzungen der Gerichtsvollzieher Daten, die er im Auftrag eines Gläubigers eingeholt hat, auch einem weiteren Gläubiger übermitteln darf, will der Gesetzgeber

§ 802l Abs. 4 ZPO einfügen. Wie bereits bei § 755 Abs. 3 ZPO besprochen, ist eine Übermittlung zulässig, wenn die Voraussetzungen für die Datenerhebung auch bei dem weiteren Gläubiger vorliegen. Der Gerichtsvollzieher hat neben der Prüfung, ob die Voraussetzungen des § 802l Abs. 1 ZPO vorliegen, darauf zu achten, dass die ihm vorliegende Auskunft nicht älter als drei Monate ist. Unter den genannten Voraussetzungen ist die Übermittlung innerhalb der Frist von drei Monaten auch an weitere (andere) Gläubiger zulässig. Hierbei ist auf den Zeitraum zwischen dem Eingang der Daten beim Gerichtsvollzieher in dem Zwangsvollstreckungsverfahren, in dem sie erhoben wurden, und dem Eingang des Antrags im zweiten oder jedem weiteren Verfahren abzustellen. Der neu eingefügte § 802l Abs. 4 ZPO soll aber den Gerichtsvollzieher nicht verpflichten, sämtliche eingeholte Daten drei Monate lang „vorrätig" zu halten. Dies würde schon der Löschungspflicht des § 802l Abs. 2 ZPO widersprechen. Demzufolge ist der Gerichtsvollzieher auch nicht verpflichtet, auf einen Antrag auf Einholung von Drittstellenauskünften gezielt nach ihm etwa noch vorliegenden Daten zur Weitergabe zu suchen. Ebenso wenig kann ein weiterer Gläubiger einen Antrag darauf stellen, dass ihm nur oder vorrangig solche Daten weitergegeben werden, die auf Antrag eines früheren Gläubigers eingeholt wurden. Wenn der Gerichtsvollzieher erhobene Daten an einen weiteren Gläubiger i.S.d. § 802l Abs. 4 Satz 1 ZPO übermittelt, soll der neu eingefügte § 802l Abs. 5 ZPO sicherstellen, dass er den Schuldner binnen vier Wochen nach dem Zeitpunkt der Übermittlung hierüber informieren muss.

Da die Datenübermittlung nach § 802l Abs. 4 ZPO eine neue Aufgabe für den Gerichtsvollzieher darstellen soll, ist dies auch mit einem neuen Gebührentatbestand verbunden. Für die Übermittlung von Daten an einen weiteren Gläubiger fällt eine Gebühr von 5,00 € an (KV Nr. 442 GvKostG)[127].

Kann ein Folgegläubiger einen Antrag auf aktuelle Drittstellenauskunft stellen

Ein Folgegläubiger soll gemäß § 802l Abs. 4 Satz 3 ZPO-E einen Antrag auf Einholung von <u>aktuellen</u> Drittstellenauskünften beim Gerichtsvollzieher stellen können, wenn er nachvollziehbar darlegt, dass die vorliegenden erhobenen Daten nicht mehr aktuell sind. Diesem Antragsbegehren des Gläubigers wurde in dem veränderten Antragsformular nach der GVFV Rechnung getragen (jetzt: Modul M5).

---

[127] Für die Erhebung von Daten gemäß § 802l Abs.1 ZPO für den „ersten" Gläubiger verbleibt es bei der Gebühr von 13,00 € je Abfragestelle (KV Nr. 440 GvKostG)

> **M 5** ☐ Antrag auf aktuelle Einholung von Auskünften (§ 802l Absatz 4 Satz 3 ZPO)
> Zur Änderung der Vermögensverhältnisse des Schuldners trage ich vor:
>
> _____

Es soll damit geklärt werden, dass der (Folge-)Gläubiger, für den die allgemeinen Voraussetzungen des § 802l Abs. 1 ZPO vorliegen, beantragen kann, dass Drittstellenauskünfte aktuell zu erheben sind, wenn er die Wiederverwendung von bereits erhoben Daten, die nicht älter als drei Monate sein dürfen, nicht möchte (§ 802l Abs. 4 ZPO).

Sollte der Gläubiger bereits einen Antrag nach § 802l ZPO gestellt haben, kann der Gerichtsvollzieher die erholten Daten auch an diesen weiterleiten. Sofern der weitere Gläubiger Anhaltspunkte für eine Änderung der Vermögensverhältnisse auf Seiten des Schuldners vorträgt, kann der Gerichtsvollzieher eine erneute aktuelle Datenerhebung vornehmen. Dabei soll der Sachvortrag des Gläubigers nachvollziehbar sein, eine Glaubhaftmachung i.S.d. § 294 ZPO ist jedenfalls nicht erforderlich.

9. Änderungen im Eintragungsanordnungsverfahren

Mit der Änderung der § 882c Abs. 1 und 2 ZPO und § 882d Abs. 1 ZPO will der Gesetzgeber mehrere zentrale Streitfragen, die mit der Reform der Sachaufklärung aufgetreten sind, beantworten:

1. Gehört das Eintragungsanordnungsverfahren zur Zwangsvollstreckung; Kostenfolgen
2. Handelt es sich bei der Zustellung der Eintragungsanordnung um eine Zustellung im Parteibetrieb oder um eine Amtszustellung
3. Kann die Zustellung der Eintragungsanordnung im Wege der öffentlichen Zustellung erfolgen
4. Wer ist für die Bewilligung der öffentlichen Zustellung funktionell zuständig
5. Kann der Gerichtsvollzieher eine Eintragungsanordnung aufheben

Stand ZPO zum 01.01.2013	ZPO Änderung
§ 882c **Eintragungsanordnung** (1)… (2) Die Eintragungsanordnung soll kurz begründet werden. Sie ist dem Schuldner zuzustellen, soweit sie ihm nicht mündlich bekannt gegeben und in das Protokoll aufgenommen wird (§ 763). (3) Die Eintragungsanordnung hat die in § 882b Abs. 2 und 3 genannten Daten zu enthalten. Sind dem Gerichtsvollzieher die nach § 882b Abs. 2 Nr. 1 bis 3 im Schuldnerverzeichnis anzugebenden Daten nicht bekannt, holt er Auskünfte bei den in § 755 Abs. 1 und 2 Satz 1 Nr. 1 genannten Stellen ein oder sieht das Handelsregister ein, um die erforderlichen Daten zu beschaffen.	**§ 882c** **Eintragungsanordnung** (1) Der zuständige Gerichtsvollzieher ordnet von Amts wegen die Eintragung des Schuldners in das Schuldnerverzeichnis an, wenn 1. der Schuldner seiner Pflicht zur Abgabe der Vermögensauskunft nicht nachgekommen ist; 2. eine Vollstreckung nach dem Inhalt des Vermögensverzeichnisses offensichtlich nicht geeignet wäre, zu einer vollständigen Befriedigung des Gläubigers zu führen, auf dessen Antrag die Vermögensauskunft erteilt oder dem die erteilte Auskunft zugeleitet wurde, oder 3. der Schuldner dem Gerichtsvollzieher nicht innerhalb eines Monats nach Abgabe der Vermögensauskunft oder Bekanntgabe der Zuleitung nach § 802d Abs. 1 Satz 2 die vollständige Befriedigung des Gläubigers nachweist, auf dessen Antrag die Vermögensauskunft erteilt oder dem die erteilte Auskunft zugeleitet wurde. Dies gilt nicht, solange ein Zahlungsplan nach § 802b festgesetzt und nicht hinfällig ist. Die Anordnung der Eintragung des Schuldners in das Schuldnerverzeichnis ist Teil des Vollstreckungsverfahrens. (2) Die Eintragungsanordnung soll kurz begründet werden. Der Gerichtsvollzieher stellt sie dem Schuldner von Amts wegen zu, soweit sie ihm nicht mündlich bekannt gegeben und in das Protokoll aufgenommen wird (§ 763 Absatz 1). Über die Bewilligung der öffentlichen Zustellung entscheidet abweichend von § 186 Absatz 1 Satz 1 der Gerichtsvollzieher. (3) Die Eintragungsanordnung hat die in § 882b Abs. 2 und 3 genannten Daten zu enthalten. Sind dem Gerichtsvollzieher die nach § 882b Abs. 2 Nr. 1 bis 3 im Schuldnerverzeichnis anzugebenden Daten nicht bekannt, holt er Auskünfte bei den in § 755 Abs. 1 und 2 Satz 1 Nr. 1 genannten Stellen ein ~~oder sieht das Handelsregister ein~~, um die erforderlichen Daten zu beschaffen. Hat der Gerichtsvollzieher Anhaltspunkte dafür, dass zugunsten des Schuldners eine Auskunftssperre gemäß § 51 des Bundesmeldegesetzes eingetragen oder ein bedingter Sperrvermerk gemäß § 52 des Bundesmeldegesetzes eingerichtet wurde, hat der Gerichtsvollzieher den Schuldner auf die Möglichkeit eines Vorgehens nach § 882f Absatz 2 hinzuweisen.

Gehört das Eintragungsanordnungsverfahren zur Zwangsvollstreckung; Kostenfolgen

Durch die Ergänzung von § 882c Absatz 1 ZPO wird bestimmt, dass die Anordnung der Eintragung des Schuldners in das Schuldnerverzeichnis Teil des Vollstreckungsverfahrens ist. Das Verfahren des Erlasses und der Zustellung der Eintragungsanordnung ist als Teil des zivilprozessualen Parteiverfahrens der Zwangsvollstreckung anzusehen, das der Führung des Schuldnerverzeichnisses vorausgeht; die Führung des Schuldnerverzeichnisses stellt eine Angelegenheit der Justizverwaltung dar (§ 882h Absatz 2 Satz 3 ZPO). Durch eine gesetzliche Regelung in diesem Sinne wird insbesondere verdeutlicht, dass der Grundsatz, dass der Gerichtsvollzieher in jeder Lage des Vollstreckungsverfahrens auf eine gütliche Erledigung bedacht sein soll (§ 802b Absatz 1 ZPO), auch bei und nach Zustellung der Eintragungsanordnung gilt. Insbesondere kann auch zu diesem Zeitpunkt noch eine Zahlungsvereinbarung nach § 802b Absatz 2 ZPO abgeschlossen werden; in der Praxis ist es nicht ungewöhnlich, dass ein Schuldner erstmals nach der mit der Zustellung der Eintragungsanordnung bewirkten Warnung Bereitschaft zeigt, an einer gütlichen Erledigung mitzuwirken. Zugleich wird damit auch klargestellt, dass Auslagen für die Zustellung der Eintragungsanordnung auch gegenüber dem Gläubiger als Auftraggeber nach § 13 Absatz 1 Satz 1 Nummer 1 des Gerichtsvollzieherkostengesetzes (GvKostG) in Ansatz gebracht werden können; eine Zustellungsgebühr für die Zustellung der Anordnung der Eintragung in das Schuldnerverzeichnis kann dagegen von dem Gläubiger aufgrund deren Charakters als Amtszustellung (§ 882c Absatz 2 ZPO) nicht erhoben werden.

Handelt es sich bei der Zustellung der Eintragungsanordnung um eine Zustellung im Parteibetrieb oder um eine Amtszustellung

Mit der neuen Formulierung in § 882c Abs. 2 Satz 2 ZPO soll klargestellt werden, dass es sich bei der Zustellung der Eintragungsanordnung um eine Zustellung von Amts wegen handelt und nicht um eine Zustellung im Parteibetrieb. Das Eintragungsanordnungsverfahren ist ein Amtsverfahren und kommt nicht aufgrund eines Antrags des Gläubigers in Gang. Vielmehr handelt es bei dem Verfahren um ein amtliches Folgeverfahren aufgrund einer begonnenen oder durchgeführten

Zwangsvollstreckungsmaßnahme[128]. Insofern ist es auch dem Zugriff des Gläubigers entzogen.

Kann die Zustellung der Eintragungsanordnung im Wege der öffentlichen Zustellung erfolgen

In der Rechtsprechung ist die Frage der öffentlichen Zustellung der Eintragungsanordnung umstritten. Mit der Ergänzung des § 882c Abs. 2 Satz 3 ZPO möchte der Gesetzgeber nunmehr klarstellen, dass eine Zustellung der Eintragungsanordnung im Wege der öffentlichen Zustellung nach § 185 ZPO zulässig ist. Mit dieser Möglichkeit kann sich der Schuldner einer Eintragung im Schuldnerverzeichnis nicht dadurch entziehen, indem er seinen Wohnsitz bei Verstoß gegen Meldevorschriften ändert bzw. Daten über den Wohnsitz vorenthält.

Wer ist für die Bewilligung der öffentlichen Zustellung funktionell zuständig

Mit der gleichen Änderung in § 882c Abs. 2 Satz 3 ZPO stellt der Gesetzgeber die umstrittene Frage klar, dass für die Bewilligung der öffentlichen Zustellung der Gerichtsvollzieher nach § 802e Abs. 1 ZPO in Abweichung von § 186 Abs. 1 ZPO funktionell zuständig ist. Das Verfahren zur öffentlichen Zustellung richtet sich nach § 186 Abs. 2 und Abs. 3 ZPO.

Hinweispflicht des Gerichtsvollziehers bei bestehender Auskunftssperre

Grundsätzlich ist gemäß § 882c ZPO i.V.m. § 882b Abs. 2 Nr. 3 ZPO ein Schuldner bei Vorliegen der Eintragungsvoraussetzungen auch dann in das Schuldnerverzeichnis einzutragen, wenn für ihn eine Auskunftssperre gemäß § 51 BMG eingetragen oder ein bedingter Sperrvermerk nach § 52 BMG eingerichtet wurde. Liegen dem Gerichtsvollzieher Hinweise vor, wonach für den Schuldner eine Auskunftssperre nach § 51 Bundesmeldegesetz (BMG) besteht oder ein bedingter Sperrvermerk gemäß § 52 BMG eingerichtet ist, muss er den Schuldner darauf hinweisen, dass die Einsichtnahme Dritter in das Schuldnerverzeichnis bezüglich des Wohnsitzes des Schuldners beschränkt werden kann (siehe § 882f Abs. 2 ZPO). Der Schuldner hat glaubhaft zu machen, dass eine Auskunftssperre oder ein Sperrvermerk vorliegt. Die Glaubhaftmachung hat gegenüber dem Gerichtsvollzieher zu erfolgen (§ 882f Abs. 2 ZPO), solange dieser noch nicht nach § 882d Abs. 1 Satz 3 ZPO dem Zentralen Vollstreckungsgericht die Eintragungsanordnung

---

[128] Wasserl, DGVZ 2013, S. 85, 86; BGH, Beschluss vom 21.12.2015, I ZB 107/14

übermittelt hat. In diesen Fällen hat der Gerichtsvollzieher dem Zentralen Vollstreckungsgericht die Eintragungsanordnung mit einem entsprechenden Hinweis auf die Sperre zu übermitteln.

Stand ZPO zum 01.01.2013	ZPO Änderung
§ 882d **Vollziehung der Eintragungsanordnung** (1) Gegen die Eintragungsanordnung nach § 882c kann der Schuldner binnen zwei Wochen seit Bekanntgabe Widerspruch beim zuständigen Vollstreckungsgericht einlegen. Der Widerspruch hemmt nicht die Vollziehung. Nach Ablauf der Frist des Satzes 1 übermittelt der Gerichtsvollzieher die Anordnung unverzüglich elektronisch dem zentralen Vollstreckungsgericht nach § 882h Abs. 1. Dieses veranlasst die Eintragung des Schuldners. (2).... (3)....	**§ 882d** **Vollziehung der Eintragungsanordnung** (1) Gegen die Eintragungsanordnung nach § 882c kann der Schuldner binnen zwei Wochen seit Bekanntgabe Widerspruch beim zuständigen Vollstreckungsgericht einlegen. Der Widerspruch hemmt nicht die Vollziehung. Nach Ablauf der Frist des Satzes 1 übermittelt der Gerichtsvollzieher die Anordnung unverzüglich elektronisch dem zentralen Vollstreckungsgericht nach § 882h Abs. 1. Dieses veranlasst die Eintragung des Schuldners. Wird dem Gerichtsvollzieher vor der Übermittlung der Anordnung nach Satz 3 bekannt, dass die Voraussetzungen für die Eintragung nicht oder nicht mehr vorliegen, hebt er die Anordnung auf und unterrichtet den Schuldner hierüber. (2).... (3)....

Kann der Gerichtsvollzieher eine Eintragungsanordnung aufheben

Mit der Änderung des § 882d Abs. 1 ZPO beabsichtigt der Gesetzgeber dem Gerichtsvollzieher innerhalb der Widerspruchsfrist ein Abhilferecht einzuräumen (§ 882d Abs. 1 Satz 4 ZPO). Hiernach kann der Gerichtsvollzieher eine erlassene, aber noch nicht an das Zentrale Vollstreckungsgericht übermittelte Eintragungsanordnung wieder aufheben, wenn die Voraussetzungen für eine Eintragung im Schuldnerverzeichnis nicht oder nicht mehr vorliegen. Nach der gesetzlichen Begründung ist dies dann der Fall, wenn dem Gerichtsvollzieher bereits bekannt ist, dass die Voraussetzungen für die vorzeitige Löschung gemäß § 882e Abs. 3 ZPO gegeben sind. Hier sind genannt:

- Nachweis der vollständigen Befriedigung des Gläubigers
- Bekanntwerden des Fehlens oder Wegfalls des Eintragungsgrundes
- Vorlage der Ausfertigung einer vollstreckbaren Entscheidung, aus der sich ergibt, dass die Eintragungsanordnung aufgehoben oder einstweilen ausgesetzt ist

Hier dürfte zum einen vorkommen, dass der Schuldner aufgrund des Drucks in das Schuldnerverzeichnis eingetragen zu werden, vollständige Zahlung leistet und dies dem Gerichtsvollzieher nachweist (siehe § 882e Abs. 3 Nr. 1 ZPO). Aber auch ein festgesetzter und nicht hinfälliger Zahlungsplan nach § 802b ZPO steht der Eintragung in das Schuldnerverzeichnis in den Fällen der Eintragungsgründe § 882c Abs. 1 Nr. 1, 2 und 3 ZPO entgegen (Eintragungshindernis). Es liegt auch dann ein Eintragungshindernis vor, wenn eine außergerichtliche Ratenzahlungs- oder Stundungsvereinbarung zwischen Gläubiger und Schuldner vorgetragen wird[129]. Allerdings ist meines Erachtens in diesen Fällen keine Aufhebung der Eintragungsanordnung nach § 882d Abs. 1 Satz 5 ZPO angezeigt, weil das Eintragungsverfahren nur ruht (i.S.d. § 802b Abs. 2 Satz 2 ZPO), solange der Schuldner seiner Ratenzahlungsverpflichtung nachkommt. Vielmehr ist das Eintragungsanordnungsverfahren entsprechend §§ 775 Nr. 4, 776 Satz 2 ZPO einstweilen einzustellen. Wenn der Schuldner in Rückstand gerät (§ 802b Abs. 3 Satz 3 ZPO), lebt die Eintragungsanordnung wieder auf und ist zu vollziehen. Einzig schwierig umzusetzen, wenn eine außergerichtliche Ratenzahlung vorgetragen ist. In der Regel teilt weder der Schuldner noch der Gläubiger das Scheitern der Ratenzahlung mit. Insofern ist die Frage, ob der Gerichtsvollzieher verpflichtet wäre nach einer gewissen Zeit eine Abfrage beim Gläubiger zu starten. Ansonsten würde die erlassene Eintragungsanordnung „für immer" im Zustand der einstweiligen Einstellung verharren.

In allen genannten Fällen übersendet der Gerichtsvollzieher jedenfalls in der Folge die Eintragungsanordnung nicht mehr an das Zentrale Vollstreckungsgericht. Gleichzeitig wird er verpflichtet, den Umstand der Aufhebung der Eintragungsanordnung dem Schuldner mitzuteilen (formlos). Der Gläubiger erhält keine Mitteilung, da er am genannten Verfahren nicht beteiligt ist. Sicherlich trägt diese Möglichkeit des Gerichtsvollziehers zur Entlastung der örtlichen Vollstreckungsgerichte bei, die dann nicht im Wege des Widerspruchsverfahrens entscheiden müssen.

---

[129] BGH, Beschluss vom 21.12.2015, I ZB 107/14; DGVZ 2016, S. 46 ff.

10. Einsichtsrecht im Schuldnerverzeichnis auch für die Dienstaufsicht und Schutz des Schuldners bei bestehender Auskunftssperre

Stand ZPO zum 01.01.2013	ZPO Änderung
§ 882f **Einsicht in das Schuldnerverzeichnis** Die Einsicht in das Schuldnerverzeichnis ist jedem gestattet, der darlegt, Angaben nach § 882b zu benötigen: 1. für Zwecke der Zwangsvollstreckung; 2. um gesetzliche Pflichten zur Prüfung der wirtschaftlichen Zuverlässigkeit zu erfüllen; 3. um Voraussetzungen für die Gewährung von öffentlichen Leistungen zu prüfen; 4. um wirtschaftliche Nachteile abzuwenden, die daraus entstehen können, dass Schuldner ihren Zahlungsverpflichtungen nicht nachkommen; 5. für Zwecke der Strafverfolgung und der Strafvollstreckung; 6. zur Auskunft über ihn selbst betreffende Eintragungen. Die Informationen dürfen nur für den Zweck verwendet werden, für den sie übermittelt worden sind; sie sind nach Zweckerreichung zu löschen. Nichtöffentliche Stellen sind darauf bei der Übermittlung hinzuweisen.	**§ 882f** **Einsicht in das Schuldnerverzeichnis** (1) Die Einsicht in das Schuldnerverzeichnis ist jedem gestattet, der darlegt, Angaben nach § 882b zu benötigen: 1. für Zwecke der Zwangsvollstreckung; 2. um gesetzliche Pflichten zur Prüfung der wirtschaftlichen Zuverlässigkeit zu erfüllen; 3. um Voraussetzungen für die Gewährung von öffentlichen Leistungen zu prüfen; 4. um wirtschaftliche Nachteile abzuwenden, die daraus entstehen können, dass Schuldner ihren Zahlungsverpflichtungen nicht nachkommen; 5. für Zwecke der Strafverfolgung und der Strafvollstreckung; 6. zur Auskunft über ihn selbst betreffende Eintragungen; 7. für Zwecke der Dienstaufsicht über Justizbedienstete, die mit dem Schuldnerverzeichnis befasst sind. Die Informationen dürfen nur für den Zweck verwendet werden, für den sie übermittelt worden sind; sie sind nach Zweckerreichung zu löschen. Nichtöffentliche Stellen sind darauf bei der Übermittlung hinzuweisen. (2) Das Recht auf Einsichtnahme durch Dritte erstreckt sich nicht auf Angaben nach § 882b Absatz 2 Nummer 3, wenn glaubhaft gemacht wird, dass zugunsten des Schuldners eine Auskunftssperre gemäß § 51 des Bundesmeldegesetzes eingetragen oder ein bedingter Sperrvermerk gemäß § 52 des Bundesmeldegesetzes eingerichtet wurde. Der Schuldner hat das Bestehen einer solchen Auskunftssperre oder eines solchen Sperrvermerks gegenüber dem Gerichtsvollzieher glaubhaft zu machen. Satz 2 gilt entsprechend gegenüber dem zentralen Vollstreckungsgericht, wenn die Eintragungsanordnung an dieses gemäß § 882d Absatz 1 Satz 3 übermittelt worden ist. Satz 1 ist nicht anzuwenden auf die Einsichtnahme in das Schuldnerverzeichnis durch Gerichte und Behörden für die in Absatz 1 Satz 1 Nummer 2 und 5 bezeichneten Zwecke.

Durch die Einfügung von § 882f Abs. 1 Satz 1 Nr. 7 ZPO soll jetzt auch die Dienstaufsicht die Befugnis erhalten, Einsicht in das Schuldnerverzeichnis zu nehmen. Es geht demnach um die Prüfungsmöglichkeit gegenüber Justizbediensteten, die mit der Eintragung und Führung des Schuldnerverzeichnisses befasst sind. Hierzu zählen z.B. die Mitarbeiter der Zentralen Vollstreckungsgerichte, aber auch die Gerichtsvollzieher. Es wird die Möglichkeit geschaffen, z.B. unberechtigte Einsichten in das Schuldnerverzeichnis und die Richtigkeit und Vollständigkeit von den Gerichtsvollziehern übermittelten Eintragungsanordnungen zu überprüfen. Hier fehlte bisher vor allem die Einsichtsbefugnis der Gerichtsvollzieherprüfungsbeamten im Rahmen der vorgeschriebenen Geschäftsprüfungen bei den Gerichtsvollziehern gemäß §§ 96 ff. GVO.

Mit dem neu eingefügten § 882f Abs. 2 ZPO soll der Schutz des Schuldners, für den eine Auskunftssperre (§ 51 BMG) oder ein Sperrvermerk (§ 52 BMG) im Melderegister eingetragen ist, im Hinblick auf seinen Wohnsitz oder sonstigen Aufenthalt gewährleistet werden. Er wird dadurch sichergestellt, dass der nach § 882b Abs. 2 Nr. 3 ZPO verpflichtend einzutragende Wohnsitz des Schuldners nicht im Rahmen der Jedermanneinsicht des § 882f Abs. 1 ZPO an Einsichtsberechtigte bekanntgegeben wird. Um dies zu gewährleisten, hat der Schuldner gegenüber dem Gerichtsvollzieher glaubhaft zu machen, dass eine Auskunftssperre (§ 51 BMG) oder ein Sperrvermerk (§ 52 BMG) vorliegt. Dies ist solange möglich, als der Gerichtsvollzieher die Eintragungsanordnung noch nicht an das Zentrale Vollstreckungsgericht übermittelt hat. Sollte der Schuldner (vor Übermittlung) die Auskunftssperre geltend und glaubhaft machen, so hat der Gerichtsvollzieher dem Zentralen Vollstreckungsgericht die Eintragungsanordnung mit einem entsprechenden Hinweis auf den Sperrvermerk zu übermitteln. Hat der Gerichtsvollzieher selbst Kenntnis von einer Auskunftssperre erlangt (z.B. im Rahmen des § 755 ZPO oder des § 882c Abs. 3 Satz 2 ZPO), so muss er den Schuldner auf seine Rechte nach § 882f Abs. 2 ZPO hinweisen (§ 882c Abs. 3 Satz ZPO). Auch kann der Schuldner die Sperre nach Übermittlung der Eintragungsanordnung gegenüber dem Zentralen Vollstreckungsgericht glaubhaft machen (§ 882f Abs. 2 Satz 3 ZPO).

Die beschränkte Einsichtsmöglichkeit bei bestehender Auskunftssperre gilt nicht, wenn Gerichte und Behörden für Zwecke nach § 882f Abs. 1 Nr. 2 und 5 ZPO Einsicht in das Schuldnerverzeichnis nehmen.

11. Gebühr nach KV Nr. 207 für den Versuch einer gütlichen Erledigung und nicht erledigte Amtshandlungen

Stand: 01.08.2013

207	Versuch einer gütlichen Erledigung der Sache (§ 802b ZPO) .... Die Gebühr entsteht auch im Fall der gütlichen Erledigung. Sie entsteht nicht, wenn der Gerichtsvollzieher gleichzeitig mit einer auf eine Maßnahme nach § 802a Abs. 2 Satz 1 Nr. 2 und 4 ZPO gerichteten Amtshandlung beauftragt ist.	16,00 €

Stand: Änderung

207	Versuch einer gütlichen Erledigung der Sache (§ 802b ZPO) .... Die Gebühr entsteht auch im Fall der gütlichen Erledigung.	16,00 €
208	Der Gerichtsvollzieher ist gleichzeitig mit einer auf eine Maßnahme nach § 802a Abs. 2 Satz 1 Nr. 2 oder Nr. 4 gerichteten Amtshandlung beauftragt: Die Gebühr ermäßigt sich auf....	8,00 €

Stand: Änderung

604	Amtshandlung der in den Nummern 205 bis 207, 210 bis 221, 250 bis 301, 310, 400, 410 und 420 genannten Art.... Die Gebühr für die nicht abgenommen Vermögensauskunft wird nicht erhoben, wenn diese deshalb nicht abgenommen wird, weil der Schuldner sie innerhalb der letzten zwei Jahre bereits abgegeben hat (§ 802d Absatz 1 Satz 1 ZPO). Für einen nicht erledigten Versuch einer gütlichen Erledigung der Sache wird in dem in Nummer 208 genannten Fall eine Gebühr nicht erhoben.	15,00 €

Stand GvKostG zum 01.08.2013	Änderung GvKostG
§ 3 Auftrag	**§ 3 Auftrag**
(1)... (2) Es handelt sich jedoch um denselben Auftrag, wenn der Gerichtsvollzieher gleichzeitig beauftragt wird,	(1)... (2) Es handelt sich jedoch um denselben Auftrag, wenn der Gerichtsvollzieher gleichzeitig beauftragt wird,
1. einen oder mehrere Vollstreckungstitel zuzustellen und hieraus gegen den Zustellungsempfänger zu vollstrecken,	1. einen oder mehrere Vollstreckungstitel zuzustellen und hieraus gegen den Zustellungsempfänger zu vollstrecken,
2. mehrere Zustellungen an denselben Zustellungsempfänger oder an Gesamtschuldner zu bewirken oder	2. mehrere Zustellungen an denselben Zustellungsempfänger oder an Gesamtschuldner zu bewirken oder
3. mehrere Vollstreckungshandlungen gegen denselben Vollstreckungsschuldner oder Verpflichteten (Schuldner) oder Vollstreckungshandlungen gegen Gesamtschuldner auszuführen; der Gerichtsvollzieher gilt als gleichzeitig beauftragt, wenn der Auftrag zur Abnahme der Vermögensauskunft mit einem Vollstreckungsauftrag verbunden ist (§ 807 Abs. 1 der Zivilprozessordnung), es sei denn, der Gerichtsvollzieher nimmt die Vermögensauskunft nur deshalb nicht ab, weil der Schuldner nicht anwesend ist.	3. mehrere Vollstreckungshandlungen gegen denselben Vollstreckungsschuldner oder Verpflichteten (Schuldner) oder Vollstreckungshandlungen gegen Gesamtschuldner auszuführen. Der Gerichtsvollzieher gilt auch dann als gleichzeitig beauftragt, wenn 1. der Auftrag zur Abnahme der Vermögensauskunft mit einem Vollstreckungsauftrag verbunden ist (§ 802a Absatz 1 der Zivilprozessordnung), es sei denn, der Gerichtsvollzieher nimmt die Vermögensauskunft nur deshalb nicht ab, weil der Schuldner nicht anwesend ist, oder 2. der Auftrag, eine gütliche Erledigung der Sache zu versuchen, in der Weise mit einem Auftrag auf Vornahme einer Amtshandlung nach § 802a Absatz 2 Satz 1 Nummer 2 oder Nummer 4 der Zivilprozessordnung verbunden ist, dass diese Amtshandlung nur im Fall des Scheiterns des Versuchs der gütlichen Erledigung vorgenommen werden soll. ....

Nach geltendem Recht fällt eine Gebühr für den Versuch einer gütlichen Erledigung der Sache nur an, wenn der Gerichtsvollzieher nicht gleichzeitig mit einer Maßnahme nach § 802a Absatz 2 Satz 1 Nummer 2 oder Nummer 4 ZPO beauftragt ist. Diese Regelung lässt unberücksichtigt, dass der Versuch einer gütlichen Erledigung der Sache zum Teil mit einem erheblichen Arbeitsaufwand des Gerichtsvollziehers verbunden ist, und zwar grundsätzlich unabhängig davon, ob der Gerichtsvollzieher ausschließlich mit dem Versuch einer gütlichen Erledigung beauftragt wurde oder ob der Auftrag gleichzeitig noch auf die Einholung einer Vermögensauskunft oder die Vornahme einer Pfändung gerichtet ist. Der Versuch einer gütlichen Erledigung soll daher stets eine Gebühr auslösen[130]. Bei einer isolierten Beauftragung soll es bei einer Gebühr von 16,00 € bleiben (Nummer 207 des Kostenverzeichnisses zum Gerichtsvollzieherkostengesetz – KV GvKostG). Für die übrigen Fälle erscheint eine Gebührenhöhe von 8,00 € angemessen (Nummer 208 KV GvKostG). Die Frage, die sich in diesem Zusammenhang stellt, ist, ob die ermäßigte Gebühr also immer anfällt, sobald der Gerichtsvollzieher eine gütliche Erledigung versucht oder ob der Anfall auch davon abhängt, ob und wie der Gläubiger einen Auftrag gestellt hat. Hat der Gläubiger in dem Antragsformular z.B. keine Angaben zur gütlichen Erledigung gemacht (siehe Modul E, sondern z.B. nur die Vermögensauskunft beantragt), kann der Gerichtsvollzieher aufgrund seiner Amtspflicht trotzdem eine gütliche Erledigung versuchen (§ 802b Abs. 1, § 754 Abs. 1 ZPO). Fällt hiermit eine Gebühr nach KV Nr. 208 an? Oder ist ein Antrag des Gläubigers in der Form notwendig, dass der Gerichtsvollzieher zunächst (isoliert) die gütliche Erledigung versuchen soll und wenn diese scheitert, die weiteren gestellten Aufträge bearbeitet. Dann wäre auch eine Gebühr für den Versuch der gütlichen Erledigung nach KV Nr. 208 angefallen. Dies ließe sich daraus schließen, dass in KV Nr. 208 formuliert ist, dass sich die Gebühr dann auf 8,- € ermäßigt. Die Ermäßigung bezieht sich auf die KV Nr. 207 (isolierte gütliche Erledigung). Es spricht auch die (neue) Formulierung in § 3 Abs. 2 Nr. 3 (Ziffer 2) GvKostG dafür, da hier der Begriff „gleichzeitiger Auftrag" erläutert ist. In KV Nr. 208 wird auch auf die gleichzeitige Beauftragung abgestellt. Problematisch ist dies insofern, da Gläubiger seit 01. April 2016 zwingend das Antragsformular verwenden müssen und diese frei formulierten Anträge unter einer Bedingung (Versuch einer gütlichen Erledigung und für den Fall des Scheiterns Abgabe der Vermögensauskunft und/oder Pfändung) nicht mehr vorkommen, sofern es nicht

---

[130] siehe BT 18/9698

Gläubiger sind, die nicht an das Formular gebunden sind. Wollte der Gesetzgeber mit der Hinzunahme von KV Nr. 208 ein „Gießkannenprinzip" für alle Versuche der gütlichen Erledigung oder müsste der Gläubiger diese konkret unter einer Bedingung beantragen?

Endet der Auftrag, bevor der Gerichtsvollzieher eine Amtshandlung vorgenommen hat, die auf den Versuch einer gütlichen Erledigung gerichtet ist, entsteht in den Fällen der isolierten Beauftragung die Gebühr 604 KV GvKostG. Ist der Auftrag gleichzeitig noch auf eine Maßnahme nach § 802a Absatz 2 Satz 1 Nummer 2 oder Nummer 4 ZPO gerichtet, entsteht die Gebühr 604 KV GvKostG in Höhe von 15,00 € bereits hinsichtlich der sonstigen nicht erledigten Amtshandlung. Eine weitere Gebühr für den nicht erledigten Versuch einer gütlichen Erledigung ist hier nicht angezeigt.

Anlage:

Verordnung über das Formular für den Vollstreckungsauftrag an den Gerichtsvollzieher (Gerichtsvollzieherformular-Verordnung-GVFV)

vom 28. September 2015 (BGBl. I S. 1586)
zuletzt geändert durch Art. 8 des G vom 21.11.2016 (BGBl S. 2591)

Auf Grund des § 753 Absatz 3 der Zivilprozessordnung, der durch Artikel 1 Nummer 2 des Gesetzes vom 29. Juli 2009 (BGBl. I S. 2591) eingefügt worden ist, verordnet das Bundesministerium der Justiz und für Verbraucherschutz:

§ 1
Formular

(1) Für den Vollstreckungsauftrag an den Gerichtsvollzieher zur Vollstreckung von Geldforderungen wird das in der Anlage bestimmte Formular eingeführt. Das Formular besteht aus den folgenden Teilen:

1. Vollstreckungsauftrag an den Gerichtsvollzieher zur Vollstreckung von Geldforderungen,
2. Forderungsaufstellung (Anlage 1),
3. Hinweise zum Ausfüllen und Einreichen des Vollstreckungsauftrags (Anlage 2).

(2) Für einen Auftrag, der ausschließlich die Zustellung eines Schriftstücks zum Inhalt hat, gilt der Formularzwang nicht. Von der verbindlichen Nutzung ebenfalls ausgenommen sind Vollstreckungsaufträge zur Beitreibung von öffentlich-rechtlichen Forderungen.

§ 2
Zulässige Abweichungen vom Formular; Einreichung des Auftrags

(1) Inhaltliche Abweichungen von dem Formular einschließlich der Anlagen 1 und 2 sind nicht zulässig. Anpassungen, die auf der Änderung von Rechtsvorschriften beruhen, sind zulässig.

(2) Soweit für den beabsichtigten Vollstreckungsauftrag in dem Formular keine zweckmäßige Möglichkeit zur Eintragung vorgesehen ist, kann ein geeignetes Freitextfeld oder eine zusätzliche Anlage verwendet werden. Die Verwendung mehrerer Freitextfelder und zusätzlicher Anlagen ist zulässig.

(3) Es reicht aus, wenn der Antragsteller Folgendes bei dem Gericht oder dem Gerichtsvollzieher einreicht:

1. nur die Seiten des Formulars, auf denen sich Angaben des Antragstellers befinden oder
2. nur die Module des Formulars, die Angaben des Antragstellers enthalten.
   Die durch das Formular festgelegte Reihenfolge der Module ist einzuhalten. Die nicht eingereichten Formularseiten oder Module sind auch in diesem Fall Teil des Vollstreckungsauftrags.

(4) Die mehrfache Verwendung von Modulen für den Vollstreckungsauftrag ist zulässig. Innerhalb eines Moduls darf eine Erweiterung der für Eintragungen vorgesehenen Felder vorgenommen werden, soweit hierfür Bedarf besteht. Im Fall der Einreichung eines Vollstreckungsauftrags, der Module mehrfach verwendet oder nicht aus allen Modulen des Formulars besteht, muss der Antragsteller dafür Sorge tragen, dass das eingereichte Formular aus sich heraus für die Durchführung des Vollstreckungsauftrags durch einen Gerichtsvollzieher verständlich ist.

(5) Modul im Sinne dieser Verordnung ist jeder Teil des Formulars, der Angaben des Antragstellers enthält, die in einem inhaltlichen und formalen Zusammenhang stehen. Hierzu zählen insbesondere die Teile des Formulars, die Angaben zu dem Gläubiger und dem Schuldner enthalten, sowie die von dem Gerichtsvollzieher jeweils durchzuführenden Aufträge.

(6) Die Absätze 3 und 4 gelten für die Forderungsaufstellung in der Anlage 1 entsprechend.

§ 3
Elektronisch ausfüllbares und auslesbares Formular

(1) Die Länder dürfen das Formular in elektronisch ausfüllbarer Form zur Einreichung in Papierform zur Verfügung stellen.

(2) Zur elektronischen Weiterverarbeitung der Daten aus einem in Papierform eingereichten Formular kann dieses elektronisch ausgelesen werden. Die Länder sind befugt, die Voraussetzungen hierfür festzulegen.

§ 4
Formular zur Übermittlung der Daten in elektronischer Form

(1) Die Länder dürfen Anpassungen von dem in der Anlage bestimmten Formular zulassen, die es, ohne dessen Inhalt zu verändern oder dessen Verständnis zu erschweren, ermöglichen, das Formular in elektronischer Form auszufüllen und dem Gerichtsvollzieher oder dem Gericht als strukturierten Datensatz zu übermitteln. Für die elektronische Übermittlung sind die in dem Formular enthaltenen Angaben in das XML-Format zu übertragen. Die Länder können dazu eine gemeinsame Koordinierungsstelle durch Verwaltungsvereinbarung einrichten; besteht bereits eine solche Stelle, so können die Länder sich dieser bedienen.

(2) Es reicht aus, wenn der Antragsteller dem Gerichtsvollzieher oder dem Gericht nur die Module, die Angaben des Antragstellers enthalten, als strukturierten Datensatz übermittelt. § 2 Absatz 4 gilt entsprechend.

§ 5
Verbindlichkeit

Vom 1. April 2016 an ist das gemäß § 1 eingeführte Formular verbindlich zu nutzen.

§ 6
Übergangsregelung aus Anlass des Gesetzes zur Durchführung der Verordnung (EU) Nr. 655/2014 sowie zur Änderung sonstiger zivilprozessualer, grundbuchrechtlicher und vermögensrechtlicher Vorschriften und zur Änderung der Justizbeitreibungsordnung

Für Aufträge, die bis zum 28. Februar 2017 eingereicht werden, kann das bis zum 30. November 2016 bestimmte Formular weiter genutzt werden. Die Anlage erhält die aus dem Anhang zu diesem Gesetz ersichtliche Fassung.

Anhang Formular Vollstreckungsauftrag

Vollstreckungsauftrag an die Gerichtsvollzieherin/den Gerichtsvollzieher
– zur Vollstreckung von Geldforderungen –

☐ Amtsgericht _____
☐ Verteilungsstelle für Gerichtsvollzieheraufträge
☐ Geschäftsstelle
☐ Frau/Herrn Haupt-/Ober-/Gerichtsvollzieher/-in

_____

Straße, Hausnummer

_____

Postleitzahl, Ort

Kontaktdaten des
☐ Gläubigers
☐ Gläubigervertreters

Telefon	
Fax	
E-Mail	
Rechtsverbindliche elektronische Kommunikationswege (z. B. De-Mail, EGVP, besonderes Anwaltspostfach)	
Geschäftszeichen	

☐ Der Gläubiger beabsichtigt, für die Gerichtsvollzieherkosten ein SEPA-Lastschriftmandat zu erteilen.

In der Zwangsvollstreckungssache

Module:

A **Parteien**

Zutreffendes markieren ☒ bzw. ausfüllen

A 1 Gläubiger

Herrn/Frau/Firma	Straße, Hausnummer
Postleitzahl, Ort	Land (wenn nicht Deutschland)

A 2 Gesetzlicher Vertreter des Gläubigers (Angaben bei jeder Art der gesetzlichen Vertretung, z. B. durch Mutter, Vater, Vormund, Geschäftsführer)

Herrn/Frau/Firma	Straße, Hausnummer
Postleitzahl, Ort	Land (wenn nicht Deutschland)

A 3 Bevollmächtigter des Gläubigers (Angaben bei jeder Art der Bevollmächtigung, z. B. Rechtsanwalt, Inkassounternehmen)

Herrn/Frau/Firma	Straße, Hausnummer
Postleitzahl, Ort	Land (wenn nicht Deutschland)

A 4	**Bankverbindung des**

☐ Gläubigers ☐ Gläubigervertreters ☐ abweichenden Kontoinhabers/der abweichenden Kontoinhaberin:

zur Überweisung eingezogener Beträge

IBAN: BIC:
(Angabe kann entfallen, wenn IBAN mit DE beginnt)

Verwendungszweck, ggf. Geschäfts- bzw. Kassenzeichen:

gegen

A 5	**Schuldner**

Herrn/Frau/Firma	Straße, Hausnummer
Postleitzahl, Ort	Land (wenn nicht Deutschland)

Geburtsname, -datum und -ort/Registergericht und Handelsregisternummer (soweit bekannt)

A 6	**Gesetzlicher Vertreter des Schuldners** (Angaben bei jeder Art der gesetzlichen Vertretung, z. B. durch Mutter, Vater, Vormund, Geschäftsführer)

Herrn/Frau/Firma	Straße, Hausnummer
Postleitzahl, Ort	Land (wenn nicht Deutschland)

A 7	**Bevollmächtigter des Schuldners** (Angaben bei jeder Art der Bevollmächtigung, z. B. Rechtsanwalt)

Herrn/Frau/Firma	Straße, Hausnummer
Postleitzahl, Ort	Land (wenn nicht Deutschland)

A 8	**Geschäftszeichen des Schuldners bzw. des gesetzlichen Vertreters oder des Bevollmächtigten des Schuldners**

B	☐ Ich reiche nur die ausgefüllten Seiten _____

(Bezeichnung der Seiten)
dem Gericht bzw. der Gerichtsvollzieherin/dem Gerichtsvollzieher ein.

überreiche ich

C | **die Anlage/-n**

Dazu bitte die Hinweise zum Ausfüllen und Einreichen des Vollstreckungsauftrags (Anlage 2 des Formulars) beachten.

☐ Vollstreckungstitel
(Titel bitte nach Art, Gericht/Notar/Behörde, Datum und Geschäftszeichen bezeichnen)

_____

_____

_____

☐ Vollmacht

☐ Geldempfangsvollmacht

☐ Forderungsaufstellung gemäß der Anlage 1 des Formulars

☐ Forderungsaufstellung gemäß sonstiger Anlage/-n des Gläubigers/Gläubigervertreters _____

☐ Anwaltskosten für weitere Vollstreckungsmaßnahmen gemäß zusätzlicher Anlage/-n _____

☐ Inkassokosten gemäß § 4 Absatz 4 des Einführungsgesetzes zum Rechtsdienstleistungsgesetz (RDGEG) gemäß Anlage/-n _____

☐ _____

☐ _____

wegen der aus der Anlage/den Anlagen ersichtlichen Forderung/-en zur Durchführung des folgenden Auftrags/der folgenden Aufträge:

D | ☐ **Zustellung**

E | **gütliche Erledigung (§ 802b der Zivilprozessordnung – ZPO)**

E 1 | ☐ Ich bin einverstanden, dass die folgende Zahlungsfrist gewährt wird: _____

E 2 | ☐ Mit der Einziehung von Teilbeträgen bin ich einverstanden.
☐ Ratenhöhe mindestens _____ Euro
☐ monatlicher Turnus ☐ sonstiger Turnus: _____

E 3 | ☐ Ich bin mit einer Abweichung von den Zahlungsmodalitäten nach dem Ermessen der Gerichtsvollzieherin/des Gerichtsvollziehers einverstanden.

E 4 | sonstige Weisungen _____

E 5 | ☐ Der Auftrag beschränkt sich auf die gütliche Erledigung.

F | **keine Zahlungsvereinbarung**

☐ Mit einer Zahlungsvereinbarung bin ich nicht einverstanden (§ 802b Absatz 2 Satz 1 ZPO).

G	**Abnahme der Vermögensauskunft** (bitte Hinweise in der Anlage 2 des Formulars beachten)
G1	☐ nach den §§ 802c, 802f ZPO (ohne vorherigen Pfändungsversuch)
G2	☐ nach den §§ 802c, 807 ZPO (nach vorherigem Pfändungsversuch) Sofern der Schuldner wiederholt nicht anzutreffen ist, ☐ bitte ich um Rücksendung der Vollstreckungsunterlagen. ☐ beantrage ich, das Verfahren zur Abnahme der Vermögensauskunft nach den §§ 802c, 802f ZPO einzuleiten.
G3	☐ erneute Vermögensauskunft nach § 802d ZPO (wenn der Schuldner bereits innerhalb der letzten zwei Jahre die Vermögensauskunft abgegeben hat) Die Vermögensverhältnisse des Schuldners haben sich wesentlich geändert, weil _____ _____ Zur Glaubhaftmachung füge ich bei: _____ _____
G4	weitere Angaben im Zusammenhang mit der Vermögensauskunft ☐ _____
H	**Erlass des Haftbefehls nach § 802g ZPO** Bleibt der Schuldner dem Termin zur Abgabe der Vermögensauskunft unentschuldigt fern oder weigert er sich ohne Grund, die Vermögensauskunft zu erteilen, beantrage ich den Erlass eines Haftbefehls nach § 802g Absatz 1 ZPO. Die Gerichtsvollzieherin/den Gerichtsvollzieher bitte ich, den Antrag an das zuständige Amtsgericht weiterzuleiten und dieses zu ersuchen, nach Erlass des Haftbefehls diesen an ☐ den Gläubiger ☐ den Gläubigervertreter zu übersenden. ☐ die zuständige Gerichtsvollzieherin/den zuständigen Gerichtsvollzieher weiterzuleiten. Gegenüber der Gerichtsvollzieherin/dem Gerichtsvollzieher stelle ich den Antrag auf Verhaftung des Schuldners.
I	**Verhaftung des Schuldners (§ 802g Absatz 2 ZPO)** Haftbefehl des Amtsgerichts _____ Datum _____ Geschäftszeichen _____
J	**Vorpfändung (§ 845 ZPO)** Anfertigung der Benachrichtigung über die Vorpfändung und Zustellung sowie unverzügliche Mitteilung über die Vorpfändung ☐ für pfändbare Forderungen, die der Gerichtsvollzieherin/dem Gerichtsvollzieher bekannt sind oder bekannt werden ☐ für die folgenden Forderungen: _____ _____ _____
K	☐ **Pfändung körperlicher Sachen**
K1	☐ Pfändung von Forderungen aus Wechseln und anderen Papieren, die durch Indossament übertragen werden können
K2	☐ Taschenpfändung/Kassenpfändung
K3	☐ Pfändung soll nach Abnahme der Vermögensauskunft durchgeführt werden, soweit sich aus dem Vermögensverzeichnis pfändbare Gegenstände ergeben.

K4	☐ Mit der Erteilung einer Fruchtlosigkeitsbescheinigung nach § 32 der Geschäftsanweisung für Gerichtsvollzieher (GVGA) bin ich **nicht** einverstanden.
K5	Aufträge und Hinweise zur Pfändung und Verwertung, z. B. zu besonderen Gegenständen ☐ _____

L	**Ermittlung des Aufenthaltsorts des Schuldners (§ 755 ZPO)** (bitte Hinweise in der Anlage 2 des Formulars beachten)
L1	☐ Mir ist bekannt, dass der Schuldner unbekannt verzogen ist.
L2	☐ Negativauskunft des Einwohnermeldeamtes ist beigefügt.
	Ermittlung
L3	☐ der gegenwärtigen Anschriften sowie der Angaben zur Haupt- und Nebenwohnung des Schuldners durch Nachfrage bei der **Meldebehörde**
L4	☐ des Aufenthaltsorts durch Nachfragen beim **Ausländerzentralregister** und bei der aktenführenden **Ausländerbehörde**
L5	☐ der bekannten derzeitigen Anschrift sowie der derzeitigen oder zukünftigen Aufenthaltsorts des Schuldners bei den **Trägern der gesetzlichen Rentenversicherung**
L6	☐ der Halterdaten nach § 33 Absatz 1 Satz 1 Nummer 2 des Straßenverkehrsgesetzes (StVG) des Schuldners beim **Kraftfahrt-Bundesamt**
L7	☐ der gegenwärtigen Anschriften, des Ortes der Hauptniederlassung oder des Sitzes des Schuldners durch Einsicht in das **Handels-, Genossenschafts-, Partnerschafts-, Unternehmens- oder Vereinsregister**
L8	☐ der gegenwärtigen Anschriften, des Ortes der Hauptniederlassung oder des Sitzes des Schuldners durch Einholung einer Auskunft bei den nach Landesrecht für die **Durchführung der Aufgaben nach § 14 Absatz 1 der Gewerbeordnung (GewO)** zuständigen Behörden
L9	Hinweise zur Reihenfolge der Ermittlungen (wenn Anfrage nach den Modulen L3, L7 und L8 ergebnislos oder ein Fall des Moduls L1 gegeben ist) ☐ _____

M	**Einholung von Auskünften Dritter (§ 802l ZPO)** (bitte Hinweise zur Einholung von Auskünften Dritter in der Anlage 2 des Formulars beachten)
M1	☐ Ermittlung der Namen, der Vornamen oder der Firmen sowie der Anschriften der derzeitigen Arbeitgeber eines versicherungspflichtigen Beschäftigungsverhältnisses des Schuldners bei den **Trägern der gesetzlichen Rentenversicherung**
M2	☐ Ersuchen an das **Bundeszentralamt für Steuern**, bei den Kreditinstituten die in § 93b Absatz 1 der Abgabenordnung (AO) bezeichneten Daten abzurufen
M3	☐ Ermittlung der Fahrzeug- und Halterdaten nach § 33 Absatz 1 StVG zu einem Fahrzeug, als dessen Halter der Schuldner eingetragen ist, beim **Kraftfahrt-Bundesamt**
M4	☐ Die vorstehend ausgewählte/-n Drittauskunft/Drittauskünfte sollen nur eingeholt werden, wenn der Schuldner seiner Pflicht zur Abgabe der Vermögensauskunft nicht nachkommt.
M5	Antrag auf aktuelle Einholung von Auskünften (§ 802l Absatz 4 Satz 3 ZPO) Zur Änderung der Vermögensverhältnisse des Schuldners trage ich vor:

N	**Angaben zur Reihenfolge bzw. Kombination der einzelnen Aufträge**
N1	☐ Die Aufträge _____ werden ohne Angabe einer Reihenfolge erteilt. (Bezeichnung der Module bitte angeben)
N2	☐ Der Pfändungsauftrag soll **vor** weiteren Aufträgen durchgeführt werden.

| N3 | ☐ Der Pfändungsauftrag soll **nach** Abnahme der Vermögensauskunft durchgeführt werden. |

| N 4 | ☐ Die gestellten Aufträge sollen in folgender Reihenfolge durchgeführt werden: |

zuerst Auftrag _____ ,
(Bezeichnung des Moduls bitte angeben)

danach der Auftrag/die Aufträge _____
(Bezeichnung des Moduls/der Module bitte angeben)

| N5 | sonstige Angaben zur Reihenfolge bzw. Kombination der einzelnen Aufträge |

☐ _____
_____

| O | **weitere Aufträge** |

☐ _____

☐ _____

☐ _____

| P | **Hinweise für die Gerichtsvollzieherin/den Gerichtsvollzieher** |

| P1 | ☐ Ich bitte um Übersendung des ☐ Protokolls. ☐ Gesamtprotokolls (bei gleichzeitiger Pfändung für mehrere Gläubiger). |

| P2 | Hinweis zum Aufenthaltsort des Schuldners: _____ |

| P3 | ☐ Prozesskostenhilfe/Verfahrenskostenhilfe wurde gemäß anliegendem Beschluss bewilligt. |

| P4 | ☐ Ich bitte um Übersendung des Abdrucks des Vermögensverzeichnisses in elektronischer Form gemäß § 802d Absatz 2 ZPO auf dem in den Kontaktdaten bezeichneten rechtsverbindlichen elektronischen Kommunikationsweg. |

| P5 | ☐ Im Falle der Nichtzuständigkeit bitte ich um Weiterleitung des Vollstreckungsauftrags an die zuständige Gerichtsvollzieherin/den zuständigen Gerichtsvollzieher, wenn nicht bereits eine Weiterleitung von Amts wegen erfolgt. |

| P6 | Meine Teilnahme an dem Termin
☐ zur Abnahme der Vermögensauskunft
☐ _____
ist beabsichtigt. |

| P7 | Zum Vorsteuerabzug ist der Gläubiger ☐ berechtigt. ☐ nicht berechtigt. |

| P8 | sonstige Hinweise |

☐ _____

☐ _____

Anwaltskosten gemäß Rechtsanwaltsvergütungsgesetz (RVG)
für den oben stehenden Auftrag/die oben stehenden Aufträge, und zwar für
_____   (Angabe der Vollstreckungsmaßnahme)
Gegenstandswert (§ 25 RVG) aus _____ _____ €
1. Verfahrensgebühr (VV Nr. 3309, ggf. i. V. m. VV Nr. 1008) _____ €
2. _____ (VV Nr. _____) _____ €
3. Auslagen oder Auslagenpauschale (VV Nr. 7001 oder VV Nr. 7002) _____ €
4. weitere Auslagen (VV Nr. _____) _____ €
5. Umsatzsteuer (VV Nr. 7008) _____ €
Summe _____ €

Anwaltskosten gemäß Rechtsanwaltsvergütungsgesetz (RVG)
für den oben stehenden Auftrag/die oben stehenden Aufträge, und zwar für
_____   (Angabe der Vollstreckungsmaßnahme)
Gegenstandswert (§ 25 RVG) aus _____ _____ €
1. Verfahrensgebühr (VV Nr. 3309, ggf. i. V. m. VV Nr. 1008) _____ €
2. _____ (VV Nr. _____) _____ €
3. Auslagen oder Auslagenpauschale (VV Nr. 7001 oder VV Nr. 7002) _____ €
4. weitere Auslagen (VV Nr. _____) _____ €
5. Umsatzsteuer (VV Nr. 7008) _____ €
Summe _____ €

_____ _____
(Datum)   (Unterschrift, Auftraggeber)

Anlage 1

Forderungsaufstellung

☐ Der Gläubiger kann von dem Schuldner die nachfolgend aufgeführten Beträge beanspruchen:

_____

☐ _____
(zusätzliche Informationen, z. B. bei Vollstreckung in unterschiedlicher Höhe gegen mehrere Schuldner)

_____ € ☐ Hauptforderung

_____ € ☐ Restforderung

_____ € ☐ Teilforderung

_____ € ☐ nebst _____ % Zinsen daraus/aus _____ Euro

                  seit dem _____ ☐ bis _____

_____ € ☐ nebst _____ % Zinsen daraus/aus _____ Euro
                  ab Antragstellung

_____ € ☐ nebst Zinsen in Höhe von _____ Prozentpunkten

                  über dem jeweiligen Basiszinssatz daraus/aus _____ Euro

                  seit dem _____ ☐ bis _____

_____ € ☐ nebst Zinsen in Höhe von _____ Prozentpunkten

                  über dem jeweiligen Basiszinssatz daraus/aus _____ Euro
                  ab Antragstellung

_____ € ☐ _____

_____ € ☐

_____ € ☐ Säumniszuschläge gemäß § 193 Absatz 6 Satz 2 des Versicherungsvertragsgesetzes

_____ € ☐ titulierte vorgerichtliche Kosten ☐ Wechselkosten

_____ € ☐ Kosten des Mahn-/Vollstreckungsbescheides

_____ € ☐ festgesetzte Kosten

_____ € ☐ nebst _____ % Zinsen daraus/aus _____ Euro

                  seit dem _____ ☐ bis _____

_____ € ☐ nebst _____ % Zinsen daraus/aus _____ Euro
                  ab Antragstellung

_____ € ☐ nebst Zinsen in Höhe von _____ Prozentpunkten

                  über dem jeweiligen Basiszinssatz daraus/aus _____ Euro

                  seit dem _____ ☐ bis _____

_____ € ☐ nebst Zinsen in Höhe von _____ Prozentpunkten

                  über dem jeweiligen Basiszinssatz daraus/aus _____ Euro
                  ab Antragstellung

_____ € ☐ bisherige Vollstreckungskosten

_____ € **Summe I**

_____ € ☐ gemäß sonstiger Anlage/-n des Gläubigers/Gläubigervertreters _____
(wenn Angabe möglich)
                  (zulässig, wenn in dieser Aufstellung die erforderlichen Angaben nicht oder nicht vollständig eingetragen werden können)

_____ € **Summe II** (aus Summe I und Summe aus sonstiger Anlage/sonstigen Anlagen des
(wenn Angabe möglich)   Gläubigers/Gläubigervertreters)

Anlage 2
Hinweise zum Ausfüllen und Einreichen des Vollstreckungsauftrags

Prozesskostenhilfe/ Verfahrenskostenhilfe	Ein Antrag auf Prozesskostenhilfe/Verfahrenskostenhilfe kann bei dem zuständigen Vollstreckungsgericht (Amtsgericht) unter Verwendung des amtlichen Formulars gestellt werden. Hierbei ist nach Maßgabe der Prozesskostenhilfeformularverordnung (PKHFV) das amtliche Formular zu verwenden.
Modul C	**Hinweise zur Beifügung von zusätzlichen Anlagen** Die Beifügung einer zusätzlichen Anlage/von zusätzlichen Anlagen ist nur zulässig für Aufträge, Hinweise und Auflistungen, für die im Formular keine oder keine ausreichende Eingabemöglichkeit besteht. Die Beifügung von zusätzlichen Anlagen für die Forderungsaufstellung, die von der Anlage 1 abweichen, ist zulässig, wenn die für den Auftrag erforderlichen Angaben nicht oder nicht vollständig in die Anlage 1 eingetragen werden können.
Modul G	Bei einem Auftrag zur Abnahme der Vermögensauskunft bitte das papiergebundene Formular **zweifach einreichen.** Das Verfahren nach § 807 ZPO (Modul G2) kann nicht durchgeführt werden, wenn der Schuldner nicht angetroffen wird. In diesem Fall bleibt die Möglichkeit, die Vermögensauskunft nach § 802f Absatz 1 Satz 1 ZPO zu beantragen.
Modul L	**Hinweise zur Ermittlung des Aufenthaltsorts des Schuldners (§ 755 ZPO)** Der Auftrag ist nur in Verbindung mit einem Vollstreckungsauftrag und nur für den Fall zulässig, dass der Wohnsitz oder der gewöhnliche Aufenthaltsort bzw. die gegenwärtige Anschrift, der Ort der Hauptniederlassung oder der Sitz des Schuldners nicht bekannt ist. Die Anfragen beim Ausländerzentralregister und der aktenführenden Ausländerbehörde (Modul L4), bei den Trägern der gesetzlichen Rentenversicherung (Modul L5) sowie beim Kraftfahrt-Bundesamt (Modul L6) sind nur zulässig, falls der Aufenthaltsort des Schuldners durch Nachfrage bei der Meldebehörde (Modul L3) nicht zu ermitteln ist. Der Nachfrage bei der Meldebehörde steht gleich die Einsicht in das Handels-, Genossenschafts-, Partnerschafts-, Unternehmens- oder Vereinsregister (Modul L7) und die Einholung einer Auskunft bei den nach Landesrecht für die Durchführung der Aufgaben nach § 14 Absatz 1 der Gewerbeordnung zuständigen Behörden (Modul L8) bei dem Schuldner, der in die genannten Register eingetragen ist. Die Anfrage beim Ausländerzentralregister (Modul L4) ist bei Unionsbürgern nur zulässig, wenn – darzulegende – tatsächliche Anhaltspunkte für die Vermutung der Feststellung des Nichtbestehens oder des Verlusts des Freizügigkeitsrechts vorliegen.
Modul M	**Hinweise zur Einholung von Auskünften Dritter (§ 802l ZPO)** Die Einholung von Drittauskünften ist zulässig, wenn der Schuldner seiner Pflicht zur Abgabe der Vermögensauskunft nicht nachkommt oder bei einer Vollstreckung in die dort aufgeführten Vermögensgegenstände eine vollständige Befriedigung des Gläubigers nicht zu erwarten ist. Der Gerichtsvollzieher darf Daten, die er im Auftrag eines anderen Gläubigers eingeholt hat und die innerhalb der letzten drei Monate bei ihm eingegangen sind, an den weiteren Gläubiger weitergeben, wenn die Voraussetzungen für die Datenerhebung auch bei dem weiteren Gläubiger vorliegen (§ 802l Absatz 4 Satz 1 ZPO). Auf Antrag des weiteren Gläubigers ist eine erneute Auskunft nur dann einzuholen, wenn Anhaltspunkte dargelegt werden, dass nach dem Eingang der Auskunft bei dem Gerichtsvollzieher eine Änderung der Vermögensverhältnisse des Schuldners eingetreten ist. Ein solcher Antrag kann – vorsorglich – bereits mit der Auftragserteilung gestellt werden.

1

12-Monatsgrenze · 66

2

2-Jahresfrist · 229

A

Abgabeantrag · 88
Abnahme der Vermögensauskunft · 16, 30, 31, 32, 81, 82, 84, 86, 87, 88, 93, 94, 95, 102, 107, 109, 112, 114, 115, 118, 123, 220, 221, 222, 224, 231, 232, 239, 261, 278, 279, 302
Abtretung · 163, 172, 173, 174, 179, 199, 200
Aktiengesellschaft · 102, 137, 177
Altenteil · 183
Altersrente · 153, 154
Amtsgerichtsbezirk · 47, 83, 88, 89
Anfechtungsgesetz · 211
Anfechtungsrecht · 123
Anspruch auf Rückübertragung · 146, 147
Anwartschaftsrecht · 145, 146, 179, 197
Arbeitseinkommen · 107, 133, 149, 157, 160, 161
Arbeitslosengeld I · 57, 149
Arbeitslosengeld II/Sozialgeld · 150
Aufenthaltsermittlung · 32, 42, 44, 45, 46, 47, 53, 56, 57, 60, 94, 95, 117
Aufenthaltsort des Schuldners · 40, 43, 45, 53, 56, 57, 61
Aufklärungspflicht nach § 139 ZPO · 122
Auflassung · 203
Auflassungsvormerkung · 179, 180, 204
Auftragseingang · 85
Auftragsverhältnis · 27
Ausländerzentralregister · 40, 45, 53, 54, 55, 56, 57, 59, 61, 247, 262
Außenstände · 217
Auszug · 183

B

Bargeld · 135
Basisrentenversicherung · 167
Belehrung des Schuldners · 121, 246
Berufsunfähigkeitsversicherun · 168
Bestandsverzeichnis · 181, 183, 184, 189, 190, 201, 202, 206, 207
Betreuer · 76, 84, 100, 101
Betreuung · 84, 85, 99, 100, 101
BGB-Gesellschaft · 175
Briefhypothek · 186, 187
Bundesportal · 17, 19, 303, 305
Büroausstattung · 214

D

Datenerhebungsbefugnis · 42
debitorische Bankkonten · 123
Dienstbarkeiten · 182, 204
Doppelpfändung · 145
Drittgläubiger · 241
Drittstellen · 31, 95, 277, 280, 291
Drittstellenauskünfte · 31, 275, 277
Durchsicht am Bildschirm · 228

E

EGVP · 60, 305
EGVP-Postfach · 60, 305
eidesstattliche Versicherung · 80, 81, 88, 94, 100, 124, 218, 228, 237
Eigentümergrundschuld · 186, 190
Eigentumsvorbehalt · 144, 145, 146, 215, 216, 217
Einsichtnahme · 224, 225, 229, 259, 266
Einsichtsgrund · 266
Eintragungsanordnung · 21, 108, 112, 126, 232, 234, 239, 241, 242, 244, 246, 247, 250, 251, 252, 253, 254, 255, 256, 260, 262, 263, 264, 270, 271, 272, 273, 304
Eintragungsanordnungsverfahren · 92, 105, 115, 235
Eintragungsbestätigung · 220, 221, 228
Eintragungsgründe · 236, 237
Einwendungen · 73, 114, 270, 271
Einwohnermeldeamt · 45, 49, 59, 83
Einzelvertretungsbefugnis · 100
elektronischer Datenaustausch · 303
elektronisches Dokument · 16, 103, 219
Elterngeld · 152
Erbbaurecht · 179, 200, 204
Erbengemeinschaft · 194, 196
Erwerbsgeschäft · 213
Erzwingungshaft · 16, 91, 119, 292, 294, 298, 300, 302
Erzwingungshaftbefehl · 18, 112, 119, 294
EU-Ausländern · 54
Europäische wirtschaftliche Interessenvereinigung (EWIV) · 176

F

Fahrzeuge · 140, 143, 209, 216
Firmenwagen · 143
Folgegläubiger · 107, 220, 239, 279
Forderungspfändung · 20, 178, 194, 199, 232
Formularzwang · 21
Fragerecht des Gläubigers · 122
Freiheitsstrafe · 91, 122
Fristberechnung · 251

G

Gebrauchsmusterrecht · 192

Geburtsdatum · 80, 126, 133, 260, 263, 267
Gefangene · 87
Gegebene Darlehen · 197
Gemarkung · 181, 183, 184, 189, 190, 206
Genossenschaftsanteile · 173, 174
Gesamtgut · 131, 133, 196
Geschmacksmusterrecht · 191
gesetzlichen Vertreter · 76, 86, 99, 101, 293
gewöhnlicher Bedarf · 138
gleichgeschlechtliche Lebenspartnerschaften · 127
GmbH & Co KG · 176
GmbH/Unternehmergesellschaft UG (haftungsbeschränkt · 177
Grundbuch · 180, 184, 186, 187, 188, 190, 201, 202, 207, 209
Grundpfandrechte · 184, 185, 189, 204, 205
Grundschuld · 184, 185, 186, 188, 190, 209
Grundvermögen · 125, 200
Gütergemeinschaft · 130, 131, 132, 133, 195, 196
Güterrechtsregister · 132
Güterstand · 127, 129, 130, 132, 133, 195, 213
Gütertrennung · 129, 130, 132, 133, 213
gütliche Erledigung · 19, 29, 63, 65, 66, 67, 110, 235, 241, 243

H

Haftfähigkeit · 297
Haftunfähigkeit · 297
Halbfertigprodukte · 216
Halter · 62, 141, 275, 287
Handelsregister · 80, 86, 87, 102, 126, 260, 262
Haustiere · 144
Hinterbliebenenrente · 154, 156
Hypothek · 184, 185, 186, 187, 188, 190, 209

I

Immunität · 297
Inhaberpapiere · 136, 177
Internetdomain · 193, 194

J

Justizverwaltungsrecht · 251
Justizvollzugsanstalt · 84, 85, 294, 299, 300

K

Kapitallebensversicherung · 168, 169, 173
Kaution · 178, 179
Kinder · 85, 86, 130, 133, 150, 152, 154, 158, 197
Kindergeld · 158, 159
kombinierter Auftrag · 65, 94, 95
Kommanditgesellschaft · 175, 176, 177
Konten · 5, 164, 165, 285
Kraftfahrt-Bundesamt · 5, 40, 42, 45, 53, 60, 61, 62, 248, 275, 276, 277, 286, 287

L

Ladung · 66, 87, 88, 89, 91, 93, 94, 97, 100, 102, 109, 112, 116, 117, 119, 120, 122, 167, 224
Ladungsfrist · 110, 224
länderübergreifendes Internetportal · 265
Lastenzuschuss · 159
Leasingvertrag · 142
Lebensversicherungen auf Gegenseitigkeit · 166, 171
Leibgeding · 183
Leibzucht · 183
Limited · 177
Löschung der Eintragung · 270, 272
Löschung des Schuldners · 18

M

Markenrecht · 193
Minderjährige Kinder · 87
Mutterschaftsgeld · 152

N

Nachbesserung · 105, 143, 150
Nacherbschaft · 196
Naturalleistung · 143
Nebenverdienst · 162
Nichtöffentlichkeit · 120, 121
Nießbrauch · 181, 182, 184, 204

O

Obdachlose · 86
Offene Handelsgesellschaft · 175
Orderpapiere · 136, 137, 138

P

Partnerschaftsgesellschaft · 175
Patentrecht · 191, 192
PDF-Datei · 218, 305
Personalien · 126, 214
Pfändungsschutzkonto · 165
Pflichtteilsansprüche · 194, 195
Private Rentenversicherung · 167, 169
Prognosekompetenz des Gerichtsvollziehers · 238

R

Ratenzahlung · 19, 65, 67, 78, 110, 142
Reallast · 183
regelmäßige Löschungsfrist · 271
Regelungsbefugnisse · 20, 63
Rente wegen Erwerbsminderung · 154
Rentenansprüche · 153
Rentenanwartschaften · 154
Rentenschuld · 184
Rentenversicherungsträger · 42, 57, 59, 60, 248

Riester-Rente · 168, 169
Riester-Renten · 155
Risikolebensversicherun · 168
Rürup-Rente · 155

S

Sachpfändungsauftrag · 95
Schuldnerverzeichnis · 5, 17, 18, 20, 21, 66, 71, 92, 93, 103, 104, 105, 112, 113, 126, 220, 232, 234, 235, 236, 237, 238, 239, 240, 241, 243, 248, 251, 253, 255, 258, 259, 260, 261, 262, 263, 264, 265, 266, 267, 269, 270, 271, 272, 273, 303, 304, 305, 306
selbständiger Tätigkeit · 162
Selbstauskunft · 108, 230, 231, 261, 277, 280
Sicherungseigentum · 125
Sicherungsübereignung · 141, 146, 209
Sicherungsvollstreckung · 94
Sofortige Abnahme · 221
sofortige Beschwerde · 255, 273, 294
Sondergut · 131
Sozialhilfe · 149, 150, 151, 174, 286
Sozialleistungen · 149
Sperrfrist · 36, 103, 104, 105, 106, 108, 115, 222, 231, 237, 239, 271, 277, 279
Sperrwirkung · 108, 229, 297
staatliche Hoheitsgewalt · 28
Staatsanwaltschaften · 299
Steuererstattungsansprüchen · 163
Stille Gesellschaft · 176
Strafhaft · 84

T

Taschengeldanspruch · 127, 128

U

Unentgeltliche Verfügungen · 212
Unterhalt · 127, 133, 134, 151, 157, 161
Unterhaltsansprüche · 157
Unterschrift des Schuldners · 124
unzulässige Rechtsausübung · 93
Urheberrecht · 190

V

Veräußerungen an Nahestehende · 211
Verfügungen an Ehegatten · 213
Vermächtnis · 196
Vermögensverzeichnis · 5, 31, 103, 107, 109, 122, 123, 124, 125, 132, 135, 136, 138, 140, 141, 142, 143, 145, 146, 147, 148, 150, 151, 152, 154, 155, 157, 158, 159, 160, 161, 163, 164, 165, 166, 169, 171, 173, 174, 175, 176, 177, 178, 179, 181, 183, 184, 187, 189, 190, 191, 192, 193, 194, 195, 196, 197, 198, 199, 200, 206, 209, 211, 213, 214, 215, 216, 217, 218, 219, 220, 221, 223, 224, 228, 229, 231, 232, 233, 238, 239, 241, 243, 253, 263, 277, 279, 302, 305

Vermögensverzeichnisregister · 220, 225, 228, 229
Verpfändung · 146, 147, 173
Versagung des Vollstreckungsaufschubs · 79
Verschleiertes Arbeitseinkommen · 161
Versicherungsschein · 169, 170, 172, 173
Versorgungsbezüge · 149, 157
Verwaltungsvollstreckung · 228, 261
Verwandte in gerader Linie · 133
Vollstreckungsanspruch · 28
Vollstreckungsaufschub · 65, 67, 68, 69, 71, 74, 75, 76, 77, 78, 110, 243, 256
Vollstreckungsgericht · 5, 17, 18, 20, 81, 96, 103, 109, 115, 119, 125, 126, 143, 148, 218, 220, 224, 225, 226, 227, 228, 229, 230, 232, 247, 250, 251, 254, 255, 256, 258, 259, 260, 262, 266, 267, 270, 271, 272, 273, 293, 300, 303, 304, 305, 306
Vollstreckungshindernis · 71, 115
Vollziehungsfrist · 297
Vorbehaltseigentum · 125
Vorbehaltsgut · 131
vorzeitige Löschung · 229, 272

W

Warenvorräten · 215
Wegfall des Eintragungsgrundes · 270, 272
werthaltige Forderungen · 123
Wertpapiere · 135, 136, 138
Wertvolle Gebrauchsgegenstände · 140
wesentliche Veränderung · 103, 106
Widerspruch · 66, 68, 71, 72, 74, 75, 79, 110, 112, 223, 242, 250, 251, 254, 255, 256
Widerspruchsrecht · 74, 76, 77, 113, 224, 251
Wohngeld · 159, 160, 265
Wohnsitz · 40, 43, 45, 81, 83, 84, 85, 86, 158, 195, 197, 266, 267, 274, 300
Wohnungsrecht · 182, 184

Z

Zahlungsaufforderung · 109, 114, 115, 116
Zahlungsaufschub · 66, 67, 68
Zahlungsplan · 65, 66, 68, 71, 72, 74, 75, 234
Zahlungsrückstand · 76, 77, 110
Zahlungsvereinbarung · 65, 67, 71, 72, 73, 74, 75, 76, 77, 78, 79, 110, 243, 272
Zahlungsversprechen · 69, 70, 77
Zeit- und Berufssoldaten · 87
Zentrale Vollstreckungsgericht · 18, 220, 229, 260, 267, 270, 271, 273
zentrales Vollstreckungsgericht · 125, 250, 255, 303
Zugewinngemeinschaft · 129, 130, 132, 133
Zuständigkeit · 46, 81, 83, 85, 86, 87, 88, 89, 90, 236, 258, 300
Zustellung · 45, 63, 74, 76, 79, 89, 94, 97, 116, 117, 122, 169, 187, 191, 192, 199, 241, 247, 251, 252, 253, 292, 296
Zustellung auf Betreiben der Parteien · 116
Zustellung von Amts · 116, 117
Zwangshaft · 292, 293, 298

Notizen: